中原学术文库·学者丛书

河南全面推进
依法治省研究

RESEARCH OF
COMPREHENSIVELY PROMOTE THE PROVINCE
ACCORDING TO LAW OF HENAN

主　编　　张林海　李宏伟

副主编　　栗　阳

社会科学文献出版社
SOCIAL SCIENCES ACADEMIC PRESS (CHINA)

本书获河南省社会科学院学术著作出版资助

前　言

法治,是人类社会发展进步的重要指标。法律,是治国理政最大、最重要的规矩。治理一个国家,管理一个社会,关键是要立规矩、讲规矩、守规矩。

1997 年,党的十五大确立了依法治国的基本方略,具有中国特色的依法治国理论与实践开启了新征程。

党的十八大以来,以习近平同志为总书记的党中央总结历史、着眼未来,提出了把"全面依法治国"作为"四个全面"战略布局的重要组成部分,强调"全面推进科学立法、严格执法、公正司法、全民守法,坚持依法治国、依法执政、依法行政共同推进,坚持法治国家、法治政府、法治社会一体建设,不断开创依法治国新局面"。

实现中华民族伟大复兴,是中华民族近代以来最伟大的梦想。现在,我们比历史上任何时期,都更接近中华民族伟大复兴的目标。顺利实现这一目标,更加需要推进法治为其提供坚强保障。

推动发展、全面建成小康社会,必须依靠法治。法治是文明,法治是秩序,法治是权威,法治是阳光。河南正处于爬坡过坎、攻坚转型的紧要关口,发展仍是解决所有问题的关键,加快完善社会主义市场经济体制,推动河南经济社会持续健康发展,都需要法治来加以引导、调节、保障,全面推进依法治省,创造良好法治环境,就能形成更好的投资环境、发展环境,提升河南核心竞争力,创造竞争优势。

2015 年 3 月,中共河南省委出台了《关于贯彻党的十八届四中全会精神全面推进依法治省的实施意见》,提出了到 2020 年河南法治建设的主要目标,即法治信仰普遍树立、立法水平全面提高、法治政府基本建成、司法公信力有效提升、依法执政能力明显增强。

2015 年 6 月,河南省社会科学院成立了《河南全面推进依法治省研究》课题组,并吸纳了郑州大学法学院、河南大学法学院等省内部分高校的研究力量参与课题的调研和撰写工作。一年来,课题组就依法治省的理论与实践问题深入基层进行了实地调研,形成了近 30 万字的研究报告。本书紧密结合科学立法、严格执法、公正司法、全民守法的要求,在前期调研的基础上,结合河南近些年来法治建设的实践与探索,就法治政府建设、公正司法、地方立法、经济法治建设、社会法治建设、文化法治建设等提出了针对性的意见和建议。

法治建设是一个长期、渐进的过程。徒善不足以为政,徒法不能以自行。良好的法律运行体制归根结底要以人为核心动力,科学立法、严格执法、公正司法、全民守法,都离不开党的领导这一根本保障。全面推进依法治国,建设社会主义法治国家,是当代中国共产党人的历史任务。今后,课题组将继续对河南全面推进依法治省等重大课题展开深入研究,为河南全面推进依法治省战略的实施提供理论支撑和智力支持!

编者

2016 年 6 月

目录
CONTENTS

第一章
全面推进依法治省的背景与意义

改革开放以来，尤其是党的十五大提出依法治国方略之后，全国各省（区、市）都根据自己的省情需要和对法治需求的实际，从本地实际出发、因地制宜地推进依法治省进程，依法治省的理论与实践都取得了明显成效。但随着我国经济社会的加快发展与深刻转型，依法治省的理论与实践也遇到了前所未有的机遇与挑战。如，在"五位一体"的总体布局和"四个全面"战略布局下，如何坚持"改革"与"法治"两个轮子一起转，如何发挥法治这一治国重器在反对和克服"四风"中的作用，等等。本章简要回顾河南依法治省的基本进程，客观分析、阐释河南推进依法治省理论与实践的背景和重要意义，以期对加快河南依法治省进程有所裨益。

第一节　河南依法治省进程的简要回顾

一般而言，依法治省，有广义和狭义之分。广义概念上的依法治省，主要包括科学立法、严格执法、公正司法和全民守法等方面，而狭义概念上的依法治省仅包括依法治理的省域治理实践。全国各省（区、市）的情况和经济社会发展阶段不同，致使依法治省工作也呈现出了不同的特点和表现形态。目前，国内系统研究依法治省的硕博论文、基金项目和学术专著很少，关于依法治省的研究大多停留在有关党委政府文件、各级领导讲话等方面，大多是 20 世纪八九十年代的有关内容，而且对于依法治省的基本概念还有不同的认识。为此，笔者根据河南依法治省的主要发展情况，拟把依法治省划分为三个阶段。相信通过对河南依法治省阶段的划分与研究，能进一步加强对依法治省的基本规律及其在河南发展不同阶段的地位和作用方面的探索与研究。

一　依法治省的试点与起步阶段（1979 年 9 月至 1995 年底）

依法治省的试点与起步阶段的主要标志，是 1986 年召开辽宁省本溪市提出并制定的依法治市规划和 1988 年在江西九江市召开第二次"全国学法用法依法治县工作经验交流会"。在这一历史阶段，依法治省工作的重点，就是普遍加强对各地依法治理活动的具体指导，初步摸索依法治省实践的具体路径。

河南在这个阶段，依法治省实践工作的主要成效有以下几方面。一是在立法机构建设和地方立法方面：1979 年，河南省五届人大二次会议决定设立省人大常务委员会；1980 年，河南省五届人大常委会四次会议审议通过《河南省贯彻执行〈选举法〉实施细则（试行）》；1984 年，河南省根据《国务院关于批准唐山等市为"较大的市"的通知》精神，按照有关程序批准郑州、洛阳两市为拥有地方立法权的省辖市；1983 年，河南成立了省政府办公厅法制处，并于 1986 年对新中国成立以来全省的政府规章进行了一次全面清理；1988 年，河南省召开第一次政府法治工作会议，全面开展行政立法工作。在这个时期，河南先后颁布实施了《采矿管理条例》《制止不正当价格行为和牟取暴利条例》《经纪人条例》《地方煤矿管理条例（试行）》《期货市场管理条例（试行）》《征收排污费实施办法》《鼓励外商投资条例》《开发区条例》等法规。二是积极推行政执法，不断强化行政执法监督工作。据河南依法治省办公室有关材料显示：20 世纪 80 年代，针对郑州火车站附近行政执法环境不优问题，公安部门联合有关部门采取综合执法行动，抓获犯罪分子 4587 人，查处违章非法经营活动 9345 起。同时，不断强化行政执法监督工作：1991 年，积极推行政执法监督由集中突击检查向制度化、常态化监督转变；1992 年，初步建立规范性文件备案审查制度、具体行政行为备案审查制度，以及行政处罚程序、行政案件查处程序、法规性文件实施情况报告制度和行政执法责任制等制度；1995 年，省直一些部门以及郑州市，也积极探索并推行执法责任制和错案责任追究制度。三是审判机关紧紧围绕大局，积极发挥审判职能和作用。从 20 世纪 80 年代起，河南坚决贯彻执行中央依法"从重从快"方针，严惩了一批杀人、强奸、抢劫、重大流氓行为等严重刑事犯罪分子。同时，积极探索与改革审判方式。自 20 世纪 80 年代中期以来，河南法院系统就积极推进庭审方式改革；近年来，又提出了"把巡回审判作为基层法院基本的办案方式"的思路，在乡镇政府、村委会（居委会）设置巡回审判点近万个，大大方便了群众诉讼。四是注重基层基础，深化依法治理活动。据河南依法治省办公室有关材料显示：1990 年，河南就在 2 个省辖市、33 个县（区、市）开展依法治县（市、区）试点工作，并在该年底召开了河南依法治理工作经验交流会；1995 年底，河南在焦作、漯河、新乡、南阳、开封、鹤壁、濮阳 7 个市 58 个县区 2400 多个乡村 30000 多个企事业单位开展了依法治理工作。与此同时，河南省委做出了关于"加强民主法治建设、实施依法治省"的决定，标志着河南的依法治省工作已上升为省级制度化层面。

二　依法治省的抓基层打基础阶段（1996 年 1 月至 1997 年 12 月）

依法治省的抓基层打基础阶段的主要标志，是全国第二次"全国学法用法依法治县工作经验交流会"和在党的十五大提出依法治国方略后"全国依法治省工作座谈会"的召开和部署。在这一历史阶段，全国依法治省的重点，是深化依法治厂、依法治村等基层治理活动，尤其是全国抓了鞍山钢铁公司依法治厂和山东章丘依法治村作为两个先进典型。

依法治理的先进典型做法，对河南的依法治省工作起到了积极的助推作用。1996 年，河南省委成立省依法治省工作领导小组，省委书记任组长，省长任第一副组长，省委副书记任常务副组长，部分省领导任副组长，办公室设在省司法厅。同时，撤销了省普法工作领导小组及其办公室，并将原省普法工作领导小组办公室的职能划入依法治省工作领导小组办公室。与此相适应，河南省各地市、县（区）、乡及省直各单位均建立了依法治省工作领导机构和办事机构。与此同时，河南省委、省政府批转了《河南省依法治省工作领导小组关于 1996 年－2000 年全省依法治省工作规划》（以下简称为《规划》），省八届人大常委会第二十二次会议从法律程序上通过了关于实施《规划》的决定。随后，河南省人民政府、省法院、省检察院根据该《规划》，分别制定了关于推进依法行政、依法行使审判权、依法行使检察权等方面的文件。在此基础上，河南基本形成了在省委的统一领导下，人大肩负地方立法、监督国家法律正确实施和依法治省工作健康开展，政府依法行政，司法机关依法行使法律职权，社会各界共同参与的依法治省大格局。1996 年 10 月，河南省委、省政府召开了全省依法治省广播电视动员大会，省长主持会议，省委书记作动员报告。在郑的省委、省人大、省政府、省政协、省军区副省级以上干部，省直各部门副处级以上干部 3000 多人参加了主会场的动员会。动员会后，全省各地市、县（区）及省直各单位都召开了动员会，成立了相应的工作领导机构，出台了关于落实依法治省工作精神的有关意见，依法治省工作在全省得以深入开展。1997 年，河南依法治省工作领导小组召开全体成员会议，研究部署依法治省工作。同年 9 月，党的十五大对贯彻依法治国精神进行全面部署后，全国的依法治省工作全面开展。截至同年 10 月，全国已有 15 个省（区、市）正式拉开了依法治省工作的序幕。

1997 年 11 月，"全国依法治省工作座谈会"在河南省召开，这是对河南依法治省工作的高度肯定。该会议的召开，对全省的依法治理工作产生了较大的推动作用。河南在这一阶段依法治省工作的主要成效有：第一，在立法方面，河南主要是修订或制定了《行政机关执法条例》《少数民族权益保障条例》《食品卫生条例》等法规；第二，在行政执法方面，河南颁布实施《关于实行持证上岗、亮证执法的通告》，努力推进持证上岗、亮证执法工作，该《通告》要求行政执法人员必须持"两证"（《执法证》和《监督证》）上岗执法；第三，在法治宣传教育工作方面，河南出台实施了《依法治理工作百分考核实施方案》和《干部普法合格证制度实施方案》，要求把普法合格证作为考察干部学法用法情况的重要依据之一。

三　依法治省的深入实施阶段（1998 年 1 月至今）

依法治省的深入实施阶段的主要标志，是在依法治国方略下，全国各地深入推进基层依法治理、地方依法治理、行业依法治理"三大工程"。1998年，全国普法办在北京召开了"部分中央国家机关行业依法治理工作座谈会"，这次会议是全国行业依法治理工作的第一次会议，也是行业依法治理工作正式开始的动员会；1999年，中宣部、司法部联合举办了"全国学法用法依法治县工作经验交流会"，该会议对深入开展农村普法、全面总结依法治县工作经验进行了交流；同年12月，司法部、中央综治办在上海联合召开了"全国街道社区依法治理工作座谈会"，该会议对街道社区依法治理工作提出了明确的具体要求。

根据中央及有关部门的安排部署，1998年，河南采取了一系列有效措施加快推进依法治省工作。同年3月初，河南召开了依法治省工作领导小组组长会议及全省依法治省工作电视电话会议；4月，河南省依法治省工作领导小组制定出台了《1998年度河南省依法治理工作百分考核实施方案》；11月，由河南省委组织部、省人事厅、省依法治省工作领导小组办公室、省政府法制局联合签发的《河南省干部普法合格证制度实施方案》正式出台，该《方案》要求各级组织、人事部门把普法合格证作为考察干部学法用法情况的重要依据；12月，河南省依法治省工作领导小组召开全体成员会议，听取依法治省工作领导小组办公室工作汇报，研究依法治省工作的主要任务，同时，召开全省依法治县工作经验交流会，总结和安排部署依法治省工作。2000年，河南依法治省工作领导小组办公室与省委宣传部联合组织了"依法治省中原行"集中采访报道活动。河南日报、河南法制报、河南电台采发稿件达200余篇，为河南依法治省工作的深入开展营造了良好的舆论环境。2002年党的十六大、2007年党的十七大，河南对如何践行依法治国方略、加快建设社会主义法治国家进行了战略部署，并深入开展了具有河南地方特色的依法治省工作。其工作主要有以下几方面。第一，在立法方面，主要是修订或制定了《实施〈中华人民共和国村民委员会组织法〉办法》《进城务工人员权益保护条例》《企业职工民主权利保障条例》《文化市场管理条例》《历史文化名城保护条例》《非物质文化遗产保护条例》《就业促进条例》《建设项目环境保护条例》等地方性法规。第二，在行政执法方面，主要是健全行政执法责任制和责任目标考核机制，落实《全面推进依法行政实施纲要》，开展依法行政示范单位创建，逐步完善行政复议机构，完善行政复议制度，规范行政复议程序，创新行政复议案件审理模式，完善行政权力监督制约机制，加大对乱收费、乱处罚及粗暴执法等行为的惩处。第三，在公正司法方面，主要是严厉打击刑事犯罪，加强社会治安综合治理，推进"抓基层、打基础、苦练基本功"工程建设，推动"信息化、执法规范化、和谐警民关系"建设；检察机关严格依法履行审查批准逮捕、审查起诉职责，严查贪污贿赂、渎职等职务犯罪，加强对诉讼活动的法律监督，依法履行控告申诉检察职责；审判机关切实履行审判职能，探索与改革审判方式，强化审判监督工作，加大案件执行力度；劳改劳教机关规范工作程序，改进劳改劳教工作；司法机关切实加强律师管理，积极开展法律援助，规范司法鉴定。第四，在法治宣传教育方面，主要是建立法治宣传教育体制机制，健全法治宣传教育组织机构，完善法治宣传教育领导体制，尤其是重点抓对领导干部、企业管理人员、农民群众和青少年的法治宣传教育。同时，积极开展法治宣传教育活动，加大对阵地建设的投入，运用多种传媒开展富有成效的法治宣传教育。

总之，河南经过几十年的探索与实践，依法治省的主要任务得到进一步明确和加强。可以说，全国的依法治省工作，是伴随着依法治理工作的深入开展而进行的，而河南的依法治省工作则是在全国探索试点的基础上，于1990年在部分省辖市、县进行试点的基础上而逐步深入开展起来的。

《贞观政要·公平》中说："法，国之权衡也，时之准绳也。权衡所以定轻重，准绳所以正曲直。"党的十八大以来，尤其是党的十八届四中全会通过了《中共中央关于全面推进依法治国若干重大问题的决定》，这标志着依法治国进入了新的发展阶段。当前，党中央又把依法治国作为贯彻落实"五位一体"总体布局和"四个全面"战略布局的法治保障来推进。目前，全国各省（区、市）都积极围绕贯彻落实党的十八大和十八届三中、四中、五中全会精神，在新的历史起点上对全面推进依法治省进行积极谋划和全面部署。这标志着依法治省工作进入了新的发展阶段。"奉法者强则国强，奉法者弱则国弱"，一个国家是这样，一个省也是如此。我们坚信，法治这一治国之重器，必将对河南的经济社会发展发挥支撑作用。

第二节　河南全面推进依法治省的背景

当前，河南全面推进依法治省的背景，不仅包括国内的政治、经济、文化、社会、生态建设和党的建设等国内背景，还包括国际政治经济秩序的重构、国际竞争的加剧等国际背景，但就当前的一个单独的省域来讲，笔者认为，河南全面推进依法治省的历史大背景，主要指全面推进依法治国、全面深化改革、经济社会转型升级和最大限度地让人民群众分享法治成果等背景。

一　中国全面推进依法治国的大背景

全面推进依法治国的背景，主要包括两个方面：一是从中国社会主义建设与发展史的角度，需要总结"文化大革命"践踏法制的教训，此教训不可忘记；二是建立和完善社会主义市场经济体制机制的需要，此需要必须高度重视。新中国成立以后，毛泽东对社会主义法制高度重视。为了亲自起草好1954年宪法，毛泽东在杭州住了几个月，深入调研、召开座谈会。1954年前后，包括人民代表大会制度的建立，可以说是我国法治建设的一个黄金期。1956年以后，国际上发生了匈牙利事件，国内发生了反右派斗争和"文革"。"文革"结束以后，1978年邓小平明确提出"为了保障人民民主，必须健全法治，必须使民主制度化、法律化，使这种制度不因领导人改变而改变，不因领导人注意力的改变而改变"的重要论断。可以说，为了汲取"文革"期间践踏法制的教训，党的十一届三中全会以来的每一次党代会都始终强调推进依法治国的重要性。例如，1997年，党的十五大报告明确指出，"发展民主，健全法制，建设社会主义法治国家"；1999年，第九届全国人民代表大会第二次会议通过了《中华人民共和国宪法修正案》，并把"依法治国"正式写入宪法；2002年，党的十六大报告强调指出，要"坚持有法可依、有法必依、执法必严、违法必究"；2007年，党的十七大报告再次指出，要"全面落实依法治国基本方略，加快建设社会主义法治国家"；2012年，党的十八大报告尤其指出，要"推进科学立法、严格执法、公正司法、全民守法"；2013年，党的十八届三中全会报告指出，要"建设法治中国，坚持依法治国、依法执政、依法行政共同推进；坚持法治国家、法治政府、法治社会一体建设"；2014 年，党的十八届四中全会通过了《中共中央关于全面推进依法治国若干重大问题的决定》，并要求"全面推进依法治国，必须坚持党的领导、人民当家做主、依法治国有机统一，坚定不移走中国特色社会主义法治道路"。另外，社会主义市场经济的提出、建立和完善，对法治建设提出了非常高的要求。众所周知，社会主义市场经济，必须是法治经济。否则，我国不可能建立和完善社会主义市场经济。另外，从横向的角度讲，国（境）外一些顺利实现现代化的国家或地区的基本经验也证明，不搞法治是不行的。实践证明，尽管国（境）外一些国家或地区的地理位置、自然禀赋和历史文化背景各异，但它们都充分依靠法治进行经济社会建设，较好地解决了法治和人治的冲突问题，也顺利实现了现代化。

二 现阶段全面深化改革和经济社会转型升级的要求

当前，我国的改革与发展进入了攻坚克难期和"深水区"，加之经济社会加速转型，致使我国这一轮改革与发展的重点任务之一是为全面深化改革和经济社会转型升级提供法律法规支撑和有关制度安排，尤其为"全面建成小康社会、全面深化改革、全面从严治党"的全面落实提供法治支撑和法律保障。学者黄卫洲认为，"法治环境犹如巨大的磁场，能够强力吸引人才、资本、项目、技术等发展要素汇聚，从而铸就发展的硬动力"。因此，区域法治提升的不仅仅是区域经济的法律品质，更是区域经济的核心竞争力。当前，一要提高对"于法有据"是推进我国这一轮改革与发展前提的认识。党的十八届四中全会强调，重大决策要于法有据。因此，要教育与引导干部群众坚信我国这一轮的改革与发展不仅取决于法治化，而且受益于法治化。当前，我国这一轮的改革与发展不同于几十年前开始的那一轮改革与发展。过去那一轮的改革与发展主要是经济层面的，尤其是在一定时期内，国家提倡"大破大立"，在某种程度上允许一些地方和行业可以"闯红灯""踩雷区"。但党的十八大以来，我国经济社会发展进入了新常态，新常态则要求一些重大改革与发展的路径和政策选择都要于法有据。法治不仅是我国这一轮改革与发展的条件，而且是潜在的丰厚资源，更是决定的制度性因素。因此，要深化依法治省研究，及时跟进乃至超前研究依法治省实践过程中的一些战略性、前瞻性的重大课题，对不符合市场经济原则和法治精神的"红头文件"，要及时进行"立改废"，加快形成有利于我国科学发展的法规体系，始终坚持改革与法治"两个轮子"一起转。二要提高对党委依法执政是引导和带动人大、政府与政协依法办事的认识。各级党委，对于全面深化改革和加快经济社会转型升级都至关重要。在国家和社会治理体系结构中，各级党委作为巩固和提升中国共产党执政地位的具体实践者，更应按照依法执政的本质要求，加快完善各级党委的依法决策机制，依法规范决策主体、决策程序、决策内容和决策责任，尤其是要依法规范各地各部门的重大决策。如谁有权决策、有多大权限决策、决策的依据、决策的程序和决策的责任等，都要有遵循宪法和法律法规的规定。其目的只有一个，通过各级党委的依法行政从而带动人大、政府与政协依法办事，进而认识、适应和引领中国经济社会新常态。

三 我国已进入最大限度地让人民群众分享法治成果的阶段

目前，全国各省、市（区）大都通过出台关于依法治省的意见或方案，对依法治省的指导思想、总体目标、基本原则、重点任务及保障措施进行了总体安排和战略部署。全国大部分省、市（区）的依法治省意见或方案指导思想明确、定位科学、量化有度、执行有矩。但在学界，学者们还有一些不同的认识。例如，王朝章认为，目前依法治省的法治动力不足、公民法律素质不适应、缺乏强有力的推进措施；王福友认为，对行政权力的错误理解是目前依法治省实践中存在的核心问题，而这些问题的根源在于依法治省借口下的地方保护主义；学者唐磊认为，依法治省较易遇到传统思想和民间权威的顽固抵抗，从而使法律虚置化。再如，一些省、市（区）关于推进经济建设方面的立法较多，但在涉及民生等社会领域的立法相对较少而且滞后。为此，必须更好地发挥法治的引领和规范作用，最大限度地运用法治统筹社会力量、平衡社会利益、调节社会关系、规范社会行为。笔者认为，不管对依法治省的制度如何安排，都应该牢牢把握依法治省的抓手和主线，即通过全面推进依法治省，使人民群众管理经济社会各项事业的权利得到有效保障，使公共权力的配置和行使受到有效制约和约束，也就是最大限度地约束和规范公权，最大限度地保护公民的私权。到 2020 年，河南经济建设、民主政治建设、文化建设、社会建设、生态文明建设及党的建设的法治化程度显著提高，人民群众能最大限度地分享依法治省的成果。

第三节　全面推进依法治省的重大意义

目前，依法治国进入了新的发展阶段。当前，党中央又把依法治国作为"四个全面"战略布局的重要组成部分来推进。为此，依法治省作为依法治国在省域的具体实践，又迎来了新的发展机遇，同时也会面临一些新的挑战。目前，全国各省、市（区）出台的依法治省实施意见或方案尽管内容和举措不同，但其意义都是深远的，其价值是多方面的。因为它更加彰显了依法治省实践的丰富性，充分显示了与经济社会发展的融合性，也大大表现出了人民群众对依法治省参与的广泛性。

一　通过全面推进依法治省，能进一步提升河南的综合竞争力

省域的综合竞争力包括方方面面，过去的竞争力大多局限于人口、土地、交通、文化等方面。但随着我国市场经济体制的完善和市场主体诉求发生变化，省域的制度影响力和复制力，尤其是法治的权威和法治环境的优劣，已成为地区竞争的关键要素。因此，一是通过省级地方立法的科学化、民主化，可以将省委省政府重大战略部署的战略举措有选择地法治化。大部分国家或地区竞争的实践充分证明，法治不但是"硬竞争力"，更是提升区域核心竞争力的关键要素之一。以河南为例，建议紧紧围绕河南"三大国家战略"的实施、建设"先进制造业大省、高成长服务业大省、现代农业大省和网络经济大省"、华夏历史文明传承创新区建设、郑州跨境电子商务示范区建设、郑洛新国家自主创新示范区建设、中原城市群推进、土地节约集约、"互联网＋""三山一滩"的搬迁脱贫等重大部署，找准地方立法的切入点，在充分调研的基础上，能通过立法固定下来

就固定下来，不能通过立法固定下来的可把一些"惯例"规范化、制度化。目前，发展动力已从传统的劳动、资本、土地等生产要素逐步向制度创新和法治环境转变；从过去依靠资金、管理、人才等基本要素的竞争逐步向全面资源的竞争转变。如中原经济区以河南为主体覆盖周边，涉及5省的30个省辖市和3个县（区），面积为28.9万平方千米，是一个跨行政区划的区域，其区域内部发展水平各异。因此，不同行政区域内的各种利益冲突，是中原经济区发展面临的最大障碍。要想推动跨省合作，真正形成中原经济区的比较优势，就必须依靠法治来整合和优化区域利益发展格局。二是通过法治，可以将推进经济社会发展的方式方法法治化。尽管各省、市（区）的自然条件和社会、历史、文化背景差异很大，但在其实施的经济社会发展的方式方法，都要充分依靠法治这一方式方法，最大限度地实现发展规划和政策的法治化、管理体制机制的法治化、可持续发展保障和实现机制的法治化。如由于历史原因和有关法规政策的限制，河南的经济技术开发区在土地、财税等方面受到很大限制，其发展的内生动力不强，亟须从体制机制上为经济技术开发区的发展提供法治保障。为此，建议河南人大尽快出台《河南省经济技术开发区条例》。同时，河南在郑州航空港经济综合实验区、郑东新区、经开区、郑州国家开发区等经济组织形态培育上亟须从制度化、规范化的角度，积极探索其管理体制机制创新及其法治支撑问题。

二 通过全面推进依法治省，能进一步调动人民群众依法参与国家治理和社会治理的积极性和主动性

笔者认为，一亿河南人民是依法治省的真正主体，而不是依法治省的对象。为此，依法治省的各个领域、各个环节都尽量让人民群众依法依规参与。如在科学立法和民主立法环节，应加快建立健全立法机构与社会大众的正常沟通与交流机制，尤其对立法中涉及的重大利益调整，要征求有关国家机关、社会团体、专家学者的意见建议。如郑州航空港综合试验区作为我国第一个航空经济试验区，是一个新生事物，其发展过程中涉及郑州航空港综合试验区的法律地位、体制机制及行政执法权委托、法检两院建设等大量法律问题，亟须在科学立法和民主立法的基础上，适时出台

《郑州航空港综合试验区发展条例》。并在此基础上，建议在国家层面出台有关支持航空港经济发展的法律法规，以最大限度地支持我国航空经济的大发展。再如，在司法环节，可以加强庭审公开，完善公众旁听制度，推行重大案件庭审直播，完善新闻发布、公开听证和公开答疑制度，完善人民陪审员制度和人民监督员制度。一句话，通过依法治省的实践，要依法调动人民群众参与经济社会建设的积极性和主动性，不断提高河南经济社会各项事业发展的法治化程度。

三 通过全面推进依法治省，能进一步提升各级党员干部依法深化改革、推动发展、化解矛盾和维护稳定的能力和水平

当前，各级党员干部深化改革、推动发展、化解矛盾和维护稳定的能力是有的，但依法深化改革、推动发展、化解矛盾和维护稳定的能力水平和方式方法是不够的，存在"本领恐慌"问题。为此，一是抓住党员干部这个"关键少数"。要发挥正反两个方面典型的教化作用，引导各级党员干部注重法治思维的自我养成和实践锤炼，注重用法治方式来谋划和推动工作、处理干群关系、化解社会矛盾纠纷，使他们真正成为依法治省的重要组织者、有力推动者、具体实践者。二是把法治建设真正当成党员干部的政绩来抓。政绩考核指标体系能发挥"指挥棒"的作用，为此，必须把党员干部抓法治建设的成效作为工作的硬实力来考核。一名党员干部如果想问题、作决策、办事情都能自觉坚持"法律面前人人平等、法律面前没有特权、法律约束没有例外"的原则，在实际工作生活中就会不触碰法律红线、不逾越法律底线。反之，如果一名党员干部不能时刻绷紧法治这根弦，加之特权思想严重、法治观念淡薄，迟早会出问题。同时，对法治素养好、能依法办事的干部，不能让他们吃亏，应让他们能看到法治的力量和正义。三是强化宪法、法律理论知识的培训轮训。要围绕农地征收补偿、城市规划与房屋拆迁、非法融资及担保、涉法涉诉信访及非正常上访、新兴媒体及网络管理、医患矛盾纠纷处理等当前的一些热点难点问题，加大对党员干部法律法规和政策的培训轮训力度，切实提高党员干部能运用法治思维和法治方式来解决复杂问题、谋划与推动发展的能力和水平。

四 通过全面推进依法治省，能进一步发展和繁荣河南的法治文化

国学大师钱穆先生曾经说过："一切问题，由文化问题产生。一切问题，由文化问题解决。"河南地处中国腹地，中原文化博大精深，包含着丰富的社会治理智慧和艺术。但由于中原地区长期受农耕文明的影响，家法、族规往往成为处理人际关系的准则，也长期成为中原社会生活的规则。如在农村一些地区，家法、族规有时代替"国法"，讲人情多、讲"清官"多、讲血缘地缘亲缘多，但讲法律少、讲规则少、讲程序少，以至于一些地方的法治文化建设任重道远。

英国思想家培根指出："一次不公正的判决比多次不公正的举动祸害尤烈，因为后者不过是弄脏了水流，前者却破坏了水源。"其实质是说法治文化的重要性。因此，法治文化不但要以良法为前提，而且要以良法实施为保证。笔者认为，当前弘扬社会主义法治文化，一是要继承我国优秀传统文化中的法治元素，切实把法治文化作为区域重要的"软实力"来培育，使法治文化能够成为区域资源最佳组合、效益最佳发挥、利益最佳分配的基础性条件。二是要大胆吸收借鉴其他国家或地区的先进法治文化，使敬畏法治、规则意识、权利本位、权力制约和监督、公平正义等规矩意识逐步形成。我们坚信，经过河南依法治省的生动实践，具有河南特色的中原法治文化会悄然形成，中原法治的权威和信仰在河南得以确立，法治会成为一亿河南人民的自愿自觉行动，并成为河南的发展方式和一亿河南人民的生产生活方式。

第二章
全面推进依法治省的总体要求

　　2014 年 10 月，党的十八届四中全会在万众瞩目中胜利召开。会议以全面推进依法治国、建设社会主义法治国家为主题，审议通过了《中共中央关于全面推进依法治国若干重大问题的决定》（以下简称《决定》），在深刻总结社会主义法治建设历史经验的基础上，明确了全面推进依法治国的总体目标和重大任务，深刻回答了在当今中国建设什么样的法治国家、怎样建设法治国家等一系列重大问题。为贯彻落实中央精神，2015 年 3 月 24 日，中国共产党河南省第九届委员会第九次全体会议通过了《中共河南省委关于贯彻党的十八届四中全会精神全面推进依法治省的实施意见》（以下简称《实施意见》），对全面推进依法治省、加快建设法治河南做出了重大部署。《实施意见》明确了依法治省的指导思想、主要目标和基本原则，为全面推进依法治省指明了正确方向，注入了强大动力。

第一节　全面推进依法治省的指导思想

一　以中国特色社会主义理论体系为指导

　　中国特色社会主义理论体系是指包括邓小平理论、"三个代表"重要思想、科学发展观以及习近平同志系列重要讲话等在内的一系列理论。这些理论科学地回答了社会主义建设中的理论问题和实践问题，使党对"什么是社会主义、怎样建设社会主义"，"建设一个什么样的党、怎样建党"，"实现什么发展、如何发展"有了清晰的认识和把握，既体现了党对中国特色社会主义实践的科学总结，又体现了党对社会主义建设规律、共产党执政规律、人类社会发展规律认识的深化和丰富。正如习近平同志所讲，这个理论体系"系统回答了在中国这样一个十几亿人口的发展中大国如何摆脱贫困、加快实现现代化、巩固和发展社会主义的一系列重大问题"，① 是全党和全国各族人民团结奋斗的思想基础，是中国发展进步、实现中华民族伟大复兴的强大思想武器。中国社会主义法治建设的巨大成就就是在这一科学理论的指引下取得的。贯彻落实党的十八大和十八届三中、四中全会精神，全面推进依法治省，加快建设法治河南，实现社会公平正义，也必须以中国特色社会主义理论体系为指导。

（一）坚持中国特色社会主义理论体系为指导，必须坚持和完善社会主义政治制度

全面推进依法治省，要坚定不移地走中国特色的社会主义政治发展道路，坚持和完善社会主义政治制度。发展社会主义民主政治，最根本的是把坚持党的领导、人民当家做主和依法治国有机统一，推进政治体制改革，实现社会主义民主政治的制度化、规范化和程序化。因此，在全面推进依法治省的过程中，首先，要不断推进依法执政和依法行政改革，改革和完善党的领导方式和执政方式，改革和完善决策机制，推进干部人事制度改革。其次，要推进司法体制改革，确保司法机关公正行使职权。再次，要加强基层民主制度建设，扩大公民有序的政治参与，保证人民依法实行民主选举、民主决策、民主管理和民主监督。

（二）坚持中国特色社会主义理论体系为指导，必须贯彻中国特色社会主义法治理论

中国特色社会主义法治理论是马克思主义法学基本原理和中国法治实践相结合的历史产物，是马克思主义中国化的成果之一，是中国特色社会

---

① 习近平：《关于中国特色社会主义理论体系的几点学习体会和认识》，《求是》2008年7月。

主义理论体系的重要组成部分。其内容涉及坚持中国特色社会主义政治发展道路，坚持党的领导、人民当家做主与依法治国的有机统一，坚持依法治国、依法执政、依法行政共同推进，坚持法治国家、法治政府、法治社会一体建设等众多重要的法治思想和原则，是推进中国法治建设的行动指南。因此，党的十八届四中全会把"贯彻中国特色社会主义法治理论"确立为全面推进依法治国总目标的重要内容。具体落实依法治国方略，全面推进依法治省，必然要求贯彻中国特色的社会主义法治理论。

二 以"四个全面"战略布局为总引领

2014 年 12 月，习近平总书记在江苏考察调研时首次明确提出协调推进全面建成小康社会、全面深化改革、全面推进依法治国、全面从严治党的重大战略思想，① 确立了新时期党和国家各项工作的战略重点和发展方向。2015 年 2 月 2 日，在省部级主要领导干部学习贯彻十八届四中全会精神全面推进依法治国专题研讨班开班仪式的讲话中，习近平总书记把"四个全面"明确为中国共产党坚持和发展社会主义的重大战略布局。在"四个全面"战略思想中，各项内容是密切联系、相互促进、彼此贯通的。正如习近平总书记指出的："四个全面"战略布局，既有战略目标，也有战略举措，每一个"全面"都具有重大战略意义。全面建成小康社会是我们的战略目标，全面深化改革、全面依法治国、全面从严治党是三大战略举措。② 由此可见，"四个全面"缺一不可。全面贯彻依法治国方略，推进依法治省，必须把依法治省放在"四个全面"的总体布局中把握，坚持协调推进。

（一）以全面建设小康社会为目标

十八届四中全会《决定》明确指出："全面建成小康社会，实现中华

---

① 参见 2014 年 12 月 13～14 日习近平在江苏调研时的讲话要点，《人民日报》2014 年 12 月 15 日。

② 中共中央文献研究室《习近平关于全面依法治国论述摘编》，中央文献出版社，2015，第 14～15 页。

民族伟大复兴的中国梦……必须全面推进依法治国。"① 全面建成小康社会是一个总体的战略目标，小康社会必然是法治社会，实现中华民族伟大复兴，不仅指实现物质层面的民富国强，还包括实现制度和价值层面的文明复兴。河南省《实施意见》提出"以法治建设的扎实成效，让中原在实现'两个一百年'奋斗目标、实现中华民族伟大复兴的中国梦中更加出彩"。② 要实现这一目标，首先要维护宪法法律权威，推进科学立法、严格执法、公正司法、全民守法。其次要建设法治政府，以法律规范权力行使，严格执法。再次要提高司法的公信力，推进司法公正，依法维护人民权益，维护公平正义。最后，要推进建设法治社会，树立法治信仰，促进全民守法，维护社会和谐稳定。

（二）以法治之力推动改革

全面依法治国与全面深化改革是相辅相成、相互促进的关系。深化改革有利于推动依法治国的进程，依法治国有利于引领改革进程、规范改革行为、巩固改革成果。深化改革应当坚持依法办事，运用法治思维和法治方式推进各项制度实施，保证改革不变道、不走样，在法治的轨道上稳步推进。改革开放以来，河南省的经济社会发展取得了巨大成就，呈现出良好的发展趋势。但仍有诸多难题亟待破解，"人民内部矛盾和其他社会矛盾凸显，党风政风还存在不容忽视的问题，这些都与有法不依、执法不严、违法不究相关"，③ 因此，必须强化法治之力，全面推进依法治省，推动改革向纵深方向发展。

（三）在法治轨道上从严治党

党的领导与全面依法治国是一致的，全面依法治国必须坚持党的领导，党的领导必须依靠全面依法治国。全面推进依法治省，必须在法治轨

---

① 《中共中央关于全面推进依法治国若干重大问题的决定》，http://news. xinhuanet. com/2014－10/28/c_ 1113015330. htm。
② 《中共河南省委关于贯彻党的十八届四中全会精神全面推进依法治省的实施意见》，http://www. henan. gov. cn/jrhn/system/2015/01/05/010517961. shtml。
③ 《中共河南省委关于贯彻党的十八届四中全会精神全面推进依法治省的实施意见》，http://www. henan. gov. cn/jrhn/system/2015/01/05/010517961. shtml。

道上从严治党，要提高依法执政水平，完善保证党委确定依法治省决策部署的工作机制和程序。完善党委依法决策机制，实现决策于法有据，决策行为和程序依法进行。要推进党内法规制度建设和落实，提高党员干部法治思维和依法办事能力。

三 坚持党的领导、人民当家做主、依法治国有机统一

坚持党的领导、人民当家做主、依法治国有机统一，这是中国共产党带领全国人民在革命、建设、改革的过程中长期实践探索得出的正确结论，三者的有机统一，是全面推进依法治省的重要途径。

（一）党的领导是人民当家做主和依法治国的根本保证

中国共产党是中国特色社会主义伟大事业的领导核心。"中国共产党的领导是中国特色社会主义最本质的特征。"[①] 习近平总书记明确指出，"要坚持党总揽全局、协调各方的领导核心作用，坚持依法治国的基本方略和依法执政的基本方式，善于使党的主张通过法定程序成为国家意志"。[②] 因此，在全面推进依法治省的进程中，各级党委要充分发挥总揽全局、协调各方的领导核心作用，把党的领导贯彻到法治建设全过程和各方面，增强依法执政意识，自觉在宪法法律范围内活动。

（二）人民当家做主是社会主义民主政治的本质和核心

我国《宪法》规定："中华人民共和国的一切权力属于人民。"[③]人民当家做主是我国宪法所确立的根本准则。宪法保障公民在法律面前一律平等，尊重和保障人权，保证人民依法享有广泛的权利和自由，保障人身和财产权利不受侵犯，维护最广大人民的根本利益。在推进依法治省进程中，坚持人民当家做主，必须保证人民依法行使国家权力，保障人民当家

---

① 中共中央文献研究室《习近平关于全面依法治国论述摘编》，中央文献出版社，2015，第 21 页。

② 中共中央文献研究室《习近平关于全面依法治国论述摘编》，中央文献出版社，2015，第 19 页。

③ 《中华人民共和国宪法》，http://www.npc.gov.cn/npc/xinwen/node_505.htm。

做主的各项权利，推进社会主义民主的制度化、规范化、程序化，通过一系列制度、体制、机制创新，确保民意表达、民主选举、民主决策、民主管理、民主监督落到实处，充分体现社会主义民主的本质特征和根本要求。

（三）依法治国是现代民主政治的必然要求

依法治国是党领导人民治理国家的基本方略。坚持依法治国，必然要求党领导立法、支持司法、模范守法。一方面，人民在党的领导下，依照宪法和法律治理国家，通过各种途径和形式，参与国家和社会事务的管理，保障自己当家做主的权利，保证国家各项工作依法进行，实现社会主义民主的制度化、法律化。另一方面，党领导人民通过国家权力机关制定宪法和各项法律，党领导人民执行宪法和法律。同时，党的各级机关又在宪法和法律的范围内活动，依法执政、依法决策，保障宪法和法律的实施，从而使党的领导、人民当家做主和依法治国统一起来。

总之，坚持党的领导、人民当家做主、依法治国有机统一，就是党领导人民，通过依法治国，实现当家做主。坚持三者的有机统一，是全面推进依法治省的正确路径。

四　坚定不移走中国特色社会主义法治道路

习近平同志指出："全面推进依法治国，必须走对路。如果路走错了，南辕北辙了，那再提什么要求和举措也都没有意义了。"① 中国特色社会主义道路体现了中国的基本国情，反映了中国社会发展的内在需要，指明了建设社会主义法治国家的前进方向。全面推进依法治省，必须旗帜鲜明，坚定不移地走中国特色社会主义法治道路。习近平同志精辟阐述了中国特色社会主义法治道路的基本内涵，指出"全面推进依法治国这件大事能不能办好，最关键的是方向是不是正确，政治保证是不是坚强有力，具体讲就是要坚持党的领导，坚持中国特色社会主义制度，贯彻中国

---

① 习近平：《加快建设社会主义法治国家》，《理论学习》2015年第2期，第4页。

特色社会主义法治理论"。① 因此，必须把握中国特色社会主义的核心要义，坚持全面推进依法治省，加快建设法治河南的正确方向。

（一）坚持中国共产党的领导

中国共产党是执政党，在整个国家和社会中处于领导地位。依法治国是党提出来的，也是党领导人民治理国家的基本方略，必须在党的领导下有序进行。坚持党的领导是社会主义法治的根本要求。中国共产党作为社会主义法治的领导力量，在法治建设的过程中发挥了全面性、系统性的作用。依法治省必须在党的领导下有序进行，党领导人民制定宪法和法律，党自身在宪法和法律的范围内活动，党领导和推动宪法和法律的实施。只有在党的领导下依法治国、依法治省，人民当家做主才能真正实现。

（二）坚持中国特色社会主义制度

中国特色的社会主义是中国特色的社会主义道路、理论体系和制度的有机结合。党的十八大报告对中国特色的社会主义制度作了基本界定，指出："中国特色社会主义制度，是人民代表大会制度的根本政治制度，中国共产党领导的多党合作和政治协商制度、民族区域自治制度以及基层群众自治制度等基本政治制度，中国特色社会主义法律体系，公有制为主体、多种所有制经济共同发展的基本经济制度，以及建立在这些制度基础上的经济体制、政治体制、文化体制、社会体制等各项具体制度。"② 中国特色的社会主义法律制度是中国特色社会主义制度的有机组成部分，这些制度把党的领导、人民当家做主和依法治国统一起来，调节国家和社会生活的基本关系，成为全面推进依法治国、加快国家现代化建设的重要保障。坚定不移走中国特色社会主义法治道路，全面推进依法治省，必须坚持中国特色社会主义制度。

---

① 习近平：《关于〈中共中央关于全面推进依法治国若干重大问题的决定〉的说明》，《中国共产党第十八届中央委员会第四次全体会议文件汇编》，人民出版社，2014，第 78～79 页。

② 胡锦涛：《坚定不移沿着中国特色社会主义道路前进　为全面建成小康社会而奋斗——在中国共产党第十八次全国代表大会上的报告》，http：//www. xj. xinhuanet. com/2012－11/19/c_ 113722546. htm。

（三）坚持依法治省、依法执政、依法行政共同推进

依法治省是依法治国方略的具体实施和落实，是把国家事务和社会事务纳入法治化的轨道。依法执政是指中国共产党坚持在宪法和法律范围活动，严格依法办事，运用国家法律处理国家事务。依法行政就是运用法律手段规范政府行为，使政府权力在法治轨道上运行。依法治省、依法执政、依法行政是一个内在统一的有机整体。依法执政处于关键的支配性地位，完善保证党委确定依法治省决策部署的工作机制和程序，完善党委依法决策机制，实现决策于法有据，决策行为和程序依法进行。另外要全面推进依法行政，落实严格执法，加快法治河南建设进程。

（四）坚持法治国家、法治政府、法治社会一体建设

中国特色社会主义法治建设与发展的进程，是一个从传统的人治型治理模式向法治型治理模式的转型与变革的过程。这一过程是国家、政府、社会全面变革的过程，是法治国家、法治政府、法治社会一体建设的过程。法治国家是指确立法律统治、维护法律权威的国家。是严格按照法定权限行使权力、履行职责的政府，是法治国家的有机组成部分。法治社会是信仰法治、依法治理的社会，是法治国家和法治政府的基础。全面推进依法治省是对建设法治国家目标的具体落实，必须坚持建设法治政府与法治社会。

（五）坚持全面推进科学立法、严格执法、公正司法、全民守法进程

科学立法、严格执法、公正司法、全民守法是中国特色社会主义法治观的重要内容和基本要求，对于全面推进依法治省、加快建设法治中国具有十分重要的指导意义。科学立法是全面推进依法治省的前提，要紧紧围绕提高立法质量，积极审慎推进地方立法。严格执法是全面推进依法治省的关键环节，要紧紧围绕建设法治政府，着力落实严格执法。公正司法是全面推进依法治省的重要保障，要紧紧围绕提升司法公信力，深入推进公正司法。全民守法是全面推进依法治国的基础性环节，要紧紧围绕建设法

治社会，树立法治信仰，促进全民守法。

五 把依法治省贯彻到打造"四个河南"、推进"两项建设"各个方面

党的十八大以来，为全面落实中国特色社会主义"五位一体"战略布局的重大举措，中共河南省委、省政府结合河南省经济社会发展的实际情况，做出了打造富强河南、文明河南、平安河南、美丽河南"四个河南"和推进社会主义民主政治制度建设、加强和提高党的执政能力制度建设"两项建设"的重要决策部署。打造"四个河南"、推进"两项建设"是当前和今后河南省的一项重点工作，也是河南省经济社会的重大变革。全面推进依法治省，深化经济社会各领域的改革，要以法治引领改革进程，从政策推动改革转变为法治引领改革，要实现改革决策与立法决策的协调同步，要为打造"四个河南"、推进"两项建设"创造良好的法治环境。同时，全面推进依法治省，有利于营造稳定的社会环境，有利于打造"四个河南"、推进"两项建设"工作的顺利进行。把依法治省贯彻到打造"四个河南"、推进"两项建设"各个方面必须做好以下几方面工作：

(一) 完善立法，形成完备的地方法律规范体系

不断完善法治体系是打造"四个河南"、推进"两项建设"的前提。要形成完备的地方法律规范体系，首先，要适应改革与经济发展的需要，进一步推进科学立法，增强立法的系统性、针对性、有效性，尤其要加快完善与人民群众切身利益密切相关的教育、就业、收入分配、社会保障、医疗卫生等公共服务方面的地方性法规，切实保障和改善民生。其次，要重视发挥立法对改革的引领和推动作用，紧紧围绕打造"四个河南"、推进"两项建设"工作中发现的新问题、新矛盾，完善地方立法。最后，要改进立法体制，健全立法的途径和方式，推进民主立法，鼓励公众参与地方立法，使立法更好地体现广大人民利益和社会公平正义。

(二) 加强司法监督，维护社会公平正义

在司法活动中，枉法裁判和"关系案""金钱案""人情案"等仍时

有发生。司法监督不力是重要原因之一，只有加强对司法活动的监督，才能防止腐败，纠正徇私枉法之风，真正做到执法必严，才能在全社会形成守法之风，从而推动打造"四个河南"、推进"两项建设"各项工作的顺利开展。任何机关组织和个人都不得干扰、阻挠、破坏法律的实施，防止领导干部干预司法活动，保障法院生效裁判的落实，加强对司法人员履行法定职责的保护。

（三）严格执法，保证法律有效实施

"法律的生命力在于实施，法律的权威也在于实施。"① 保证法律有效实施，严格执法是关键。首先，要依法全面履行政府职能，实现机构、职能、权限、程序、责任法定化，做到法无授权不可为、法定职责必须为。其次，要改进执法方式，紧紧围绕打造"四个河南"、推进"两项建设"工作，整合执法机构，强化综合执法，做到高效执法。

第二节　全面推进依法治省的主要目标

一　法治信仰普遍树立

法律的权威源于人们内心的拥护和真诚信仰，正如法学家伯尔曼的一句名言："法律必须被信仰，否则它将形同虚设。"② 信仰法律是法律全面正确实施的前提和基础，法治信仰普遍树立是全面推进依法治省的主要目标之一。法治信仰普遍树立是指，"社会主义法治精神深入人心，全民法治观念普遍增强，守法光荣、违法可耻的社会氛围普遍形成，法律服务体系更加完善，各类社会主体合法权益得到切实保障，社会治理法治化水平明显提高"。③ 实现这一目标，必须做好以下几方面工作。

---

① 吴军：《依法治国新常态》，人民日报出版社，2015，第 22 页。
② 〔美〕伯尔曼：《法律与宗教》，梁治平译，中国政法大学出版社，2003，第 3 页。
③ 《中共河南省委关于贯彻党的十八届四中全会精神全面推进依法治省的实施意见》，http：//www.henan.gov.cn/jrhn/system/2015/01/05/010517961.shtml。

（一）弘扬法治精神，建设法治文化

法治精神是法治的灵魂，没有法治精神，社会就没有法治风尚，只有让法律入脑入心，只有在全社会高度弘扬法治精神，法治方能"形神兼具"。[①] 法治精神的培育需要良好的法治文化氛围，法治文化的形成不是一朝一夕完成的，需要一个国家或民族长期积淀。全面推行依法治省，加快建设法治河南，必须大力加强法治文化建设。首先，要加强对法治文化阵地的建设。法治文化阵地，指法治文化传播的媒体、形式、渠道、场所等。要充分发挥大众传媒在法治宣传教育中的积极作用，强化广播、电视、报刊、网络等新闻媒体的社会责任，充分借助互联网资源，提高法治宣传教育的覆盖面，经常组织法律文艺工作者深入基层、深入群众，开展丰富多彩的法治宣传教育活动。其次，要大力开展法治文化活动，逐渐形成依法办事、遇事找法、解决问题用法、化解矛盾靠法的良好环境。最后，要推动全社会参与营造良好的法治环境。法治环境是长期潜移默化形成的，要多方面、多渠道扩大公民参与依法治省的范围，形成"守法光荣、违法可耻"的社会氛围，营造良好的法治环境。

（二）加强法治宣传教育，培养法治意识

培养法治意识，是指培养全民依法办事、依法行政、依法律己、依法维权的意识。有了法治意识，法律才能成为人们行为的准则，严格执法、守法光荣、违法可耻的道德标准才能树立起来。要培养全民的法律意识，必须加强法治宣传教育。要加强立法宣传教育，要立足省情，从人民群众反映最强烈的问题入手，最大限度地扩大公众参与，把公平、公正、公开原则贯穿于地方法律法规制度、修改的全过程，把立法过程真正变成法治宣传教育过程。要加强执法宣传教育，使每一部法律法规都得到严格执行。要加强司法宣传教育，使每一个司法案件都体现公平正义。要加强守法教育，使每一位干部群众都成为守法公民。

---

① 吴军：《依法治国新常态》，人民日报出版社，2015，第213页。

（三）完善法律服务体系，切实保障合法权益

平等地获得法律帮助，是每一个公民依法享有的基本权利。完善的法律服务体系是实现公民合法权益的重要保障。党的十八届四中全会《决定》指出："推进覆盖城乡居民的公共法律服务体系建设，加强民生领域法律服务。完善法律援助制度，扩大援助范围，健全司法救助体系，保证人民群众在遇到法律问题或者权利受到侵害时获得及时有效法律帮助。"①完善法律服务体系，首先要大力推进法律服务体系建设，发展律师、公正等法律服务行业，构建全面覆盖、布局合理的法律服务网络。拓展多元化、多层次的法律服务领域，充分调动政府、社会等多方力量，参与法律服务工作，实现服务提供主体和提供方式的多元化。加强对法律服务的保障工作，保障服务经费来源，促进法律服务的常态化。其次，要完善法律援助工作，扩大法律援助的覆盖面，强化法律援助服务质量，提高法律援助工作保障水平。最后，要建立健全司法救助体系，扩大救助对象，确保救助权益，增加救助方式，拓宽救助途径，保障救助经费。

二　立法水平全面提高

完善的地方法规规章体系是全面推进依法治省的前提和基础。坚持中国特色社会主义法治道路，加快法治河南建设，必须坚持立法先行，全面提高立法水平。要求"立法体制机制更加健全，重点领域立法得到加强，制定修订一批促进改革开放、保障经济社会发展、维护人民权益急需的地方法规规章，形成与国家法律法规相配套、与河南发展要求相适应的地方法规规章体系"。②

（一）完善地方立法体制机制

完善地方立法体制机制，必须加强党对立法工作的领导，完善党对立

---

① 《中共中央关于全面推进依法治国若干重大问题的决定》，http：//news.
xinhuanet.com/2014－10/28/c_1113015330.htm。
② 《中共河南省委关于贯彻党的十八届四中全会精神全面推进依法治省的实施意见》，
http：//www.henan.gov.cn/jrhn/system/2015/01/05/010517961.shtml。

法工作中重大问题的决策程序。首先，要完善党内立法的体制机制。中国共产党是领导中国人民进行社会主义建设的先锋队，肩负着神圣的历史使命，党规党纪要严于国家法律。将党内法规体系纳入法治建设体系是党践行法治理念，推进国家治理能力现代化的重大实践。其次，要健全有立法权的人大主导立法的体制机制。《宪法》确立了中国基本的立法体制，《立法法》将有关内容予以细化，但仍然存在诸多不足之处，如根据《立法法》规定，我国地方立法存在"省和设区的市"两级立法主体，但对二者的立法权限和立法事项范围并没有作明确划分。健全有关工作体制机制势在必行。最后，要加强和改进政府立法制度建设。根据我国《宪法》，地方政府可以制定规章，执行宪法法律的具体化措施。其制定的规章具有准法律的性质，既要遵循立法科学性的原则，又要体现宪法精神和人民主权原则。

（二）推进科学立法、民主立法

深入推进科学立法、民主立法，必须完善立法项目证据和论证制度，健全立法机关主导、社会各方参与立法的途径与方式，拓宽公众参与立法途径。具体而言，应当加强人大对立法工作的组织协调机制，健全立法起草、论证、协调、审议机制。健全各方有序参与机制，创造多种途径、多种方式，保障公众参与立法权力的实现。

（三）加强重点领域立法

完善地方法规规章体系，提高立法水平，必须结合河南省情，着力解决经济社会发展与改革中的突出问题，在完善社会主义市场经济体制、促进民生改善、加强生态文明建设等重点领域加快地方立法进程；紧扣打造"四个河南"、推进"两项建设"，突出保障三大国家战略规划实施、融入国家"一带一路"战略等立法重点，不断完善地方法规规章。

三　法治政府基本建成

法治政府是相对于人治政府的一种政府形态，是指依法规范和运行的政府，即依法治理的政府。[①] 建设法治政府对于实现国家富强、保护公民

---

① 公丕祥：《全面依法治国》，江苏人民出版社，2015，第201页。

合法权益、维护社会和谐稳定、建设法治国家具有重大意义。建设法治政府是全面推进依法治省的重要目标之一。具体来讲，建成法治政府要求："政府工作全面纳入法治轨道，权责统一、权威高效的依法行政体制基本建立，各级政府事权规范化、法定化，依法决策机制更加健全，服务型行政执法实现全覆盖，政务公开全面落实，对行政权力的制约和监督更加有效"①。

（一）依法全面履行政府职能

依法全面履行政府职能是推进依法行政、加快建设法治政府的必然要求。法治政府要求政府在法治的轨道上行使行政权力，防止权力的任意扩大，行政权力的主体、权限、依据、程序都必须遵守法律法规。要求政府严格按照法定职责实施行政行为，全面履行政府职责。要推进各级政府事权的规范化、法律化，深化行政审批制度改革，推行政府权力清单制度。

（二）健全依法决策机制

决策权是一项重要的行政权力，健全决策机制是加快法治政府建设的内在要求，依法决策是推进依法行政、建设法治政府的一项重要任务。健全依法决策机制应当建立行政机关内部重大决策的合法性审查机制。党的十八届四中全会《决定》提出"把公众参与、专家论证、风险评估、合法性审查、集体讨论决定确定为重大行政决策法定程序"。② 因此，要坚持一切从实际出发，系统全面地掌握实际情况，深入分析决策对各方的影响，权衡利弊得失。同时，健全决策的保障机制，积极推行政府法律顾问制度，实行决策绩效评估考核制度，建立重大决策终身责任追究制度及责任倒查机制。

（三）严格规范公正文明执法

行政机关是实施法律法规的重要主体，担负着严格执法的重要职责。

---

① 《中共河南省委关于贯彻党的十八届四中全会精神全面推进依法治省的实施意见》，http：//www. henan. gov. cn/jrhn/system/2015/01/05/010517961. shtml。
② 《中共中央关于全面推进依法治国若干重大问题的决定》，http：//news. xinhuanet. com/2014 – 10/28/c_ 1113015330. htm。

严格、公正、文明执法是依法治省、建设法治河南的必然要求。严格规范公正文明执法要求，依法惩处各类违法行为，遵守和完善行政执法程序，全面落实行政执法责任制。

（四）强化对行政权力的制约和监督

构建科学有效的行政权力监督体系是建设法治政府的重要保障。加强对行政权力的内部监督和制约，首先，要科学分解配置权力形成领导班子成员内部相互制约和监督的权力运行体系。其次，要完善内部监督，即完善行政机关上下级之间的层级监督和专门监督机构的监督。最后，要强化对行政权力的外部监督，即中国共产党、人大、司法、社会监督等。

（五）全面推进政务公开

规范行政权力的行使，推进行政管理体制改革，建设法治政府必然要求全面推进政务公开。首先，政务公开是建设服务型政府的具体体现。通过及时将政府的行政依据、行政程序和行政结果予以公开，满足公众对政务过程的参与需求，增强政府和公众的互动互信，促进政府转变职能，促使政府工作人员不断端正工作态度，提高自身素质和能力。其次，全面推进政务公开，是加强对行政权力监督、防治腐败的客观需要。推进政务公开，促使政府工作人员依法行政、公开行政、透明行政，从源头上防止了腐败的产生。最后，通过推进政务公开，政府将重大的政策措施、信息等在决策前广泛征求群众意见，可以集思广益，保证决策的科学性和民主性。全面推进政务公开要转变政务公开的理念，坚持以公开为常态、不公开为例外的原则，保障人民群众的知情权和监督权。要公开权力清单，明确各行政部门的职权、职责。要突出政务公开的重点，将与人民群众利益密切相关的事项，围绕人、财、物管理等容易滋生腐败的关键环节和权力行使的重点部位作为政务公开的重点。另外，要创新政务公开方式，充分利用多种载体和形式，推进政务公开信息化，统筹推进政务公开工作。

四 司法公信力有效提升

司法公信力是指，司法权凭借自身的信用而获得公众信任的程度，它具有信任和信用的双重维度。① 从司法权本身来看，司法的公信力表现为信用，从社会公众的角度来看，司法的公信力表现为对司法的信任。全面推进依法治省的进程，需要法律得到有效实施，司法是法律实施的重要环节，提升司法公信力是依法治省的必然要求。提升司法的公信力，建立健全提高司法公信力的体制机制，应当做好以下几方面工作。

（一）完善确保司法机关依法公正行使职权的制度

人民法院、人民检察院依法独立公正行使审判权和检察权，是宪法确定的原则，是依法治国的重要基础，是实现社会公平正义的必然要求。现实中影响审判权、检察权独立公正行使的现象依然存在，主要表现为司法的行政化和地方化等突出问题。在全面推进依法治省的进程中，确保司法机关依法公正行使职权，首先，应当构建切实具体的制度，保证司法权的独立行使，防止行政权干预司法权的行使。其次，应当建立健全司法人员履行法定职责的保护机制，保证司法人员独立公正行使职权。

（二）优化司法职权配置，完善司法权力运行机制

优化司法职权的配置，规范司法行为，是司法体制改革的核心内容，也是司法权正确运行的重要保证。司法权力的运行是司法功能实现的过程。规制司法权力的运行，必须以维护司法公正、保证司法独立、树立司法权威为价值目标。优化司法职权的配置主要体现在制约和配合两方面，既要充分考虑对司法权的制约，实现司法公正，又要合理配置司法职权，提高司法效率。首先，要形成完善的权力配合制约机制，明确各司法机关权力的边界。"优化司法职权配置，健全公安机关、检察机关、审判机关、司法行政机关各司其职，侦查权、检察权、审判权、执行权相互配合、相互制约的体制机制。"② 其次，要"明确司法机关内部各层级权限，严格上下级法院审级监督关系，规范办案指导、案件请示。健全各项司法制度

① 沈德咏：《关于公信立院的几点思考》，《人民法院报》2009 年 9 月 8 日。
② 《中共河南省委关于贯彻党的十八届四中全会精神全面推进依法治省的实施意见》，http：//www.henan.gov.cn/jrhn/system/2015/01/05/010517961.shtml。

机制，明确各类司法人员和执法岗位工作职责、工作流程、工作标准"。①

（三）加强司法人权保障

尊重和保障人权，是国家法治文明的重要体现。我国《宪法》明确规定"国家尊重和保障人权"，对人权的保障不仅体现在立法层面，还应当体现在司法层面。加强司法人权的保护直接关系到宪法法律规定的人权能否真正实现。加强司法人权保障，首先，应当强化在诉讼程序中当事人和其他诉讼参与人权利的保障制度。其次，要切实解决执行难，依法保障胜诉当事人及时实现权益。再次，要完善对限制人身自由的司法措施和侦查手段的司法监督。最后，落实终审和诉讼终结制度，保障当事人依法行使申诉权利。

（四）加强对司法活动的监督

司法权承担着判断是非曲直、解决矛盾纠纷、制裁违法犯罪、调解利益关系等重要职责，必须加强对司法权行使的监督，才能保证权力的正确行使，维护社会公平正义。加强对司法活动的监督，首先，应当加强检察机关监督权的行使。检察机关是国家的法律监督机关，主要职责是确保宪法和法律的正确实施。应加强检察机关对刑事诉讼、民事诉讼和行政诉讼的法律监督。其次，应当依法规范对司法人员的监管，加强司法人员的职业道德建设，完善责任追究机制。

五 依法执政能力明显增强

依法执政能力是指，党根据宪法和法律，实施对国家和社会领导的能力。提高党的依法执政能力，加强和改善党的领导是依法治国的根本保证，是改革和完善中国共产党领导方式和执政方式的重要途径。② 增强依法执政能力一方面要善于通过维护宪法和法律的权威来维护党的权威，另一方面要完善党委依法决策的机制。

---

① 《中共河南省委关于贯彻党的十八届四中全会精神全面推进依法治省的实施意见》，http://www.henan.gov.cn/jrhn/system/2015/01/05/010517961.shtml。

② 吴军：《依法治国新常态》，人民日报出版社，2015，第301页。

（一）维护宪法权威

宪法是国家的根本大法，依法行政首先要依宪行政。中国共产党的领导权是宪法确认和规定的，这是坚持党的领导的法律依据。宪法和法律的实施离不开党的领导，而党领导人民治理国家的根本方略是依法治国。依法治国是党领导人民依照宪法和法律管理国家和社会公共事务。因此，提高党的执政能力首要任务是维护宪法权威。

（二）完善党委领导依法治省的工作机制和程序

党委领导依法治省的工作机制是否科学有效，程序是否合法规范，直接影响到依法治省的成效，影响党委依法执政能力的强弱。完善党委领导依法治省的工作机制和程序，首先，应当加强党组织在依法治省中的领导和监督作用。其次，要完善党委依法决策机制，实现决策于法有据，决策行为和程序依法进行。最后，要完善政法委员会的职责。"各级党委政法委员会要把工作着力点放在把握政治方向、协调各方职能、统筹政法工作、建设政法队伍、督促依法履职、创造公正司法环境上，带头依法办事，保障宪法法律正确统一实施。"①

第三节　全面推进依法治省的基本原则

一　坚持党的领导

坚持党的领导是指，把党总揽全局、协调各方的领导核心作用贯彻到依法治省的全过程和各方面。中国共产党领导全国人民取得了社会主义革命和建设的伟大胜利，全面推进依法治国是中国特色社会主义伟大事业中一个重要组成部分，必须坚持中国共产党的领导。党的第十八届四中全会《决定》指出："党的领导是中国特色社会主义最本质的特征，是社会主义法治最根本的保证，把党的领导贯彻到依法治国全过程和各方面是我国

---

① 《中共河南省委关于贯彻党的十八届四中全会精神全面推进依法治省的实施意见》，http://www.henan.gov.cn/jrhn/system/2015/01/05/010517961.shtml。

社会主义法治建设的一条基本经验，我国宪法确立了中国共产党的领导地位，坚持党的领导，是社会主义法治的根本要求，是党和国家的根本所在、命脉所在，是全国各族人民的利益所系、幸福所系，是全面推进依法治国的题中应有之义。"① 党的领导是全面推进依法治省、加快建设法治河南的政治保证，只有坚持党的领导，才能保证依法治省的正确方向。坚持党的领导具体体现在以下三个方面。

（一）充分发挥党委在依法治省中总揽全局、协调各方的领导核心作用

中国共产党是中国特色社会主义事业的领导核心，党委在全面推进依法治省过程中起到总揽全局、协调各方的领导作用。全面推进依法治省是对全省各级党委执政能力和领导水平的新考验。要保障依法治省工作的顺利进行，必须提高党的执政水平，加强和改善党的领导。依法执政是依法治省的关键，全省各级党委要坚持依法执政，把党的领导贯彻到全面推进依法治省全过程，要带头维护宪法法律权威，捍卫宪法法律尊严，保证宪法法律实施。

（二）坚持从严治党，加强和完善党内法规制度建设

坚持党对依法治省的领导，既要求党依据宪法和法律执政，也要求党依据党内法规管党。党规党纪体现着党的信念、宗旨，是党的行为准则和纪律约束，是党自我管理、自我完善、自我进步的重要保障。拥有一套完善的党内法规是中国共产党的一大政治优势。加强和完善党内法规建设，坚持从严治党，是加强和改进党全面推进依法治省的必然要求。首先，要完善党内法规体系。党章是立党、管党、治党的总章程，是最根本的党内法规，是制定党内其他规章制度的依据和基础。同时，党内法规的制定要坚持宪法至上的原则，并不得与现行法律法规相抵触。要坚持科学立法、民主立法的基本理念，依据《中国共产党党内法规制定条例》《中国共产

---

① 《中共中央关于全面推进依法治国若干重大问题的决定》，http://news. xinhuanet.com/2014 – 10/28/c_ 1113015330. htm。

党党内法规和规范性文件备案规定》等规定，对现行党内法规进行清理，及时废止同宪法和法律相冲突、同党章和党的理论路线方针相抵触的党内法规。妥善处理数量与质量、前瞻性与现实性等关系。其次，要严格依照党规党纪管党治党。中国共产党是领导革命与建设的先锋队组织，党规党纪应当严于国家法律，党的各级组织和各级党员不仅要模范遵守国家法律法规，更应当按照更高的标准严格遵守党规党纪，践行党的宗旨，坚决同违法乱纪行为做斗争。

（三）提高党员干部的法治思维和依法办事能力

中国共产党是依法治省的领导核心，广大的党员干部是全面推进依法治省的重要组织者、实践者。党员干部要以身作则，自觉提高法治思维和依法办事能力。河南正处于经济社会改革发展的重要时期，深化改革、推动发展的任务非常繁重，化解矛盾、维护稳定的压力相当艰巨，这对领导干部的法治素养提出了新的更高的要求。实践中，少数领导干部仍习惯以人治的思维和方式处理问题，以言代法、以权压法、徇私枉法等现象依然存在。因此，提高党员干部运用法治思维和法治方式深化改革、促进发展、化解矛盾、维护稳定的能力是全面推进依法治省过程中面临的重大问题。

二 坚持人民主体地位

党的十八届四中全会《决定》明确提出，人民是依法治国的主体和力量源泉，把坚持人民主体地位作为依法治国必须牢牢把握的一条根本原则。坚持法治建设为了人民、依靠人民、造福人民、保护人民，充分发挥人民的主体作用。因此，坚持人民主体地位解决的是全面推进依法治省的源泉问题。当代中国法治经验最根本的一条就是把党的领导、人民当家做主和依法治国三者有机统一起来。我国宪法明确规定："中华人民共和国是工人阶级领导的、以工农联盟为基础的人民民主专政的社会主义国家"，"中华人民共和国的一切权力属于人民"。① 这些规定表明，中国最广大的人民是国家的主人，是推动依法治省的主体。全面推进依法治省，

① 《中华人民共和国宪法》，http://www.npc.gov.cn/npc/xinwen/node_505.htm。

必须树立法治要以保障人民合法权益为根本出发点和落脚点的观念，保证人民当家做主，充分反映人民意愿、充分实现人民权利、充分保障人民权益。坚持人民的主体地位，必须把握以下几个方面。

（一）坚持人民主体地位必须坚持人民代表大会制度

在全面推进依法治省的进程中坚持人民主体地位，就必须保障人民的根本权益，保证人民依法享有的广泛的权利和自由、承担应尽的义务和责任，而保障人民行使权利的最根本的政治制度是人民代表大会制度。在全面依法治省的进程中坚持人民主体地位，就必须坚持人民代表大会制度，确保人民对于国家事务、经济和文化事业、社会事业的管理，让法治更好地保障人民的知情权、参与权、决策权、监督权。

（二）坚持人民主体地位必须贯彻到全面推进依法治省的实践当中

总体看来，在全面推进依法治省进程中坚持人民主体地位，必须坚持法治建设为了人民、依靠人民、造福人民、保护人民，以保障人民根本权益为出发点和落脚点，保证人民依法享有广泛的权利和自由、承担应尽的义务，维护社会公平正义，促进共同富裕。① 具体来讲，首先，要保证人民在党的领导下，依照法律规定，通过各种途径和形式管理国家事务，管理经济文化事业，管理社会事务，真正感受到主人翁的地位。其次，要维护宪法的权威，切实保障宪法的有效实施。公民的基本权利和义务是宪法的核心内容，只有保障宪法的实施，才能保障人民依法享有广泛的权利和自由。再次，要切实解决损害人民群众权益的突出问题。坚决制止滥用权力侵犯群众合法权益的行为。最后，增强全社会尊法学法守法用法意识，"必须使人民认识到法律既是保障自身权利的有力武器，也是必须遵守的行为规范"，② 从而使法律为人民所掌握、所遵守、所运用。

---

① 《中共中央关于全面推进依法治国若干重大问题的决定》，http：//news. xinhuanet. com/2014 - 10/28/c_ 1113015330. htm。

② 《中共中央关于全面推进依法治国若干重大问题的决定》，http：//news. xinhuanet. com/2014 - 10/28/c_ 1113015330. htm。

三　坚持法律面前人人平等

公平正义是社会主义的本质属性，法治是维护社会公平正义最重要的手段，全面推进依法治省必须坚持法律面前人人平等的原则。法律面前人人平等的基本含义包括三个方面：一是，全体公民平等地享有宪法和法律规定的各项权利，同时平等地履行宪法和法律规定的义务；二是，公民的合法权益平等地受到保护；三是，不允许任何公民享有法律以外的特权。坚持法律面前人人平等，可以使人民在依法治省中的主体地位得到尊重和保障，从而更有利于增强人民群众的主人翁责任感。同时，法律面前人人平等彰显了社会主义法治的价值追求，要求人人依法办事，反对法外特权，有利于维护宪法和法律的权威。坚持法律面前人人平等，必须做到以下几点。

（一）任何组织和个人必须在宪法法律范围内活动

坚持法律面前人人平等，本质上是权利平等，义务平等，反对法外特权。习近平同志指出："坚持法律面前人人平等，必须体现在立法、执法、司法、守法各个方面。任何组织和个人都必须尊重宪法法律权威，都必须在宪法法律范围内活动，都必须依照宪法法律行使权力或权利、履行职责或义务，都不得有超越宪法法律的特权。"① 在全面推进依法治省的进程中，任何组织和个人都必须以宪法和法律为活动准则，任何违反宪法和法律的行为都必须予以追究和纠正。尤其是党员和各级领导干部，要模范遵守宪法法律，带头依法办事，不得违法行使权力，更不能以言代法、以权压法、徇私枉法。

（二）规范约束公权力

坚持法律面前人人平等，重点就是要依法治权、消除特权。人治与法治在理论上和实践上的分水岭，表现在对权力和特权的态度上。② 人治是

---

① 习近平：《加快建设社会主义法治国家》，《理论学习》2015 年第 2 期，第 5 页。

② 徐显明：《坚定不移走中国特色社会主义法治道路》，《法学研究》2014 年第 6 期，第 11 页。

保护特权，法治是反对特权。坚持法律面前人人平等，要求把权力行使纳入法治轨道。首先，要强化对行政权力的监督。政府是行政权力的主体。当前，河南仍存在一些领导干部，头脑中封建主义思想残余依然存在，无视法律的存在，凡事都要自己说了算，大搞以言代法、以权压法，严重妨碍了依法治省、建设法治河南的工作进程。因此，要加强对政府内部权力的制约，加强对执法活动的监督，排除对执法活动的非法干预。其次，要强化对司法活动的监督。充分发挥检察机关的法律监督职能，确保宪法和法律的正确实施，同时依法规范司法人员的管理，坚决反对司法腐败，维护和促进社会公平正义。

四 坚持法治和德治相结合

法治与德治都是治国理政的重要手段，二者相辅相成、共同作用、协调统一于依法治国的实践中。道德是法律的精神内容，法律是道德的制度底线。在全面推进依法治省的进程中，既要充分发挥法律的规范作用，又要充分发挥道德的教化作用，实现法治功能和德治功能的紧密结合，坚持自律和他律的有机协调。

（一）发挥法律的规范作用

坚持法治与德治相结合，必须重视发挥法律的规范作用，用法的权威来增强人们培育和践行社会主义核心价值观的自觉性，以法治的力量推进道德建设，提升社会文明程度。一方面，法律通过调整和规范人们的行为体现道德理念，促进道德建设。另一方面，法律规范通过强制手段惩恶扬善，为道德理念保驾护航。另外，法律规范具有强制性、稳定性、权威性等特征，能够保证制度的规范和有效，从而为道德建设提供有力支持。

（二）发挥道德对法治文化的支撑作用

法律作为一种行为规范，产生于原始的道德、习惯。在法律的形成过程中，原始的道德、习惯中内含的道德伦理价值在法律中继承，逐渐形成法治精神和法治文化。因此，建设中国特色的社会主义法治，离不开道德建设的有力支撑。在全面推进依法治省的进程中，要始终注意把握好法治的价值取向，要大力弘扬社会主义核心价值观，弘扬中华传统美德，为依法治省创造良好的人文环境。

五　坚持改革方向、问题导向

党的十八大以来，全面深化改革和全面依法治国成为两大时代主题，也是当前河南面临的两大重要任务。全面依法治省与全面深化改革是相互促进、内在统一的。从我国改革开放以来的发展历程看，改革和法治如鸟之双翼、车之两轮，共同推动经济社会的快速发展。在全面推进依法治省、加快建设法治河南的进程中，要坚持改革方向、问题导向，既要在法治下推进改革，又要在改革中完善法治。

（一）在法治下推进改革进程

全面推进依法治省，必须结合河南省情，坚持改革的方向，紧紧围绕河南经济社会改革过程中存在的突出问题和事关人民群众切身利益的重大问题，不断完善地方法规规章，严格执法，公正司法。以法治建设引导、推动、规范、保障改革，使改革在法治轨道上进行。

（二）在改革中完善法治

马克思主义认为，经济基础决定上层建筑。法治作为特定社会的上层建筑，其内容是由生产力的发展水平和经济基础的完善程度决定的。全面推进依法治省，科学立法、严格执法、公正司法、全民守法等各方面都面临着十分艰巨和繁重的改革任务，河南经济社会的改革必将引发和带动法律体系、法律制度、法律实施等各方面的深刻调整与变化，从而推动依法治省的顺利进行。

六　坚持统筹兼顾、务实推进

依法治省是一项全面、复杂的社会系统工程，涉及政治、经济、文化、社会等各方面内容。在推进依法治省的进程中，要善于把握法治建设与其他各方面工作互相渗透、互为条件、互相促进的关系，统筹兼顾、整体安排部署各方面工作，实现经济社会与法治建设的协调发展。另外，依法治省涉及面广，任务量大，工作头绪多，应当分批进行，强化落实。具体来讲，要做好以下工作。

（一）要统筹兼顾，突出重点

所谓统筹兼顾，就是从实际出发，统揽全局，科学筹划，协调各方面关系，平衡各个发展环节，兼顾各方面利益，调动一切积极因素，以实现革命或建设目标。[①] 全面推进依法治省是一项系统工程，要立足河南省情，把依法治省贯穿于打造"四个河南"、推进"两项建设"各个方面，与其他各项工作有机结合起来。要"从河南实际出发，立足全局，总体谋划，把全面依法治省与优化环境、推动发展结合起来，与全面深化改革、推进治理体系和治理能力现代化结合起来，与加强和创新社会治理、促进社会和谐结合起来，与全面从严治党、转变作风结合起来"，[②] 重点解决河南省经济社会发展中的重大问题，解决影响人民群众切身利益的重大问题。

（二）分批推进，强化落实

依法治省是一项综合性和全局性都很强的工作，涉及面广，任务量大，不是单独一个或几个工作部门短期内可以完成的，需要各方面相互配合、相互支持。应当充分发挥党在依法治省工作中总揽全局、协调各方的领导核心作用，在各级党委的统一领导下，整体协调、齐抓共管、共同推进，分批推进，强化落实。

---

① 李学同、李菲：《毛泽东统筹兼顾思想试析》，《岭南学刊》2015年第1期，第83页。

② 《中共河南省委关于贯彻党的十八届四中全会精神全面推进依法治省的实施意见》，http：//www.henan.gov.cn/jrhn/system/2015/01/05/010517961.shtml。

第三章
地方立法

地方立法，指特定的地方国家机关，依法制定和变动效力及于本行政区域的规范性文件活动的总称。[①] 现代国家立法体系一般由中央立法和地方立法两个部分构成。新中国建立后，经过多年探索基本形成以中央立法为主体、地方立法为补充的社会主义立法体制体系。我国地方立法机关制定的地方法规和规章已经成为中国特色社会主义立法体系的有机组成部分，中国特色的地方立法基本理论体系也已经基本形成。

第一节　地方立法的理论分析

地方立法的基本理论是有关地方立法的体制构成、主要原则和立法体系等内容的理论体系，是发展地方立法的基本理论指导和遵循。

一　地方立法的体制构成

在立法学中，所谓立法体制（Legislative System），是关于一国立法机关的设置及其立法权限划分的体系和制度，其核心是有关立法权限的体系和制度。首先，需要回顾当前我国立法体制的历史由来。

[①]　阮荣祥、赵沁：《地方立法的理论与实践》，社会科学文献出版社，2011，第7页。

（一）我国地方立法制度的演变轨迹

1. 艰难产生期（1949～1954 年）

新中国成立之初，国家立法制度尚未完全形成，地方立法更是如此。当时，享有地方立法权的主体有四个层次，分别是六大行政区人民政府，军政委员、省人民政府，直辖市、大行政区辖市、省辖市人民政府，县人民政府。它们可以发布与本辖区事务有关的法令并报上级政府批准或备案后实施。这段时期的地方立法对国民经济的恢复和发展以及地方事务的有序处理，发挥了重要的作用。①

2. 曲折成长期（1954～1979 年）

地方的一般立法权在 1954 年《宪法》中被取消，只有民族自治机关享有地方立法权。"在本行政区域内，保证法律、法令的遵守和执行"是一般地方国家机关的主要任务。然而随后而来的各种政治运动极大地破坏了国家立法工作，1979 年，中央立法文件为 1115 件，而地方立法更是受到毁灭性打击，地方立法的记录为零。②

3. 不断完善期（1979 年以后）

1979 年，《地方各级人民代表大会和地方各级人民政府组织法》制定和颁行，第一次以国家法的形式赋予地方立法权限。1982 年宪法第一次以国家根本大法的形式规定了地方立法的权限，进一步确认了地方立法权。1986 年，地方组织法的修改，使地方立法权限更趋完善。在总结地方立法经验的基础上，2000 年 3 月 15 日，《立法法》由第九届全国人民代表大会第三次会议通过，对地方立法的权限范围和立法程序作了比较全面的规定，使地方立法工作更加有章可循。③

2015 年 3 月 15 日，《立法法》首次被修改。省级人大及其常委会和省级政府的地方立法权被新法第 72 条再次重申，同时设区的市普遍获得了地方立法权，可以根据本市的具体情况和实际需要，对城乡建设与管理、环境保护、历史文化保护等事务进行立法。此外，《立

---

① 傅平：《地方立法 30 年》，中国法制出版社，2014，第 34 页。
② 傅平：《地方立法 30 年》，中国法制出版社，2014，第 38 页。
③ 傅平：《地方立法 30 年》，中国法制出版社，2014，第 47 页。

法法》还就地方性法规和地方政府规章的备案和适用等，作了具体的规定。

（二）地方立法权限

立法体制的核心问题是立法权。有学者甚至主张立法学中应以"立法权限体制"的提法取代"立法体制"这一名称。故研究地方立法体制，首先的问题就是探讨地方立法权限问题。

从世界各国家的实际情况来看，关于中央与地方立法权限的划分，目前主要存在以下几种模式。

1. 中央集权模式

该模式主要在一些单一制国家实行，它是指中央国家机关垄断一切国家立法权，地方国家机关不能立法，只能作为中央立法的执行者。[①]

2. 集权为主、分权为辅模式

该模式是指"地方国家机关在中央国家机关垄断主要立法权的前提下，由中央授权在一定限度和条件下享有某些立法权"。"在此模式下，地方立法的权限极小，与中央立法权限差距很大。"[②]

3. 分权为主、集权为辅模式

与上述模式相反，在此模式下主要的国家立法权由地方国家机关行使，中央国家机关只有有限的立法权。"综合来看，地方分权因素要相对大于中央集权因素。实践中，联邦制国家多采用此种模式。"[③]

4. 地方分权模式

在此模式下，地方国家机关垄断了所有国家立法权，中央国家机关没有立法权。[④] 本模式在实践中极为罕见，因为在正常情况下，国家权力的划分有一个最高的限度，超出这一限度，国家就可能存在割据状态或者名存实亡。

一个国家在划分立法权限时选择何种模式，基本依据应当是其基本国

---

① 张永和：《立法学》，法律出版社，2009，第62页。
② 孙波：《我国中央与地方立法分权研究》，吉林大学博士论文，2008。
③ 孙波：《我国中央与地方立法分权研究》，吉林大学博士论文，2008。
④ 孙波：《我国中央与地方立法分权研究》，吉林大学博士论文，2008。

情，各模式之间并无优劣之分，只有是否适合本国国情的问题。

二 地方立法原则

在现代法治国家，法律对地方国家机关行使地方立法权都规定了基本遵循和要求。它们共同构成了地方立法的基本原则。

（一）合法原则

在国家和社会法治化进程中，立法必须首先法治化。对地方立法来说，就意味着地方立法活动从权限到程序再到内容，必须合乎国家的法律规定。

1. 权限合法

（1）立法主体合法

根据我国宪法及相关法律的规定，省级和设区的市两级人大及其常委会和人民政府是地方立法的合法适格主体，分别能够制定地方性法规和地方政府规章。其他的地方国家机关都不享有地方立法权。

（2）立法活动合法

地方立法只能就法律规定的事项行使地方立法权，超出法律及相关授权事项范围的立法活动，都是违法的。

2. 程序合法

程序合法是立法活动合法的程序保障。我国《立法法》第77条制定了地方性法规制定程序，有些地方政府也制定了政府规章的制定程序。地方立法活动必须遵守这些程序规定，必须完整、严格地按照这些程序进行，如此才是合法的。

3. 内容合法

地方立法与其他立法一样，必须坚持法制统一原则。这就要求地方立法在内容上必须与宪法、法律和行政法规等上位法不相抵触。地方立法的内容不仅不得与上位法的具体条文相冲突、相违背，而且也不得与上位法的精神实质、基本原则相悖。如此地方立法才具有合法性，否则就是违法的。

（二）地方特色原则

我国《立法法》要求地方立法必须坚持实事求是、从实际出发。坚持从地方实际出发，就是要求地方立法必须体现地方特色的原则。①

1. 地方立法要扎根于地区的实际情况

地方立法要坚持实事求是，一切从实际出发，必须首先考虑本地区的特点及其差异性。从各地不同的地理特点、人口状况、生活方式、风俗文化出发。只有立足本地实际、遵循客观规律，地方立法才具有生机和活力，否则便是无源之水、无本之木。

2. 地方立法要着眼于解决地方实际问题

首先对地方突出的实际问题要有较强的针对性和有效性，无比求真实效；其次是不可能由全国制定法律、行政法规的、仅属地方性事务的，要做出符合现实的规范。

3. 地方立法要破解具有代表性的全局难题

"地方立法对具有代表性的全局难题，敢于先行先试，另辟蹊径。所积累的经验教训未来可以为中央立法所吸收，有效降低中央立法的试错成本。"② 在全面深化改革的新形势下，地方立法应当进一步解放思想、更新观念，从地区特点出发，大胆地进行自主性立法、创制性立法。

（三）民主原则

地方立法权，从民主政体的角度，可被视为法律赋予公民的管理国家的政治权力；从公民权利的角度，可以被视为公民的自由权利在立法活动中的具体体现。

1. 公开

地方立法必须依法在一定范围内对公众和社会公开。（1）地方立法意图的公开。（2）公民对地方立法全过程参与讨论。（3）公示制度。一

---

① 朱力宇、张曙光：《立法学》，中国人民大学出版社，2006，第90页。
② 张菊霞：《地方经济立法质量问题研究》，兰州大学硕士论文，2006。

切与人民利益密切相关的重大立法及必要的文件、记录、解释等要向大众公布，使人民有获知权，也有利于保证地方立法的合理性。（4）社会舆论媒体的参与。利用报纸、刊物、广播、电视等社会舆论形式公开公布立法活动和立法结果，充分反馈群众意见和群众呼声。（5）法律专家参与。即在进行地方立法时，邀请有关专家对法案的必要性和可行性进行研究，提出咨询意见和论证结论，使立法成为人民大众和精英集团双向沟通和操作的"作品"。

2. 民主监督

法是人民意志的体现，为保证地方立法体现人民意志，必须将全部立法活动置于民主监督之下。比如在立法形成过程中和实施过程中，适当引入"民意测验"机制，测试公众对立法的接受和满意程度，或通过法律赋予公民法律公决权以及宪法诉讼权这两项重大权利，实现对立法活动的监督。我国也赋予了公民知情权、批评权、启动审查权，建立了群众举报制度、来信来访制度等，受理、支持和保护群众对于抽象法律行为的控告、申诉。[①]

3. 利害关系人参与

在各国，人们在立法中形成了"反对偏见"准则，即在依法做出对当事人不利的规定或决定之前，应"给予事先通知"，使利害关系人能够了解立法的内容和理由并为抗辩做准备，这是立法公正的最低要求。[②] 我国的利害关系人参与制度基本是一个法律空白，有待于尽快弥补制度缺失。

4. 立法听证

"立法听证制度是立法机关为收集获取立法资料信息，邀请政府官员、专家学者、公民代表等表达立法建议和意见的一种制度。"[③] 该制度被认为是适合民主政治需要的重要制度，也是体现民主公开原则的基本途径，现在被我国诸多地方立法机关所实践。

---

① 贾永健：《控告权滥用的类型及其法律治理》，《公民与法》2014 年第 10 期。
② 阮荣祥、赵泹：《地方立法的理论与实践》，社会科学文献出版社，2011，第 103 页。
③ 乐虹：《权利冲突解决路径分析》，《长江论坛》2009 年第 6 期。

（四）科学原则

一切真正具有"良法"效益的立法，都可以说是科学的制成品。在这个意义上说，法律是一种精密度极高的技术产品。地方立法也应当坚持科学立法原则。

1. 立法观念的科学化

立法工作必须被当作科学工作来对待，地方立法需要以科学的立法观念构造立法蓝图，做出立法决策，采取立法措施，应当自觉运用科学理论来指导。对于地方发展出现的立法问题，应当给予科学解答和对策。

2. 立法制度的科学化

地方立法要达到科学的旨意要求，要建立科学的立法权限划分、立法主体设置和立法运行体制。立法制度设计要严谨和科学，整个立法制度应合乎社会和立法的发展规律，合乎国情和民情。

3. 立法技术的科学化

立法技术对立法的科学化有关键影响。立法者在立法实践中运用立法技术的目的和功能就是要使地方法尽可能实现立法宗旨，同时又符合立法的客观规律。"立法技术的恰当运用可以促进各种法之间纵向、横向关系的协调一致，促进其内部结构的协调一致，还可使法的表达形式臻于完善。"[1]

三 地方立法体系

我国地方立法体系主要包括两大类：地方性法规和地方政府规章。

（一）地方性法规

1. 地方性法规的含义

"地方性法规是指，为贯彻执行宪法、法律和行政法规和解决本地实际问题，省、自治区、直辖市以及设区的市的人民代表大会及其常务委员

---

[1] 张菊霞：《地方经济立法质量问题研究》，兰州大学硕士学位论文，2006。

会依照法定的权限和程序所制定的在本行政区域内实施的规范性文件。"①

2. 地方性法规的分类

第一，执行性地方性法规是地方国家权力机关为执行某项中央立法而制定的实施细则或实施办法。一是国家法律明文规定省级国家权力机关为执行该法律制定实施细则或办法。二是国家法律虽未授权省级国家权力机关制定实施细则或办法，但某些省级国家权力机关根据本地区执行该法的需要制定了实施细则或办法。

第二，补充性地方性法规是指为了补充某项国家法律而制定的地方性法规，其特点是对国家法律不宜规定或不宜详细规定的内容，根据法律的授权和本行政区的实际情况加以补充。

第三，自主性地方性法规是指地方国家权力机关对国家尚无立法而本地区又迫切需要加以规定的问题，以及目前不可能专门立法的特殊事项所制定的地方性法规。它可分为两种：一种是应由中央立法的事项，在国家尚未立法但由于地方迫切需要而先于国家制定了地方性法规；另一种是为解决地方极为特殊不具普遍性的实际问题而制定的地方性法规。

3. 地方性法规的权限范围

根据我国《立法法》第73条规定，地方性法规的权限范围如下。

（1）执行性和补充性地方性法规的权限范围：为执行法律、行政法规而结合本行政区域的实际情况作具体规定的事项。

（2）自主性地方性法规的权限范围：完全归地方管辖的事务而国家不可能进行专门立法的情况下，地方人大及其常委会可以制定相应的自主性地方性法规来解决现实问题。②

（3）先行性地方性法规的权限范围：全国人大及其常委会专属立法权以外，国家尚未立法的事项。

4. 地方性法规的效力等级

根据宪法、地方组织法、立法法和全国人大常委会有关决定的规定，我国地方性法规的效力等级遵循如下判定规则：（1）地方性法规的效力

---

① 张菊霞：《地方经济立法质量问题研究》，兰州大学硕士学位论文，2006。
② 田成有：《地方立法的理论与实践》，中国法制出版社，2004，第52页。

低于宪法、法律、行政法规；（2）经济特区的地方性法规低于其上级地方性法规，但其对上位法的变通规定在其辖区内具有优先效力；（3）设区的市的地方性法规低于其上级地方性法规；（4）民族自治地方的自治条例和单行条例效力低于宪法、法律、行政法规，但其对上位法的变通规定在其辖区内具有优先效力。

（二）地方政府规章

1. 地方政府规章的含义

地方政府规章是指省级政府和设区的市的政府为执行上位法和解决本行政区域实际问题而制定和发布的、实施于本行政区域的规范性文件。[1]

2. 地方政府规章的权限范围

根据《立法法》第82规定，地方政府规章规范的事项主要体现在以下几个方面：（1）为执行上位法规定的事项；（2）来自地方权力机关授权的事项；（3）有关行政机关自身建设的事项或政府行政职权范围内的事项但不涉及与人大、法院、检察院有关系的管理事项；（4）本区域特殊的、具体的事项；（5）在上位法规范之前而先行规范的事项；（6）"专业性、技术性、职业性、行业性比较强的事项，以及被认为短期性、临时性的管理类事项。"[2]

3. 地方政府规章的效力等级

根据法律、行政法规和有关决定，我国地方政府规章的效力等级，可以分几种不同情形：（1）省级政府的地方政府规章，低于法律、行政法规和同级的地方法规；（2）设区的市的人民政府制定的地方政府规章，低于法律、行政法规、上级地方性法规、上级地方政府规章和同级地方性法规；（3）经济特区所在市（深圳、珠海、汕头、厦门等）人民政府制定发布的规章，一般低于法律、行政法规、上级地方性法规、上级地方政府规章和同级地方性法规。[3]

---

① 田成有：《地方立法的理论与实践》，中国法制出版社，2004，第16页。
② 周英：《我国地方立法权限研究》，中国政法大学硕士学位论文，2004。
③ 陈爱军：《论地方立法》，安徽大学硕士学位论文，2003。

第二节 地方立法的现状

河南从 1980 年开始拥有地方立法权以来，各级立法机关严格依照国家法律的要求，遵循国家法制统一原则，立足河南地方实际，深入探索，努力提高立法水平。经过近 35 年的艰辛探索，与改革开放一同成长起来的河南地方立法，已经取得了突出的立法成就与效益，为河南推进改革开放和依法治国发挥了积极而重要的作用。①

一 河南地方立法回顾

河南地方立法除了遵循中央立法的一般原理外，也有着独特的地方特色理论基础和历史基础。

（一）历史发展

1. 尝试起步阶段

伴随着辛亥革命的隆隆炮声，古老的中国政治开启了艰难的现代化进程。河南地方立法的历史也由此拉开了序幕。1912 年末，河南第一届省议会选举产生，成为河南历史上第一个地方立法机关。1913 年 2 月 20 日，河南第一届省议会第一次常年会召开，正式开始行使地方立法权。② 但是好景不长，随着国家开始陷入长期战争动乱，河南地方立法机关一再被撤销，地方立法权名存实亡。

2. 探索发展阶段

新中国成立后，河南民主法治进程进入深入探索发展阶段，但建国初期的国家宪法并未赋予地方立法权。直到国家进入改革开放新时期，河南地方立法才开始重新蹒跚起步。1980 年 2 月 11 日，《河南贯彻执行〈选举法〉实施细则（实行）》由河南第五届人民代表大会常务委员会第四次会议审议通过，成为新中国历史上河南第一部地方立法。由此，河南地方

---

① 李阳：《走在立法为民的大道上——河南人大立法 30 年工作回顾》，《人大建设》2009 年第 8 期。

② 傅平：《地方立法 30 年》，中国法制出版社，2014，第 127 页。

立法事业进入了起步探索阶段。

3. 快速发展阶段

20 世纪 80 年代初期，是全国改革开放的起航时期，也是河南改革开放的起步时期。这个时期改革开放事业的推进面临诸多政治、经济和社会问题。这些问题都亟须运用法律手段加以规范、调整和解决，河南改革开放的起步，也亟须地方立法推动和试水。这个时期的河南地方立法有如下特点：一是叫试行规定或者暂行规定的占绝大多数，并且大部分后来被废止或失效；二是立法重心紧紧围绕经济改革，针对性很强，有力促进了全省经济社会的快速进步；三是积累了丰富地方立法经验，最终总结形成了规范河南地方立法的立法成果——《河南人民代表大会常务委员会制定地方性法规的程序（试行）》。该法规由河南第六届人大常委会第十一次会议于 1985 年 2 月 22 日通过，标志着河南地方立法步入法治化和规范化轨道。

1986 年修改的《地方各级人民代表大会和地方各级人民政府组织法》赋予了省、自治区人民政府及其所在地的市和经国务院批准的较大的市获地方立法权限。由此，河南人大及其常委会、郑州市人大及其常委会、洛阳市人大及其常委会拥有制定地方性法规的权力，河南人民政府、郑州市人民政府和洛阳市人民政府则拥有地方政府规章制定权。自此，河南地方立法进入了快速发展时期。

4. 科学发展阶段

1993 年，地方立法规划和年度立法计划，首次在河南编制和发布。河南人大常委会通过编制 5 年立法规划、制订和执行年度立法计划，让河南地方立法工作开始具有前瞻性和长远性。通过率先垂范和表率，河南人大常委会的立法规划和立法计划编制模式很快推广到郑州市和洛阳市，带动了整个河南地方立法工作进入了可预见的科学发展阶段。①

2000 年颁行的《立法法》充分总结地方立法工作经验，对地方立法的权限范围和立法程序作了比较全面的规定，使河南的地方立法工作更加

---

① 李阳：《走在立法为民的大道上——河南人大立法 30 年工作回顾》，《人大建设》2009 年第 8 期。

有章可循。

2003 年开始，河南地方立法观念发生了重大转变，从注重单一的经济发展目标向更加注重经济社会全面协调可持续发展转变。科学发展观成为河南地方立法工作的新的指导思想，由此也推动了河南经济与社会的协调发展。河南地方立法将集中民智、广纳民意作为主要工作原则，其科学化和民主化水平日益提高。2003 年 5 月，河南首次公开征集立法规划项目编制意见。"2004～2008 河南 5 年地方立法规划项目"编制前，河南主要新闻媒体受河南人大常委会委托，发布征集意见公告，面向全省公开征集立法项目，并获得了很大成功，开创了河南地方立法征集立法规划项目意见的先河。①

2004 年河南举行了首次立法听证会。在河南人大常委会主持下，30 多名各界听证代表围绕《河南高速条例》中涉及的利益诉求展开了激烈辩论，将河南地方立法工作的民主化推向一个新的更高水平。郑州市在 2006 年起草和制定《郑州市物业条例》时，为打破地方立法中"部门利益法律化和部门扩权诿责"困境，首次委托社会力量起草法律草案。②

2008 年以来，河南地方立法更加注重社会管理和服务民生，立法理念由注重单一的"管"向管理和服务并重深刻转变。"这一理念的典型表现就是有关工会建设、消费者权益保护、安全生产、食品安全以及社会管理等方面的一大批反映民意、维护民权的地方法规的出台。"③

2015 年 3 月 15 日，全国人大修改了《立法法》。根据新的《立法法》，河南所有设区的市也获得了地方立法权。由此，河南地方立法事业进入全面发展阶段。

（二）发展思路

为完成服务"四个河南"建设、推进"两项建设"的时代使命，适

---

① 李阳：《走在立法为民的大道上——河南人大立法 30 年工作回顾》，《人大建设》2009 年第 8 期。

② 李阳：《走在立法为民的大道上——河南人大立法 30 年工作回顾》，《人大建设》2009 年第 8 期。

③ 李阳：《走在立法为民的大道上——河南人大立法 30 年工作回顾》，《人大建设》2009 年第 8 期。

应"全面深化改革"的社会需求，河南地方立法当前及未来一个时期都要坚持"全面提高立法水平"主体发展思路。

1. 着眼于科学设计和健全立法体制机制

体制机制问题，是制度建设的根本环节。立法水平的全面提高，必须紧紧抓住立法体制机制创新和完善这个"牛鼻子"。地方立法体制和机制的首要内容，就是立法权限。① 日前，新的《立法法》已经赋予了设区的市地方立法权，如何科学协调和处理省级立法权和市级立法权关系，省级立法机关如何创新监督机制、监督和指导市级立法机关依法行使立法权等问题，是当前河南地方立法工作必须处理的重大课题，也是河南地方立法体制改革的重大课题。立法程序的完善也需要紧紧围绕提高立法的科学化和民主化水平，科学改革立法规划编制机制、立法起草机制、立法听证和论证机制以及立法后评估机制等重要立法程序环节。同时加强立法的废止、修改和清理工作，形成规范的立法汇编制度。另外，全面依法治省的新使命要求河南地方立法要将提高立法技术放在更为重要的位置。立法技术的科学化对立法、法治乃至整个社会发展，有着不可或缺的重要作用。河南地方立法若要全面提高立法水平，必须强化立法机制创新，造就精湛的立法技术。

2. 着眼于关系河南全面深化改革进程的重点领域强化立法

河南地方立法要服务河南的改革发展事业，必须要有重点方向，服务和服从河南深化改革的重点方向。当前，河南已经提出近期河南改革的目标是在重要领域和关键环节改革取得决定性成果。为此，河南地方立法应当紧扣打造"四个河南"、推进"两项建设"，突出保障三大国家战略规划实施、融入国家"一带一路"战略等立法重点，不断完善地方法规规章。

3. 加快制定、修订一批促进改革开放、保障经济社会发展、维护人民权益急需的地方法规规章

重点在新型城镇化、现代农业、粮食安全、食品药品、基本公共文化服务、文化遗产保护、医疗卫生、收入分配、社会保障、环境保护、生态

① 陈洪江：《地方立法简本》，天津人民出版社，2007，第56页。

建设、资源节约、大气污染防治等人民群众最关心的领域，制定、修订出台一批新地方法规规章，推动全省改革进一步深化、人民权益切实保障。

4. 形成与国家法律法规相配套、与河南发展要求相适应的地方法规规章体系

地方立法具有双重任务：一是推动国家法律法规在地方的落实和实施，实现国家意志；二是服务地方经济社会发展，推动地方改革深化。河南地方立法事业发展需要以"全面提高立法水平"为中心，健全立法机制体制、完善立法程序和技术，最终成果就是形成一个科学、合法、民主的河南地方立法体系，即与国家中央法律法规相配、与河南改革和社会发展要求相适应的地方法规规章体系，这是河南地方立法工作的最终目标。

总之，河南地方立法事业的发展，必须坚定推进全面依法治省，为"实现中原崛起、河南振兴、富民强省，让中原更加出彩"提供有力法治保障。

二 地方立法取得的成效

地方立法效益是指，地方立法本身所产生的实际的、有益的社会功能和影响。它包括地方立法工作在经济建设、社会管理、政治进步、文化发展以及自然环境与人文资源保护等方面体现的社会效益。① 河南地方立法主要的立法成就和效益有以下几方面。

（一）形成了较为完善的地方立法体系

1. 基本覆盖全部地方立法领域

截至 2015 年 4 月，河南全省共计制定地方法规 1112 件，其中宪法类 188 件、民商法类 38 件、刑法类 1 件、行政法类 479 件、经济法类 355 件、社会法类 43 件、诉讼及非诉程序法类 8 件。② 河南地方立法已经基本覆盖所有地方立法领域。关于中央和地方立法权限划分，《立法法》第 8 条规定"犯罪和刑罚、对公民政治权利的剥夺和限制人身自由的强制措

---

① 田成有：《地方立法的理论与实践》，中国法制出版社，2004，第 43 页。
② 《中国法律法规检索系统》，http：//law. npc. gov. cn：87/home/begin1. cbs，访问日期：2015 年 4 月 17 日。

施和处罚、司法制度等事项"属于中央立法权限，必须由法律规定。依此来看，河南地方立法覆盖领域已经比较全面。刑法类和诉讼及非诉程序类属于中央立法事项，因此河南地方立法极少涉及，除这些领域之外的地方立法事务，河南地方立法已经全部涉及并且立法数量可观。

2. 地方立法体系主次清晰、结构科学、体系完善

河南地方立法的一个重要主体，就是省市两级人大及其常委会。发展人民代表大会制度，推进民主政治建设是其首要的本职工作。因此，截至2015年4月，河南关于宪法类的地方立法总计188件，在河南地方立法体系中占据重要比例，约占总数的17.6%。其中首要的就是关于人大代表选举以及基层民主建设的地方立法，占河南宪法类地方立法总数的21.2%。地方国家机构权限设定和调整类事项的立法，包括人大自身的建设，也是地方人大作为地方国家权力机关、行使地方国家权力的重要体现。该类立法，占据宪法类立法总数的76.7%，是河南最主要的宪法类地方立法。① 民商和经济类总计393件，与行政法类479件几乎并肩，紧随其后的就是宪法类和社会法类。因此，河南地方立法已经形成了以民商经济类和行政管理类为主体、宪法类和社会法类为辅助的科学合理体系。

（二）为河南经济社会快速发展提供了法治保障

河南地方立法是与河南改革开放事业一同起步的，从一开始就以服务河南改革发展为中心使命，坚持以经济建设为中心、服务河南经济社会发展的立法理念。因此，在推进经济发展过程中，遇到的难题以及需要推行的经济改革，都要求河南地方立法予以回应和解决。截至目前，河南经济法类立法355件，占据全省立法的三分之一，是比重较大的地方立法，涵盖经济体制改革与开放、计划投资、财政、税收、金融、基本建设、标准化与计量、质量管理、统计、资源、能源、交通运输、邮政电讯、农牧业、工业、商贸物资仓储、工商管理、物价管理、市场中介机构、对外经济合作、对外贸易21个领域。这都突出表明经济发展是河南地方立法一

① 《中国法律法规检索系统》，http://law.npc.gov.cn:87/home/begin1.cbs，访问日期：2015年4月17日。

直以来所努力推动的立法目标。

比如，郑州市为了充分发挥政府投资对经济发展的牵引作用，需要进一步规范政府投资行为，于 2002 年 10 月制定了地方性法规《郑州市政府投资项目管理条例》。该条例于 2003 年经河南人大常委会批准公布后，该市各级政府投资项目管理更为规范化，投资项目的工程质量、工期都得到了有力保障，项目总概算受到有效控制，政府投资产生的经济效益和社会效益显著提高。关于政府投资重点方向是基础性和公益性项目的规定，极大改善了郑州市公共基础设施面貌，郑州市容市貌焕然一新，都市现代化程度大大提高，获得"国家级卫生城市、中国优秀旅游城市、国家卫生城市、国家园林城市、全国绿化模范城市、全国科技进步先进市、全国双拥模范城市、全国文明城市"等荣誉称号。《河南促进高新技术产业发展条例》依法鼓励、支持企业建立研发机构，开展高新技术研究开发和产业化等活动，规定其可按照国家和本省有关规定申请相应专项资金。该条例还从"高新技术研究开发、成果转化及产业化"、"高新技术产业集聚发展"、"高新技术人才队伍建设"、"高新技术产业投融资"和"政府服务保障"五大方面，对促进高新技术产业的发展进行了规范和部署，有力地推动了河南经济发展方式从传统依赖工农业向新型工业化转变。

河南是农业大省和国家粮食主产区，农业立法也是河南地方立法的重点。河南以《河南农业综合开发条例》《河南农业机械化促进条例》《河南农业承包合同管理条例》《河南高标准粮田保护条例》等为主帅的一系列"三农"地方立法，在改善农村落后面貌、推动农业生产的现代化和粮食总产的持续攀升方面，发挥了积极的作用。河南粮食产量连续在高基点上实现新突破，2014 年总产 1154.46 亿斤，比上年增产 11.72 亿斤，增幅为 1%，实现"十一连增"，有力保障了国家的粮食安全。①

（三）基本适应了河南改革发展的需要

1. 稳步推进了河南民主政治发展

扩大社会主义民主，必须加强民主法治建设。河南针对人大代表选举

---

① 河南统计局编《河南统计年鉴》(2014)，中国统计出版社，2014，第 51 页。

中的实际问题，及时发布了《河南人民代表大会常务委员会关于全省县、乡两级人民代表大会换届选举有关问题的决定》《河南选举实施细则》等一系列决定法规和《河南实施〈中华人民共和国各级人民代表大会常务委员会监督法〉办法》，推动了人民代表大会制度在河南的发展，保证了地方立法、监督等工作，更好地体现了人民意志。《河南工会条例》、《河南企业职工民主权利保障条例》及《洛阳市企业职工民主权利保障条例》通过建立职工代表大会制度、厂务公开制度、职工董事监事制度，充分保障和落实了职工作为企业主人的地位和民主权利，推动了河南基层民主的发展。① 河南是一个农业大省，近一半的人口在农村，如何扩大和发展农村基层民主，使农民在所在村庄真正当家做主，充分行使自己的民主权利，是河南基层民主政治建设的重大问题。《河南〈村民委员会组织法〉实施办法》进一步对村民委员会的性质、职能、产生程序和任期等相关问题作了明确规定，详细落实了《村民委员会组织法》关于农民实行自我管理、自我教育、自我服务的法律规定，使河南农村基层民主自治走上了健康快速发展的轨道，极大地满足了农村基层民众的民主参与需求。

2. 依法促进了地方经济体制改革、经济发展方式转变和经济快速发展

《河南人民代表大会常务委员会关于促进中原经济区建设的决定》《郑州市人民代表大会常务委员会关于促进中原经济区建设的决定》《河南节约能源条例》《河南促进创业投资发展暂行办法》《河南促进高新技术产业发展条例》《河南信息化条例》等系列地方法规先后制定颁行，推动了河南经济发展方式向信息化、科技化和服务型的转变，河南的现代产业体系已经基本成形。②

3. 推动了人民安居乐业、社会和谐稳定

2004 年，《河南社会治安综合治理条例》的颁布，建立健全了社会治安防范控制体系和重点地区、要害部位、特殊行业、特殊物品的安全防范制度，社会矛盾纠纷排查和调处实现了规范化，社会不安定因素得以有效控制和消除。《河南信访条例》《郑州市信访条例》将维护群众权益作为

---

① 《河南年鉴 2014》，河南年鉴出版社，2015，第 27 页。

② 河南统计局编《河南统计年鉴》（2014），中国统计出版社，2014，第 129 页。

改进信访制度的出发点和落脚点，畅通群众信访渠道，对群众诉求着力疏导，合理诉求坚决保障，对不合理的诉求严格依法依规处置。《郑州市行业协会管理办法》《洛阳市社会团体登记管理办法》等社团管理法规，有序规范和鼓励群众通过各类社会组织合法参与社会管理，各类社会组织已经成为推动河南社会和谐发展的新的重要力量。

4. 促进了河南文化体制改革和文化发展繁荣

河南关于文化建设的地方立法坚持社会主义先进文化前进方向，着力推动文化管理体制不断健全，着力提高文化产品生产经营机制的生机活力，极大地满足了人民群众日益增长的精神文化需求。《河南非物质文化遗产保护条例》《洛阳市龙门石窟保护管理条例》《河南传统工艺美术保护办法》《河南开封城墙保护条例》《郑州市郑韩故城遗址保护条例》等致力于历史文化资源保护和维护的地方法规，让河南文化发展之根基获得了有力的法治保障；《河南人民代表大会常务委员会关于加强基层文化设施建设有关问题的决议》充分释放和满足了基层人民群众的文化需求，城乡基层文化设施得到了极大改善；为进一步完善河南的公共文化服务体系和现代传播体系，《河南公共图书馆管理办法》等一批公共文化设施法规颁行，人民获得基本文化服务具有了坚实的法治基础。

5. 保护了河南生态文明健康发展

《河南野生植物保护条例》《河南林地保护管理条例》从保护生态和自然资源出发，加强规范生态保护和修复，完善了生态保护补偿机制；《河南义务植树条例》《洛阳市城市绿化条例》等法规推动了绿色中原、生态中原建设；《河南水污染防治条例》《河南固体废物污染环境防治条例》《洛阳市城市建筑垃圾管理若干规定》《洛阳市餐厨垃圾管理办法》《郑州市环境噪声污染防治办法》《郑州市机动车排气污染防治管理办法》《洛阳市机动车排气污染防治办法》等污染防治法规，加大了污染治理力度，着力解决饮用水不安全和空气、土壤、重金属污染等损害群众健康的突出问题；《河南〈土地管理法〉实施办法》《河南环境污染防治设施监督管理办法》《河南减少污染物排放条例》《河南环境监察办法》《河南征收排污费实施办法》等法规，全面推进节地、节水、节材和资源综合利用，为妥善解决发展与环境之间的矛盾、推动经济社会可持续发展提供了法治保障。《洛阳市环境保护教育条例》还将生态文明纳入社会主义核心价值体系，加强生态文化的宣传教育，倡导勤俭节约、绿色低碳、文明健康的生活方式和消费模式，提高了全社会生态文明的意识。

（四）全面保障了人民群众的合法权益

为了人民、依靠人民、造福人民、保护人民是社会主义法治建设的基本价值遵循，保障人民的根本权益是社会主义立法的出发点和最终落脚点。① 河南地方立法始终遵循这个立法目的，始终关注民生民情，积极推动解决人民群众最关心、最直接、最现实的利益问题。②

1. 保护劳动者合法权益

在市场经济发展中，劳动关系成为核心的社会关系，劳动者权益保障面临严峻挑战。《河南劳动监察规定》在强化劳动部门监察方面发力，加强政府对侵害劳动者合法权益行为的监督和查处力度，有效维护全省劳动者合法权益。适应市场经济发展要求，河南通过《河南企业工资集体协商条例》，进一步规范企业工资集体协商行为，促进劳动关系的和谐稳定。社会保障是发展市场经济的基础制度，也是劳动者权益保障的托底制度，《河南失业保险条例》《河南工伤保险条例》《河南职工生育保险办法》《河南最低工资规定》等一系列地方法规，紧密编织了解除劳动者后顾之忧、保障劳动者基本生存权的河南特色劳动保障制度。

2. 推动就业，保障人民就业权

就业为民生之本，作为人口大省的河南，就业问题尤为重要，事关全省人民基本生存权。《河南就业促进条例》将促进就业规定为各级人民政府的重要职责，要求各级人民政府实行积极的就业政策，按照劳动者自主择业、市场调节就业和政府促进就业相结合的方针，统筹做好城乡就业促进工作。同时鼓励劳动者自主创业，以创业带动就业。该条例的颁布和施行，有力推动了河南经济社会发展与扩大就业相协调，保障了河南人民基本的就业权和劳动权，促进了河南社会和谐稳定与发展。

---

① 《中共中央关于全面推进依法治国若干重大问题的决定》，《人民日报》2014 年 10 月 28 日。
② 《河南人民代表大会常务委员会工作报告》，《河南日报》2014 年 2 月 11 日。

3. 注重弱势群体权益保障

在保障人民合法权益方面，河南地方立法还特别关注弱势群体的权利保障，充分体现了社会主义立法的公平性。《河南省未成年人保护条例》《河南省进城务工就业人员权益保护办法》《河南省城市生活无着的流浪乞讨人员救助管理规定》《河南省实施〈农村五保供养工作条例〉办法》《河南省老年人保护条例》等地方法规，结合河南人口大省、农业大省、老龄化趋势凸显及农民工众多的实际，将市场经济发展中传统和新兴的弱势群体一并关注，依法保障未成年人、老年人和农村五保户等弱势群体的基本生存和发展权利。《河南省义务教育实施办法》免除了所有义务教育阶段学生的教科书费，开启了河南义务教育全面免费的新进程。

4. 积极发展公共事业保障民生

河南颁行了《河南省体育发展条例》，发展公共体育事业，提高人民身体素质；以《河南省著作权管理办法》保障人民的知识产权，维护社会的创新动力和经济发展源泉。针对市场经济发展中日益突出的消费者权益受侵害问题，《河南省消费者权益保护条例》规定了以工商行政管理部门为主，技术监督、物价、卫生部门等行政部门为辅的政府责任体系，有力推动了河南消费者合法权益保护工作的发展。针对人民群众反映强烈的食品安全问题，河南人大常委会颁行《河南食品卫生条例》维护餐桌上的安全和"舌尖上的安全"，确保人民健康不受侵害。《河南省法律援助条例》推进了河南法律援助工作的进步，保障了困难群众获得法律援助和司法救济的权利，推动了公民在法律面前一律平等的宪法原则的落实。①

三 地方立法存在的主要问题

经过 30 多年的探索实践，河南地方立法已经取得了辉煌成就，基本完成了河南社会发展所要求的各项立法目标和任务。但是，对照全面推进依法治国和依法治省的战略目标和要求，河南地方立法在体制机制等方面仍存在诸多问题和不足。

---

① 《中国法律年鉴 2013》，法律出版社，2013，第 149 页。

（一）地方重复立法问题

地方重复立法暴露出地方立法的科学性不够。根据《宪法》和《立法法》，我国地方立法存在"省和设区的市"两级立法主体，但对二者的立法权限和立法事项范围并没有作明确划分。由于立法权限和立法事项范围缺乏明晰界分，重复立法成为现今地方立法中的一个突出现象。"所谓重复立法，即下位法与上位法之间存在内容上的重复，而这种重复并非必要而合理。'必要而合理'是指：（1）下位法为表明立法依据而重复上位法的；（2）下位法将上位法作为适用依据而重复上位法；（3）下位法根据上位法的强制要求而重复上位法的。"①

河南地方立法在省市两级主体之间也存在突出的重复立法现象，在一定程度上造成了地方立法资源的浪费。比如，洛阳市政府颁布的地方政府规章《洛阳市燃气管理办法》与河南政府颁行的《河南省燃气管理办法》，《洛阳市档案管理规定》与河南人大常委会制定的地方性法规《河南省档案管理条例》就存在许多重复之处；《郑州市信访条例》与《河南省信访条例》不仅存在立法重复问题，甚至涉嫌下位法越权上位法立法事项，"信访"事项是关系地方政治秩序的重大问题，应由更高位阶的省级地方立法进行规定；与《河南省物业管理条例》大量内容重复雷同的有《郑州市物业管理条例》和《洛阳市物业管理办法》，"物业管理"事项相对较为具体，应由更具体的下位法设区的市进行地方立法更为合适。

（二）立法项目选择不够科学问题

把握立法重点和立法方向是立法的基础工作，是制订立法计划的重要依据。而对立法重点的把握，需要对社会发展状况进行深度分析，了解社会对法律法规的需求。可以说，立法的"是非成败"很大程度上取决于能否从社会发展的内在机理中准确把握立法重点和立法方向。当前，河南地方立法在项目选择上仍然面临着一些问题。

① 李林：《关于立法权限划分的理论与实践问题》，《法学研究》1998 年第 5 期。

1. 立法项目的确定受行政机关的影响较大

从调研情况来看，河南地方立法项目大多来自行政机关，占比80%以上。对照全国其他省市也大体如此，如重庆市2011年的立法计划中，制定和修订的法规一共12项，由人大系统作为提案机关的有3项，其他9项由市政府提出，并由相应的职能部门起草；预备项目21项，3项由人大系统作为提案机关。

2. 专家学者参与立法项目调研仍缺乏足够制度保障

立法是专业性很强的专门工作，不但需要进行深入细致的社会调研，而且需要进行学理论证；立法绝非立法机关所能独立完成的事务，它需要公众参与，需要专业人员甚至专业团队参与。从调研情况来看，河南各立法部门比较注重聘请专家学者参与立法论证，但不太重视专家学者参与立法调研。实际上，没有立法调研，立法论证就缺乏合理的社会根据，立法就有可能与社会脱节。专家学者参与立法调研是保证立法客观科学的关键步骤。让专家学者参与立法调研，才能真正做到理论联系实际。

（三）地方立法的部门化倾向与争权诿责问题

多年来，大多数地方立法都采取相对封闭的单一化法规起草模式，即绝大多数地方性法规都由相关政府部门组织起草，直接由立法机关组织起草的较少，形成了政府部门垄断法规起草的基本局面。法规起草的单一化模式存在着不少问题，其中最突出的是地方立法的部门化倾向、争权诿责问题。

"部门利益倾向"一直是立法过程中常见的现象，而且，近年来呈现复杂化、多样化趋势。其基本表现包括以下几点。

1. 部门利益最大化

当前社会处于深刻转型的过程中，服务于社会发展要求的政府各部门职权也处于不断调整中，这就意味着客观上存在着很多促使部门争取自身利益的机会空间。一些部门便利用参与地方立法的机会，争取更多权力，尽量推诿责任，实现本"部门利益最大化"。① 这是立法起草中存在部门

---

① 江涌：《警惕部门利益膨胀》，《政府法制》2006年第11期。

利益倾向的根源。

2. 部门利益合法化

市场经济的深入发展，必然要求以行政职权法定、依法行政为特征的法治社会。在现代社会，各行政部门的权力，都是由法律法规赋予和配置的。较之以前，现今政府及其职能部门的依法行政意识有了很大提升，部门在寻求小集团利益时不再明显地肆意妄为、公然违背法治精神，"而是借助由自身部门牵头或主导起草的法律法规，通过'职权法定'、'行为法定'与'程序法定'，为部门利益披上了'合法'的外衣"。①

地方立法的部门倾向必然导致"争权诿责"问题，在立法起草过程中总是尽可能将本部门管辖权力向相邻部门延伸，对执法有利可图的事项相互争抢，无利可图的事项相互推诿，对拥有共同管辖权的事项则试图将另一方排斥在外，"有利则争，无利则推，不利则阻，他利则拖，分利则顶"。②

审视河南各级地方立法，一定程度上也存在着部门利益倾向和争权诿责问题，甚至这些问题在一些地方和领域尤为突出。它根本上损害了河南地方立法的科学性、合理性和正当性，削弱了其长久的生命力和权威。

（四）地方立法中的利益冲突与平衡难题

法律是对合法利益的保护，"立法过程实质上是表达和记载利益的过程，就是在展现各种利益冲突的基础上运用立法予以公正的利益取舍和协调并最终确认的过程"。③ 河南地方立法所面临的利益冲突的典型类型主要有：

1. 城市与农村的利益冲突

我国是一个城乡二元特征突出的国家，其中作为农业大省的河南表现尤甚。城市与农村的利益冲突是河南地方立法所面临的一个重大问题。

---

① 陈剩勇：《官僚制、政府自利性与权力制衡——对行政权与立法权配置失衡问题的思考》，《学术界》2014 年第 2 期。

② 参见王亚平《论地方立法的定位与走向》，http：//www. hppc. gov. cn/list - lltt. asp? id = 155。

③ 张廉：《社会转型期利益关系法律调整的应然性分析》，《理论与改革》2003 年第 7 期。

"因为各级地方立法主体的常住地都是城市，在河南城乡二元经济社会结构不平衡发展的现实下，地方立法在涉及城乡利益时，往往倾向于以城市利益为中心，农村和农民利益的重要性得不到应有体现。"① 长此以往，势必加剧地方立法中的城乡利益冲突。

2. 部门利益与公共利益的冲突

由于在当前政府部门主导地方立法起草工作情况下，行政部门既是立法草案起草者，又是法规制定后的实施主管机关，因此在立法过程中具有很大的话语权和影响立法内容的权力；地方立法中部门利益和公共利益的冲突一直是地方立法过程中的突出问题。

3. 群体之间的利益冲突

当前河南正处于社会转型期，群体间利益冲突不断上升，"比如农民因为征地和环境污染问题与政府、开发商、企业的冲突，市民因为房屋拆迁问题与开发商，甚至政府的冲突以及劳资双方的利益冲突，都日渐凸显"，迫切需要地方立法予以关注和规制。②

4. 个人利益与公共利益的冲突

地方立法必须关注个人利益的保护与发展，因为人的充分自由发展是社会主义的最高理想，也是社会主义之所以具有吸引力和人道感召力的原因所在。③ 但是，立法仅关注个人利益是不够的，而是要代表和实现社会的公共利益，因为立法是人民普遍意志的反映。在立法过程中，必然要面对个人利益与公共利益冲突的问题。河南各级地方立法机关在立法时都必须寻求个人利益与公共利益之间相互协调的最佳结合点。

5. 代际利益冲突

当前人类在满足当代人利益需求的同时，却给整个生态环境造成了前所未有的破坏，由于某些利益资源的不可再生性，后代人也因此而面临着严重的威胁：环境污染、生态危机、资源浪费和能源短缺等问题，人类社

---

① 王梅雾、汤亮：《均衡与和谐：对地方立法的利益解读》，《江西广播电视大学学报》2008 年第 4 期。

② 贺佃奎：《中国社会群体利益冲突解决机制研究》，《长白学刊》2008 年第 9 期。

③ 朱力宇、张曙光主编《立法学》，中国人民大学出版社，2006，第 90 页。

会的可持续发展面临着严峻挑战。① 因此，追求经济增长的单一立法目标，很容易造成地方立法的"当代利益中心主义"问题。如何协调当代人利益与后代人利益的冲突也是当前河南地方立法必须克服的重大难题。

（五）立法后评估常态机制尚未建立

立法后评估是检验一部法律是否具有科学性、是否被公众普遍遵守和认可、是否具有社会实效的重要手段。立法后评估对提高立法水平和立法的社会效益，具有非常重要的意义。

中国特色社会主义法律体系形成以后，立法后评估提上议事日程。由于我国立法后评估制度尚未确立，立法后评估仅停留于地方实践层面。2011 年，河南人大常委会会同河南政府法制办等有关单位，对河南地方性法规中授权政府做出的具体规定和《河南省邮政条例》《河南省〈残疾人保障法〉实施办法》的实施情况进行立法质量评估；首次对《河南省邮政条例》《河南省〈残疾人保障法〉实施办法》实施了立法质量委托评估，最终形成了立法质量评估报告，总结了立法工作经验和存在的不足，促进了河南地方立法工作水平的提升。但是，河南现阶段仍未建立固定的、常态化的地方立法后评估制度，没有把评估工作制度化，只是在需要时临时提出、临时决策、临时行动，造成了评估的随意性，使得评估的效果和应用大打折扣。

1. 统一的立法后评估标准缺乏

就如何进行立法后评估，河南地方立法目前尚未形成统一的标准和要求，致使各地在评估内容、评估程序、评估方法和评估标准上都没有取得一致。如果缺少确定的标准、缺乏统一的认识、科学的指导和严格的要求，那么立法后评估就会失去目标和中心，过于随意，最后流于形式。

2. 立法后评估的主体范围较窄

从河南现有实践来看，立法机关是唯一的评估主导者。这种模式有其专业化考虑，具有很强的现实意义，但也不可避免造成"运动员兼做裁判员"之嫌，自己制定自己评估成为一种自我评估，其公信力受到一定

---

① 杨炼：《立法过程中的利益衡量研究》，法律出版社，2010，第 179 页。

程度的影响。

3. 立法后评估结果的效力有限

由于没有相应的制度保障以及法律法规的改进方案，评估主体往往不重视立法后评估。评估所形成的报告如何运用，现阶段没有统一的方式。如果不明确评估报告的处理程序、评估报告的效力以及评估报告对法规修改、废止的作用，那么评估工作可能形成的结果将会流于形式。

（六）地方特色仍不突出

一般认为，立法要具有地方特色，必然要包含下面一些要素：制度创新性、针对性、独有性。① 一是制度创新性。地方立法要针对地方实际的具体问题，在制度上进行积极变动和替换，探索成本最小化、效用最大化的法律制度。② 二是针对性。地方立法需要围绕所欲解决的地方实际问题，精准确定所调整社会关系的范围、种类以及运用何种形式在什么环节或程度上运用法治手段。③ 三是独有性。"地方立法的首要任务，就是以立法的形式创制性地解决应由地方自己解决的问题。"④ 这些立法要具有针对性，就不可能是普适性的，只能是地方所独有的。

尽管河南地方立法在特色方面做出了很大的成绩，但囿于立法资源的限制，还存在一些不足之处。如立法体例贪大求全、多样性不足，难以彰显地方特色。"根据地方实际，地方立法有针对性地科学灵活选择立法体例，做到繁简适宜，方能增强地方立法的针对性和地方特色。"⑤ 从对国家法律、行政法规的补充、细化作用上来看，地方立法应当更加重视立法体例的独立价值，注重立法体例的多样化选择对体现地方立法特色的影响。河南地方立法中存在的立法体例贪大求全问题，往往会导致一部地方性法规中具有地方特色的条款，淹没在冗长的体例中，不但使其难以在审议和修改中获得应有的关注，而且也难以对其进行细化，这都将直接影响

---

① 王斐弘：《地方立法特色论》，《人大研究》2005 年第 5 期。
② 谢天放等《地方立法特色研究》（主报告），2006 年政府法制研究，2006 年 6 月 30 日。
③ 谢天放等《地方立法特色研究》（主报告），2006 年政府法制研究，2006 年 6 月 30 日。
④ 谢天放等《地方立法特色研究》（主报告），2006 年政府法制研究，2006 年 6 月 30 日。
⑤ 谢天放等《地方立法特色研究》（主报告），2006 年政府法制研究，2006 年 6 月 30 日。

法规的操作性和实效性。另外，河南作为农业大省、人口大省和文化大省的独特性，在地方立法中并未得到充分体现。河南地方立法体系的内在构成在一定程度上仍然存在着"重工业、轻农业""重城市、轻农村""重经济、轻文化"的问题，许多地方立法流于泛泛的宣示和要求，不具现实针对性，地方特色不足。如何更加凸显河南地方特色，已经成为河南全面推进地方立法工作所必须解决的重大问题。

第三节　全面推进地方立法的对策建议

当前，河南立法机关站在全面推进依法治国的新的历史起点上，必须依照中共河南省委提出的全面推进依法治省的要求，针对自身仍然存在的问题，齐心协力、迎难而上，全面提高河南地方立法水平。河南全面提高地方立法水平的目标，可以分解为两层：第一，从外在形式上看，实现立法体制机制更加健全，形成与国家法律法规相配套、与河南省发展要求更加适应的地方法规规章体系；第二，从实质内容上说，要紧紧围绕提高立法质量，恪守以民为本、立法为民理念，积极审慎地推进地方立法，确保颁行的每一部法规都是"反映人民意愿、体现公平正义"的良法。①

一　完善地方立法体制机制

（一）加强和改进党委对地方立法工作的领导机制

地方立法工作自始至终必须坚持党的领导，这样才能确保立法工作具有正确的政治方向，从制度上、法律上保证党的路线方针政策的贯彻落实，保证改革开放和社会主义现代化建设的顺利进行。② 这要求河南各级立法机关要紧紧围绕各级党委决策和地方中心任务统筹谋划立法工作，保证党的重大决策部署在河南的贯彻落实。

---

① 《中共河南省委关于贯彻党的十八届四中全会精神全面推进依法治省的实施意见》，《河南日报》2015 年 4 月 13 日。

② 陈俊：《论中国国情下党领导立法的若干基本问题》，《上海师范大学学报》（哲学社会科学版）2011 年第 2 期。

1. 完善党委对立法工作重大问题的决策程序

必须将地方立法工作完全置于党的领导之下。地方 5 年立法规划、年度立法计划、重大立法项目经立法机关所在党组织报同级党委批准或讨论决定，立法审议中的重大问题及时向党委请示汇报。

2. 加大地方党委对立法工作的支持力度

地方党委对立法工作的领导不仅体现在把握好地方立法的方向、思路和重点方面，而且也要在机构、人员、编制等方面支持地方立法工作，全方位地体现对地方立法工作的重视。党委要建立选派优秀党员从事地方立法工作的长效机制，"及时考察和吸收党外优秀立法人才成为党员，不断充实和壮大党领导立法的优秀人才资源"①。

3. 改善地方党委对立法工作的领导

地方党委加强其在立法全局中的"决策权"，但不包揽地方立法机关的"决定权"。地方立法是一个系统工程，其中涉及诸多程序性的环节。地方党委作为领导机构，不能在地方立法职权上大包大揽，而必须在加强地方立法工作的基础上，注重"抓大放小"的策略，充分尊重立法机关自身的职能。对于立法过程中的重大分歧问题，立法机关要提请地方党委决策。由于思考的视角差异，特别是部门利益和权限的差异，各部门在地方立法过程中难免出现利益和观点上的较大分歧，有些分歧甚至无法在议事过程中得到良好的协调。在这种情况下就需请地方党委研究并提出指导意见。②

4. 建立党委领导立法工作长效机制

地方党委必须建立科学、民主的领导立法工作的制度和机制，加强党内法规制度建设，"将党领导立法工作的程序、内容和方式规范化、制度化和法治化"③，保障党领导立法工作的权威性、严肃性和稳定性。

---

① 陈俊：《论中国国情下党领导立法的若干基本问题》，《上海师范大学学报》（哲学社会科学版）2011 年第 2 期。
② 陈俊：《法治中国建设背景下党的领导与人大立法的关系》，《中山大学法律评论》2015 年第 4 期。
③ 石泰峰、张恒山：《论中国共产党依法执政》，《中国社会科学》2003 年第 1 期。

（二）健全人大主导立法工作的体制机制

各级地方人大是地方的国家权力机关和民意机关，应当是地方核心的立法主体。地方立法工作必须由人大主导，以人大立法为中心。

1. 建立由人大相关专门委员会、人大常委会法治工作委员会主导重要法规起草的工作制度

行政主导立法主要是通过控制法案提案权特别是法案起草权来实现的，因此，地方立法由人大主导，就必须打破政府及其部门对立法草案的起草垄断，改由人大相关专门委员会、常委会和法治工作委员会来主导法案的起草。特别是关系地方发展的综合性、全局性和基础性法规草案，必须由人大相关部门主导和组织有关部门进行起草。[①] 因此，有必要专门建立"综合性、全局性、基础性等重要地方性法规草案起草制度"，将该机制形成常态化的稳定制度。

2. 建立地方立法"立法回避"制度

地方立法往往会涉及许多政府部门的权力和利益。为防止行政部门利益通过参与立法起草而合法化，保证地方立法的公平公正，应当建立"立法回避"制度，规定与所立法规有利害关系的行政部门不得参与该法规的起草和制定过程。因此，有必要尽快修订《河南省人民政府拟定地方性法规草案和制定规章程序规定》，规范地方性法规、政府规章的制定权限。重要行政管理地方性法规、政府规章草案由政府法治机构组织起草，而综合性、全局性、基础性等重要地方性法规草案，由省人大相关专门委员会起草。

3. 增加有法治实践经验的人大专职常委比例

地方立法主导权交由人大主导，要求人大必须拥有足够的立法能力掌控住且完全胜任主导地方立法的使命和任务，进而要求地方人大常委会必须加强自身立法人才队伍建设。[②] 因此，地方各级人大必须从组织层面建立长效机制，形成关于省市人大常委会增加有法治实践经验的专职常委比例的具体制度，适时适当吸收有法治实践经验的立法人才任专职常委，提

---

① 封丽霞：《健全人大主导立法工作的体制机制》，《山东人大工作》2014 年第 12 期。

② 时鹏远：《发挥人大立法主导作用 全面推进依法治国》，《奋斗》2015 年第 3 期。

高有法治实践经验的专职常委占人大常委会委员的人数比例，提高自身科学立法的水平和能力。

（三）建立健全立法专家顾问制度

现代立法是一门技术性极强的事务，搞立法就是搞科学。毛泽东同志领导新中国制定宪法时就曾说，搞宪法就是搞科学。专家包括那些具有相关专业知识的法学专家和法律实务专家，能够从较为客观、中立立场审视和参与地方立法。因此，地方立法工作必须接受具有专门立法和法律知识的专家指导。

建立健全地方立法的专家顾问制度，探索建立立法咨询专家库和立法基地，使立法专家能够以普遍参与、项目参与或者课题参与的方式，多样化地参与地方立法项目，实现专家学者与立法机关之间的良性互动，提升立法质量。对于法规草案中涉及的技术性问题，如文本逻辑、法言法语等，立法专家尤其能发挥独特的作用，推进地方立法的科学化。[①]

（四）加强和改进政府立法制度建设

政府立法质量体现着一个地方的立法水平，是关系全面推进地方立法的关键一环。因此，必须加强和改进政府立法制度，全面提高地方政府的立法水平。

1. 完善地方政府规章制定程序

对于关系地方全局和普遍社会利益的重要行政管理规章，应当交由站在地方全局立场的政府法治机构组织、起草并主导整个制定过程，使地方政府规章更加具有全局性视野和公正性利益立场。[②]

2. 科学把握立法审查要点，提高审查质量

特别是地方政府的法治机构对本级及下级政府立法审查时，要把好必要性审查、合法性审查、合理性审查、可行性审查和规范性审查五关，使政府立法能把握规律，符合实际，增强立法的针对性、有效性。

---

① 柴燕菲、赵晔娇：《地方立法专家库：科学立法的"创新之举"》，《中国人大》2009 年第 3 期。
② 朱鲜良：《论行政立法监督的完善》，《理论导刊》2010 年第 2 期。

（五）探索建立第三方评估立法事项机制

立法事项的确定，直接决定着地方立法的发展方向和利益取向。地方立法是否公正科学，首要的因素是地方立法事项的确立是否合理。立法实践中，囿于各自部门利益立场，有关部门在确定某些重要地方立法事项时争论不休，导致立法事项的确立工作迟迟不前，会大大降低立法效率，延误地方发展。为此，河南有必要探索建立第三方评估立法事项机制，明确立法权力边界。对部门间争议较大的重要立法事项由立法决策机关引入第三方评估，然后根据第三方的评估意见定夺立法事项，保证地方立法事项确立的公正性和科学性。

二　推进科学立法、民主立法

科学立法和民主立法是《立法法》等法律所确定的基本立法原则，也是确保法律法规体现人民民主、符合人民意志和利益的需要。河南各级地方立法主体，必须从具体立法制度改革入手，把"机制创新"作为推动立法民主化、科学化的重要举措，使立法内容更好地反映民情、代表民意、集中民智。

（一）健全人大立法项目征集、立项等机制

立法项目选择和确立的过程，是体现民主立法和科学立法原则的首要环节，直接决定着地方立法结果的科学化和民主化水平。各级人大是人民意志的代表机构，人大立法是反映人民意志的重要途径。因此，必须将科学立法和民主立法原则贯穿人大立法项目征集、立项等机制改革的全过程。

近些年来，地方立法机关在宪法和立法法的授权范围内，勇于实践，不断探索，为保证地方性法规制定的民主性与科学性，推行了一系列民主立法、科学立法的基本形式。这些形式主要有地方立法听证会、征求意见座谈会、专家咨询、立法项目论证会、公众调查等。[①] 将这些形式充分引

---

① 武拙文：《谁主沉浮——写在河南人大常委会公开征集地方立法项目的日子里》，《中国人大》2003 年第 8 期。

入河南地方立法项目确立过程，应当作为改革河南各级地方立法项目立项机制的基本方向。特别是立法项目的征集环节，可以运用听证会、网上征求意见、征求意见座谈会和进行公众调查等形式，广泛听取和认真吸收人民群众的意见建议，充分发扬立法民主原则。同时，在立法项目立项环节，注重运用专家咨询会和立法项目论证会等形式，充分发挥专家学者的专业优势，增强立法项目立项的科学性。

（二）健全与社会公众沟通机制及向下级立法机关征询立法意见机制

当前，立法协商机制，是对协商民主的充分体现和运用，已经成为地方立法机关与社会公众进行广泛和深入沟通的新的重要机制。河南各级立法主体应当将立法协商机制作为与社会公众有序沟通的重要渠道，使其成为广泛联系各级政协委员、民主党派、工商联、无党派人士、人民团体、社会组织的重要方式。[①]

另外，河南地方立法的上下级，需要建立科学的沟通协调机制，改变政府主管部门、政府法制办、法治工作委员会各管一段的"接力式"工作模式。上级立法机关要建立健全向下级立法机关征询立法意见机制，加强与有关部门的联系沟通，广泛征求意见建议，并根据意见建议及时调整立法工作中的不合理之处，使地方立法更具科学性。

（三）完善法规规章起草征求人大代表意见制度，建立基层立法联系点制度

推动地方立法的民主化，必须注重发挥人大代表的作用。人大代表是联系人民群众和人大机关的桥梁，他们直接与人民群众联系，更了解人民群众的思想和需求。为充分发挥人大代表在地方立法中的作用，河南各级立法机关需要进一步完善法规规章起草征求人大代表意见制度，不仅高度重视代表提出的法规草案、立法议案、批评、意见和建议，更要注重畅通

---

① 殷啸虎：《人民政协参与地方立法协商的目标与路径》，《江西师范大学学报》（哲学社会科学版）2013 年第 3 期。

代表反映问题的渠道，为他们反映情况创造条件，提高代表参与立法的广度和深度。

同时，还要建立基层立法联系点制度，充分吸纳基层群众的立法意见，让河南地方立法更"接地气"，更能充分反映人民群众的意志特别是基层群众的意愿。

（四）探索委托第三方起草法规规章草案制度

法律起草是一个非常复杂的利益分配过程，需要邀请有关专家学者、利益相关人等众多人士广泛参与，集思广益，由多个主体同时或协作起草，共同完成立法草案的起草工作。[①] "可探索建立地方法规招标起草制度，由立法主体选择一些重大立法项目，面向全社会公布其立法目标、宗旨和具体要求进行招标，鼓励社会组织、团体和公民积极参与投标，中标者可以进行相关立法的起草，经验收合格被采用的，还能获得相应奖励。"[②]

"如果有些立法项目专业性、技术性突出，或者起草部门存在争权诿责的问题，地方立法机关可通过委托第三方起草立法草案制度，委托相关大专院校、科研机构或者社会组织、学术团体起草，最后根据委托协议对法规草稿进行验收并采用。"[③]

（五）完善法规草案审议表决程序

建立健全公民旁听地方法规草案审议过程的工作机制，充分保障宪法所规定的公民监督建议权。地方立法机关在每次召开法规审议会前应向社会提前公布会议审议的议题，公民可以依照相关制度规定提出旁听会议的申请，获准后参加旁听。旁听的公民对相关议题可以提出书面意见和建议。

另外，建立对重要或争议条款单独表决制度。现代地方立法面临的社会问题更具体也更迫切，对效率的要求也就更高。地方立法在审议某些法

---

① 张永和：《立法学》，法律出版社，2009，第58页。
② 王群：《我国地方立法民主化机制研究》，黑龙江大学硕士学位论文，2007。
③ 王群：《我国地方立法民主化机制研究》，黑龙江大学硕士学位论文，2007。

规草案时常常因其中某些条款审议意见分歧较大而久审不决，造成相关社会关系迟迟不能得到法规调整，社会矛盾无法得到有效调和而不断扩大，酿成严重社会问题。① 为此，河南地方立法应广泛建立对重要或争议条款单独表决制度，将法规草案中那些分歧较大的个别条款拿出来，让有权表决者单独对它们进行审议、增添、删减或修改，最后进行单独表决，这样不仅能发展立法民主，更能保证地方立法效率，及时发挥地方立法的现实效用。

（六）探索建立立法论证咨询机制

结合地方立法活动的特点，专家咨询机制可细化为四个部分。一是立法规划过程中的专家咨询。在地方性立法的立项阶段，专家咨询工作的主要任务是明确立项是否有必要性，即在上位法没有规定或仅有指导性规定的情况下，地方基于其自身特点而必须进行相应立法以解决实际存在的社会问题。二是立法起草过程中的专家咨询，建立专家对条文的制定中可能产生的技术性问题分析制度和专家起草与人大常委会起草相结合的制度。三是立法审议过程中的专家咨询。审议工作的主要目的是评估制定的法规在施行后可能产生的社会效果，除了对条文本身进行评议之外，专家在这一阶段的工作主要是提供与介绍其他地方在相关立法方面的经验及法律施行后的具体情况。四是立法后评估过程中的专家咨询。立法后评估是立法回头看的工作，科学的评估制度需要专家的意见和建议。

（七）健全立法草案意见征求、采纳和反馈机制

河南全面推进立法民主，必须积极拓宽公民有序参与地方立法、表达立法意见建议的渠道。第一，充分利用公共媒体平台，广纳良言。立法机关应在各级人大、政府等公共网络和纸质媒体上权威发布法规草案，公开征求民众意见。第二，在立法过程中召开各种座谈会、听证会，有针对性地征求与法规相关的行政部门、社会组织及个人等利益相对人的意见。第三，注重听取人大代表、政协委员、专家学者的意见。第四，邀请同级及

① 闫鹏涛：《完善单项表决制度的几点思考》，《上海人大月刊》2015 年第 3 期。

上级立法机关相关部门提出完善建议。

（八）完善立法后评估机制

立法后评估是检验一部法律是否具有科学性、是否被公众普遍遵守和认可、是否具有社会实效的重要手段。[①] 中国特色社会主义法律体系形成以后，立法后评估提上议事日程，河南也需建立健全地方立法后评估常态机制。

1. 探索建立"人大主导、专业机构实施"的评估模式

针对立法后评估主体的问题，有两种探索模式。一是由地方人大主持。地方人大是地方拥有立法权力的主体，由人大来主持，不仅省时省力，并且在评估技术上也能得到保障。缺点在于人大集立法权和评估权于一身，将有可能形成立法后评估制度的虚设。二是由专门的评估机构主持。专门的评估机构具有专门知识，且具有相对独立性，因此评估效果可以得到保证。问题在于我国各地并没有特定的常设评估机构，临时组建的评估机构难以为评估结论的真实性和可靠性承担法律责任。[②] 鉴于以上两种评估模式的利弊，河南可以综合以上两种模式的特点，与法学研究机构或者法律类高等院校合作，探索建立起"人大主导、专业机构实施，人大和专业机构共同对评估结果负责"的新模式。

2. 建立地方立法后评估程序制度

一要制订每年评估计划，根据需要确定评估的时间、项目和人员，研究选题的难易程度，确定评估选题。二要建立科学的评估信息采集渠道。信息采集关系到评估工作的科学性，要求信息采集的渠道合法，信息的内容合法、客观、真实、公正且完整。三要整理并分析所采信息。采集信息后，应对信息进行归类、比较，排除重复、无用信息。再运用数学、统计学等相关知识形成统计表，在统计结果的基础上用图形和文字相结合的方式进行分析。四要形成评估报告。报告包括：概述评估过程、介绍法规内容、作出评价结论。五要明确评估报告的效力，即形成结论后对评估结果

---

① 俞荣根：《地方立法后评估研究》，中国民主法制出版社，2009，第 14 页。
② 周欢：《浅析我国立法后评估制度》，《湖北经济学院学报》（人文社会科学版）2014 年第 6 期。

加以运用。评估结束后，将评估报告提交立法机关评议，分析利弊，决定是否修改或废止相关法规。

3. 建立地方立法后评估指标体系

首先建立"文本质量评价指标子体系"，包括立法的必要性、合法性、合理性、可操作性、地方特色性、技术性等评价指标；其次建立"实施效益评价指标子体系"，包括立法的实践性、效果性、效率性、社会认同性等评估指标。①

三 加强重点领域地方立法

服务地方改革发展，是地方立法的核心任务之一。② 全面推进河南地方立法工作，必须加强其服务河南全面深化改革的战略，必须突出工作重点，在完善社会主义市场经济体制、促进民生改善、加强生态文明建设等重点领域加快地方立法进程；紧扣打造"四个河南"、推进"两项建设"，突出保障三大国家战略规划实施、融入国家"一带一路"战略等立法重点，不断完善地方法规规章。河南地方立法首要任务就是为打造富强河南、文明河南、平安河南、美丽河南"四个河南"提供立法支持。

（一）围绕"富强河南"建设，加强市场经济领域立法

河南全面建成小康社会首要的就是实现富民强省。为此，"河南必须通过加快经济结构调整和发展方式转变，努力建设先进制造业大省、高成长服务业大省、现代农业大省，建设'富强河南'。"③ 所以，河南各级立法机关应当着重围绕市场经济体制改革、经济结构调整和转型升级、产业集聚、对外开放、新型城镇化、现代农业、粮食安全、食品药品、市场监管、信息化、产权保护、财政税收、金融等主题，编制立法计划，起草和颁行地方法规，将依法推动河南经济发展作为地方立法的中心任务，充分发挥地方立法在推进粮食生产核心区、中原经济区、郑州航空港经济综合

---

① 俞荣根：《地方立法后评估指标体系研究》，《中国政法大学学报》2014年第1期。
② 阮荣祥、赵泯：《地方立法的理论与实践》，社会科学文献出版社，2011，第33页。
③ 河南省委党校课题组：《四个河南建设：河南发展思路的深化与完善》，《河南日报》2013年11月7日。

实验区建设，完善提升科学发展载体，构建现代产业体系、现代城乡体系、现代创新体系、现代市场体系，制定和完善发展规划、投资管理、土地管理、能源和矿产资源、农业、财政税收、金融等方面地方法规规章，促进商品和要素自由流动、公平交易、平等使用。

当前尤为突出的立法任务就是，完善知识产权保护法规，尽快修订《河南省专利保护条例》和《河南省促进科技成果转化条例》，完善激励创新的产权制度和促进科技成果转化的体制机制，加强知识产权保护。以保护知识产权来推动科技创新，以科技创新推动河南经济快速转型发展。

（二）围绕"文明河南"建设，加快文化体制改革立法

河南历史文化悠久，文化资源丰富、文化底蕴深厚，这是建设"文明河南"的宝贵基础和独特优势。"'文明河南'建设，就是通过培育和践行社会主义核心价值观，不断提高公民道德素质和河南社会的文明程度，为河南经济社会发展提供正确的价值引领和有力的精神支撑。"① 河南各级立法机关应当以满足人民精神文化需求为出发点和落脚点，运用法治方式创新文化繁荣发展体制机制，着重在发展基本公共文化服务、文化遗产保护、华夏历史文明传承创新区建设等方面进行立法，建立健全科学有效的文化管理体制和富有活力的文化产品生产经营机制。同时，运用地方立法大力弘扬社会主义先进文化，培育和践行社会主义核心价值观，依法引导和鼓励人民文明办事，助力文明河南建设。

（三）围绕"平安河南"建设，着眼社会管理创新立法

要为河南改革发展创造一个和谐稳定的社会环境，必须大力加强"平安河南"建设。"'平安河南'建设，就是坚持标本兼治，注重从源头上化解矛盾，创新社会管理，搞好社会建设，维护社会稳定，促进社会和谐。"② 首先，河南地方立法在服务"平安河南"建设方面完全可以大有

① 河南省委党校课题组：《四个河南建设：河南发展思路的深化与完善》，《河南日报》2013年11月7日。
② 河南省委党校课题组：《四个河南建设：河南发展思路的深化与完善》，《河南日报》2013年11月7日。

作为。应着重在教育、就业、医疗卫生、收入分配、社会保障、救助扶贫、社区矫正、矛盾纠纷预防化解等方面加强立法，保障公民合法权益，推动社会治理现代化和社会的公平正义。加快在各级地方立法层面形成党委领导、政府负责、社会协同、公众参与、法治保障的社会治理体制。其次，从完善地方法治出发将基层治理纳入法治渠道，依法创新基层民主科学决策机制、矛盾调解化解机制、基层便民服务机制、党风政风监督检查机制。再次，在改进信访工作方面创新立法，把信访纳入法治轨道，健全信访终结机制。最后，依法创新立体化社会治安防控体系，健全反恐工作和打击犯罪新机制。还要完善食品药品安全监管法律机制，深化安全生产管理体制改革。①

（四）围绕美丽河南建设，着眼生态文明保护立法

"美丽河南"是河南发展的迫切要求。生态文明建设是中国特色社会主义事业的重要内容，关系人民福祉，关乎民族未来，事关"两个一百年"奋斗目标和中华民族伟大复兴中国梦的实现。② 节约资源和保护环境基本国策应当在河南地方立法中充分贯彻。首先，要加强环境保护、生态建设、资源节约、污染防治等方面的地方立法，运用地方立法权推动主体功能区规划的实施，优化国土空间开发格局，加快循环经济立法，推动绿色、循环、低碳发展；其次，要"运用立法手段推行节能量、碳排放权、排污权、水权交易、生态补偿和环境污染损害赔偿制度，建立吸引社会资本投入生态环境保护的市场化机制"。③

（五）围绕推进社会主义民主政治建设，依法推动地方政治文明

民主是社会主义的生命和根本标志。地方立法的核心主体——地方人民代表大会及其常委会，是民意机关，是推进地方民主政治发展的主力

---

① 《河南全面建成小康社会加快现代化建设战略纲要》，《河南日报》2015 年 1 月 5 日。
② 《中共中央 国务院关于加快推进生态文明建设的意见》，《人民日报》2015 年 4 月 28 日。
③ 《河南全面建成小康社会加快现代化建设战略纲要》，《河南日报》2015 年 1 月 5 日。

军。因此，推进社会主义民主政治制度建设，也是河南地方立法的核心任务。在全面推进依法治国的战略下，发展社会主义民主政治，必须依靠制度建设，在此方面，立法机关责无旁贷且能发挥巨大作用。

1. 努力提高地方立法的民主化水平

进一步创新民主立法机制，让人民群众真正参与到地方立法上来，让地方立法更为充分地反映民意，切实做到"人民立法"，用完善的"民主立法"机制体系来保障立法的民主化。

2. 运用法律手段加强地方人民代表大会制度建设

人民代表大会制度是人民民主的基石，其基础地位需要通过法律给予加以巩固，其表达民意、实现民意的作用需要运用法律充分保障，其发挥联系群众、动员社会积极性的功能需要运用法律手段不断创新。

3. 推动基层民主自治体系的发展完善

依法推动基层民主政治建设、城市社区民主制度建设和职工代表大会制度建设。地方立法是保障和落实基层民众民主权利的关键环节和基础保障，必须将推动基层民主建设作为自身重要使命和任务，充分调动广大群众投身"四个河南"建设事业。

（六）围绕推进加强和提高党的执政能力制度建设，服务党的建设和法治政府建设

党是中国特色社会主义事业的坚强领导核心，加强和提高党的执政能力事关国家和发展大局，事关实现中华民族复兴的"中国梦"。加强和提高党的执政能力建设，制度建设是基础，法治建设是保障。必须将加强和提高的执政能力的成熟制度，及时上升为地方立法，从而为推动地方经济社会全面改革提供有力制度保障。在这方面，河南地方立法可有大作为。当前，推动"四个河南"建设已经进入攻坚期和深水区，对各级党组织和领导干部的科学判断形势、驾驭市场经济、应对复杂局面、依法执政、总揽全局能力提出了更高要求。河南理应在依法巩固党的执政地位、提高党的政治能力、推动反腐倡廉工作方面，走在全国前列。科学吸收成熟的立法经验，立足河南实际，服务党的建设和法治政府建设，依法打造一个更为廉洁、高效、公正的人民政府，从而为河南率先全面建成小康社会的

战略目标贡献立法力量。

河南地方立法必须服务"全面从严治党"的要求，针对"四风"、腐败和损害群众利益等突出问题，修订完善相关法规制度，健全改进作风常态化制度，以制度的刚性执行保证作风建设的实际效果。同时，依法深化干部人事法治改革，特别是加强干部选拔任命方面的法治监督。另外，加强反腐败法规制度建设，健全和完善权力运行和监督体系，规范权力运行，强化权力监督，把权力关进制度的笼子里。①

四 注重立法和改革决策相衔接

党的十八大以来，党中央先后做出全面深化改革和全面推进依法治国的重大战略决策。改革要求"变"，而法的一个固有属性就是稳定性，要求"守"。如何处理二者关系，是一个重大的理论和实践问题。根据全面推进依法治国的战略决策，习近平总书记提出"重大改革都要于法有据"，即要在法治框架中推进全面深化改革。② 这就对立法工作提出了新的要求和挑战。具体到河南当前正在推进的依法治省和全面深化改革战略，河南地方立法机关必须转变思路，根据新形势新要求转变立法职能，注重立法与改革的协调和衔接。

（一）积极主动适应全面深化改革要求、跟进改革探索，做到重大改革于法有据

改革开放以来的立法工作中，国家和地方立法主要被定位于总结改革的成功和成熟经验做法，将其上升为法律，从而对已先于法之前而行改革措施进行合法性确认与推广，具有突出的被动性。这种立法思路，具有一定的合理性和正当性，也对我国改革事业的突破和发展起到了极大的推动作用。然而，其弊端就是在某种程度上有损立法权威，使得改革总是陷入"违法－合法－违法"的不良循环。当前在全面推进依法治国的背景下，立法特别是地方立法必须转变职能，在全面深化改革的进程中，变"被

---

① 《河南全面建成小康社会加快现代化建设战略纲要》，《河南日报》2015 年 1 月 5 日。
② 陈金钊：《"重大改革都要于法有据"的意义阐释》，《甘肃理论学刊》2014 年第 5 期。

动"为"主动"，主动适应全面建成小康社会加快现代化建设的实践需要，以确保国家发展、重大改革于法有据。①

河南正全面推进依法治省和全面改革战略，各级地方立法机关必须注重发挥立法的引领和推动作用，主动适应全面深化改革要求、跟进改革探索，实现立法和改革决策相衔接，以法治建设引导、推动、规范、保障改革，实现改革和法治同步推进，在法治下推进改革。

1. 及时将成熟的改革举措上升为地方立法

如果相关改革措施在河南发展实践中被证明具有普遍推行价值，就应当由相应的地方立法主体制定为地方性法规和地方政府规章。

2. 改革先行先试不能突破法律底线

如果普遍推行某些改革措施的条件还不成熟而某些地方需要通过地方立法先行先试的，必须按照法定程序获得或做出授权，既不允许随意突破法律红线，也不允许简单以现行法律没有依据为由迟滞改革。

3. 围绕大局，突出重点，做好立法计划的编制工作

科学编制立法计划是做好立法工作的前提和基础，河南立法机关要结合河南实际，围绕国家和河南确定的全面改革目标和任务，把推进经济结构战略性调整、推动中原经济区建设、构建社会主义和谐社会等方面的内容作为立法计划的重点，区分轻重缓急，突出重点，统筹安排，认真编制科学合理、切实可行的立法规划和立法计划，努力实现立法计划同改革发展重大决策的结合。

（二）建立完善地方法规规章的定期清理制度，对不适应改革要求的地方法规规章，及时修改和废止

要确保地方改革在法治框架下进行，地方立法还必须适时而动，避免地方法规成为束缚和阻挡地方改革的"合法障碍"。这就要求地方立法必须坚持"立、改、废"相结合，对国家已经出台的法律和行政法规，凡需要制定实施办法的，都适时列入立法计划；国家立法就某种社会关系和

---

① 高绍林：《发挥立法引领推动作用　确保重大改革于法有据》，《天津人大》2014 年第 9 期。

社会行为做出新规范的，则及时对地方法规中的相应规范进行审查清理，该修改的修改，该废止的废止。坚持立、改、废并重，积极推动地方立法精细化发展。①

为此，河南各级立法机关必须准确把握我国立法趋势和当前河南立法工作现状，坚持"立、改、废"并重的立法原则，把现行地方性法规的修改、废止摆上同等重要位置，积极推动立法工作由重视制定新法到创制、修改、废止统筹兼顾的转变。

1. 与时俱进及时清理与上位法不适应的地方立法

适应新制定和修改上位法的要求，现行地方立法与改革决策不一致的要及时制定、修改、废止相关地方立法。

2. 地方立法及时确认地方改革成果

确保地方立法任务与改革发展的成果相结合，对改革所取得的成就和经验通过地方立法及时予以确认。

3. 及时清理不适应改革发展的地方立法

确保地方改革深化和发展全部在法治框架中，地方立法适应改革发展需要，及时清理和修改那些不适应改革发展形势的现行地方立法。

4. 持续全面清理阻碍改革发展的地方立法

根据国家立法进程和河南实际，加大地方法规规章的集中清理力度，把现行法规中阻碍改革和社会进步的规定及时予以废止。② 清理结果向社会公开，并实行地方性法规、政府规章、规范性文件目录和文本动态化、信息化管理。

---

① 陈金钊：《"重大改革都要于法有据"的意义阐释》，《甘肃理论学刊》2014 年第 5 期。
② 蒋元文：《地方立法应把握哪些关系》，《人大建设》2009 年第 9 期。

第四章
法治政府建设

2004 年国务院发布《全面推进依法行政实施纲要》，提出了 10 年建设法治政府的目标，2010 年国务院又发布了《关于加强法治政府建设的意见》，指出要全面推进依法执政，提高政府公信力和执行力。2012 年，党的十八大提出了法治建设的新"十六字方针"，要求"科学立法、严格执法、公正司法、全民守法"，并提出"到 2020 年基本建成法治政府"的新规划。先哲亚里士多德认为，"法治应包括两重意义，即已成立的法律获得普遍的服从，而大家所服从的法律又应该本身是制定良好的法律"。法治政府，实质上就是按照法治原则运作的政府。2014 年，河南省政府工作报告对建设法治政府进行了全面部署。2016 年，河南省出台了《全面推进依法治省重点工作规划（2016~2020 年）》。从中央顶层设计的战略调整可以感知，建设法治政府的艰难曲折程度有多么大，各级决策层思维方式的转变和行政执法队伍执行力的提升有多么重要。

第一节　法治政府建设的理论分析

法治之精义在于将政府的所有权力框定于法律之下，政府运行的依据是"确定的、经常的法律"而不是因人而异的权力意志。法治政府的本质是约束政府权力、规范政府行为。法治政府第一重要的职责是治官，第二重要的是保护公民权益，第三重要的才是治民。法治政府集中体现在法无授权不可为、法定职责必须为的行为规则上。

一 法治政府的内涵分析

（一）法治政府的概念

法治政府就是依良法而行善治的政府。何谓"良法"？就是品质优良的、能够保障人民的基本权利和控制政府权力行使的法律制度。法治政府可以具体理解为政府受到法的支配，即"政府由法律产生，政府由法律控制，政府依法律管理，政府对法律负责"。与良法相对应的是恶法，也就是放纵权力限制权利的法律制度。值得注意的是，对法律的价值判断会随着社会的发展和决策者的认识深入发生一些变化和分歧，当下法学界和管理界的价值共识是，法治政府的目标是治官、治权，法治政府的形态是有限政府、程序政府、责任政府、透明政府和服务政府，中国法治政府的内涵被总结为职能科学、权责法定、执法严明、公开公正、廉洁高效、守法诚信。

在这里还必须强调一下法治与法制的区别与联系。法治包含法制，与法制相比增加了根本性的价值判断。与此相适应，"法治政府"与"法制政府"的含义也表现了本质的不同，"法制政府"强调法律的制定、执行和遵守，即有法可依、有法必依、执法必严和违法必究。而"法治政府"又增加了对立法的价值取向要求，即行政法规和规章本身的价值取向应该是公平正义、权利保障和权力制约，而不能是行政本位、限制权利和权力自肥。国务院发布的《全面推进依法行政实施纲要》强调了法治的价值内涵，纲要要求建设法治政府必须建立"行为规范、运转协调、公正透明、廉洁高效的行政管理体制"，行政管理要做到"公开、公平、公正、便民、高效、诚信"。

（二）法治政府的基本特征

查阅相关资料，不同的学者对法治政府基本特征的表述各不相同，数量三至七个不等，本文择其要义，总结为民意政府、有限政府、诚信政府和责任政府四个基本特征。

1. 民意政府

在现代社会，人民的意志是通过法律和法治来体现和实现的。法治政府首先应当回应人民的要求，满足人民的需求，依法行政所依之法也应该是保护人民权利的法律，进行社会公共管理活动要以人民为本位，而不是以管理者或者管理活动为本位。在我国，各级政府都是由代表民意的机构——各级人民代表大会按照法定程序选举产生的，应该来源于人民，服务于人民。同时，人民有权对政府的行为进行评价和监督，有权罢免不合格的政府领导人。

2. 有限政府

行政权力天然具有极强的自我扩张性，极其容易越权而侵犯人民权利，因此必须强调政府的有限性，包括政府权力有限和政府职能有限。一是政府权力有限。法治政府的权力只能来源于法律的明确授权和委托这两种途径，并且它必须在法律规定的范围内活动。越权无效，自我扩权非法。"法无规定不可为"是政府行政的根本原则，区别于"法无禁止即可为"的民事行为原则。二是政府职能有限。政府职能是政府行政权力作用的范围。管理的最高境界是自治，政府管理是社会自治机能的必要补充，有很多事情不需要政府去管理而应由社会和市场本身去解决。中外的政府管理实践也已经证明，"万能政府"是失败的。国务院制定的《全面推进依法行政实施纲要》明确指出："凡是公民、法人和其他组织能够自主解决的，市场竞争机制能够调节的，行业组织或者中介机构通过自律能够解决的事项，除法律另有规定的外，行政机关不要通过行政管理去解决。"

3. 诚信政府

诚信是对个人的基本道德要求，也是对政府的法律要求。诚实守信的社会交易成本最低，符合社会各方的利益。诚信是政府进行有效管理的基本前提，没有信赖就没有服从，信赖是对诚信的预期。诚信政府要求政府的行政行为要具有真实性、善良性和稳定性，真实性要求不欺骗，善良性要求行为的动机是善意的，是为了社会的利益和公众的利益而不是为了个人的利益或者小集团的利益，稳定性要求政府不能朝令夕改，要遵守信赖保护原则。① 信赖保护和诚信政府是相互共生的。信赖保护催生诚信政府，而诚信政府必须遵循信赖保护原则。国务院《全面推进依法行政实

---

① 所谓信赖保护，是指公民出于对政府的信赖而做出的行为和获得的利益应受到保护。

施纲要》明确要求，"非因法定事由并经法定程序，行政机关不得撤销、变更已经生效的行政决定；因国家利益、公共利益或者其他法定事由需要撤回或者变更行政决定的，应当依照法定权限和程序进行，并对行政管理相对人因此而受到的财产损失依法予以补偿"。

4. 责任政府

所谓责任政府，就是政府要对自己的行为后果负责，承担相应的责任。这是权力和责任对等的法治原理所要求的，正如权利与义务对等一样。官方文件的叙述是"有权必有责、用权受监督、违法必追究"。有权必有责，行使多少权力必须承担多少责任，而且政府职权本身就是一种职责，是一体两面的东西，政府的职权必须依法积极行使而不能放弃，否则就是失职。责任政府是对政府公共管理进行民主控制的制度安排。比如，2015 年 8 月 12 日天津塘沽发生的灾难性大火，要按照中共中央办公厅、国务院办公厅下发的《党政领导干部生态环境损害责任追究办法（试行）》（自 2015 年 8 月 9 日起施行）进行领导责任追究。该办法第二条规定："本办法适用于县级以上地方各级党委和政府及其有关工作部门的领导成员，中央和国家机关有关工作部门领导成员；上列工作部门的有关机构领导人员。"

二 法治政府建设的基本原则

原则是行为的内在指引，是对宗旨和价值选择的方向性保障。法治政府建设的基本原则，是法治政府各项建设任务的共同归依，是制度条文的灵魂所在。法治政府建设的基本原则主要有法律至上原则、执政为民原则和限权分权原则。

（一）法律至上原则

这一原则要求各级权力行使者都应遵从法律，在法律之下活动。当上级领导的要求与法律的规定不一致的时候，公务员有权拒绝服从，这是《公务员法》明确赋予一般公务员的权利，也是法律至上原则的具体体现。行为心理学表明，政府守法比政府执法具有更高层次的意义。社会的一些乱象，多源于执法者犯法。最近看到微信上传一段视频，内容是一位记者拍摄某地交警的执法车辆违反交通法规的情形，很显然这种执法犯法已经成为相当普遍的现象。对于一些执法者来说，"执法者首先要守法、执法者不能有法外特权"的意识还很薄弱。

（二）执政为民原则

权利产生权力是法治的灵魂，也就是"权为民所赋"。制定或修改法律的主体是人民，在我国是具有立法权的各级人民代表大会及其常委会。人民修订法律供政府执行，管理政治生活和公共事务，并约束作为管理者的政府，政府为人民办事并对人民负责。要在政府权力与民主之间建立联系，就必须将政府与法律联结为整体，法治政府是这种整体的载体。在过去统治和管理思维长期占据主导地位的历史背景下，要把政府行政模式由"官主"转型为"民主"，将是一个充满艰难曲折的长期过程。

（三）限权分权原则

限权原则要求对政府权力的合理赋予，不多给，并防止行政权力自我扩张。要对行政权力保持足够的警惕和有效的控制，保障政府能够合理运用权力，按照法律规章办事。只有这样，社会才能持续发展、稳定和谐，权力才不会急功近利、竭泽而渔，公民权利的实现也才有可能。我国的县级官员腐败现象反证了限权的重要性，县级政府承上启下的特殊地位加上法治的软弱，导致了权力的无限扩张。

分权原则是为了防止权力的高度集中而破坏民主，腐蚀领导干部。分权原则是限权原则的操作性延伸，是对人的有限理性的积极回应。在政府行政过程中，应该本着权力相互分立和相互制衡的技术路向，把制订权、执行权、审批权和审查权进行分解。我国的一把手腐败现象同样反证了分权的重要性，一把手抓全面工作往往演变成了"一言堂"，分权制衡形同虚设，腐蚀了干部队伍。记得董必武先生曾经设立"群言堂"，我们不妨让各级领导机构也设"群言堂"，以便收到时时警示的效果。

三 法治政府建设的重要意义

1997 年，党的十五大确立了建设法治国家的基本方略；1999 年，九届全国人大二次会议将其载入宪法。然而，当下对行政行为的监督制约机制仍然不够健全，一些违法或者不当的行政行为依然得不到及时、有效的纠正，妨碍了经济社会的全面发展，伤害了政府和社会的关系。要解决这些问题，就必须加强加快法治政府建设。

（一）加强法治政府建设是国家长治久安的重要保障

加强法治政府建设是国家长治久安的重要保障，是发展市场经济的客观需要，是社会文明进步的重要标志。加强法治政府建设能够促进政府依法执政，按照法定权限和程序行使权力，履行职责，能够促进政府严格执法、公正执法、文明执法，能够提高政府的公信力和执行力，提高政府的工作效率，有利于建设责任政府和服务型政府。

（二）加强法治政府建设是全面推进依法治国的关键环节

全面推进依法治国的重点是保证宪法和法律严格实施，因此，政府作为法律实施的主体就成为重中之重。加强法治政府建设，实质上就是对宪法和法律全面而准确的实施，是法律实现的必由之路。政府的法律地位决定了法治政府建设必然是全面推进依法治国的关键环节。

（三）加强法治政府建设是全面履行政府职能的根本途径

在全面建成小康社会、全面深化改革、全面推进依法治国的大背景下，法治是治国理政的基本方式，也是政府全面正确地履行政府职能的根本途径。全面履行宪法和法律赋予人民政府的各项职责，进一步提高政府治理能力和治理水平，迫切需要各级政府通过依法确权、依法授权、依法治权来科学配置权力，构建决策科学、执行坚决、监督有力的政府权力运行体系，消除选择性执法和懒政等弊端。

（四）加强法治政府建设是国家现代化的主要体现

台湾学者朱高正先生认为，国家的基本秩序有三种：一是涉及权力分配的政治秩序，二是涉及社经利益分配的社经秩序，三是涉及价值创造的文化秩序。而现代化国家的目标，就是要在政治秩序方面建立"法治国"，在社经秩序方面建立"社会国"，在文化秩序方面建立"文化国"。① 可见，法治国家是现代化国家的当然形式，而法治政府是法治国家的主要体现。

第二节　法治政府建设的现状

近年来，在法治政府建设方面，河南一直在做持续的努力，取得了一些初步成效。但是，相对于河南人民的殷切期望而言，河南法治政府建设还存在不小的差距，还有很大的空间。

一　河南法治政府建设取得的初步成效

法治政府建设取得的初步成效，可以从行政法规和规章制定、政府信息公开、行政行为规范化三个方面进行描述。

（一）行政法规和规章制定方面初步成效

1. 政府文件规范性得到较大提升

根据《河南省关于公布规范性文件清理结果的决定》豫政〔2014〕70 号的内容，河南省政府现行有效的规范性文件有 626 件，是本着规范公权、保障私权的基本法治精神保留下来的。2010 年以来，河南省政府协同省人大，围绕推进依法行政、提高制度建设质量、建设服务型政府所需的行政执法模式、加强政府法治监督和行政复议与应诉、政府法治宣传、规范性文件管理等各项工作，进行了大量的制度建设，每年都有相当数量的法规和规章出台，完善了重大决策合法性审查机制、行政决策风险评估机制等程序性规范。

2015 年，河南省人民政府第 54 次常务会议审议通过了《河南省行政规范性文件管理办法》，并于 2015 年 7 月 1 日起施行，标志着在全省范围内对行政规范性文件管理的进一步加强。加强对行政规范性文件的监督管理，是推进依法行政的重要举措。河南省对行政规范性文件监督管理工作

---

① 摘自辣笔萧三匝《推荐朱高正》，微信订阅 2015 年 7 月 26 日文章。

非常重视，2007 年，制定出台了《河南省规章规范性文件备案办法》（以下简称《办法》），主要对行政规范性文件的制定主体、制定程序、合法性审查、备案审查、监督管理等内容做出了规定，改正了过去着重强调行政规范性文件的备案，对制定程序、合法性审查等内容规定过于原则的弊端，弥补了原来的缺陷。该《办法》规定："规范性文件草案在提交讨论前应当由制定机关的法治机构进行合法性审查，未经合法性审查或者经审查不合法的，不得提交讨论；制定对公民、法人或者其他组织的权利义务产生直接影响的规范性文件，应当经政府常务会议或者部门领导班子会议集体讨论决定；规范性文件应当自形成之日起 20 个工作日内，由制定机关通过本级人民政府门户网站和部门网站向社会公布，未经公布的规范性文件，不得作为行政管理的依据。"2012 年，省政府办公厅印发了《关于进一步加强规范性文件管理和备案工作的通知》，全省政府法治机构共审核把关规范性文件 5700 余件，审核处理备案文件 7900 余件，修改和废止省政府规章 26 件，全年共办理省政府涉法文件 60 件（其中规范性文件 31 件，合同 29 件）。①

2. 法治政府建设指标体系初步建立

围绕 2004 年国务院《全面推进依法行政实施纲要》10 年建设法治政府的目标落实，2010 年，河南省政府法制办开始研究拟定本省的法治政府建设指标体系，并在 2014 年发布了征求意见稿。2012 年，河南省政府办公厅印发了《关于推进服务型行政执法建设的意见》，16 个省辖市、9 个省直管试点县（市）和 43 个省直部门制订了实施方案。

3. 行政处罚裁量权进一步规范

2012 年，省政府法制办进行了全省规范行政处罚裁量权的工作，会同省直有关部门修改完善了 110 个法规规章的行政处罚裁量标准并公布实施；进行了行政强制主体清理工作，出台了《河南省人民政府法制办公厅关于确认省本级行政强制主体的公告》，对 65 个行政执法部门、机构的名称，法定的行政强制措施种类，行政强制执行方式和法律依据进行公布。②

---

① 《河南年鉴 2013》，河南年鉴出版社，2013，第 172 页。
② 《河南年鉴 2013》，河南年鉴出版社，2013，第 172 页。

2014 年，省政府向省人大报备规章和规范性文件 260 件。① 为加强对重大行政处罚行为的监督，强化行政执法责任，保护公民、法人和其他组织合法权益，河南省政府常务会议审议通过了《河南省重大行政处罚备案审查办法》，并于 2015 年 7 月 1 日起施行。以往还曾经出台《河南省人民政府关于规范行政处罚裁量权的若干意见》等。

4. 行政审批权行使更加合理顺畅

2014 年，河南减少省级行政审批项目 151 项，取消省政府各部门自行设立的非行政许可审批事项 169 项。2014 年，河南省委省政府出台了《关于政府职能转变和机构改革的实施意见》，省政府办公厅印发了《关于调整省级以下工商质监行政管理体制的通知》。此外，2015 年还颁布了《河南省房屋租赁管理办法》等一批规章，为行政管理有法可依奠定了基础。

5. 地市政府积极探索法治政府新举措

2007 年，洛阳市政府在全国范围内率先做出《关于成立疑难行政诉讼案件协调委员会的通知》，同时，市政府成立了相应的配套机制，包括诉讼案件半月通报制、执法责任制、绩效考核制等。2014 年，洛阳市政府实施了《洛阳市行政复议和行政应诉工作规则》（以下简称《规则》），首次对行政机关负责人出庭应诉制度作了明确规定。《规则》要求："有以下六种情形之一的，行政机关负责人应当出庭应诉：本单位当年发生的第一起行政诉讼案件；上级机关要求出庭应诉的行政诉讼案件；因集体土地征收、国有土地上房屋征收、劳动和社会保障、城乡规划、环境保护、食品药品安全、安全生产等问题引起的群体性行政诉讼案件；案情重大复杂，对本单位行政执法活动将产生重大影响的行政诉讼案件；市、县级人大和政协组织人大代表、政协委员旁听审理的行政诉讼案件；应诉机关法定代表人认为需要出庭应诉的其他诉讼案件。"这对行政机关领导干部法治理念的养成起到了积极作用。许昌市城管局制定了《城管监察人员文明执法行为规范》《城管监察人员"六要六不"行为规范》等制度，执法

---

① 王旭峰：《2014 年河南立法实践及 2015 年立法建议》，《河南法治发展报告（2015）》，社会科学文献出版社，2015，第 241 页。

形象明显好转。

信阳市政府出台了《信阳市行政执法监督检查暂行办法》，对执法程序、执法行为、执法文书、执法效果、行风行纪等项目进行督查，建立起全市行政执法人员数据库，对行政执法证和执法监督证进行年度审验。新乡市制定了《行政权力运行监督管理办法（试行）》。焦作市在市直机关探索建立岗位权力风险防控机制，形成了分权、程序、公开、责任、科技、道德六项防控途径。

（二）政府信息公开方面初步成效

为配合《河南省行政规范性文件管理办法》的贯彻落实，省政府法制办开发了"河南省规章规范性文件数据库系统"，2015 年 7 月 1 日起正式上线运行。该数据库系统具备规章和规范性文件的发布、备案、审查、统计、查询等功能，成为权威的信息化平台。各单位及社会公众可以在"河南省人民政府门户网站"和"河南省政府法制网"通过该系统查询通过备案审查的规章、规范性文件。下一步，全省各市、县（区）政府将逐步建立本地区的规范性文件数据库系统，并与省政府规章规范性文件数据库系统相对接，逐步形成涵盖各级政府规章规范性文件的数据库系统，以方便规章规范化管理和公众对规章、规范性文件的查询及监督。

（三）行政行为规范化方面初步成效

1. 建立了重大行政处罚备案制度

为了更好地规范行政行为特别是出现问题较多的行政处罚行为，省政府出台了《河南省重大行政处罚备案审查办法》，对重大行政处罚备案的范围、审查的内容、发现问题的处理措施及法律责任等做出了明确规定。一是要求行政处罚决定机关做出重大行政处罚决定之前，应当经其法治机构进行法治审核；未经法治审核或者审核未通过的，不得做出决定。二是规定行政处罚决定机关应当自做出重大行政处罚决定之日起 15 日内，向备案审查部门报送备案材料。三是规定备案审查部门对重大行政处罚的合法性和适当性进行审查后，发现存在违法或者不当的，应当依法做出处理。

2. 提升了执法的文明度和人性化

各地在文明执法和人性化执法方面，都做出了有益的探索。如鹤壁市实施行政审批制度改革的"五个标准化"，即项目要素标准化、审批流程标准化、服务方式标准化、动态管理标准化和监管机制标准化。2015 年，是河南省服务型政府建设年，为此，省政府和地方各级政府都出台了一批规范性文件用以指导和推进这项工作，各地在具体工作中也围绕主题各显身手，如商丘市公安局与联通公司联合推出 114 挪车服务，有效地缓解了挪车难停车难问题，深受群众欢迎。

二 河南法治政府建设存在的主要问题

一方面受制于历史的传承，另一方面又遭遇社会的全面转型，法治政府建设面临着前所未有的挑战。河南法治政府建设中存在的主要问题有行政立法不完善、行政执法不规范不透明、行政监管不作为乱作为、行政追责追偿不到位、法治理念还没有普遍树立等问题。不过这些问题都是社会发展中出现的，会伴随着法治政府建设的深入而被克服，同时新的问题又会不断产生。有问题并不可怕，只要我们一直朝着法治的大方向前进，我们的所有努力就会成为法治不断完善的里程碑。

（一）行政立法不及时不完善

1. 国家法制层面

在直线型权力架构和国家法制统一的前提下，地方立法的自主性空间较小，这在行政法方面表现尤甚，上位法的缺失和缺陷会严重制约基层的区域性法治进程。我国现行有效的法律有 242 部，行政法规有 900 多部，地方性法规有 3000 多部，规章有 30000 多部，规范性文件不计其数。但是数量虽多，却共同存在着部门壁垒、管理本位、偏私既得利益者、自由裁量权过大等诸多问题，在许多领域，面对社会治理的新问题，还存在一些法律"空白"。特别是在一些现行有效的法律、法规、规章、规范性文件之间，还存在着法律、法规相互"打架"，下位法超越上位法、规范性文件违法制定等现象。

2. 地方立法和准立法层面

部分规范性文件不规范的表现有：一是程序不规范，有的不按规定上报文件制定项目，有的不遵守文件制定计划，有的未进行充分的调研论证，致使一些急需出台的文件迟迟不能出台，并非急需的甚至是不该出台的倒是捷足先登；二是内容不规范，最常见的现象就是不适当增加主管部门权力和随意增加管理相对人义务，另外，有的内容空洞无法与现实对应，有的禁止性条款于法无据超越了立法权限，有的禁止性条款没有配套的法律后果设定，因而无法实现而沦为宣示性条款，有的照抄照搬外地经验和文件没有结合本地实际，致使规范性文件难以施行，有的文字表述不准确致使规范性文件出现歧义严重影响执行；三是备案审查工作不到位，或者是制而不备，逃避了监督；或者是备而不审，监督流于形式。还有诸如明显违法设置行政许可前置条件的，非法上收行政许可权的，一些地方党委、政府部门随意制定规范性文件增加企业和群众负担的，违法设定行政审批、行政征收、行政处罚、行政强制事项的，擅自制定各种违反法律法规和上级文件的地方政策、规定的，等等。这些现象在许多地方普遍存在，既损害了法律法规的权威性、严肃性，也影响和阻碍了法治政府的建设步伐。

（二）行政执法不规范不透明

1. 执法程序存在"随意性"现象

有的在实施行政处罚过程中，不履行事先告知义务，剥夺了行政管理相对人的知情权；有的颠倒程序，先罚款后定性；有的适用程序混乱，该适用普通程序的，却适用了简易程序，该适用简易程序的，却适用了普通程序；有的行政执法部门和执法人员执法目的不端正，选择性执法；有的执法部门和执法人员随意处罚，滥用权力；有的执法不作为，对公众的举报踢皮球；有的人情执法，以罚代刑、降格处理；也有的钓鱼执法，以及其他形式以罚款创收为目的的利益驱动执法。行政执法自由裁量权过大、同事不同罚的情况比较普遍。

2. 行政执法行为存在不规范现象

调查的事实不清，收集的证据不足，适用的法律错误。执法中不出示执法证件，违反规定一个人开展执法工作。最常见的是出示执法证件不规范，在当事人面前晃一下就收起来，根本不让当事人看清楚，甚至故意隐藏执法标志，隐匿执法者个人信息，致使受侵害的当事人无法指认和控告违法的执法人员。一些行政执法人员执法方式简单，导致行政执法效果差。少数执法人员不尊重被执法者的人格尊严，执法行为野蛮粗暴等。还有执法人员出现貌似"碰瓷儿"的举动，如有人在2015年8月17日发送微信视频显示，一名城管工作人员在执法的时候主动躺倒在地上，口中喊着"打人了，快报警！"周围的人对他说："我们一直录着像呢，没有人打你，我们有证据。"最后这个穿着制服的人自己爬起来走了。

（三）行政监管不作为乱作为

有些行政机关及其工作人员在工作中存在越位、缺位和不到位。不该自己管的争着管，滥用行政职权，违法行政。比如，路政部门违反规定上路查车；市、县部门五六个科室共同办理一个行政审批事项，互相设卡、推诿、扯皮；对自己该管的不去管，导致行政不作为。再如，对城区内露天烧烤的管理，向主管部门投诉不起作用，打了市长热线并经过诸多程序才得到解决；该严格管理的宽松管理，对大众消费领域国有企业的垄断性不公平经营行为，长期普遍存在却难以纠正。2014年，全省法院受理"民告官"案件3211件，[①] 这些案件在很大程度上反映了行政监管存在的弊端，如多头执法、重复执法、选择性执法、执法侵权、执法扰民、利益驱动办案等。2012年，河南省政府本级共受理对行政执法的投诉举报104起，立案调查50件，49名相关人员受到查处，全年全省复议机关共收到行政复议申请8687件，受理8117件，其中，省本级收到1290件，受理1218件，省政府应诉案件113件。[②] 再以洛阳市行政复议和行政诉讼案件基本情况为参照，可以窥见河南省行政执法存在问题的大致情况。2012年至2014年，洛阳市政府本级共受理行政复议案件864起。同时期，全市各级行政机关为被告的行政诉讼案件共有866起，其中市政府为被告的

---

① 丁同民、闫德民主编《河南法治发展报告（2015）》，社会科学文献出版社，2015，第11页。

② 《河南年鉴2013》，河南年鉴出版社，2013，第172页。

行政诉讼案件共有 108 起（该数字含二审案件和听证案件）。行政诉讼案件主要集中在土地、公安、劳动和社会保障、房产、拆迁等行政管理领域。这五类案件总量占全市一审案件总数的 70%。行政机关出庭率在 100%，其中，工作人员作为委托代理人出庭的占 90% 以上。因行政诉讼案件多集中在土地征收、房屋拆迁等方面，这类案件牵涉到群众的切身利益，涉及面广，双方分歧大，法院即使受理也不能从根本上解决问题，部分法院对这类案件不愿受理，致使当事人告状无门，最后引发上访。另外，这类案件绝大多数牵涉到开发商的利益，协调难度较大，案件通过一审、二审、再审反复审理，但实际问题却没有得到根本解决，继而引发当事人上访。①

（四）行政追责追偿不到位

行政机关工作人员在工作中违反行政法相关规定或者民事和刑事法律相关规定，给当事人造成人身伤害或者财产损失的、给行政机关造成不良影响的，行政机关在以单位的名义对外承担责任以后，应该对直接责任人进行追责和追偿，属于领导强制命令情形的，由该领导承担主要责任或者全部责任。

对于法律和纪律规定的追责追偿条款，一方面制度本身的规定就很原则、很模糊，执行性比较差，另一方面行政机关领导在处理自己的工作人员的时候往往会考虑案外的因素比较多一些，导致执行软弱。比如，某地方现行的规划条例，在法律责任一章中，把行政相对人的责任甚至第三人的责任放在前面，把规划部门的责任放在最后，而且没有违法行为列举和相应的处罚措施，只是原则性的一句话，立法层面的厚此薄彼显而易见。又比如，2016 年河南某县级市发生公民在派出所被询问期间死亡案件，案件发生后数月，官方都没有公布相关的原始记录和录像资料，官方成立的调查组很快公布了"派出所没有责任"的调查结论，但是没有给受害方通报调查过程和证据材料。受害人家属无奈不得不从北京聘请律师并请

① 王娜：《关于支持人民法院行政审判工作情况的调研报告》，河南省政府法制网，http：//www. hnfzw. gov. cn/sitegroup/root/html/402881e4487dc6760148815ee56b0068/1acc82068921478da8233469d8f3aec7. html，2015 年 6 月 7 日访问。

求媒体呼吁。

另外，2010 年修订的《中华人民共和国国家赔偿法》第十六条规定："赔偿义务机关赔偿损失后，应当责令有故意或者重大过失的工作人员或者受委托的组织或者个人承担部分或者全部赔偿费用。对有故意或者重大过失的责任人员，有关机关应当依法给予处分；构成犯罪的，应当依法追究刑事责任。"现实中对这一条款的执行力度明显不足，执行监督乏力。

对于行政追责，还有一个难题，就是《中华人民共和国国家赔偿法》第五条规定："属于下列情形之一的，国家不承担赔偿责任：行政机关工作人员与行使职权无关的个人行为"。实践中常常因为对是否属于"个人行为"的认定而产生纠纷，当事双方各说各的理由，无法达成一致，因而造成追责难。比如，某人到行政机关办理证件，与行政机关工作人员言语不和争吵起来，工作人员在办公室办证现场殴打了他，该殴打行为如何定性？是违法的行政事实行为还是个人行为？对此没有权威的解释，也没有统一的司法判决。

（五）政府法治思维法治方式不确定不规范

一些政府的工作人员特别是领导干部，没有按照法治理念行使职权、开展工作，对法治政府建设说起来重要，做起来次要。在工作中往往还是凭主观、靠经验、拍脑袋作决策，出现问题之后才回过头去找法律、对法条。政府领导缺乏法治理念最典型的现象是，各地为了追求 GDP 增长，到处招商引资，其中吸引外地企业客商最重要的一项优惠条件，就是随意违法减免地方政府税收，有的承诺"二年免除三年减半"，有的"三年免除三年减半"，有的"五年免除五年减半"，等等，造成了大批的企业"名正言顺"地不履行法律规定应缴纳税费的义务。一些企业尝到了违法的甜头，看到了政府的乱象，就趁机要挟地方政府，享受优惠政策到期后，如果不再让它继续享受减免政策，它们立马另迁他地，去其他地方继续享受优惠减免待遇。各地政府以违法为代价吸引客商，到头来却是自掘陷阱。我国法律规定，除全国人民代表大会及其常务委员会制定法律可以减免税费外，其他任何部门、任何法规文件，没有法律授权，都无权减免税费。而直到现在，许多地方还在采取这种违法的"优惠政策"招商引资，这种现象如不彻底纠正，法治政府就很难真正建成。还有的政府一开始低价出租土地50年，几年后就毁约，下发红头文件要求重新签订合同提高价格，否则就收回土地。再如，国务院部署的简政放权、减少行政审批事项，先后分批取消、下放行政审批事项600多项。而一些省、市特别是县级政府领导，也纷纷在各种会议上提出"要将本级政府行政审批事项再削减三分之一以上"的工作目标，这是一种缺少法治思维、盲目跟风的表态。因为根据《中华人民共和国行政许可法》规定，省级以下各级政府，除省政府规章可以设定临时性的行政许可（有效期一年）外，其他各级地方政府都无权设定行政许可事项。而现行有效的行政许可事项，99%以上是法律、法规设定的，地方政府是无权取消的，除非原来存在的一些行政许可本身就是违法设定的，这种现象确实一直程度不同地存在着。还有一些政府工作人员，受本部门利益或者个人私利的驱使，还有的是受上级领导的压力，在工作中完全抛开了法律的约束，违法使用公暴力或者私暴力来推进有困难的工作，被民众咒骂为"土匪""黑社会"。如2015年7月某日深夜发生在河南某村的强拆民房事件，熟睡中的房主被拖走关押，房屋被推倒。亲属去政府询问人被关押在哪里，却无人告知。事件的起因是政府要求村民到规划的小区买房，不允许在自家的宅基地上盖新房，村民说没有钱买不起，政府说买不起别墅可以买十几万的多层，村民说十几万也买不起，自己盖的房子是亲戚邻居们给凑的钱。诸如此类的事件常有所闻，一些政府前进的步伐太快了，把人民甩在了后面，也把法律甩在了后面。这说明一些政府领导和工作人员的法治理念亟须树立。另外，行政机关一把手对行政诉讼的出庭应诉率也反映了领导干部的法治理念状况，目前河南的这一数字不到10%。有人说领导太忙哪有时间出庭应诉，这恰恰说明了领导工作重点的偏差，也反映了其法治理念的状况。

另外，检察机关直接立案侦查案件的情况，也是反映政府工作人员法治理念的一个重要指标。据《河南统计年鉴2014》记载，2013年的相关数据是：检察机关受理案件总数2966件，其中，贪污830件，贿赂950件，挪用公款349件，集体私分16件，巨额财产来源不明3件，滥用职权333件，玩忽职守418件，徇私舞弊55件，侵犯公民权利9件，其他3

件。与同期的《中国统计年鉴》数据相比较，案件数量结构相同，即同一类型的案件在案件总数中所占的比例，河南与全国基本一致，比例最高的是贿赂（多为受贿），其次是贪污，再次是玩忽职守。

第三节　全面推进法治政府建设的对策建议

法治政府建设，最大的难题是如何构建制度笼子，防止权力滥用，用好职权履行职责，积极作为、勇于担当。也就是说，一方面不能让权力越界，要拘束它；另一方面不能让权力怠惰，要激励它，这样的两难要求，只有法治能够解决。国务院《全面推进依法行政实施纲要》提出的依法行政的基本要求是合法行政、合理行政、程序正当、高效便民、诚实守信和权责统一。为此，建设法治政府的主要着力点应该在七大方面，即依法全面履行政府职能、完善依法决策程序和机制、持续推进行政执法体制改革、大力推进服务型行政执法、全面落实行政执法责任制、全面推进政务公开、构建法治政府建设考核评估指标体系。

一　依法全面履行政府职能

政府具有经济调节、市场监管、社会管理和公共服务诸项职能。当前，我国正处于全面建设法治国家的历史转型时期，政府要深化行政审批制度改革，简政放权高效便民；要推行政府权力清单和责任清单，阳光行政严守法纪；要建立规范性文件依法制定、统一发布和目录管理制度，开发开放文件信息库；要统筹推进全省基本公共服务均等化，加快缩小城乡差距和阶层差距。政府要自觉运用法治方式和法律手段，调整经济关系、规范市场秩序、指导经济运行，综合解决市场经济发展中的一系列深层次问题。政府要保证各种所有制经济依法平等使用生产要素、公平参与市场竞争、同等受到法律保护，政府的发展思维要由创造财富向创造环境转变，由直接干预向制定规则转变。各级政府既要注重加强对经济发展的宏观调控，也要注重依法履行公共服务、社会管理、环境保护等职能。政府要树立"法定职责必须为"的理念，服务民生，促进民有，富民强国。

二　完善依法决策程序和机制

政府最基本的职能就是决策。政府的意志、作用和地位在很大程度上是通过决策来体现的。法治政府建设有三个关键词：依法决策、严格执法、全方位纠错，依法决策排在第一位，是源头性的重要工作。依法决策预示要把政府决策全面纳入法治轨道，如建立严格的决策程序，包括公众参与、专家论证、风险评估、合法性审查、集体讨论决定，建立行政机关内部重大决策合法性审查机制，建立重大决策终身责任追究制度及责任倒查机制，等等，最大限度地实现决策的科学化、民主化和法治化。

（一）健全严格的决策程序

要把公众参与、专家论证、风险评估、合法性审查、集体讨论决定确定为重大行政决策"法定程序"，而不仅仅是"必经程序"，旨在确保决策制度科学、程序正当、过程公开、责任明确。决策咨询要公开透明，决策过程结果要有完善的记录和档案管理；集体决策不能走过场，成为变相的"一言堂"。制度的生命力在于执行，重大行政决策程序的建立只是第一步，各级政府还应当严格遵循已经建立的决策程序，并重视决策前的调查研究，使决策权在法治的框架内运行。我们目前行政管理的"行政三分制"，是将行政管理职能分为决策、执行、监督三部分，在相对分离的基础上，三者相辅相成、相互制约、相互协调。近几年来，我国各级政府的行政决策正在逐步走上民主化、科学化和法治化的轨道。另外，为了提高决策效率，应该对需要决策的问题进行严格的分类，凡是能够交由下一级政府或部门决策的事情，就由下级决策；凡是能够由一个部门处理的事情，就不要提交多个部门处理。行政机关公布的信息应当全面、准确、真实。非因法定事由并经法定程序，行政机关不得撤销、变更已经生效的行政决定。对于确因公共利益撤回或者变更行政决定的，应当依照法定权限和程序进行，并依据信赖利益保护原则对行政管理相对人因此而受到的财产损失依法予以补偿。行政机关对于告知、申辩、复议、诉讼、听证的有关事项，应该严格按照法律的要求，切实履行自己的义务。行政机关行使自由裁量权的，应当在行政决定中说明理由。

（二）建立行政机关内部重大决策合法性审查机制

这个机制的硬性要求是，未经合法性审查或经审查不合法的行政机关重大决策，不得提交讨论。这项制度有效地降低了决策的法律风险，有力防范了行政领导决策权的滥用。在实施过程中要注意对重大事项的界定，只有界定清楚了什么是重大事项，才能明晰什么是重大决策，才不会导致决策者具有规避审查的空间和借口。另外，行政决策风险评估制度已经在一些地方全面展开，也就是说，对比"重大"范围更广的几乎所有行政决策全部进行风险评估，这是一些行政法治基础比较好、领导法治观念比较强的行政区域的先进性做法。风险评估与合法性评估各有侧重，共同构建了良好决策的根基。风险评估应该贯彻程序正义，程序正义应当包括程序中立性、程序参与性和程序公正性等内容。从风险评估的程序正义可以导出避免偏私、合作式评估和信息公开三项基本原则。2012年，国务院下发的《关于建立健全重大决策社会稳定风险评估机制的指导意见（试行）》的通知，从评估范围和内容、评估责任主体、评估程序和要求等方面对重大决策社会稳定风险评估的内容做出了规定。随后，不少地方政府也出台了相关规范性文件，在实践中取得了很好的经验。目前，行政决策风险评估有待于从社会稳定风险评估拓展到公共财政风险评估和环境生态风险评估等领域。需要特别说明的是，以上合法性评估和风险评估有一个共同的焦点问题，就是对"公共利益"的认定。法律、立法解释和司法解释都不能满足实践需要，造成了"公共利益"泛化严重，亟须强化制度。此外，风险评估的评估主体也是一个较大的问题，由决策方自己主导评估极易出现"走过场"现象，因此，笔者建议由地方人大担任评估责任人，这也是人大的监督职能所在，正可以借此进行事前监督。建议构建地方人大及其常委会主导评估的决策主体与评估主体分离制度，构建评估咨询制度。

（三）建立重大决策终身责任追究制度

重大决策对社会和人民工作生活的后续影响深远持久，而决策者的职务任期是相对短暂的，规定终身责任追究，能够促使决策者在行为时更加慎重，不会因为侥幸心理而出现短视行为，损害人民和国家的利益。抓住了决策者这个关键少数，就是抓住了法治政府建设的龙头，能得到"牵一发而动全身"的效果。要完善行政决策的监督制度和机制，明确监督主体、监督内容、监督对象、监督程序和监督方式，要从体制方面解决监督者与被监督者地位倒置以及角色混淆的不科学现象。要按照"谁决策、谁负责"的原则，实现决策权和决策责任相统一，决策失误或者决策不作为都要追究责任。比如，对某项大型水利工程，专家论证结论是不可行，但是因为该工程是领导工程、政治工程，有关部门就重新挑选专家组织论证，改变论证规则，直到取得想要的结论。结果工程完成后出现了一系列的问题，影响到生态环境和区域安全，这个决策责任显然应该追究。这里的难点在于，由于重大决策内容庞杂，往往牵涉到一系列的决策者，而同时追究多人责任自然会遇到强大的阻力，也难以公允。那么追究主要决策者的责任呢？重大决策的主要决策者或者说是最高决策者却往往不是直接基于客观事实的决策者，而是基于下级的决策而决策的，那么也难以确定最高决策者究竟该承担多少责任。在上述情况下，责任追究往往不了了之。所以，要执行好这项制度，让它真正发挥作用，还需要一系列的配套制度来启动程序、区分责任。"集体讨论决定"也是一块阻挡责任追究的盾牌，为此建议完善会议记录档案，对集体进行分析，持反对意见的人员可以免责，表示支持的人员应该担责。对决策严重失误或者依法应该及时做出决策但久拖不决，造成重大损失、恶劣影响的，都要严格追究行政首长、负有责任的其他领导人员和相关责任人员的法律责任。

（四）强化行政决策法治化

强化行政决策法治化就是运用法律规范、调控行政领导决策过程，使决策行为在法律的范围内进行。这要求行政领导者在整个决策过程中依法、用法、守法，也就是要求领导干部具有法治思维，即理性思维、契约思维、制度思维和敬畏思维，要对法律怀有敬畏之心。为此，需要尽快出台《重大行政决策程序暂行条例》之类的程序性规定，以确保决策制度科学、程序正当、过程公开、责任明确。具体来说，强化行政决策法治化主要包含以下三个方面的内容。

1. 决策主体法治化

决策主体法治化即行使行政决策权力的行政组织机构的建立和担任行政领导职务人员的产生，必须按照法律规定的权限和程序进行。同时，各级行政组织机构和领导的决策权的行使，必须按照法律所规定的范围进行，超越了法律所限定的范围就是违法决策、无效决策，而该决策的时候却不予决策，即该管的不管，就是决策不作为，是失职或渎职。

2. 决策程序法治化

程序合法是决策科学化的重要保障。我国目前的法律对一些重大的行政决策程序已经有了明确的法律规定，只要不急功近利，严格按照法定的决策程序进行决策，就不会出现比较严重的后果，即使出现一些执行瑕疵也容易及时矫正。

3. 决策内容法治化

决策的内容必须符合法律规定。法律有具体规定的，决策应根据法律规定进行，法律没有规定或没有详细规定的，行政决策应根据法律的一般原则进行。首先，决策目标必须合法，即作为决策者的政府希望达到的决策结果必须符合法律要求。其次，决策方案必须合法，决策就是选择，即为了实现决策目标，领导者必须考虑多种方案，但无论选择什么方案，采取什么手段，都必须符合法律原则。如决策建立分事行权、分岗设权、分级授权、定期轮岗和内部控制等制度以促进法治政府建设。

（五）充分发挥政府法治机构在决策中的作用

政府法治机构是协助政府领导办理法治事项的办事机构，各级领导干部在决策中要主动征求法治机构的意见。重大决策涉法内容必须经法治机构提出参谋意见，重要会议法治机构必须列席参加，重要文件必须经法治机构审核把关。同时还要用好政府律师制度和政府法律顾问制度，打造决策支持合力。

（六）领导干部学法制度化常态化

要想依法决策，首先需要懂法。领导干部作为决策者，不需要熟知法律条文，不需要知晓法律细则，但是一定要了解宪法精神、法制概况、立法宗旨和部门法的基本原则，了解程序法的大致框架，只有这样，在做决策的时候才不会离开法律太远，才不会一意孤行、妄自尊大，才不会为难下级工作人员。

三 持续推进行政执法体制改革

行政执法是行政机关的基本职能，我国绝大多数法律、地方性法规和几乎所有的行政法规，都是由行政机关执行的。深化行政执法体制改革，直接关系到政府依法全面履行职能，关系到国家治理体系和治理能力现代化。要按照减少层次、整合队伍、提高效率的原则，建立权责明确、行为规范的行政执法体制。在推进综合执法相对集中行政处罚权的同时，应探索进一步集中和减少行政许可权。尤其是对与人民日常生活、生产直接相关的行政执法活动，要对执法主体的层次、资质、程序和监督等方面提出严格要求。要完善行政执法机关的内部监督制约机制，科学进行执法权配置和执法程序分工。作为依法行政的主体，地方政府特别是市县政府，要理顺执法体制，减少执法队伍的种类，合理配置执法力量，特别是在事关民生的领域推进跨部门综合执法，同时也要加强城市管理综合执法机构建设，整合相关执法职能和责任，提高城管执法水平，规范城管执法行为。要完善行政执法程序，规范行政执法行为，做到严格规范公正文明执法。要健全行政裁量权基准制度，预防执法随意性。要加强行政执法资格管理，切实执行持证上岗和亮证执法，要严格限制辅助执法人员的使用，并严格规范他们在执法过程中的地位、作用和行为。要建立健全行政裁量权基准制度，严格执行重大执法决定法治审核制度，防止选择性执法和重大执法错误。要改革执法评价与考核标准，让管理相对人、利害关系人、辖区居民作为执法评价的主要主体，把对辖区内管理秩序和管理事项的合理投诉数据作为执法考核的主要标准，这样执法的逻辑关系就理顺了，就不会出现"执法为民"以外的杂七杂八的执法目的了，也就避免了政府部门利益成为法治政府建设的隐形阻力。过去权力部门化、部门利益化、部门利益法定化，部门权力便成为与民争利的工具，成为权力市场化的元凶。要将严禁收费、罚没收入同部门利益直接或者变相挂钩，严格执行罚缴分离。要全面推行执法人员佩戴行政执法记录仪，建立执法全过程记录制度，要明确规定执法人员在公共场所执法过程中不得干涉公民对执法行为的拍摄记录，亮证行为要保证执法相对人清晰知晓证件所记载的内容。行政执法体制改革还要与行政审批制度改革相结合，为打造行政审批少、行政效率高、发展环境优、市场活力强的政府行政生态环境服务。

四　大力推进服务型行政执法

各级政府和行政执法部门要切实把行政执法职能转变到创造良好发展环境、为市场主体服务上来，创新行政执法方式，坚持管理与服务并重、处置与疏导结合，对管理相对人要有"终极关怀"的理念。再以前述的半夜强拆事件为例，管理相对人的诉求是买不起政府规划小区的新房子，那么执法者就应该针对此诉求进行协助服务，而不是让他们无家可归、无处栖身。如果管理相对人的诉求是政府行政违法，也要引导他们进行行政复议和行政诉讼。这样做肯定会牺牲效率、增加成本，但这是法治政府必须付出的代价，是急躁不得的。现实中相当数量的执法乱象多是由于执法者太急躁、赶时间才发生的，后果是一时痛快而后患无穷。

服务型政府是积极作为改善民生的政府，是极力缩小强制性行政的政府，是政府由管理到治理转型的具体体现，因此，要构建管理、执法和服务三位一体的行政执法模式。推进行政执法从管制型向服务型转变，寓服务于执法过程中。要注重发挥行政指导的作用，采取提醒、示范、协商、契约、建议、劝导等方式，指导行政管理相对人的行为。要向行政管理相对人提供法律、政策、安全、技术、信息等方面的帮助和服务。实行行政处罚事前提示、事中指导、事后回访制度，督促其自觉遵守法律法规。要加强行政调解工作，明确适用行政调解的事项，并制定行政调解规程，依法、公平、高效处理争议。要推行行政执法案例指导制度，加强行政执法信息共享和业务培训，健全执法信息查询系统，为管理相对人、利害关系人和一般公民提供信息查询便利。要加大食品药品安全、非法集资等关涉群众切身利益的重点领域执法力度，并切实使受侵害的合法权益得到救济。

要加强政府作为公共服务主体的理念。政府的管理功能不是管制人民，而是服务人民，因此要重视民主参与，限制政府权力，强调公共服务。行政立法要突出公共服务的理念，杜绝政府直接插手与其有经济利益的行为，打破行政垄断，消解与民争利。对于一些跨行政辖区的公共事务，要善于运用政府间的行政协议方式来实现协作管理，这是过去行政管理的弱项所在，在大力推进服务型行政执法的背景下，行政协议将是克服过去各行其是、矛盾冲突的有效方式。比如，河南省三门峡市与相邻两省建立的区域合作金三角，经济合作已经运行，司法协作初步开启，行政合作却难以起步，遭遇体制机制的诸多问题，亟须引入政府间行政协议来推进行政管理合作。

五　全面落实行政执法责任制

自 2005 年国务院办公厅公布《关于推行行政执法责任制的若干意见》以来，各级政府都把全面落实行政执法责任制作为建设法治政府的重要内容。行政执法责任制，要求建立和完善权责明确、行为规范、监督有效、保障有力的行政执法体制，通过依法界定执法职责、科学设定执法岗位、细化量化执法标准、科学规范行政执法人员自由裁量权，建立公开、公平、公正的评议考核体系和执法过错、错案责任追究机制，形成以人为本、责任落实、协调高效的行政执法新机制。行政执法责任制关键在于监督，既要加强政府对业务部门的法治监督和部门内部的行为监督，更要创新监督形式，拓宽监督渠道，畅通自下而上的监督，推行由外而内的监督，特别要重视舆论监督，善待社会民主监督。特别需要明确社会公众对公开的执法行为有录音录像的权利。要建立健全行政执法全过程记录制度和档案保存备查制度。全面落实行政执法责任制必须强调权责的一致性，一些行政执法机关担心严格纠错会影响本部门的声誉和执法人员的积极性，往往是大事化小、小事化了，对于这种情形要追究部门领导的责任，要一级一级地往上追索，以保障制度的严肃性。必须坚持有错必纠、有责必问，不寻找不支持任何制度以外的借口。要完善纠错问责机制，健全责令公开道歉、停职检查、引咎辞职、责令辞职、罢免等问责方式和程序。

六　全面推进政务公开

政府的权力运行必须依法规范，而权力最具有自我扩张的本性，行政权力更是如此。因此，对行政权力的规范要以他律为主、自律为辅，政务公开就是为了更好地他律，为社会监督而成就公众的知情权。政务公开不是政府可以自由选择的权力，而是对社会公众应尽的义务，必须将政务公开作为常态化的工作，逐步扩大公开范围。坚持以公开为常态、不公开为例外原则，实行行政全过程的实质性公开制度。"知屋漏者在宇下，知政失者在朝野"，外在的监督是最有效的监督，而知情权是监督权的基础。因此，国家法律规定，凡是不涉及国家秘密、商业秘密和个人隐私的政府信息，都要主动、及时向社会公开，决策事项、决策依据、执行程序和执行结果都要公开，公众有权查阅。特别是过程公开阶段不能敷衍了事，不能使用诸如"正在办理中"之类的模糊话语，要明确告知办理的事项正在哪一个具体的阶段由哪一个工作人员在办理以及办理的正常时限。对于社会涉及面广、与人民利益密切相关的决策事项，必须事先向社会公布，进行民意调查、决策风险评估和利害关系人听证。要全面推行权力清单制度和负面清单制度，向社会公开管理流程、监督方式等人民关心的事项，把权力的细节汇报给权利人知晓，消除权力寻租的"灰色空间"。比如，在财政预算领域，政府预算和决算要全部公开到支出功能分类的项级科目，专项转移支付预算和决算公开到具体项目，部门预算和决算公开到基本支出和项目支出。对于征地拆迁、政府采购、保障性住房分配等涉及公共利益和基础民生方面的信息公开，要真实而且全面，要畅通当事人申诉和公众举报的渠道，重视对公众质疑的信息反馈。比如，对于经济适用房超面积部分一房两证的问题，很明显是官商合谋的产物，却作为一种潜规则现象长期存在着。政务公开的推进就是要消除诸如此类的违法状态。要创新政务公开方式，简化公开程序，扩大公开范围，细化公开内容，加强信息发布，做好政策解读。要推进政务公开信息化，加强互联网政务信息数据服务平台和便民服务平台建设，政府门户网站要畅通互动渠道，做到天天在线、及时应答。把政务公开与行政审批制度改革结合起来，推行网上电子审批。要进一步发挥政务微博、微信、移动客户端等社交网络和即时通信工具的作用，全面、准确、及时地传递政务信息。

在政务公开的实践中有一个阻滞点，就是对"国家秘密"的界定。在依申请公开的事项中，公民的公开申请被驳回的理由，最多使用的就是

"国家秘密",而对此理由很多公民并不认可,由此形成纠纷和诉讼。实践表明,行政机关有扩大解释甚至滥用"国家秘密"理由的现象,为此,需要一个权威的立法解释供行政机关对照适用,因为现行的法律法规并没有就行政机关滥用国家秘密确定权损害公众政府信息知情权的情形给出答案,在没有修订法律的前提下,只能用立法解释的方式解决问题。这一问题不解决,政务公开就难以落实,就会出现选择性公开,其实质就是选择性执法。

我们可以分析一下现行法律对"国家秘密"的有关规定。2008 年施行的《中华人民共和国政府信息公开条例》第十四条规定:"行政机关不得公开涉及国家秘密、商业秘密、个人隐私的政府信息。"国务院办公厅关于施行《中华人民共和国政府信息公开条例》若干问题的意见规定:"行政机关要严格依照《中华人民共和国保守国家秘密法》及其实施办法等相关规定,对拟公开的政府信息进行保密审查。凡属国家秘密或者公开后可能危及国家安全、公共安全、经济安全和社会稳定的政府信息,不得公开。"这里不仅又增加了一个不公开的情形,并且需要对公开后果做出判断,那么由谁来判断这个后果呢?上述意见规定:"对于不能确定是否可以公开的,要报有关业务主管部门(单位)或者同级保密工作部门确定。"2010 年修订施行的《中华人民共和国保守国家秘密法》第二条规定:"国家秘密是关系国家安全和利益,依照法定程序确定,在一定时间内只限一定范围的人员知悉的事项。"第十二条规定:"机关、单位负责人及其指定的人员为定密责任人,负责本机关、本单位的国家秘密确定、变更和解除工作。"第十三条规定:"确定国家秘密的密级,应当遵守定密权限。中央国家机关、省级机关及其授权的机关、单位可以确定绝密级、机密级和秘密级国家秘密;设区的市、自治州一级的机关及其授权的机关、单位可以确定机密级和秘密级国家秘密。"综上,市级以上的行政机关都有权认定国家秘密,对于这种认定的依据的规定,却是非常原则的,并没有对"国家安全和利益"的具体情形做出规定和解释,这就难免导致认定权的滥用。从上述规定的条款中可以很明显地感知到,立法者的立场是不鼓励公开的,与政府信息公开的大趋势相冲突。这需要在以后的法律修改工作中予以解决。

七 构建法治政府建设考核评估指标体系

法治政府建设因为包含价值判断而呈现出复杂性，又因为行政权的庞杂而呈现出多样性，给其评价带来难度。理论界和实务界都在尝试构建法治政府建设考核评估指标体系。

法治政府指标体系，是由反映法治政府本质要求的具有内在关联的指标组成的评价系统。它应设置客观指标和主观指标两部分指标系统。客观指标的数据大多可以通过统计报表或现有资料获得，主观指标是社会对行政机关依法行政水平和能力的评价，体现的是公民对政府推进依法行政取得的成效的认可。主观指标的数据需要通过合理设计调查问卷、进行抽样调查并经过统计处理后才能获得，主要反映法治政府的七个外在维度，即有限政府、服务政府、阳光政府、责任政府、诚信政府、廉洁政府和效能政府。最后，通过赋予客观指标和主观指标的分值以不同权重，综合测算出总分值，即为某一地区法治政府建设的实际状况和水平。① 两种指标的权重应该向公民评价倾斜。应该学习香港的相关制度，引入中立第三方评价主体，内部考评与外部考评相结合。法治政府建设的另一个关键点是构建宪法诉讼制度，不过这应该属于外围支持系统，是否适宜列入指标体系有待探讨。

2009 年，国务院办公厅发布了《关于推行法治政府建设指标体系的指导意见（讨论稿)》，规定了构建指标体系的基本原则、总体框架和考评要求。总体框架分为政府职能转变和行政管理方式创新，提高制度建设质量、科学决策、民主决策、规范决策、行政执法行为规范有效等 8 项一级指标，一级指标按照《纲要》描述的目标要求，逐级分解为 50 项二级指标和 187 项三级指标。之后，各地纷纷按照此指导意见发布了自己的指标体系。地方制定的指标体系应特别突出量化要素，要科学设计公众满意度调查统计。

---

① 参见蒋安杰《关于构建我国法治政府指标体系的设想——访国家行政学院副院长袁曙宏教授》，《法制日报》2006 年 9 月 7 日。http://www.legaldaily.com.cn/bm/content/2006-09/07/content_404400.htm? node=192，2015 年 7 月 29 日访问。

第五章

公正司法

党的十八大报告确立了"科学立法、严格执法、公正司法、全民守法"的依法治国方针，党的十八届四中全会通过的《中共中央关于全面推进依法治国若干重大问题的决定》（下文简称《决定》）提出了"保证公正司法、提高司法公信力"的公正司法的要求。司法公正是整个法治的灵魂，我国司法改革的目标仍然是更好地促进司法公正，提高司法公信力。① 根据中央精神，结合河南省的实际情况，中共河南省委在《关于贯彻党的十八届四中全会精神全面推进依法治省的实施意见》中提出，要紧紧围绕提升司法公信力，深入推进公正司法。法治的核心是规则治理。转型期的秩序维持与秩序建构迫切需要以普适的、抽象的国家法律和制度来实现"抽象化的国家治理"。② 但是，徒法不足以自行。在社会纠纷没有或难以通过其他方式解决的情况下，就迫切和必须通过司法程序解决各种纷争和维护社会秩序，因而公正司法是维护社会公平正义的终极手段。本章拟简要研讨公正司法的相关理论，并在分析河南省公正司法状况的基础上提出全面推进全省公正司法的若干对策与建议。

---

① 徐持、祁建建：《法学界大咖会诊把脉：司法改革的焦点与难点是什么?》，http://chinalaw124.com/sifajujiao/20150823/11760.html，2015 年 8 月 29 日访问。

② 吕忠梅：《建设社会主义法治体系，法院任重道远》，《人民法院报》2014 年 11 月 2 日。

第一节 公正司法理论分析

一 公正司法的内涵分析

司法是国家司法机关依据法定职权和法定程序，应用法律处理具体案件的专门活动，具有职权法定、程序的法定、裁判结果的权威性三大基本特点。从狭义上讲，司法限于法院的审判活动，从广义上讲，司法包括法院、检察官、行使侦查职能的公安和国家安全机关等司法人员的执法活动，本章从广义上探讨司法公正。随着改革开放的推进，我国逐渐形成多元化、多样性的社会结构，一直推行多年的通过所属单位进行组织化调控的社会治理模式难以继续发挥主导作用，需要建立社会多元共治体系、维护多元共治的社会秩序，其中，依法治国、依法办事是最关键的环节。

公正司法或司法公正是指司法权运作过程中各种因素达到的理想状态，是司法程序公正与裁判结果公正的统一，包含司法程序公正与司法裁判结果公正双重含义。司法程序公正是指，在诉讼过程中，诉讼参与人主张自身权利的机会对等、公平，受到公正的对待；司法裁判结果公正又称为实体公正，是指司法裁决就诉讼当事人的实体权利和义务关系做出的结果公允、正义、正当。

关于实体公正和程序公正的关系，理论界可谓众说纷纭，主要观点有：其一，程序公正与实体程序公正是司法公正相互区别的两个价值标准，坚持程序公正并不必然导致实体公正，获得实体公正也未必一定要遵循程序公正；其二，司法实体公正与司法程序公正不仅存在区别，甚至彼此冲突，对实体公正的追求可能损及程序方面的公正，坚持程序上的公正也可能会牺牲实体公正；其三，司法公正包含实体公正与程序公正这相辅相成的两个方面。世界各国对实体公正与程序公正关系的处理各有取舍，有的片面追求实体公正，忽视程序公正，认为只要裁判结论公正，就是司法公正，此为大陆法系国家诉讼制度的传统；有的强调程序公正至上，甚至不惜以牺牲实体公正为代价，这是重视程序规则的普通法系国家的司法传统。

笔者认为，公正司法的基本内涵是通过公正的程序、路径去追求和实现公正的裁判结果，程序的公正是实体裁判结果公正的基本保障，裁判结果公正是司法程序公正要实现的目标，司法程序公正与司法裁判结果公正共同构成公正司法的基本内容，二者不可偏废。如果忽视诉讼参与者的正当权利，放弃对程序公正的要求，实体公正就难以真正实现，就会形成司法观念的扭曲；但一味片面追求程序公正而偏离实体公正的目标，对程序公正的追求则失去其独立存在的价值。

二 公正司法的基本原则

通常认为，公正司法的基本原则包括法治原则、司法机关独立行使司法权原则、司法平等原则、司法责任原则等。遵循这些原则是实现公正司法的基本条件。

(一) 法治原则

在司法过程中，司法机关和司法人员必须根据宪法和法律的规定与要求严格依法司法，既遵循实体法，又遵守程序法，在整个司法过程和司法活动中，法律是司法机关和司法人员审理案件的基本标准，司法活动必须确保法律的正确适用，确保案件处理具有法律依据，简言之，该法治原则要求司法活动要"以事实为依据，以法律为准绳"。

(二) 司法机关独立行使司法权原则

现代法治文明的重要标志之一是司法权独立行使。司法机关依法独立行使职权主要有两方面的含义：一是司法权是中央事权，只能由国家司法机关统一行使，其他任何国家机关、组织、个人都无权行使；二是司法机关行使司法权时只服从法律、只以法律为依据，司法机关依照法律独立行使司法职权不受行政机关、团体和个人的干涉，不受法律之外因素的影响。十八届四中全会《决定》将完善确保依法独立公正行使审判权和检察权制度作为保证公正司法的首要问题，彰显出司法权独立行使对确保司法公正的重要意义。确保司法机关依法独立公正行使司法权是深化司法体制改革的重要目标。

（三） 司法规范化原则

该原则的基本含义：遵循司法规律，优化司法职权配置，完善审级职能，落实以审判为中心的诉讼制度，完善司法程序与操作规则的顶层设计，做到司法活动有标准、司法运行有规则、司法责任有界定、司法管理有保障。司法规范化是实现司法公正的基本保障之一，是司法体制改革的核心环节。

（四） 司法平等原则

法律面前人人平等是民主和法治的基本要求，司法平等是现代法治的重要原则，其含义：在司法过程中，对一切权利主体的合法正当权益都要予以平等保护，一切义务主体都要平等地履行义务，对任何违法行为都要依法追究，任何组织和个人均不得享有法外特权。简言之，司法平等原则要求法律适用一律平等。

（五） 司法责任原则

对司法责任原则应当从两方面进行理解，一是根据权力与责任相统一的法治原则，任何权力的行使都要有约束机制，就司法权而言，司法机关以及司法人员在行使司法权过程中因渎职与过错侵犯公民、法人和其他社会组织的合法权益及造成严重后果的，该司法机关和司法人员应依法承担相应法律责任。二是要合理界定司法责任的边界，建立对司法行为的科学评价与问责机制，确保依法履行司法权不受追究，非因法定事由、非经法定程序不得对司法人员做出免职、降职等处分。该原则是司法机关独立行使司法权原则的必然要求。

（六） 司法监督原则

司法权有法定性、独立性、国家权威性，加强对司法权的监督和制约，对防止司法权的滥用和司法腐败、确保司法公正具有重要意义。司法公正是通过司法人员的职能活动来实现的，司法过程和结果是否公正主要取决于司法工作人员是否严格规范履行职务活动，因而司法监督的核心是对司法行为的监督。阳光是最好的防腐剂,全面推行司法公开,以透明保廉洁,以公开促公正,以司法公开"倒逼"司法公正是司法监督的有效方式,也是进一步深化司法改革的要求之一。

第二节　河南省公正司法的现状

近年来,河南司法机关树立公正司法、司法为民理念,在公正司法方面采取了许多积极措施,取得了良好的社会效果,但也存在一些有碍司法公正的问题需要进一步解决。

一　河南促进公正司法的主要措施与成效

(一)实行错案责任追究制防范冤错案件发生

实现公正司法的前提是保证司法机关独立行使权力,而司法机关独立行使权力必然要求既建立对司法人员的司法行为进行科学评价的标准,又严格落实司法责任制,实行"谁办案谁负责"。

河南省高级人民法院在总结冤错案件教训的基础上,进一步牢固树立无罪推定理念,从准确界定错案范围、严格错案认定程序、厘清错案责任主体、明确责任追究方式四个方面在全国法院率先提出建立错案终身责任追究制度。2012 年 4 月出台的《河南省高级人民法院错案责任终身追究办法(试行)》中规定了落实错案责任终身追究制度的具体措施,包括在错案认定标准上区分一般过错和重大过错,对错案的追究对象实行谁决定、谁负责,在错案追究期限上实行"终身负责",等等。比较完整地规定了错案的标准、范围、责任主体、追究程序及追究时限等必要内容,对提升司法公信力起到积极的作用。① 该责任追究制度实施以来,全省法院已经对多名法官进行了问责,并由此促使广大法官恪尽职守,公正裁判,案件审判质量进一步提高,切实防范了冤错案件的发生。

---

① 张中林、王曦:《错案责任终身追究制度的探索与思考》,载丁同民、闫德民主编《河南法治发展报告》(2014),社会科学文献出版社,2014,第 150 ~ 156 页。

（二）采取多项措施推进司法公开、促进司法公正

以透明保廉洁、以公开促公正是实现司法公正的重要举措。河南省高级人民法院为推动司法公开透明，采取打造三大司法公开平台（审判流程公开、裁判文书公开、执行信息公开）的方式，保障社会公众和当事人便捷、全面地了解司法、参与司法、监督审判工作。2014年，河南省法院系统加强司法公开力度，庭审网络直播91094件，收视量达3170万余人（次）；开通"豫法阳光"微博、微信、微视"三微一体"互动平台，居全国高级法院之首；河南法院上网文书累计达102万余份；率先完成最高法院提出的人民陪审员数量"倍增计划"，让更多群众参与和监督司法；在执行公开方面，自2012年6月以来，先后三次集中曝光了"赖账户"，并专门针对"赖账户"发布了"限高令"，综合运用限制"赖账户"高消费、投资置产、出境等制裁手段，促使"赖账户"履行义务，取得了较好效果。2014年全面实施网络司法公开拍卖，杜绝拍卖环节的司法腐败。2010年以来，河南省高级人民法院在对"赵作海杀人错案"、平顶山禹州市"天价过路费案"、"李怀亮杀人案"等案件的依法纠正中，与媒体形成了良性互动关系，并由此促进了河南省的审判公正。

2014年9月1日起，河南省检察机关统一通过互联网公开案件相关信息，检务公开的内容由以前的以职能职责为主转向以案件信息为主，检务公开方式从以传统媒体为主转为新媒体和传统媒体并重。河南省人民检察院扩建了集案件查询、信访接待、行贿犯罪记录档案查询于一体的检务公开大厅，开展"一站式"服务，全省检察机关官方网站全部建立，并开通官方微博、微信、手机客户端，拓展了与群众互动的平台，全省检察机关的检务公开得到全面深化，对实现检察公正发挥重要作用。

（三）探索审判方式改革维护审判公正

现代司法文明进步的重要标志之一是推行以审判为中心的诉讼制度，把法庭审理作为保证司法公正的核心环节，这就需要积极探索审判方式的改革。郑州市金水区人民法院推行新型合议庭办案小组制度，打破以前以个人办案为主的传统模式，完成了向大型办案组或小型办案组流水作业模

式的转化，审判权运行机制得到了进一步完善，破解了案多人少的瓶颈问题，审判质量和效率大幅提升，取得了明显的社会效果和司法效果。此外，全省把巡回审判作为基层法院基本的办案方式，在乡镇政府、村委会（居委会）设置巡回审判点 8530 个，减少群众诉累，提升审判效率。在行政案件方面探索"圆桌"审判模式，实现行政诉讼中的"官""民"诉讼权利平等。

（四）对司法活动依法开展检察监督，收到显著监督实效

人民法院、人民检察院、公安机关、司法行政机关四机关各司其职、相互配合与制约是实现公正司法的制度保障，其中，人民检察院行使的法律监督职能覆盖全部司法活动，对实现司法公正具有重要作用。2014 年，全省检察机关认真贯彻实施修改后刑事诉讼法和民事诉讼法，依法监督纠正执法不严、司法不公等突出问题，增强监督实效。在刑事诉讼监督方面，监督公安机关立案 1145 件，撤案 692 件，监督行政机关移送涉嫌犯罪 733 件，纠正漏捕 1508 人，纠正漏诉 2614 人，对不需要继续羁押的 2873 人依法提出变更强制措施建议，对刑事判决提出抗诉 565 件，监督纠正不当减刑 1352 件，监督重新收监执行 246 人，立案查处涉嫌徇私舞弊减刑、假释、暂予监外执行的职务犯罪 22 件 30 人。在民事行政诉讼监督方面，开展对错误裁判、审判程序违法和执行违法的监督，深化督促履行职责、支持起诉和公益保护工作，对认为确有错误的生效民事行政裁判提出抗诉 404 件，对认为原裁判正确而做出不支持监督申请决定 860 件，维护了司法权威。对不服检察机关处理决定申诉案件立案复查 360 件，变更、纠正原决定 14 件；办理国家赔偿案件 213 件，决定赔偿 185 件，支付赔偿金 811 万元，有力促进和保障了全省司法机关公正司法。充分运用调查核实权，查明民事虚假诉讼、虚假调解案件 25 件。省检察院与省高级法院会签《关于修改后民事诉讼法实施若干问题的意见》，进一步规范抗诉案件再审、程序监督、执行监督等工作，对减刑、假释和暂予监外执行开展专项监督，严防"以权以钱赎身"，加强社区矫正监督，监督纠正脱管漏管 894 人次。同时，河南省检察机关通过用正确的理念引领司法规范，用完善的制度规范司法行为，用严格的内部监督促进司法规范，用有效的检务公开倒逼司法规范，用先进的信息手段助力司法规范，用自觉接

受监督保障司法规范，用高素质的队伍确保司法规范，等等措施，加强河南省全省检察机关的司法行为规范化建设，取得明显成效。①

（五）多措并举确保维护诉讼参与人的合法权益

河南法院在刑事审判中恪守罪刑法定、非法证据排除、疑罪从无等原则，严把事实关、证据关、程序关和法律适用关，坚持打击犯罪与保障人权并重，严防冤假错案。河南省高级人民法院通过制定《法官与律师良性互动共同促进司法公正的意见》依法保障律师会见权、阅卷权、辩护权，维护诉讼参与人合法权益。河南检察机关严格执行审查逮捕阶段讯问犯罪嫌疑人制度，开展逮捕后羁押必要性审查；继续开展久押不决案件专项清理活动，严格办案时限，防止边清边积，全省175件三年以上超期羁押案件全部清结；健全检察环节错案防范、发现、纠正机制，对瑕疵案件实行通报、评查。探索开展律师会见网上预约、在线案件查询和电子化卷宗阅卷，为律师执业提供便利，切实了诉讼参与人的合法权益。此外，2015年，全省法院审执结案件同比上升34.10%，结案数再创历史新高，而省法院受理的10980个案件在本年度审执结9934件，同比上升30.30%，有力维护了胜诉当事人的正当利益。

二　河南省公正司法存在的主要问题

（一）独立审判尚难完全实现

目前，法院在各个方面受制于地方党委和政府，很难不受地方政府的干扰真正实现独立审判。在某些地方，尤其是经济欠发达和法治意识淡薄的地方，少数人仍然敢于干涉司法，给案件的审判施加压力。媒体监督对于预防和揭露司法腐败、促进司法公信力的提升有积极作用，但有些时候由于媒体追求轰动、快速的新闻效应以及利益驱动造成的不当监督会对审判独立和司法权威有破坏作用。

---

① 蔡宁：《河南检察机关规范司法行为的实践探索》，载丁同民、闫德民主编《河南法治发展报告（2015）》，社会科学文献出版社，2015，第259~269页。

（二）错案责任追究中存在困惑

一是错案责任有时难以认定。一些案件审判要经过合议庭，重大复杂案件还要经过审判委员会，有的甚至经过两级法院，使得主审法官和合议庭办案负责制难以充分落实，错案责任认定困难。二是在责任法官调离本系统、本行政区的情况下，缺乏保证错案责任终身追究制度落实的配套措施。三是办案压力、待遇与审判责任之间的较大反差使部分法官的工作积极性不高，产生不愿办案思想。

（三）司法腐败问题依然存在

2014 年，河南法院以"零容忍"态度严惩腐败，以实际行动表明"有腐必反、有贪必肃"绝非一句空话，但是，司法腐败问题依然存在，甚至还很严重，一些法官违反规定为当事人递材料、打招呼，充当诉讼"掮客"；个别法官利用审判执行权搞权钱交易、权情交易，枉法裁判；甚至有的法院领导干部收受好处，滥用职权，严重违法违纪。

（四）现有司法体制与公正司法的要求尚有差距

2014 年，河南法院按照中央和省委的部署，推出了一系列司法改革举措，全面推行新型合议庭制度和行政首长出庭应诉制度等，但是，司法体制与公正司法的要求尚有差距，司法体制改革仍然存在亟待解决的许多难点问题，包括：如何建立与行政区划适当分离的司法管辖制度，如何完善主审法官、合议庭办案责任制，怎样对司法人员实行分类管理，法官员额制如何推行，在司法行为的规范化方面还存在着制度体系不够健全、司法机关内部的监督不到位、司法人员的司法能力有待提高、执法理念与公正司法的要求有差距等问题。总之，司法体制的改革依然任重道远。

第三节　河南省全面推进公正司法的对策建议

河南全面推进公正司法，应当在继续深化司法改革的进程中着重从四个方面着手：确保司法机关依法独立公正行使司法权；加强司法规范化建设，优化司法职权配置；建立司法为民长效机制；推进司法公开，促进司法公正。

一　确保司法机关依法独立公正行使职权

确保司法权依法独立公正行使，要着重解决好以下几个方面的问题。

（一）正确理解党的领导与司法机关依法独立行使职权的关系

司法改革不光是司法内部的技术修补，放眼的是司法体制的外部政治关系，是大政治架构的改革问题。[①] 中国共产党是执政党，党对政法工作的领导主要是通过领导立法活动将代表广大人民根本意志的党的决策、政策以国家法律的形式予以规范化，即通过法定程序把党的意志转化为法律，以及制定必要的司法政策。我国的司法权是在党的领导和人大监督之下的国家权力，司法权运行的基本准则是依据的唯一性，即司法活动的唯一依据是宪法和法律，因此，司法机关严格忠实适用法律这一活动本身就体现出党对司法工作的领导。可见，司法权独立行使不仅不会破坏党对司法的领导，而且是党领导国家治理的法律正当性的体现。

有可能从外部影响审判独立的一个重要因素是来自党政等政治或行政部门的权力干预。[②] 既往的司法实践显示，一些冤假错案、人情案、关系案的发生，大多与地方政法委个别人员的干预有关。有著述认为，应当撤销地方政法委，鉴于党对司法工作应是政策领导，司法职权是中央事权，保留中央政法委对司法工作进行政策领导即可。[③] 这里涉及政法委的职能问题。目前，建立各级地方党委常委会定期听取地方各级法院、检察院党组的工作汇报制度，是党对司法活动进行领导的主要方式，而政法委要把维护宪法和法律的最高权威与维护司法权独立行使有机结合，政法委的职能应当定位于制定与监督、支持深化司法体制改革、完善司法制度的基本

---

① 龙卫球：《司法改革应该大胆、认真地遵循司法规律》，http://blog.sina.com.cn/s/blog_ 658f8dcb0102vft7.html，2015 年 8 月 29 日访问。
② 王亚新、李谦：《解读司法改革——走向权能、资源与责任之新的均衡》，《清华法学》2014 年第 5 期。
③ 张明楷：《刑事司法改革的断片思考》，《现代法学》2014 年第 2 期。

政策，把制度建设和队伍建设作为工作重心，而不应通过协调、批示等方式对具体案件的处理发表处理意见。推行司法权独立行使，也必然要求司法机关拒绝党政机关以及领导干部违法干预司法，并建立领导干部干预司法活动、插手具体案件处理的记录、通报和责任追究制度，以保证国家法律统一正确实施。

（二）克服司法地方化，维护司法权的统一行使

我国是单一制国家，司法职权是中央事权。[①] 但是，在现行司法体制下，地方司法机关的人、财、物由相对应的地方政府管理和保障，存在司法权的中央事权与管理保障的地方性的冲突，不利于实现司法权独立行使，不利于建立统一有序、平等竞争的市场经济秩序。我国各地不同程度地存在司法地方化现象或倾向，比如，在地方保护主义干扰下，基层司法工作的独立性难以保证，尤其是行政诉讼案件和跨行政区划的其他案件的立案难、胜诉难、执行难相当突出。同时，还必须清醒地认识到，我国其他各项制度包括教育制度、就业制度、户籍管理制度都会对司法权独立行使产生制约和不利影响，司法机关工作人员与家属都会面临这些关乎其自身生活但必须依赖地方政府部门解决的问题，可见，司法权独立行使的实现需要全方位的社会管理体制的改革。

克服司法地方化，维护司法权独立行使，维护国家司法权的统一，需要通过司法制度的架构来强力推进，其核心是司法机关设置模式、司法人员的任免程序和方式、地方司法机关的财政供给体制等。党的十八届四中全会《决定》在最高人民法院设立巡回法庭与设立跨行政区划的人民法院等方面为维护司法权独立行使做出了制度安排，我们对这些举措的推进充满期待。

近两年来，河南法院对行政诉讼案件在不违背现行立法的前提下实行"转圈推磨"式的异地管辖，调整创新了管辖规则，这是对司法管辖与行政区划适当分离的有益探索，符合克服司法地方化和维护司法统一的司法改革方向，对全国司法改革有重要参考意义。

---

① 孟建柱：《深化司法体制改革》，《人民日报》2013 年 11 月 25 日。

（三）实行案件终审与诉讼终结制度

司法虽然并非解决一切纠纷的唯一路径，却是解决纠纷的最后手段，如果司法裁决可以轻易推翻，那么社会成员对自己或他人行为的后果就难以通过法律实现合理预期，正常社会秩序将难以维持，因此，维持经过合法程序和条件做出的司法裁决的终局性，落实终审和诉讼终结制度，维护司法权威，是确保司法权独立行使的应有之义。在这方面，需要努力做好下列工作。

1. 加强对生效法律文书的执行力度

要通过完善执行配套措施，包括建立对失信被执行人进行威慑、惩戒机制，尽力保证对生效法律文书的执行，以保障胜诉当事人的合法权益。同时，对已经生效的司法结论，除了正常的舆论监督和学术评价外，禁止任何形式的抗拒与阻挠。

2. 改革、规范审判监督程序

从既往的情况看，缺少必要的法律知识或者对法律的认识错误往往是引发上访的重要原因，如果申诉案件一律实行委托律师代理的制度，则可以经过律师的把关而引导当事人理性决定申诉事项、有序表达诉求。

3. 落实涉诉信访终结机制

"信访不信法、信上不信下"现象在一定程度上已经演化为在法律之外处理法律问题的畸态程序，形成对经由司法程序处理的司法结论的冲击，甚至否定后者的法律效力，严重损害司法权威，与依法治国的基本要求背道而驰。应当通过专门立法来规制人民来信来访，规定政府信访机关只接受针对行政机关的诉求表达，涉诉案件一律按司法程序处理，信访部门无权受理也无权督办。政府不能用简单的问责制度促使下级政府用简单、粗暴的方法堵截、压制上访人员，地方党委和政府更不能为了减轻自身压力而迫使法院违法判决或违法改判。

4. 依法惩治各类妨碍司法的行为

落实终审和诉讼终结制度，维护司法权威，必然要求依法禁止妨碍司法、藐视法庭的各类行为，并加强对妨碍司法行为的惩戒。《刑法修正案九》对侮辱、诽谤、威胁司法工作人员，严重扰乱法庭秩序，单位拒不执行判决裁定等行为做出了依法追究刑事责任的规定，完善了惩治妨碍司法的犯罪行为的法律依据。

二　加强司法规范化建设

加强司法规范化建设和司法权运行机制改革，要求优化司法职权配置，完善审级职能，落实以审判为中心的诉讼制度，统一裁判标准。

（一）优化司法职权配置

司法职权的优化配置要解决的是司法系统内部的职权职责配置问题，这是司法体制改革的核心和健全司法权运行机制的关键。

优化司法权配置，要充分认识司法权的基本特征。司法权区别于立法权、行政权的重要特征是其具有独立性、终局性，直接关乎对各种利益主体的权益判断、界定与裁决，是国家最重要的权力之一。因此，为克服司法权行使主体泛化和保证司法权的公正行使，应当以分工、制约为原则把不同的司法职权分解配置给不同的国家机关来行使，以保证其规范运行，这是司法制度架构的内在逻辑和司法职权运行的基本规律，也是划分与配置公安机关、检察机关、审判机关、司法行政机关各司法主体之间司法权限的基本依据。所以，优化司法职权配置，首先应当构建分工合理、职能明确、运行流畅、制约有力的司法权运行机制，避免不同司法机关之间的职能交叉、混同、重叠。其次，司法权本质上属于判断权，这就要求消除不同层级司法机关之间的行政隶属化倾向，并消除同一司法机关内部的科层化现象，实行司法责任制，保证司法人员如法官、检察官依法独立做出司法决断。最后，实行审判与执行分离、司法业务与司法行政分离，这也是当今世界各国普遍推行的做法。

党的十八届四中全会《决定》明确提出"四机关各司其职、四权力配合制约"的优化司法职权配置的总体要求。由"三机关分工配合制约"到"四机关各司其职、四权力配合制约"是我国司法职权配置体制发展的又一重要里程碑，是对我国司法管理体制的重大发展和完善。[①] 具体来

---

① 郝赤勇：《优化司法职权配置　完善司法行政制度》，《法制日报》2014 年 11 月 19 日。

讲，司法职权配置涉及六方面的问题。一是司法权在中央与地方之间的配置，要在维护国家法制统一的最高原则的前提下，支持地方各级司法机关独立行使司法权，克服司法权地方化倾向与地方保护主义。二是关于司法机构设置及履行不同职能的司法机构之间的权限划分及其相互关系的处理，要确保公安、检察、审判、司法行政机关之间各司其职，健全侦查权、检察权、审判权、执行权相互配合、相互制约的体制机制，重点解决多头司法、司法本位主义倾向，克服司法机关之间彼此配合、"关照"有余而制约不足的弊端，解决纪检部门、监察部门、检察院反贪部门的职权界限不清和执法依据不一致的问题，明确纪检监察和刑事司法办案标准与程序的衔接，依法严格规范职务犯罪案件的查办。三是妥当安排履行同一职能的不同级别的司法机构间的司法权分配，明确司法机关内部各层级权限。比如，上级法院对下级法院本应是监督关系，但目前案件请示、汇报普遍存在，审判权的行使具有行政化倾向，上下级法院的监督关系一定程度上异化为行政隶属关系，需要严格上下级法院审级监督关系，规范办案指导、案件请示。四是合理配置同一司法机关内的权责设置与分工。司法以独立判断和裁决为特征，目前一定程度上存在的司法权以行政统一审批模式运行的现象，这就混淆了司法权与行政权的根本区别。要改变对法官的行政化管理模式，建立健全科学、合理的法官、检察官任命与晋级机制，明确各类司法人员和执法岗位工作职责与考核标准。五是改革司法机关人财物管理体制，实行审判权、检察权与司法行政事务管理权相分离，审判权和执行权相分离，健全执法管理体系，完善执法办案信息化管理系统，实现对司法活动的全程控制与实时监督。六是架构统一的刑罚执行体制。目前，死刑、罚金、没收财产由法院执行，剥夺政治权利、拘役、余刑期三个月以下徒刑由公安机关执行，其他刑罚如有期徒刑、社区矫正由司法行政机关执行，刑罚执行主体的分散不利于法律的统一适用，不利于维护刑罚的权威和实现刑罚的威慑功能。

河南以省直管县的司法体制改革、司法管辖制度、司法人员办案责任制度、人民陪审员与人民监督员制度的改革等为切入点，对优化司法职权配置进行了探索与实践。目前，河南优化司法职权配置，要根据中央深化司法体制改革的部署，从下述方面着手。一是构建省级统筹的司法人财物管理机制。在司法人员分类管理、司法人员有序流动、司法人员任免与奖惩方面，制定、实施本省的办法。二是按权责一致的原则，在层级、部门、行使者之间进行司法职权的合理配置，司法职权清单制可作为开展此工作的切入点，主审法官、主办检察官、主办警察责任制当得以贯彻，集体议决制也应纳入责任制的范围，对其建立相应的责任追溯机制。三是围绕司法流程架构全程覆盖、制度明确的司法权监督制约机制，促进司法规范、实现司法公正。四是增强全省司法人员坚守公正的法治信仰和职业定力，树立程序意识、证据意识、规则意识，促进司法行为的规范化。

（二）完善审级制度，明确四级法院的职能定位

审级制度是指诉讼案件要经过不同级别的法院的审理所作出的裁判才具有法律效力的制度。设立审级制度的目的是以上诉审程序发现、纠正下级法院的错误，遵循的原则是在兼顾公正与效率的基础上维护国家司法的统一与权威。我国现行审级制度是四级两审终审制，其特点可概括为：各级法院均承担一审职能，中级法院以上法院同时还承担二审与再审职能，可谓程序交错、职能重叠。一般而言，在两审终审制下，随着案件类型的多样化、法律关系的复杂化，终审法院（二审法院）级别过低时发生错判的可能性增大，同案不同判的现象时有发生，当事人上访、缠诉案件逐年增长，导致"终审不终"，有损诉讼的严肃性和权威性。诚如学者所言，地方三级法院案件性质同质化、审判方式同质化、法官素质同质化、职能作用同质化，既不利于有效分流案件，也不利于国家判断权的科学构建，上级法院的审判监督和指导职能也未能得到很好发挥。①

根据党的十八届四中全会《决定》的精神，我国审级制度的完善要遵循的基本思路：一审重在解决事实认定和法律适用问题，二审重在解决诉辩双方对一审认定事实和适用法律的争议，实现二审终审；再审重在审查终审裁判的正当性，维护裁判的权威性、稳定性，最终实现法院裁判的终局性。在诉讼法中，上诉法院审查的内容划分为事实审和法律审。事实审是指审查原审法院认定的事实及认定事实的证据是否确实、充分；法律

---

① 贺小荣：《依法治国背景下司法改革的路径选择》，《人民法院报》2014 年 10 月 31 日。

审是指上诉法院只对下级法院适用实体法、程序法是否正确做出评判。笔者认为，在这一新的审级制度下，初审法院当包括专门处理轻微案件的基层法院和审理普通案件一审的中级法院两级法院；一审在兼顾事实审和法律审的前提下，更偏重于事实审，因为一审距离案件争议的事实更近，便于及时查明事实。二审重在解决事实认定与适用法律的争议，也是事实审和法律审的统一，但应当把法律审作为重点，《人民法院第四个五年改革纲要（2014～2018）》指出，要充分发挥中级、高级人民法院通过提级审理重大、疑难、复杂和新类型案件，指导类案审判工作，确保法律统一适用的功能。高级法院应定位于上诉法院，使其成为绝大多数案件的二审法院、终审法院，一般不再受理第一审案件，以往高级法院担负诉讼标的数额巨大或在高级法院辖区内有重大影响案件的一审职能，既分散了高级法院的精力，又将大量案件的二审推向最高法院，并不妥当，应当使高级法院承担更多的保证法律统一适用的职能。① 最高法院的主要职能是统一裁判和执法标准与尺度，保证法律适用的统一，主要工作方式是制定司法解释和颁布指导性判例、参考性案例，提升司法解释的针对性与及时性，改革完善指导性案例的筛选、论证、发布机制，将颁布指导性判例、参考性案例作为指导全国法院法律适用的主要机制，而不再对各级法院就具体案件的请示进行批复。法学界有人提出架构以两审终审制为基础、以一审终审和三审终审为补充的多元化的审级制度，即：小额的事实清楚、争议不大的案件实行一审终审，对一般诉讼案件实行两审终审，重大和有原则性意义的案件实行三审终审。这无疑是丰富和完善审级制度的有益思路。

关于再审程序，则要实现纠正错判与维护生效裁判稳定性的平衡。法院的终审裁判是对纠纷的最终司法解决，体现着国家的法律权威，维持其稳定性是世界各国的通例。在"实事求是，有错必纠"的再审原则下，实现纠正错误裁判与维护生效裁判的稳定性之间的平衡是重构我国再审制度的原则。既然诉讼法给予了当事人提起再审之诉的权利，就要求法院在审查再审之诉时有一个符合正义基本要求的程序，程序公开、充分陈述、

---

① 王志强、吴英姿、马贵翔等《司法公共的路径选择 从体制到程序》，中国法制出版社，2010，第243页。

程序法定等正义要求应当在审查程序中得到体现。① 如果承认无理缠讼的只是极少数，那就证明一审、二审的审判质量不高，在司法环境因素外，审判人员的职业素养就是值得深思的问题，同时，要清醒地认识到，审级制度的每一项改进既与审判机关、审判人员的司法能力有关，也取决于司法权独立行使的实现程度，需要二者的相互适应和配套。

（三）推行以审判为中心的诉讼制度

裁决结果公正是司法公正的最高目标，司法程序公正是实现司法公正目标的必由之路和基本保障。就纠纷解决及案件处理的正当性条件而言，其实从 20 世纪 90 年代起，某些实质性的变化就一直在发生或进行。② 笔者认为，这种变化可归结为对通过司法程序公正实现实体公正的观念的认同，推行以审判为中心的诉讼制度是其重要体现。以审判为中心的诉讼制度是现代司法文明进步的重要标志，是实现司法公正的核心。2013 年以来，一些重大冤错案件的发现与纠正，引起法律界对疑罪从无、庭审中心和证据裁判的强烈关注。以审判为中心的诉讼制度要求实现法庭审理在查明事实、认定证据、保护诉权、公正裁判中的决定性作用，把法庭审理确定为保证案件处理质量与司法公正的重要环节，以看得见、摸得着的法庭审判程序实现案件裁判结果的实体公正，确保案件事实与证据经得起法律的检验。以庭审为中心，要求以法定的严谨的证据规则保障证据的收集、使用、采信，以具有合法性、关联性、真实性的证据来实现案件事实认定的客观性和法律适用的准确性，要求全面落实直接言词原则，要求所有的举证、质证和认证在法庭上完成，要求所有的裁判结果应当是法庭调查和庭审辩论所形成的，是与法庭审理具有内在逻辑关系的必然结果，在刑事审判中，则要求证据认定、事实调查、定罪量刑的控辩在法庭，裁判结果形成于法庭，让法庭成为解决被告人罪责刑问题的决定性环节。但是，根据对河南省某市法院的调研，2013 年新《刑事诉讼法》实施以来，直接

---

① 王志强、吴英姿、马贵翔等《司法公共的路径选择 从体制到程序》，中国法制出版社，2010，第 245 页。

② 王亚新、李谦：《解读司法改革——走向权能、资源与责任之新的均衡》，《清华法学》2014 年第 5 期。

言词原则没能得到切实贯彻，例如，证人出庭率整体仅为 1.44%，其中，控方证人出庭率为 2.70%，因此，以审判为中心的诉讼制度改革任重道远。

以审判为中心要求全面贯彻证据裁判规则。以审判为中心的诉讼制度要求克服法庭审理形式化、走过场的"庭审虚化"现象，严格依法收集、固定、保存、审查、运用证据，全面贯彻证据裁判规则。证据裁判规则要求裁判者对事实的认识必须以证据为根据，其有以下三方面的含义。一是只能依据证据认定案件事实。裁判所依据的必须是具有证据资格的证据，法庭采信的证据不仅与案件具有事实上的关联性，还必须是通过合法取证途径取得的，易言之，非法证据应予排除；裁判者对证据的认识必须以法庭为时空条件、以证据调查过程这一可进行外在观察和监督的方式来展示审判者认识案件事实的基本过程。二是要充分保障当事人及其代理人、辩护人在法庭审理中的举证、质证、辩论权利，体现出以庭审为中心。三是落实独立审判权，保障合议庭或主审法官能够排除干扰在中立立场下作出裁决，纠正"审者不判，判者不审"。关于非法证据排除，河南省焦作市中级人民法院课题组的调研显示，目前存在部分法官对其核心价值认识有偏颇、能够被排除的证据寥寥无几等问题，我们应当奉行"启动从宽、认定从严"的程序原则，以贯彻司法人权保障，维护司法公正。

建立以审判为中心的诉讼制度，要求刑事案件的侦查终结和审查起诉要以判决所要求的证明要求（事实清楚，证据确实、充分）为基本证明标准，这就"倒逼"刑事诉讼的审判前的侦查阶段、审查起诉阶段对事实和证据的认定要经得起庭审环节的最后检验，从而确保案件办理质量。

三 落实司法责任制，健全司法人员履职保障

（一）建立合理的司法行为评价标准与问责机制

司法人员的责任限于保证其司法裁判合法、公正，对遵照法定的诉讼程序、诉讼规则与裁判标准做出司法裁判的司法人员予以保护，确保法官依法履职行为不受追究，非因法定事由、非经法定程序不得将法官调离、辞退或者做出免职、降职等处分，这是司法权独立公正行使的重要保障条件，这就需要合理界定司法者的责任边界，建立对司法人员的司法行为进

行科学评价的标准与问责机制。

首先，从客观上看，司法公正的实现以对案件事实的准确认定为基础，但是，案件事实总是既往事实，当事人履行举证责任的情况存在差别，裁判者对证据的收集和使用也受时空条件的制约。因此，通过呈现法庭的有限证据所证明的案件事实往往会与已经发生的案件客观真实之间存在一定的偏差，不可能全景式地重现、复原既往事实。其次，从主观上讲，司法人员的认知能力是有限的，所谓明察秋毫只是人们美好的主观期望，这就不可避免地存在对事实认定的模糊状态或"灰色地带"，对事实认定与是非判断难以做到泾渭分明。司法机关与司法人员作为裁判者不能拒绝作出裁决，这种裁决是以证据为基础的法律判断，在本质上是"价值判断"而不是"真理判断"，应当允许其存在模糊性甚至误差，允许以证据裁判为准则而作出的司法裁判所实现的"法律真实"与案件的"客观真实"之间存在一定的差距，这是司法活动的基本规律。譬如，在刑事审判中法院可以根据"疑罪从无"原则以"证据不足"为由判决被告人无罪，在民事诉讼中法院可以当事人举证不力为由不支持其诉求。总之，司法裁判可以"客观真实"为最高追求，但却不能以"客观真实"为考量标准，而只能以"法律真实"为考量标准，并借此界定司法者的责任边界，建立司法行为评价标准与问责机制，统一错案责任认定标准，健全司法人员履行法定职责保护机制。一般而言，即使案件被依法改判，只要程序公正，没有徇私枉法，也不能追究做出既往裁决的司法人员的责任。

（二）严格落实司法责任制

实现司法公正，必然要求严格落实司法责任制，严格实行"谁办案谁负责"，完善办案质量终身负责制和错案责任倒查问责制，建立司法机关内部人员过问案件的记录制度，实行司法公开与干预留痕，落实责任追究制度，为司法机关依法独立行使司法权营造良好的外部环境。司法实践中的冤案、错案的形成往往与地方党政领导的干预甚至拍板有关，这些人员实际上是真正的裁判者，但真正追究其法律责任的则非常少见。如果干预司法造成冤假错案的领导不承担刑事责任，我国的刑事司法永远也不可能独立和公正。① 可见，司法责任制的落实应当以实现真正意义上的司法去行政化和司法权独立行使为基本前提。当然，落实司法责任制，并非要求司法裁判者承担无限责任，司法责任制重在激励司法人员依法规范公正履职，而不是给公正司法设置障碍和羁绊。有学者指出，民事案件的举证责任观念和刑事案件的"无罪推定"原则，都是改变我国传统法律文化固有的问责答责机制，使裁判者的责任可能从"无限"转变为"有限"的技术条件。② 可见，无论是贯彻司法责任制还是落实错案追究制，均应遵循司法规律，明确法律界限。

近期，河南省商丘市两级法院围绕"让审理者裁判、由裁判者负责"的司法责任制目标，对新型合议庭改革进行了探索，其主要举措有：科学组建审判团队，厘清各审判主体审判权、审判管理权、审判监督权，力促"让审理者裁判"；厘清审判主体审判职责，力推"由裁判者负责"，加强配套制度建设，助推"让审理者裁判、由裁判者负责"。取得结案数结案率双提升、发回改判率下降、合议庭直接独立做出的裁判案件数提升、案件服判息诉率上升等初步成效。当然，实践中也发现，与司法责任制相关联的一些问题，诸如主审法官的概念与内涵、专业法官会议及主审法官联席会议制度的定位、合议庭评议规则的细化、规范法官追责事由与程序等，尚需要在今后司法改革中逐步探索解决。

（三）建立科学合理的司法考核指标体系

建立科学合理的司法考核指标，规范执法司法考评规则，是对司法人员进行履职保障的基本要求。不符合司法规律的司法考核指标不仅不能引导司法人员规范其司法行为，反而会成为司法不公和形成冤假错案的原因，比如，如果司法考核指标不合理，当司法考核利益与公正司法产生冲突时，司法人员往往无所适从。对此种现象，有学者指出，上级机关必须立即废除现行不合理的考核指标，禁止下级检察院、法院制定各种考核指

---

① 王亚新、李谦：《解读司法改革——走向权能、资源与责任之新的均衡》，《清华法学》2014 年第 5 期。

② 王亚新、李谦：《解读司法改革——走向权能、资源与责任之新的均衡》，《清华法学》2014 年第 5 期。

标，应当将重点放在监督上而不是考核上。①

建立科学合理的司法考核指标体系要从以下方面着手：一是司法机关（包括公安机关、检察机关与审判机关）应当实行统一而不是相互矛盾的考核指标；二是司法考评规则要取消不符合司法规律、缺乏合理性的对批捕率、起诉有罪率、二审维持率、改判率、发回重审率、调解结案率的硬性要求；三是考核指标不仅要包括有效惩罚犯罪的指标，还要包括人权保障的要求，以切实保证办案质量，避免出现冤假错案。

四　完善司法为民长效机制

公正司法的根本目标是司法为民，使人民群众在每一个案件中均感受到社会公平正义，这就需要充分保障当事人的诉权，完善人民陪审员制度，维护诉讼参与人的诉讼权利。

（一）推行立案登记制，保障当事人诉权

诉权的便捷性、广泛性是现代法治的发展趋势和司法文明的标志，畅通诉求表达与解决渠道，把社会矛盾冲突处理引入法律程序并通过司法机制解决社会利益争端，是法治国家的基本要求。不具有可诉性的权利就难以谓之可期待实现的有价值的权利，同时，社会成员的纠纷在其他解决路径走不通的情况下如果不能通过诉讼渠道解决，就必然出现私力救济泛滥，甚至群体抗争迭起。法治的任务从来不是消灭也无法消灭纠纷，而在于为纠纷提供公平有效的解决机制。② 变立案审查制为立案登记制，法院依法实行有案必立、有诉必理，切实保障当事人的诉权，是全面推进依法治国的基本要求之一。

立案登记制已经从 2015 年 5 月 1 日起全面实行，这一巨大变化给人民法院的立案和审判工作带来新的挑战，要着重注意解决以下问题。一是在观念和认识上，要清楚立案登记制并不意味法院对起诉无须审查，更不意味法院包揽解决所有社会矛盾纠纷。二是实行立案登记制后，会出现

---

① 张明楷：《刑事司法改革的断片思考》，《现代法学》2014 年第 2 期。
② 吕忠梅：《建设社会主义法治体系，法院任重道远》，《人民法院报》2014 年 11 月 2 日。

"司法供给不足"问题，"案多人少"的矛盾会更突出，这就要从案件分流、促进和解、加强调解和诉调对接入手，依法推行案件速裁等措施，改革诉讼机制，提升解纷功能。三是推行多元化纠纷解决机制建设，构建人民调解、行政和行业调解、社会第三方调解、司法调解并举的工作机制，以缓解司法审判压力。

（二）探索切实可行对策，发挥人民陪审员在案件事实认定上的作用

人民陪审员制度改革是撬动中国法治建设的杠杆。① 根据《人民陪审员制度改革试点方案》，人民陪审员参审案件的职权，在案件评议过程中独立就案件事实认定问题发表意见，不对法律适用问题进行表决，那么，区分"事实审"与"法律审"就显得尤为重要。一般而言，刑事审判在事实认定上要解决的是"是否存在着某种行为""该行为是否被告所为"，这与法律适用问题（定罪与量刑）的界限比较分明，因而在刑事诉讼领域开展陪审员"只就事实认定发表意见、不再对法律适用问题进行表决"比较容易推行，但是，在民事诉讼与行政诉讼中的事实认定与法律适用之间的关系则要复杂得多，二者的界限往往并非泾渭分明。对此，欧洲大陆国家主要通过问题列表制度解决这一问题，即在陪审团审判中，审判长把案件细化分解后制作一定数量的、要求陪审团做出"是"或"否"回答的问题，有助于后者认识案件事实与法律规定的各项要件，也便于当事人了解陪审团认定事实的逻辑过程。河南省安阳市中级人民法院课题组对法庭职权配置中如何体现人民陪审员的"事实审"进行了有益的探索，建议实行"4名或6名陪审员+3名法官"的配置模式，事先设计事实问题清单并将其贯彻整个审理过程，保证陪审员得以独立表达意见，值得推广。

此外，河南省近年来在承担人民陪审员改革试点工作的过程中，发现陪审权利义务的宪法依据不明、司法行政机关的职责不清、公安机关的协

---

① 施鹏鹏：《人民陪审员的职权配置及其法理》，最高人民法院网，2015年5月12日访问。

同机制欠缺、群众参与陪审的积极性不高等问题，这也是对全国司法改革的相应贡献，对此，要采取得力措施加以解决。

（三）维护诉讼参与人的诉讼权利

诉讼程序的设计目的在于调整代表国家行使司法裁判权的公权力与那些权益可能受到裁判影响的诉讼主体之间的关系。除了法官能找出的真相以外，别无其他真相的存在，不存在外在的实体性标准，只能够通过程序获得合理的判决，通过程序公正保障司法公正。① 当事人和其他诉讼参与人依法享有的诉讼权利状况是考量司法公正的重要指标，诉讼权利的平等性是司法程序公正的重要内容。同时，加强人权司法保障是维护诉讼参与人的诉讼权利的应有之义。司法权既具有维护和支持其他公权力依法行使、发展人权的功能，又具有防范和制裁其他公权力恣意行使、侵犯人权的功能。② 因此，维护诉讼参与人的诉讼权利主要应从两方面着手。一是贯彻当事人参与原则，对当事人、诉讼参与人的诉讼权利进行合理、公平分配，依法维护其知情权、陈述权、申请权、举证权、质证权、辩论权等诉讼权利。二是加强人权司法保障。人权保护首先需要在一国的法律中确认公民的一系列基本权利，但在法律确认了公民的基本权利之后，如果一个公民的权利受到侵犯后得不到及时有效的救济，那么，他在法律上所享有的一切权利，也就变得毫无意义。③ 加强人权司法保障要求落实罪刑法定、疑罪从无、非法证据排除等法律原则，完善对限制人身自由司法措施和侦查手段的司法监督，纠正把依法办案与保障人权对立起来的观念，在惩罚犯罪的同时也要保障犯罪嫌疑人、刑事被告人的正当权益，加强对刑讯逼供和非法取证的源头预防，健全冤假错案有效防范、及时纠正机制。

五　继续强化司法公开，促进司法公正

阳光是最好的防腐剂，将司法权曝晒在阳光下，是进行司法监督的重

---

① 陈晓燕：《简论司法公正及其实现条件》，《光明日报》1999 年 10 月 22 日。

② 胡云腾：《加强人权司法保障》，《光明日报》2014 年 11 月 20 日。

③ 熊秋红：《依法治国方略与中国人权司法保障的发展》，载中国人权研究会《中国人权年鉴 2006～2010 年》，湖南大学出版社，2012，第 1314 页。

要方式。司法公开使得司法活动在阳光下运行，可以监督审判权的谨慎行使。[1] 把司法权的运行过程、裁判依据、裁判结果置于"阳光"之下，可有效敦促司法机关及司法人员恪尽职守和规范司法，倒逼司法公正。

（一）建立阳光司法机制

党的十八届四中全会《决定》提出要构建开放、动态、透明、便民的阳光司法机制，依法及时公开司法的依据、程序、流程、结果和生效法律文书，为进一步拓展司法公开提出了具体指引。河南省构建阳光司法机制，在"硬件"上要以互联网信息技术为支撑。一要加强顶层设计和统筹全国司法机关的信息化建设的一体化推进，促进全国司法信息资源的统一管理和信息共享，进一步健全全省失信被执行人名单制度，加大对失信被执行人的信用惩戒，推进执行指挥中心建设，与各联动单位开通信息网络接入或者设立网上查询快速通道，实现全省法院三级联网。[2] 二要推进信息化转型升级，全面加强移动化办公、可视化管理、数据化分析等信息化系统的开发和应用。三要注重发挥信息技术全程留痕、动态跟踪的特点和优势，促进信息化应用与司法核心业务的深度融合，使信息化建设更好地服务司法工作，包括创新司法便民利民举措，丰富网上诉讼服务内容，建设服务律师的专用网络平台，为当事人提供形式多样、方便快捷的线上、线下诉讼服务。

构建阳光司法机制，在"软件"上要求加强法律文书的释法说理。裁判文书释法说理是当事人服判息诉的一个重要条件，也是彰显司法文明公正的必然要求。[3] 在公开的法律文书中加强释法说理，要求客观描述当事人双方的争议及其各自的理由，尤其是展示法官做出该裁量的事实根据、法律依据。

（二）建构司法与传媒的良性互动机制

司法公开下的司法与传媒，尤其是与网络舆情的关系是信息时代维护

---

[1] 李林、冀祥德：《依法治国与深化司法体制改革》，方志出版社，2013，第80页。

[2] 王运慧：《河南依法惩治"老赖"的实践探索》，载丁同民、闫德民主编《河南法治发展报告（2014）》，社会科学文献出版社，2014，第157页。

[3] 贺小荣：《依法治国背景下司法改革的路径选择》，《人民法院报》2014年10月31日。

司法公正不能回避的问题。由于媒体感性与司法理性的冲突、媒体时效性与司法程序性的冲突、媒体监督弹性与司法规范刚性的冲突，媒体监督容易干扰司法公信。① 因此，建构司法与传媒的良性互动对推进司法公开、实现司法公正具有重要意义。

建立司法与传媒的良性互动，要从下述三方面着手。一是司法机关和司法人员要坚守司法权独立行使原则，坚持以事实为依据、以法律为准绳进行公正裁决，防止舆论裹挟、影响判决结果。法的解释莫过于被社会舆论压倒时的危险，对法的捍卫也没有比此时更为重要。② 如果司法裁决盲目遵从、跟随社会舆论，就会损害司法权威，影响司法公正。二是司法机关要树立接受媒体监督的意识，适应新兴媒体监督的特点，提高有效引导媒体监督的能力，并为媒体进行舆论监督、传播司法信息创造条件。三是新闻媒体对司法的监督要尊重司法规律，奉行客观、中立、严谨的准则，发挥正面引导作用，传播正能量，尊重人民法院的判决裁定，禁止对未决案件在司法程序外作定性评论，慎用诱导性、情绪化言辞，禁止偏激、失实的报道，以促进司法公正。

---

① 栗阳：《媒体监督与司法公信互动研究》，载丁同民、闫德民主编《河南法治发展报告（2014）》，社会科学文献出版社，2014，第 169 页。
② 〔日〕山本祐司：《最高裁物语》，孙占坤、祁玫译，北京大学出版社，2005。

第六章

全民守法

习近平总书记多次提到，"国无常强，无常弱。奉法者强则国强，奉法者弱则国弱"。党的十八届四中全会将"增强全民法治观念，推进法治社会建设"作为全面推进依法治国的一项重大任务进行部署，体现了党对法律实施、法律遵守的高度重视，标志着中国特色社会主义法治国家建设进入新阶段。全民守法，是建设法治中国的重要内容和目标，是全面推进依法治国最为基础和富有意义的重要一环，也是建设法治河南的目标和全面推进依法治省的重要根基。建设法治河南，最重要的就是要打好全民守法这个基础，不断推进全民守法进程，不断增强全民守法观念，通过观念的改造和制度的重建，在全社会培育起法治信仰，让法治意识在全省人民心中生根开花，增强全社会厉行法治的积极性和主动性，形成守法光荣、违法可耻的社会氛围，努力促使全体人民成为社会主义法治的忠实崇尚者、自觉遵守者、坚定捍卫者。

第一节　全民守法的理论分析

一　全民守法的含义及其特性要求

（一）全民守法的含义

"全民守法"一语，简约而深邃。"全民"，指守法主体为全体社会成员，包括社会每一个体和组织。"守"，即遵守、遵循。守法，是指遵守法律或律令，"守法"与"违法"相对。全民守法，关键词语在于"法"，需要我们正确认识法的含义。"法"，《现代汉语词典》释义为：体现统治阶级的意志，由国家制定或认可，受国家强制力保证执行的行为规则的总称，包括法律、法令、条例、命令、决定、方法、方式、标准、模范、仿效、效法等。可见，法，既有界限与秩序的意味，又有学习与模仿的意思。法，是国家法令，是行为规则；守法，就是用法来规范行为。

马克思主义科学阐述了法的本质，认为法是由国家制定或认可的，体现统治阶级意志的，是国家强制力保证实施的社会规范的总称。这一阐述阐明了法的基本特征。其一，法是由国家制定或认可的。这一特征明显表明了法与其他社会规范（如道德、宗教规范、政党或其他社会组织的规章以及其他习惯礼仪等）的差别。国家制定的法，是由国家机关依照法定职权和程序制定的、以规范性文件为表现形式的法。国家认可的法还包括习惯法、判例法。习惯法是由国家认可并赋予法律约束力的习惯，判例法是由国家认可并赋予法律约束力的判例。根据我国《宪法》和《立法法》的规定，宪法、法律、行政法规、地方性法规、自治条例、单行条例和规章，都是国家机关制定的。其二，法是体现统治阶级意志的。马克思主义法律观认为，统治阶级就是掌握国家政权的阶级，统治阶级的意志就是掌握国家政权的阶级的意志，法所体现的国家意志也就是掌握国家政权的阶级的意志，这种意志的内容是由统治阶级的物质生活条件决定的。这就是法的阶级本质。法律具有阶级性，体现国家意志。我国社会主义法是中国共产党领导下的全国人民共同意志的体现。其三，法是以国家强制力保证实施的。法具有国家强制性，这是法与法以外的其他社会规范和规则的根本区别，是衡量一项规则是不是法的决定性标准。法必须由国家强制力保证其实施，也即对违法行为实行不同形式的追究以至制裁。

此外，近年来，随着实践的推进和形势的发展变化，我国马克思主义法哲学研究更加重视法的社会性，把法视为协调各阶层、各利益群体间相互关系的有效工具，法的教育、引导、评价、调节、预测、组织和管理经济社会事务的功能受到着力探讨。法律是规范市场行为、调节利益关系、维护社会秩序的重要手段。

法律的权威和生命在于实施。法律是最广大人民群众共同意志的体现，法律实施的根本目的是维护和实现最广大人民群众的根本利益。正如党的十八届四中全会所强调的，人民权益要靠法律保障，法律权威要靠人民维护。法治事关全体人民，全民都需要守法。法应保民，民应守法。全民守法，就是任何组织或个人都必须在宪法和法律范围内活动，任何公民、社会组织和国家机关都要依照宪法和法律行使权利或权力、履行义务或职责。民众守法意识，是立法的精神源泉，也是法律实施的社会心理保障。全民守法，就是要全体公民树立法治信仰，自觉遵守法律，弘扬法治精神。

（二）全民守法的特性要求

法治作为最具现代性的社会治理方式，它要求所有社会成员在一个共同的法律规范的框架内活动，受其保护，受其制约，全民守法具有以下特性要求。

1. 普遍性

宪法第五十三条强调："中华人民共和国公民必须遵守宪法和法律。"法律是全社会必须共同遵守的行为准则，整个社会按照法律规范运行，法律面前人人平等，任何人都没有超越宪法法律的特权，人人都必须平等遵守法律。因此，从守法主体上说，任何公民、社会组织和国家机关都要以宪法和法律为行为准则，都必须在宪法和法律的范围内活动，依照宪法和法律维护权力和利益，履行义务和职责。

2. 全面性

一国之法律，不是单一的，而是一个内容丰富完备的法律体系，包括政治、经济、文化、社会、生态等各个方面，并且法律也是不断修立和完善的，新的法规层出不穷。因此，就整个社会而言，厉行法治应全方位，就个体和组织守法牵涉的守法内容而言，也是立体的，从守法主体自身而言，也需要从心理意识到身体力行的知行合一。

3. 实践性和日常性

守法首先是意识层面的，但归根结底是行为层面的遵守。法律不是一纸空文，重在实施和遵守，知法不等于守法，守法重在践履。守法，不是时段性行为，不是今天守法，明天就不用守了，守法行为应为常态。人，终其一生，都生活于民族、国家、社会公共生活之中，人的社会性本质，决定了我们必须要守法，并且法涉及日常生活行为规则，如交通法，需要每个人在日常生活中遵循，要从小事做起，从日常生活中的一点一滴做起。全民守法也正是在小事上反映出人的法治素养和法治信仰，体现出社会的文明进步程度。生活中的大量负面事件说明，日常生活中，一些破坏规则、背离法治的小事、小纠纷，常常酿出违法犯罪的大祸端。因此，在守法上要真正做到"勿因善小而不为，勿因恶小而为之"。诸如 2013 年 10 月 1 日正式实施的《旅游法》等，其规定，也是具体而细微的。守法，需要慎独，需要谨小慎微。

4. 理想性

守法是一种行为状态及其对这种行为状态的外部评价，具有外在要求的意味。对于任何形式的法来说，都不可能指望全体社会成员完全自觉遵守。西方有句名言："资本为了 100% 的利润，就敢践踏一切人间法律；有 300% 的利润，它就敢犯任何罪行，甚至冒绞首的危险。"人的贪婪欲望，或致法律失去作用。实现全民守法这一法治目标和理想状态，是一个不断从现实性走向理想性、不断取得进展和进步的渐进过程，这个理想将会在我们的国家、社会一点一点地逐步实现，重民本、守诚信、崇正义、尚和合的法治中国将不再只是梦。

总之，法具有刚性特质，它与其他事物很不一样的根本一点就在于法不容情、法不阿贵、违法必究，任何个人和组织都不得有超越宪法和法律的特权。现实中，违法，或可能侥幸一时，但法律就是法律，一旦以身试法，或致失去个体自由这一珍贵价值，悔之亦晚，因此，容不得一点侥幸，守法是明智的，是安身立命之本。而人的守法和违法常在一念之间，有时其行为意识并不那么清晰。建立法治社会，推进全民守法，就要增强民众守法意识，使所有民众深刻理解法治的刚性要求和实践价值，牢固确立法的权威不容挑战、法的地位不容置疑、法的作用不容削弱的思想，牢固确立法律红线不能触碰、法律底线不能逾越的观念，知道事情禁区和自身行为边界，凡是法律禁止的，都不去做，凡是法律提倡的，都积极对待，凡是法律保护的，依法去做，积极履行道德责任和法律义务。

（三）全民守法是社会每一个体和组织的责任

孟德斯鸠说过，法律能见成效，全靠民众的服从。法律，需要全体民众的普遍遵行，也只有每个公民都自觉遵纪守法，才能真正实现法治社会。全民守法，涉及我们每一个公民，全体社会成员无论每个人从事何种职业，都必须遵守国家法律，而我们每一个公民的日常遵纪守法行为都有其价值和意义，都是在捍卫法律的尊严，惠及他人。"守法即正义"，守法是全民的责任，也是全民的福利。譬如，从事驾驶员职业的，遵守交通法规，不酒后驾驶，就会少些交通事故；从事食品生产的，严格遵守《食品安全法》，老百姓就会买到放心食品……我们每个人都受益其中。守法亦即自由，自由不是任性，而是因守其规范，守法是平安人生的保障。法律，即每位公民理应遵守也必须共同遵守的"规矩"，守法作为公民必备的道德品质，只有具备了这一点，才能自觉在宪法和法律范围内活动，才具有不受违法追究的自由，才能真正推进我国法治进程。全民守法，贵在自觉自愿，贵在坚持不懈。守法，是公民责任，也是公民美德，人人皆可做守法表率。全民守法这一价值意识，应该融于执政党依法执政和政府依法行政的实践中，应该铭刻于全体国民心中，同时应该融于每一个国民的生活方式和行为方式中。

（四）全民守法是依法治国的重要基础

法治是判断一个社会文明程度和公民素养的基本标准，法治要落地生根，就必须成为人们的内在精神，得到人们的普遍遵循，形成全社会遵守和维护法律的良好风尚。法治是一个包含立法、普法、守法、执法、司法和监督的统一体系，每一方面和环节都很重要。全民守法是建设法治中国的基础，法治建设的成效如何，很大程度上取决于全民守法的情况如何。全民守法是法治之本，是重要根基，而非末节。在整个法治体系中，守法环节具有巨大作用和重大意义，守法是参与人数最广、耗费成本最低、法治意义最大的基础条件和重要环节，守法搞好了，后续的执法和司法的压力必将大大减少，具有防患于未然之功效。党的十八大报告提出，"要推进科学立法、严格执法、公正司法、全民守法"，把全民守法作为全面落实依法治国基本方略的重要内容；党的十八届三中全会强调要"健全社会普法教育机制，增强全民法治观念"；党的十八届四中全会提出了要实现科学立法、严格执法、公正司法、全民守法的总要求，将全民守法作为建设法治国家四位一体总要求之一明确提了出来，把"全民守法"提升到法治中国奠基石的高度来部署，并从推动全社会树立法治意识、推进多层次多领域依法治理、建设完备的法律服务体系、健全依法维权和化解纠纷机制等四方面进行了细化部署。从 20 世纪 80 年代的提高全民法律意识到党的十八大提出的全民守法，再到党的十八届四中全会强调树立全民法治信仰，实现了从法律意识到全民守法再到法治信仰的两次根本飞跃，标志着我们党实施依法治国基本方略的决心和对社会主义法治建设规律认识的深化。

二 全民守法的基本要求

立法在国，守法在民，科学立法是把人民群众的意愿通过宪法法律上升为国家意志，全民守法则是依靠人民群众把宪法法律付诸实践。全民守法是政府和民众在良性互动中实现善治的前提。要达到"全民守法"的目标，必须政府守法、全体人民共同守法，必须以法治政府的建立促进法治社会的发育，以司法的严谨、执法的严格来培育公民守法的自觉性，以良法善治来涵养法治信仰。全民守法，内在要求增强全社会学法尊法守法用法意识，对公民个人来讲，守法应该成为一种生活方式，对整个民族来讲，守法应该成为一种民族精神和文化自觉。

(一) 良法善治，促进全民守法

良法善治是全民守法的本质要求。古希腊哲学家亚里士多德在其名著《政治学》中指出："我们应该注意到邦国虽有良法，要是人民不能全部遵循，仍然不能实现法治。法治应该包含两重含义：已成立的法律获得普遍的服从，而大家所服从的法律又应该是本身制定得良好的法律。"① 亚里士多德这句广为人知的名言，道出了全民守法的重要性，揭示了法治的含义，将"良好的法律"和"普遍的服从"视为法治的两大基本要素，其中，"良法"是法治的前提，而"普遍服从"体现了法律至上原则，是法治的根本，也是法治所要达到的一种状态和标志。良法善治是全民守法

---

① 〔古希腊〕亚里士多德：《政治学》，吴寿彭译，商务印书馆，1965，第 199 页。

的总体的、实质性的要求。法律得到普遍遵守是法治的内在要求，而法律要得到人民的坚定信仰和自觉遵守，以及法律的良好实施，即全民守法，对于法律本身亦是有要求的，其前提是法律必须是人民意志的反映，是人民利益的体现，就要立良法，即好的法律。法治的根本目的在于保护人民权益。所谓良法，是能够体现公平正义基本要求、能够得到人民价值认同和程序认同、能够反映客观规律的法律。立法布令，要恪守以民为本、立法为民理念，将公平正义精神灌注到法律规范中，要反映经济社会发展的客观规律，进行科学立法。所谓善治，即按良法施治，施治要体现出法的平等、公正、权威等内在价值特性，即通常说的严格执法、公正司法。司法是维护社会公平正义的最后防线，司法不公会丧失公信力。英国哲学家培根说过，一次不公正的审判，其恶果甚至超过十次犯罪。犯罪虽是无视法律，而不公正的审判则是在毁坏法律。执法不严会削弱法律权威，会导致违法者心存侥幸，就会形成"破窗效应"，如若一些不敬重法治、不遵守法律的人，屡屡能够违法获取巨大利益和好处，时间一长必然造成守法成本高、违法成本低，劣币驱逐良币，无法形成守法光荣、违法可耻的社会氛围。因此，法律要保有尊严，铭刻在公民的内心里，实现全民守法，需要科学立法、严格执法、公正司法，需要法能保民、法能惠民，能够充分保障每一个体权益，以促进公平正义为根本依归，切实做到良法善治。

（二）尊法畏法，树立法治信仰

党的十八届四中全会《决定》指出，"法律的权威源自人民内心拥护和真诚信仰"，把树立法治信仰提升到了极其重要的地位。在法治理念上强调树立全民的法治信仰，这是一个很高的要求，为法治社会建设提出了新的发展方向和目标。"信仰"一词，意味着价值意识上的极度相信和尊敬，并用来作为自己行动的指南。美国法学家哈罗德·伯尔曼也有一句流传最广、影响最深的话，"法律必须被信仰，否则形同虚设"，它揭示了信仰之于法律的极端重要性。卢梭认为，一切法律中最重要的法律，既不是刻在大理石上，也不是刻在铜表上，而是铭刻在公民的内心中。全民守法，需要有一种共同的精神，那就是"敬畏"，一种崇重法律、信仰法治的态度和信念。敬畏，即敬重、畏惧、"不敢"，"不敢"是一种戒律，意味着许多事情不应做、不能做。古人云："畏则不敢肆而德已成，无畏则从其所欲而及于祸。"敬畏是人类对待事物的一种严肃态度，信仰是敬畏心的最高境界。对法律的敬畏，反映和体现的是人们内心深处对法律的一种价值信念，非单纯惧怕法律，而是尊法敬法，从内心深处认为法律是重要的，心存戒惧之意，具有违法受追究的意识，对宪法和法律具有真诚信仰。敬畏之心是法律得到自觉遵守的原动力，是使法律成为信仰的必要条件。法律要发挥作用，需要全社会信仰法律。法治信仰的形成，也需要社会主体在对社会现象理性认识后，经历认知、认同对法产生一种心悦诚服的认同感和依归感。信仰法律是推进全民守法进程的基础，公民只有具备法律信仰的心理基础，才能从内心真正地尊重法律，并进而将其作为行动的准则。培养法治信仰，需要全民守法意识来支撑，没有守法就没有法律的尊严与权威，人民的法治信仰来自全民法治观念的持续增强。树立法律权威和法治信仰，正如习近平总书记所强调的，需要真正"让人民群众在每一个司法案件中都感受到公平正义"，需要"让人民在每一项公安执法活动中都能感受到公平正义"，需要让人民群众在日常工作生活中从无数事实和现象中认识和感受到法的力量和作用、感受到法的有用，需要有法必依、违法必究，需要政府和领导干部带头守法，需要法律保障每一个体的利益，等等。只有如此，他们对法律的态度才能由认识到遵守，由信任到信仰，从而自然而然真诚地信仰法治，树立法律至上的崇高信仰。

（三）学法知法，全民懂法

要让全民信仰法律、遵守法律，知晓法律是最大前提。全民守法，就必须全民懂法、全民学法。学法是守法用法的前提，是全民守法的基本要求，每个公民必须学法、懂法。学法，是真正尊法的表现，是提高守法和用法水平的关键。虽然知法，不等于守法，但不知法，就可能无知无觉地触犯法律。现代社会，法律知识素养是基本素养，不能当法盲。只有学，才会懂，才会对法律的价值、精神、原则有更深刻的理解，对法治的认识更深入，就会逐渐将法治作为一种信仰，坚定地自觉遵守法律。法律是一个体系，我国已经形成以宪法为统帅，以法律为主干，以行政法规、地方性法规为重要组成部分，由宪法相关法、民法、商法、行政法、经济法、社会法、刑法、诉讼法与非诉讼程序法等多个法律部门组成的中国特色社会主义法律体系。从法律方面来说，首要的是学习宪法，宪法是国家的根本大法，法治的基础在于国家公民具有强烈的宪法意识，熟悉宪法的内容和精神；其次，对民法、商法、刑法等基本常识有所了解；最后，要学习自己工作领域的法律、规章和制度等。从守法主体来说，全民由不同身份、不同层次的公民构成，不同的主体、组织，其学习内容应有不同或侧重，如未成年人群体、家长、学校，他们学法可以从未成年人保护法、预防未成年人犯罪法、妇女儿童权益保护法学起，企业要对不断出台的环境法规要及时学习，旅游法、物权法、老年人权益保障法等与居民生活息息相关的法律法规知识，民众都应当知悉。学法，最根本的还在于学习法治理念，培养法治思维，不断提升法治意识。

（四）守法用法，知行合一

守法，即遵纪守法；用法，即依照法律处理事情。苏格拉底说："遵守法律是一种美德。"守法，其最低状态是不违法犯罪，处于这种状态的主体，这种守法心理是消极被动的，守法只因惧怕法的严惩。自觉守法是主体地位的体现。完善的法治社会要求公民成为法的主人，具有积极主动的守法心理和态度，具有较高的规则理性意识，能够严格履行法律义务，充分行使法律权利，只有处于这种守法状态的人，才会自觉地把法作为行为的基本遵循，也才能真正实现守法。推进全民守法进程，关键就在于使人成为积极而主动的守法主体。党的十八届四中全会明确提出，坚持把领导干部带头学法、模范守法作为树立法治意识的关键，完善国家工作人员学法用法制度。党章规定，党员必须自觉遵守法律、模范遵守法律。推进全民守法，培养法治信仰，国家工作人员特别是领导干部必须率先垂范，特别是在我国这样一个缺少法治传统的国家，只有他们带头学法、模范守法，坚持依法行政、促进社会公平正义，才能有力地引领全社会形成遵法、守法、用法的风气，法治信仰才会逐渐植根于民族文化，法治精神才会日益融入民族精神，全民守法才会逐步成为新常态。国家工作人员，要带头学法，带头遵纪守法，不断提高法治意识和法治素养，以实际行动弘扬法治精神、彰显法治信仰，让法治在人民心中生根，在社会运行中生效。领导干部带头守法是促进全民守法的关键和保证。各级领导干部要奉公守法，带头依法办事，对宪法和法律保持敬畏之心，自觉摒弃人治思维和权力本位的错误观念，善于运用法治思维和法治方式推动各项工作，严格按照法律授予的权限和法律规定的程序处理一切工作事务，尊重他人的权利、权限，在法律途径内解决问题，绝不搞以言代法、以权压法、违法办事、徇私枉法，能够勇于捍卫法治，同破坏法治的行为做斗争，做法治建设的自觉引领者、忠实崇尚者、模范遵守者和坚定推动者。

三　全民守法的主要内容

党的十八届四中全会强调指出，推进法治社会建设，要增强全民法治观念，推动全社会树立法治意识。法治意识是法治社会建设的基础。守法意识，即尊重法律、遵守法律、严格依法办事的意识。树立法治意识，就是遇到事情和问题时首先能够从法律角度看一看、想一想是否与法相违。全民守法，不在于应当遵从法的具体条文，而主要在于应当具有什么样的法的意识。根据法的特质要求及当前社会成员守法现状中的主要缺失，在推进全民守法过程中，应当着力培育以下几种基本而又核心的法治意识。

(一)　社会规则意识

社会规则意识，是社会法治意识的基本内涵。法律本身是一种带有强制力的行为规则。法治意味着秩序，秩序是法治的基本价值目标。法治是规则之治，其本质和基本的价值目标也在于一种文明秩序。一个社会的运行不仅需要具有刚性的法律，还需要大量的相对软性的规则。确立良好的社会秩序，需要法律、道德、公序良俗等多元社会规范共同发挥作用，有赖于对规则的遵守及规则意识的确立。全民守法，首要与基本的就是要守规则，具有规则意识。"规则"一词，其含义是指规定出来供大家共同遵循的制度、章程、规律或法则。法律作为一种规则具有刚性，此处的规则是指国家立法机关经过严格程序制定的全体社会成员必须共同遵守的行为准则。规则意识，是各类社会主体通过对法律规范内在价值的认同而形成的一种自觉遵守法律规则的自主自律意识。规则意识，体现了社会主体对法律规则的认知、认同和尊重，其要义不在于对规则的认知，而在于对规则的心理认同，能够把法律规则内化为其自觉的价值尺度和行为准则，形成一种遵行规则的守法意愿和良好习惯。规则意识体现着社会主体对法律规则的自觉服从、遵守和对法治秩序的认可。规则需要大家共同遵守，少数人对规则的破坏，会造成人人处于无法通行的十字街头的困境。规则意识是法治意识的核心，确立社会的规则意识，这是建立法治秩序的基础。现代社会，规则意识不可或缺，作为现代社会的各类社会主体，都要在对法律规范的内在价值认同的基础上，能够理性地行使权利，积极主动地服从规则。守法，应从守规则做起。规则意味着一种束缚，也标志着外在之治，但对规则的认同和自律自主意识，使主体在法律遵守上成为守法的主人，而守法主体也能够从对规则的积极主动遵行中获得一种良好的自我感受、自由、尊重、安全及其利益。

（二）诚信意识

诚信是诚实信用的简称。诚信，是人类社会的基本道德规范，是市场经济运行的基本道德原则，是社会良性发展的重要基石。诚信不仅是一种道德要求，同时也是一种法律要求，诚信原则已融入法律规范，上升为法律原则，成为民法的一个基本原则。《中华人民共和国合同法》第六条规定："当事人行使权利、履行义务应当遵循诚实信用原则。"合同最重要的功能就是保证诚信实现。作为一项法律原则，"诚信"是指主体以诚实、善意、守信的心理状态行使权利和履行义务，世界各国都普遍规定和接受了此项原则，该原则已成为规范社会主体行为的最高法律准则。2013年实施的新民事诉讼法首次将"诚实信用"规定为民事诉讼的基本原则，倡导社会诉讼诚信，以应对虚假诉讼等滥用诉权情况。近年来，社会诚信失范现象频出，物欲的泛滥，使诸如货真价实、童叟无欺这些永恒的诚信价值准则遭到了一定破坏，建立履约践诺、诚实守信的社会环境迫在眉睫。建设法治社会，培育法治意识，诚信意识是应有内涵和重要内容。

（三）权利义务意识

全民守法，其核心就是依法行使权利，积极履行义务，使自己的全部活动都在法律范围内进行。权利与义务相对，权益与责任对称，责任有轻重之分。权利意识，包括积极的权利主张与合法权益的保护两个方面，包含着权利行使的正当性意识或正当程序意识。权利不能滥用。公民在维护自己的合法权益时要讲程序，遵循一定的规则，具有权利的节制意识，合理限制某些权利，使之符合所处时代所处社会的道德、法律、经济发展状况、文化等多种价值取向。权利和义务是对等的，坚持权利义务相统一，享有权利也意味着承担相应的责任和义务，如遵守社会公德就是宪法规定公民的一项基本义务。权利意识与责任意识，也是公民意识的主要内涵。2012 年 12 月 5 日，习近平在首都各届纪念现行宪法公布施行 30 周年大会上的讲话中指出，"我们要坚持把依法治国和以德治国结合起来，高度重视道德对公民行为的规范作用，引导公民既依法维护合法权益，又自觉履行法定义务，做到享有权利和履行义务相一致。"推进全民守法，培养公民法治观念，应强化公民权利义务相统一的主体意识，每个公民在行使权利的过程中，应注重社会公共利益、公共道德，尊重他人的合法权益。

规则意识、诚信意识、权利义务意识，是法治意识的具体体现，是全民守法意识培育的主要内容，也是公民现代人格培育的精神内涵。自由与自律、权利与义务的对立统一构成了个体人格的核心，正如黑格尔所说："人格的要义在于，我作为这个人，在一切方面都完全是所规定了的和有限的……我是在某种有限性中知道自己是某种无限的、普遍的、自由的东西。"① 全民守法，实质上也是培育人、塑造人的个性心理基础的问题，因为，个体人格，那种具有自立、自主、自由和自律意识的个人所独有的精神品性，是个人作为行使权利与义务相统一的道德主体的标志，往往决定了个体在面对现实时的态度和行为方式。

第二节　全民守法的现状

近年来，河南在推进依法治省的进程中，依法治国、依法执政理念得到了深入宣传和全面贯彻，全省法治宣传教育和公民道德建设持续推进，全省干部群众的法治意识不断增强，广大人民群众的法律意识水平和遵纪

---

① 〔德〕黑格尔：《法哲学原理》，商务印书馆，1961，第 45 页。

守法能力，以及党员干部的法治思维和依法办事能力得到了逐步提高，全社会依法治理能力和水平明显提高，但实现在整个社会层面形成普遍的守法意识、法治信仰，形成信法守法的深厚土壤，依然任重道远。

一　近年来全民守法取得的明显成效

（一）法治意识与法治建设意识不断增强

改革开放以来，法治建设深入推进，民众的法治意识逐渐觉醒，法治理念有较大提高，法治信仰渐入人心。推进依法治国、依法治省，深刻地影响着社会生活，全社会学法尊法守法用法意识显著增强。随着全民普法的持续推进，随着社会的发展进步，人们的法治意识在不断提高，从不知"法"为何物，到今天越来越多的人懂得法律是维护自身权利的有力武器，而且对涉及自身利益和权利问题十分敏感，公民通过法律渠道表达诉求、运用法律武器维权的意识越来越强烈，体现出一种巨大的社会进步。小细节反映大进步。如规则意识的普遍增强就明显体现在交通规则遵守等社会公共场合的诸多方面，这也都是大家可以感受到的进步，全民守法已经渗透到我们社会的方方面面和日常生活的点点滴滴。法治建设开始提档加速，多领域多层次依法治理工作广泛深入开展。根据党的十八大和十八届四中全会关于全面推进依法治国、加快建设法治中国的战略部署和宪法、法律规定，以及省委九届九次全会精神，全省各地强化法治建设，并结合本地实际，确立法治建设目标。据报道，河南南阳率先出台了《法治南阳建设纲要》（2014－2020），从提升依法执政能力、加强民主政治法治建设、推进依法行政建设法治政府、推进公正司法、推进经济领域法治建设、推进社会领域法治建设社会、推进生态领域法治建设、推进全民知法守法、加快发展法律服务业、法治南阳建设的组织实施等12个方面绘出了法治建设蓝图，为全方位推进法治建设进行了实践和探索①。近年来，河南各地和部门、行业等依法治理工作全面开展，诚信建设和信访工作制度化建设步伐加快，深入开展法治创建活动，拓展领域，创新形式，

---

① 李铮、唐海滨、贺晓军：《南阳奏响法治建设最强音》，《河南日报》2015年6月18日。

增强实效，取得明显成效。

（二）社会稳定源头治理机制制度化

党和政府历来重视因决策不当而引发的社会风险的防范和化解工作，强调要加强源头治理。建立健全重大决策社会稳定风险评估机制，是党的十八大明确提出，十八届三中、四中全会进一步强调的加强和创新社会管理的重大战略举措，是提升重大决策科学化水平的重要制度，它已成为从源头上防范和化解不稳定因素的有效机制。社会稳定风险评估机制为四川遂宁 2005 年首创经验，该机制明确将社会稳定风险评估作为作决策、上项目、进行重大改革的前置程序和刚性条件，有效从源头上减少和预防矛盾。社会稳定风险评估机制在河南省也有广泛而深入的实践。截止到 2010 年，河南省 158 个县（市、区）中，有 130 个出台了有关行政决策社会风险评估的实施意见及相关考核细则；河南省对 1016 件涉及征地拆迁、"三农"、重点项目建设、环境保护等问题的重大决策事项进行了社会风险评估，其中经评估后不予实施的有 105 件，占比为 10.33%，实现了重大行政决策社会风险的源头治理①。社会稳定风险评估机制的全面推行及其制度化，不仅有从源头上减少和预防矛盾纠纷、减少信访问题等实际效用，而且实施这一依法决策机制所蕴含的加强民主协商、政策公开、尊重社会监督等要求，既使公权力在社会治理领域不缺位和不越位，又使广大群众的民主法治意识、权利义务意识得到普遍和有力的内在成长。

（三）基层矛盾纠纷化解机制常态化

当前，河南省正处于经济社会快速转型期，利益主体更加多元化，各种社会矛盾凸显，为化解矛盾纠纷许多地方进行了实践探索和机制创新。譬如，在汤阴化解社会矛盾纠纷实行"四级三调一整合"调解机制，即县、乡、村、组四级联动，人民调解、行政调解、司法调解无缝对接，行政、综治、维稳、信访、司法等资源有效整合，形成独具特色的社会矛盾

---

① 丁同民、闫德民主编《河南法治发展报告（2015）》，社会科学文献出版社，2015，第 197 页。

"大调解"工作格局。当地每村都设立人民调解委员会，村小组设置1名矛盾纠纷信息员，群众中间出现矛盾纠纷，就会有信息员收集、整理报上来，当矛盾纠纷还处在萌芽状态时，就会有调解员赶来及时化解。汤阴县每月要进行全县大排查，对潜在问题，逐一分类排队，分包到县乡领导化解。目前，汤阴县连续4年被省委省政府表彰为全省平安建设工作先进县，该县创造的社会矛盾"四级三调一整合"大调解机制已经在全省推广①。为开辟化解纠纷新途径，西峡县相继建立了"首问首办制、限时办结制、服务承诺制、责任追究制"的群众诉求中心，形成了一个窗口服务群众、一个平台受理反馈、一个流程调解到底、一个机制监督落实的"一站式"便民服务体系。五年来，该县共排查调解各类矛盾纠纷42198起，调解率100%，调成率达97%以上。审结行政诉讼案件332件，90%的行政争议通过庭外和解的方式得以解决②。开封市委、市政府把人民调解作为一项重要工作内容摆上议事日程，给予全方位支持，开封市司法局创办的《宋都调解》法治电视栏目闻名全省、红遍开封，在已播出的90期中，现场调解纠纷200起，对60余部法律法规进行了普法宣传。焦作一些地方学习借鉴"立足基层组织，整合力量资源，就地化解矛盾，保障民生民安"的枫桥新经验，构建"人民调解中心"，使矛盾纠纷大调解工作全面进入常态化，减少群众维权成本，有效化解各类民事矛盾纠纷。河南法院则探索出了一条有效的多样化纠纷解决机制，他们注重动员和组织德高望重、熟悉社情民意、热心公益的基层老党员和老干部担任社会法官，不敲法槌、不伤和气、不收费用，根据法律法规、乡规民约、道德伦理调处民间纠纷，从群众中寻求解决问题的新力量，河南法院创新推行的社会法庭目前已建成951个，累计调处纠纷22万余件，大量社会矛盾解决在法院之外，消化在基层源头，有效破解了案多人少带来的挑战③。就地化解民众日常生活矛盾纠纷，不仅惠及民生，而且解决矛盾问题，有助

① 谢建晓：《就地化解群众矛盾纠纷》，《河南日报》2015年6月9日。
② 李铮、吴曼迪、封德、王锋：《西峡：法治建设惠民生》，《河南日报》2015年5月28日。
③ 赵红旗：《河南法院经验打动6省区22位全国人大代表》，《法制日报》2015年5月21日。

于人们养成法治意识和法治思维，增进社会和谐。

（四）群众信访工作机制逐步法治化

诉求表达是宪法和法律赋予公民的基本权利，信访工作是群众表达利益诉求、维护自身权益的重要渠道。把信访纳入法治化轨道，是中央确定的信访改革"主旋律"，要求强化法律在维护群众权益、化解社会矛盾中的权威地位，引导和支持人们理性表达诉求、依法维护权益。近年来，河南始终重视信访工作，按照中央的要求和部署，坚持运用法治思维和法治方式做好信访工作，并着力完善信访工作科学发展的体制机制，积极推进诉访分离，依法实行逐级走访，健全完善依法终结机制和考核问责机制，切实维护群众合法权益，探索出一些叫得响、成效好的做法和经验。如用群众工作统揽信访工作的义马经验、重大事项信访评估的渑池模式、干部群众一家亲的信阳"四家"工作法等，破解信访难题。2014 年以来，河南制定出台《关于依法处理涉法涉诉信访问题的意见》《河南省信访事项评议化解终结办法》等多项制度措施，严格实行诉讼和信访分离制度，把涉及民商事、行政、刑事等诉讼权利救济的信访事项从普通信访体制中分离出来，纳入法治轨道处理，明确对疑难复杂信访事项，尽可能采取公开听证、会商评议等方式进行复查复核，努力实现信访事项有序终结退出，最大限度地减少信访积案产生。2014 年以来，全省共依法终结信访事项 2990 起，有效减少了信访积案存量①。依法逐级走访制度从 2014 年 12 月 1 日开始在全省全面推行。河南还出台两个考核办法对信访工作各环节进行细化量化考核，并把考核重点放在了解决问题上、放在了因不履行职责造成矛盾上行的责任查究上，促使各级各部门严格依法按政策办事，切实维护群众合法权益。信访是人民群众维权意识的鲜明体现，而以法治思维引领信访工作制度改革，以法治方式解决矛盾和问题，会更好地维护法律尊严、维护人民群众合法权益、维护社会和谐稳定。

（五）全社会诚信意识和信用水平不断提高

加快社会信用体系建设，是构建和谐社会、促进河南文明进步的重要

---

① 蒋美兰：《坚持法治思维和法治方式做好信访工作》，《河南日报》2015 年 6 月 24 日。

基础，是完善社会主义市场经济体制、加强和创新社会治理的重要手段。多年来，河南一直比较注重和持续推进社会诚信建设，近年来，尤为致力于社会信用体系构建和社会诚信制度化建设。河南紧紧围绕实施"三大战略"和打造"四个河南"，制定出台了《河南省人民政府关于加快推进社会信用体系建设的通知》，印发了《河南省公共信用信息管理暂行办法》，全面推进政务诚信、商务诚信、社会诚信、司法公信建设，开展诚信企业示范创建和信用市县示范创建。统一的公共信用信息系统平台，是开展信用示范创建、构建守信激励和失信惩戒机制的基础。目前，全省除人行征信系统外，已建、在建和拟建的信用信息系统平台已有 12 家。2017 年底，拟建成覆盖全社会的公共信用信息系统平台。河南省发改委和人行郑州中心支行已经联合印发了《关于实施诚信企业示范创建"百千万"工程的意见》，开展万家企业综合诚信承诺、千家企业诚信示范创建、百家企业诚信典型示范活动，树立和宣传诚信典型，增强企业诚信意识。郑州、洛阳、兰考等市、县开展全国社会信用体系建设示范试点，引导带动全省社会信用体系建设。许多地市、行业实行诚信建设"红黑榜"发布制度，加强褒扬诚信、惩戒失信联动机制建设，全方位提高失信成本，所有这些工作，有力地促进和提高了全社会的诚信意识和信用水平。

二　当前全民守法存在的主要问题

当前，河南省正处在改革发展的关键时期，各种利益矛盾复杂交织，矛盾纠纷多发易发，社会治理面临诸多难题。当前全民守法存在着以下主要问题。

（一）社会守法意识和信用意识整体偏低

对法治的全民敬畏尚未形成。部分民众法律意识缺失，社会规则意识不强，不同程度地存在一些违背法治精神的现象和问题。交通守法是人们的规则意识、守法状况、城市法治状态的一个直观显现，生活中许多人都不知不觉地违过法，闯红灯、违规占道等现象屡见不鲜，社会生活中破坏规则、背离法治的负面事件不时被报道，这些现象都会随时腐蚀着人们对法治的信仰。对规则的破坏，或因缺乏他人意识、文明意识，或因习以为常，或因特权意识，希望别人遵守规则而自己不愿受规则的约束，而深层的原因是缺乏对规则的敬畏精神。近年来，官员的法治思维和能力大大提高，但仍有一些官员对党纪国法缺乏敬畏之心，法治意识淡薄，做着与法治背道而驰的事情。少数领导干部还存在人治思想和长官意识，以言代法、以权压法和徇私枉法，对法律敬畏不够；有些基层干部在实际工作中，忽视法律、决策不依法、遇事不讲法、办事不懂法、自己不守法的现象依然存在；个别官员"有权任性"，不尊崇法治，无视党纪国法，知法贬法，知法犯法。假冒伪劣、非法集资、环境违法、拖欠农民工工资、野蛮拆迁等现象，年复一年，不绝如缕，不乏案例，成为"社会性忧伤"。一些个体和企业一味追求利润而屡屡突破法律和道德防线，丧失诚信底线。据报道，2013 年，全省质监系统共查处案件 6656 起，查处违法货值10 万元以上的大案要案 195 起，查获案件货值 1.47 亿元，移交公安机关案件 81 起；2013 年，全省质监 12365 举报处置指挥系统共受理电话举报投诉案件 390 起，涉及食品 156 起①。整体来看，人们的法治观念和信用意识较为薄弱。究其原因，主要在于如下几个方面。一是政府重视不够，普法不到位。在我国法治建设进程中，在许多领域，我们往往强调立法的健全和完善，过分依赖行政执法机制和事后救济性质的司法审判机制，较为忽视守法环节，对于"守法"这一更为基础和富有意义的环节不太重视，没有对守法建设给予应有的重视和足够的投入，以致于守法特别是企业守法未能成为法治常态。对于新出台的法律法规、条例，由于普法工作不及时或不够深入，一些人、一些企业因不知法懂法而造成违法的情况并不少见。二是社会法治氛围不够浓厚。受全社会整体法治意识不强的影响，一些个体、一些企业本身没有养成自觉守法的伦理道德和行为习惯，其守法心理是被动被迫的，人们的法治观念不牢固、不彻底。三是守法奖惩机制不健全。受守法成本高、执法查处概率低、违法惩处力度弱等不良因素的影响，一些人、一些企业缺乏主动守法的持久动力。在全社会培育起法治信仰，养成自觉守法习惯，任重道远。

---

① 评论：《昨日河南曝光 24 起假冒伪劣案件　专项整治食用明胶》，《河南日报》2014年 3 月 14 日。

（二）对法律的认同感和信任感不强

社会法治的进步进程，需要充满法治意识、独立自主、不盲目迎从的非驯服之人、较真之人，需要具有公民性格的人，而非逆来顺受的奴性人格、忍气吞声之人。现实中，部分群众依法维权意识和习惯尚未形成，遇到纠纷时，特别是遇到集体维权事宜时，有的人急公好义、勇于担当，但大多数人即便事关切身利益或者与自身利益稍微比别人远那么一点，却选择退缩观望、袖手旁观，只想分享维权利益而不想分担风险。长久的封建人治传统所构造的"驯民"观念，潜移默化地渗透在社会生活的各个领域，在人们的思想中还比较根深蒂固，而一些执法部门的推诿、拖延、执行不力、维权成本太大、费时费力而又效果不好也加剧了这一点。人民群众对法律的认同感和信任感不强。河南农耕文化源远流长，人情思维比较浓厚，大部分人遇事首先想到的还是托关系、找熟人、走门路，存在着"办事不依法、遇事不找法、解决问题不用法、化解矛盾不靠法"等问题。在信访领域，当前还存在着"信访不信法""信关系不信法""信上不信下""小闹小解决、大闹大解决"等社会治理突出难题。此外，在信访工作中，还存在着群众诉求受理法定途径不清楚而陷入"信访－无处受理－继续信访"的不良循环，征地拆迁、医疗纠纷、涉法涉诉、环境保护、劳动保障……许多信访诉求本身杂糅着行政、司法等各项内容，哪些由业务办理途径解决，哪些由法定救济途径解决，老百姓还搞不清楚，许多职能部门也摸不着头脑，信访条例、新的法律规定，还需要及时做到家喻户晓，需要用法治的方式明晰责任、理清边界和确定规则。

（三）基层社会矛盾化解机制需要进一步完善

预防和化解社会矛盾是社会治理的重点工作，依法预防化解社会矛盾纠纷是法治社会的重要保障。目前，我国已经形成包括行政复议、诉讼、仲裁、调解等方式的多元化纠纷解决机制。人民调解是化解社会矛盾纠纷的"第一道防线"，是不可或缺的法治实践，与诉讼相比，具有贴近群众、程序便捷、成本低、效率高的特色，具有让"大事化小，小事化了"的力量，并且节约行政、司法资源，在维护社会稳定和谐方面具有不可替代的作用，是依法治国的有效途径，也是全面推进依法治省的一项基础工程。《中华人民共和国人民调解法》强调，人民调解的前提是依法自愿、弄清事实、分清是非。这一以秉持事实清楚、是非分明的原则进行依法依规的调解过程，很大程度上影响着人们对国家法治状态的切身体验和基本判断，蕴含着普法宣传、提升法治素养的功效。目前，河南省有人民调解组织 5.7 万多个，2014 年，全省一共调解矛盾纠纷 140 多万起，调解成功率都在 92% 以上，达成协议的履行率达到 90% 以上，化解了一大批矛盾纠纷①。其存在的主要问题：一是重点领域矛盾纠纷治理处理难度大，当前社会矛盾呈现主体多元化、内容多样化特征，处理难度越来越大，医患纠纷、劳资矛盾、征地拆迁、环保问题等新型民生类社会矛盾纠纷呈逐年上升之势，靠单一部门"单打独斗"、靠手段单一的调解方式往往难以奏效，需要加强部门联动工作体系，集中力量攻坚处置；二是矛盾纠纷化解机制不健全。现实中，当遇到矛盾纠纷意欲调解或得到合理解决时，仍存在着无人问管或找不到合适的第三方去调解的状况，而有关组织管理部门亦存在着推诿、敷衍塞责之现象，一些问题得不到及时解决，而许多问题和矛盾的产生，既与法治缺位相关，也与矛盾纠纷化解机制不健全有关，全省调解组织网络需要进一步完善，调解领域需要拓展，调解质量和效能有待进一步提升。

（四）社会治安综合治理需要进一步加强

当前，违法犯罪活动特别是欺诈造假类违法犯罪活动比较突出。譬如非法集资。2014 年，我国非法集资发案数量、涉案金额、参与集资人数等大幅上升，同比增长两倍左右，均达到历史峰值，几乎每个县都有非法集资案发生②。根据我国法律法规规定，非法集资是具有巨大危害性的违法行为，不受法律保护，参与者风险自担，后果自负。非法集资，涉及领域、行业、人数众多，社会危害性极大。近年来，河南许多地市不断爆出非法集资案，河南各地各部门都将非法集资作为重点整治打击对象，但更

---

① 郎志慧等：《人民调解 共筑平安和谐》，《河南日报》2015 年 7 月 31 日。
② 周斌：《几乎每个县都有非法集资案发生》，《法制日报》2015 年 5 月 15 日。

重要的在于防患于未然，帮助识别和防范非法集资，加强投资的风险意识教育，是各地各部门更为重要的工作，应着力加强。平安是老百姓生活的基本需求，平安建设是确保人民群众安居乐业的民心工程，是促进经济社会协调发展的保障工程，在保障平安和谐方面，还需进一步健全立体防控体系，提升社会治安管控能力。

第三节 全面推进全民守法的对策建议

全民守法是依法治省的应有内涵和基本要求。推进全民守法是一个长期、复杂的社会系统工程，是各级党委、政府的重要职责，是全社会各部门、各行业的共同责任。全民守法意识和行为，不是空中楼阁，最根本的就是要通过观念的改造和制度的重建，在全社会培育起法治信仰。在河南全面推进依法治省的过程中，我们必须把全民守法作为依法治省的长期性基础性工作，将法治意识作为现代公民人格的重要内涵进行培育和塑造，把法治观念体现到经济社会发展的各个领域以及社会治理各个方面，融入人民群众生活的各方面，注重使每一个体的合法权益和生命财产安全得到切实维护和保障，让广大群众切身体会遵守法律带来的利益和实惠，分享法治建设成果，努力使尊法守法成为全省人民的真诚信仰和自觉行动。为此，要着力抓好以下几方面工作。

一 加强公民道德建设，增强全民守法的道德底蕴

（一）加强公民道德建设推进全民守法

德治是法治的现实基础，又是法治的重要补充，公民道德素质影响和制约着法治进程。法律是成文的道德，道德是内心的法律，二者是相互支撑、相互促进、相辅相成的。法律依赖道德而被认同和遵行，道德建设又能够涵养法治精神，人们对法律的认同及其遵守，源自对法律所蕴含的道德价值的认同及其思想道德觉悟的提升，因此，加强公民道德建设是推进全民守法的重要基础和前提。要注重把法治教育纳入精神文明创建内容，通过把法治观念纳入衡量社会文明程度的重要标准，以创建文明城市、文

明村镇、文明行业、文明单位和未成年人思想道德建设、基层文化活动为载体，发挥新闻媒体优势，深入开展法治宣传教育，使社会主义法治精神进一步弘扬，守法光荣、违法可耻的社会风尚得以树立。要着力培养公民的规则意识。引导教育人民从自己做起、从身边做起、从具体行为习惯做起，把法律作为衡量个人行为的标准，把守规矩作为一种生活习惯和生活态度。要重视诚信美德教育，组织开展诚信宣传教育活动。实现全民守法，需要从娃娃抓起，引导青少年从小树立正确价值观、高尚道德情操和法治信仰，注重从小将规则意识、诚信意识、权利义务意识植根于他们的心灵，化为他们的人格特质。河南是劳务大省，全省各地要特别注重留守儿童的权益保护和法治素养教育。要注重发挥焦裕禄精神、红旗渠精神、愚公移山精神，通过全民阅读、志愿服务等具体活动方式，以及在全社会开展"守法公民从我做起"、"明礼知耻·崇德向善"、诚信文化建设活动等主题教育实践活动，以创建法治村区，评选法治人物、守法家庭等形式，提高广大民众的思想道德水平、文明素养和法治意识，为依法治省提供人文环境。要开展有针对性的法治教育，并融入群众社会文化生活方方面面，营造全民懂法、用法、守法的大环境，引导群众正确认识法治，增强法治观念，树立权利与义务对等、利益与责任并存的法治思维，逐步引导全民养成自觉守法、遇事找法、解决问题靠法的思维和习惯。

（二）发挥法治在解决道德领域突出问题中的作用

道德的约束力毕竟有限，对道德领域的一些突出问题，必须运用法治手段进行治理，纳入法律调整范围，以"他律"倒逼"自律"，引导人们强化道德观念和法治意识，促进全社会形成遵守法律的良好风尚。要加快进行信用立法，信用立法已经列入十二届全国人大常委会立法规划的第三类项目。在地方层面，不少省市近年来纷纷进行信用立法实践，如《陕西省公共信用信息条例》和《广东省企业信用信息公开条例》等，都以地方性法规的形式对信用信息范围、共享、公开等做出了规定。河南也要完善信用体系建设，加快省市公共信用信息平台建设和省直部门信用信息系统建设，建立覆盖全社会的征信系统，实现互联互通和信息交换共享，推动信用信息公开公示，营造良好信用环境。健全公民和组织守法信用记录，完善守法诚信褒奖机制和违法失信行为惩戒机制。继续开展社会信用体系建设综合性、行业性示范试点和诚信企业示范创建"百千万"工程活动。组织开展诚信宣传教育活动，集中披露守信、失信典型案例，推动信用信息公开公示，营造良好信用环境。加强公务员诚信管理，建立公务员诚信档案。对不文明行为的规范，也可探索建立文明档案，对绑定信用记录进行提升，促进人们守法习惯的养成。要加大对食品药品、环保等领域见利忘义、制假售劣、破坏环境行为的执法力度，让违法者付出高昂代价，让守法成为企业的内在意识和自觉习惯，促使企业积极履行社会责任和义务。

二　深入推进多层次多领域依法治理，提高社会治理法治化水平

（一）把社会治理纳入法治化轨道

当代中国，法治是治国理政的基本方式，是实现国家治理体系和治理能力现代化的必然要求，是深化改革、推动发展、化解矛盾、维护稳定的重要手段。依法治理，就是完善法律法规，加强相关政策设计和制度安排，强化社会治理的法律之治，善于用法治精神、法治思维引领和谋划社会治理，善用法治方式破解社会治理难题，把社会治理纳入法治化轨道，从而实现秩序、民主、公平和正义。在社会主义法治道路的进程中，要积极推进多层次多领域依法治理，努力使依法办事成为社会每一组织和全体公民的基本行为方式，使法治成为社会治理的一种常态。

（二）深化基层组织、部门、行业依法治理

开展基层组织、部门、行业等依法治理工作，是我国法治建设中一项重要的实践创新和理论创新。在法治河南建设进程中，要高度重视并积极把基层组织、部门、行业依法治理纳入各级党委政府的目标管理，明确任务，落实责任，使依法治理不断拓展和深化；健全完善科学完备的法治建设指标体系和考核标准，推进法治创建活动制度化、规范化，把法治建设成效纳入政绩考核指标体系。要重视和充分发挥社会组织作用，不断推进

基层治理法治化。守法需要自觉，而自觉守法，要靠各行业、各领域的自我管理来培育，发挥市民公约、乡规民约、行业规章、团体章程等社会规范在社会治理中的积极独特作用，把法治社会建设的精神和要求同各行业、社会组织的特点及人们的日常生活紧密结合，使之成为人们日常工作生活的基本准则，使各行业、各领域的从业者，真正实现自律和自我管理，一点一滴培养起社会责任意识和法治精神。要依法规范各类公权力行使。按照系统治理、依法治理、综合治理、源头治理的要求，加强社会组织立法，推进社会组织管理制度改革，完善税收优惠等培育扶持政策，依法加强社会组织监督，规范社会组织内部治理和外部行为，促进社会组织在参与社会事务、维护公共利益、救助困难群众、帮教特殊人群、预防违法犯罪等方面发挥积极作用。总之，全省各地区、各领域、各行业、各部门都要把依法建设、依法治理、提升法治化水平作为改革发展治理的关键要素去推进。

三 把信访纳入法治化轨道，不断提高法治信访水平

（一）要畅通群众诉求表达渠道，厘清法定途径

要及时受理解决群众诉求，落实和完善领导干部接访、包案制度，着重在解决问题上下功夫。坚持发扬好、完善好领导干部每日接待群众来访制度、"周一无会日、各级领导大接访"制度、四大家领导带班分类联合接访制度、领导会审会商疑难信访案件等这些经过实践检验行之有效的好制度，做好化解、政策宣传解释和教育工作。推进信访信息化建设，建立网上受理、网下办理、网上流转的信访事项办理程序，加大网上信访事项的跟踪、检查、回访力度，要把更多的信访事项及时解决在当地，尽量让老百姓少奔波、少受累；强力推行逐级走访制度，依法就地、及时地解决问题。建立信访诉求分类清单。"信访投诉请求清单"旨在厘清信访、行政、司法边界。已有25个中央部委出台或基本形成"清单"，划定信访部门权责界限①。透过清单，群众可以了解各类诉求的受理部门和受理方

---

① 张璁：《信访不再"大包大揽"》，《人民日报》2015年8月12日。

式，信访部门也获得了承转信访事项、督促问题解决的可靠抓手，各个职能部门也可以以更负责任的姿态落实好"法定职责必须为"的要求。河南有关部门也要形成处理信访投诉请求法定途径清单，构建对维护群众权益具有重大作用的制度体系，畅通群众利益协调、权益保障法律渠道，最大限度地增加社会和谐因素。

（二）加大"双向规范"的力度

把信访纳入法治化轨道，保障群众合理合法诉求依照法律规定和程序就能得到合理合法的结果。一手抓引发信访突出问题的责任倒查，压实属地和相关责任主体的责任，规范受理办理程序，及时就地解决问题；一手抓规范信访秩序，引导群众依法逐级走访，理性反映诉求。对不依法逐级走访的，明确不予或不再受理，对缠访闹访者，坚持依法处理，不能为一时的息事宁人而乱开政策口子，不能因为怕闹访而轻易改变确实正确的结论和决定，切实维护司法权威。要完善依法终结制度。对于涉法涉讼信访问题，要严格依法律按政策按程序办事，要做好引导、化解、政策宣传解释和教育疏导工作，不能一推了之，最大限度地增加社会和谐因素。有权处理机关要严格依法按政策办事，亮明决断意见，列出政策法规依据。在实践中，将更侧重规范信访工作，要改革信访工作问责机制，出台信访工作问责实施办法，只有各级信访干部和信访群众都讲规矩、守规则，将法治思维和法治方式体现到信访工作的每一个环节，才能使信访工作在法治化的轨道上正确运行，推动大批信访问题在基层得到解决。

四　健全矛盾纠纷化解机制，进一步增进社会和谐

（一）树立法治观念，让法治成为化解社会矛盾的利器

在依法治省建设过程中，要积极运用法治思维和法治方式，依法高效预防化解社会矛盾纠纷，促进社会和谐。要强化法律在化解矛盾中的权威地位，让法律成为化解社会矛盾的终极武器，将复杂的社会利益冲突导引到常规的法治平台上，通过制度的途径化解疏导各种社会不满，将一切复杂矛盾回归到法治本源上解决。要主动引导群众遵守法律、理性维权，自

觉通过法律渠道表达诉求，依靠法律手段解决纷争，促使纠纷双方维权走上合法、依规、理性的轨道，从而让越来越多的人信仰和依靠法治。要将一些民生问题、民生纠纷的解决全方位纳入法治范畴，不断开辟更多解决民生问题、民生纠纷的法治途径。

（二）完善矛盾纠纷多元化解决机制

要着力完善制度、健全机制、搭建平台和强化保障，完善调解、仲裁、行政裁成、行政复议、诉讼等有机衔接、相互协调的多元化纠纷解决机制。构建对维护群众权益具有重大作用的制度体系，要认真落实重大决策社会稳定风险评估重大制度，切实从源头上预防和减少矛盾。建立健全社会矛盾预警机制、利益表达机制、协商沟通机制、救济救助机制，及时反映和协调人民群众各方面各层次利益诉求。基层是社会矛盾的发源地，也是矛盾最为集中的地方。健全基层矛盾纠纷排查调处化解体系，完善基层矛盾纠纷化解机制，抓紧建设县、乡、村三级基层矛盾纠纷调处化解综合工作平台和县级分行业、分系统的矛盾纠纷调处化解工作平台。鼓励和引导当事人选择对抗性较弱、成本较低的方式解决纠纷，先选择协商和解、社会调解或申请行政解决，避免或减少诉讼。在纠纷解决机制中，诉讼处于核心和主导地位，但诉讼只是解决纠纷的最后救济途径。人民调解是化解社会矛盾纠纷的"第一道防线"，具有贴近群众、程序便捷、互谅互让，成本低、效率高的特色，因此，要注重引导群众更多地采用人民调解方式化解矛盾纠纷。建议出台人民调解、行政调解、司法调解联动工作体系的细化措施，推动各领域行业性、专业性人民调解组织建设，健全社会力量参与矛盾纠纷调处化解工作的机制。

五 推进社会治安综合治理，创造安居乐业环境

（一）完善立体化社会治安防控体系，提升社会治安管控能力

社会治安综合治理是我们党解决社会治安问题的一大创造和根本出路。新时期的政法综治工作，要针对影响社会稳定的突出问题，按照依法

治理的思路，在法律框架内研究解决办法，使维护社会平安和谐稳定与维护人民群众合法权益相统一，不断提高维护社会稳定工作法治化水平。要健全落实领导责任制，形成社会治安齐抓共管工作机制。要完善立体化社会治安防控体系，坚持末端处理与前端治理相结合，健全对各类安全隐患的流动排查、风险评估、监测预警、应急处置工作机制，不断提升社会治安管控能力。要依法严厉打击各种违法犯罪活动，加强社会治安重点地区和突出治安问题排查整治。依法强化危害食品药品安全、影响安全生产、损害生态环境、扰乱金融秩序、侵犯知识产权、破坏网络安全等重点问题的治理，依法加强对互联网、新媒体的监管。

（二）健全基层综合服务管理机制，提高平安建设法治化水平

逐步实现城乡社区网格化管理全覆盖，努力推进河南城乡社区警务工作，大力推行"一村一警"长效机制，全省基本形成农村"一村一警"、城市"一格一警"和以社区民警为主体、以包村民警为补充的警务模式，真正实现社区民警专职化、机关包村民警常态化、工作流程信息化。加快推进全省社会治安综合治理信息化建设。根据团中央关于进一步深化预防青少年违法犯罪工作意见，以及反家庭暴力法，相关部门要制定、出台贯彻落实的实施办法。要始终把增强全民法治观念作为平安建设的基础工程，以平安河南建设为载体，开展形式多样的法治创建活动，全面提高平安建设法治化水平，确保全省人民安居乐业、社会安定有序。

第七章
经济法治建设

改革开放以来，河南紧紧围绕以经济建设为中心，构建法治基础，护航经济建设，扎实推进依法治省，经济法治建设取得了长足进展，有力地促进了工业化建设，提高了河南现代化水平，成效显著。但是，也要清醒地看到，经济建设过程中的诸多问题亟待解决，立法不足、执法不严、有法不依、无法可依等经济建设过程中出现的不适应、不符合、不协调的问题依然存在。干群法治信仰不高、经济立法滞后、经济法治环境不优、经济执法虚化严重等现象和问题依然存在。

法治不但是国家治理体系和治理能力的重要体现和内在要求，而且也是经济建设领域的重要依托和重要保障。河南在围绕打造"四个河南"建设过程中，应将全面依法治省和全面深化改革结合起来，将法治建设与经济建设紧密地结合起来，联系河南实际，以法治建设促进经济建设，经济建设成果反哺法治建设，形成良性循环，以便早日实现全面建成小康社会的目标。

第一节　经济法治建设的理论分析

党的十一届三中全会以来，随着我国民主法治进程的快速推进，河南积极探索开展法治建设，维护社会和谐稳定，始终坚持围绕中心、服务大局，自觉将工作融入党和国家工作大局之中，主动为经济社会又好又快发展提供强有力的服务和保障，取得了明显成效，积累了实践经验。党的十八大报告明确提出法治是治国理政的基本方式，要全面推进依法治国。十八届四中全会《决定》指出，社会主义市场经济本质上是法治经济。要使市场在资源配置中起决定性作用和更好地发挥政府作用，必须以保护产权、维护契约、统一市场、平等交换、公平竞争、有效监管为基本导向，完善社会主义市场经济法律制度。① 2015 年 3 月，河南省委九届九次全会通过了《中共河南省委关于贯彻党的十八届四中全会精神全面推进依法治省的实施意见》，就河南依法治省建设进行了具体的部署。这要求我们，要全面推进依法治省，为中原崛起、河南振兴、富民强省提供理论支撑和坚强保障，就必须对经济法治建设的内涵、基本原则、地位作用等进行理论分析和诠释，在进行理论创新的同时更好地服务于河南以经济建设为中心的依法治省建设。

一 经济法治建设的内涵分析

（一）经济法治建设的概念分析

法是调整一定社会关系的，各不同部门法分别调整各自特定范围内的社会关系。法治建设是一个庞大的系统工程，它里面包含了诸多子系统或分系统。它不同于法学研究或者法学建设，后者是指法学学科领域的分类，如金融法学、公司法学、婚姻家庭法学等，仅是在法学学科建设方面便于法学专业化的一个分类。而法治建设是在法学研究成果应用及其服务于国家和社会进而产生一系列法律效果的统称。它包括法律制度、法律实施、法律监督、法律宣传教育等多个环节，是一个综合系统。

经济法治建设是指在经济发展和运行过程中，为保障和促进经济发展和运行而采取和实施的一系列法律制度支撑和法治保障措施。它是按照人类社会发展过程中所普遍存在着的对不同发展领域进行的划分，另还有诸如文化法治建设、生态法治建设、社会法治建设等。它包括指导思想、基本原则、法治支撑和保障措施等内容。它体现经济建设领域的基本特征和要求，按照经济发展规律，尤其是市场经济发展规律来实施且不能摆脱这个规律。

---

① 十八届四中全会《中共中央关于全面推进依法治国若干重大问题的决定》。

（二）经济法治建设的地位与作用

1. 经济法治建设是经济协调发展的内在要求

十八届四中全会《决定》指出，社会主义市场经济本质上是法治经济。① 市场秩序的正常化是充分发挥市场作用的前提。要维持市场秩序就要对市场进行管理，管理就要有制度、有机制、有方法，在诸多手段和方法中，法治是最为有效的手段和方法。市场经济是规则经济、自由经济，法律规范不但是规则的有效集成，更是维护自由、保障自由、保护意识自治的有效载体。市场经济的本质要求，必须建立有效的法治规范且进行有效实施，方能实现市场经济发展所要达到的目标和任务。

2. 经济法治建设是经济协调发展的核心要素

市场经济其基础在法治、保障在法治。法治已经成为经济建设过程中不可或缺的核心要素。经济法治建设研究，既是区域科学发展的题中应有之义，又是深入实施区域经济协调发展战略以及加强国际交往和合作的必然要求，是法治本质在特定区域的表现形式。市场经济尤其是区域经济发展不仅取决于法治化，而且受益于法治化，法治不仅是区域经济发展的保障基础和条件，更是一种潜质的资源，是区域经济发展的制度性因素。法治能将"环境优势"上升为竞争优势，经济法治建设提升的不仅仅是区域的法律品质，更是区域经济及其社会发展的核心竞争力。②

3. 经济法治建设是经济协调发展的制度支撑

近年来，河南坚持以促进"三化"协调发展作为科学发展主题，以加快转变经济发展方式为主线，积极探索不以牺牲农业和粮食、生态和环境为代价的"三化"协调科学发展之路，取得了一定成效。加快中原崛起、实现河南振兴，其基础在法治、保障在法治、和谐在法治。加快中原崛起需要法律的支撑，实现河南振兴需要法治保驾护航。法治是区域协调发展的基础和根本保障。③

---

① 十八届四中全会《中共中央关于全面推进依法治国若干重大问题的决定》。
② 朱容：《论法治建设与区域经济发展》，《经济体制改革》2004 年第 4 期。
③ 丁同民、张林海、李宏伟著《法治河南热点问题研究》，中国法制出版社，2013，第 1 页。

4. 经济法治建设是经济协调发展的规则支持

法治作为市场主体的"规制"，是营造区域共同市场，促进区域经济协调发展的内在动力。经济协调发展需要一个无障碍和无壁垒的共同市场及其共同法律规则，而统一市场与共同规则是经济协调发展的根本保障。法治通过对市场进行有效规制，促进和保障公平、有序、有效的竞争，形成区域统一的市场。二战以后，美国开始领先欧洲获得快速发展，这在很大程度上受益于一个统一的公平的商法体系。市场规制为企业自由进入市场、合法与健康发展提供了法律保障。正因如此，维护平等、自由、开放、公平的竞争秩序，已在一定程度上超越了经济政策的范围，而成为美国等发达市场经济国家社会制度的一部分。①

（三）经济法治建设的价值功能

1. 经济法治建设能够加快经济协调发展环境的营造

没有稳定的社会秩序，市场经济发展主体的人身权利和财产权利就得不到应有保护，政府权责关系就会失衡，市场安全就会得不到保障，投资者的预期收益也就无法实现。如果一个国家或区域法律制度完备，公民经济法治素质高，全社会都有强烈的守法意识和法治观念，切实做到有法可依、有法必依、执法必严、违法必究，这样的市场经济资本与财产就会安全，就会有序化和法治化。法治的基本特征在于它的公正性、正义性、公平性，即切实保证社会成员的基本权利，从总体上保证每个社会成员享有大致相同的发展机会，立足于社会整体利益，使社会成员不断得到发展所带来的利益，进而促进整个社会的发展，实现社会的公平与效率。法治通过反对垄断，维持产业结构均衡，提高市场效率，实现市场有效的竞争；通过对不正当竞争等行为的打击，维护良好的市场秩序；通过对外部不经济行为进行规范，对产品质量进行监管，维护社会公平及公众利益的需要。区域竞争力、凝聚力、影响力的增强，不仅取决于经济结构与产品质量的优化、地理气候交通环境的优越，而且在很大程度上取决于该区域是否具备诚实守信的信用法治环境。区域社会信用法治环境的建立，要求有

---

① 朱容：《论法治建设与区域经济发展》，《经济体制改革》2004 年第 4 期。

统一公平的法律，只有统一公平的法律，才能以其权威性、强制性来约束个别市场主体为私利破坏诚信的行为，从而保证整个市场以及社会的公信度。①

2. 经济法治建设能够加强市场经济发展制度的完善

影响市场经济持续健康发展的因素，不仅仅是社会所拥有的资源数量和质量，更重要的是其配置资源的能力。法治通过制度安排影响交易费用，进而影响区域配置资源的能力和区域价值创造。法治对市场经济发展主体的权能关系以及经济运行过程作了制度上的安排，对社会利益诉求和协调利益纷争作了法律制度上的规定，能提高经济区域内物流、人流、经济流等的效率。当前，世界大部分国家或地区都在通过签署具有法律意义的协议，彼此消除贸易、投资等壁垒，实现彼此间统一市场体系的形成。利用法治建构布局合理、城市定位明确、区域经济协调开发、各地密切合作的市场经济发展规则，以法律的形式明确政府的关系，并建立经济发展的利益表达机制、激励动力机制、整合平衡机制和利益救济机制，以调整不同个体、群体、区域之间的权利义务关系，为市场经济发展提供坚实有力的制度基础。②

3. 经济法治建设能够促使市场经济发展调控的加强

通过经济计划立法、产业立法、经济稳定增长法、固定资产投资和物价法规、国有企业和国有资产以及政府采购法律法规、地区开发法等法律法规，充分运用财政、税收、投资等调控手段，调节和影响社会资源配置的方向和数量，使社会总资源得到最有效的利用，建立合理、高效的产业组织，引导经济产业结构合理调整；通过经济促进法，提升欠发达地区的经济实力，以求整个市场经济的平衡发展；通过移民鼓励法、大城市人口控制法，调整不合理的人口布局；通过产业再配置促进法，对不合理的产业结构和产业布局进行重新规划和调整；通过就业促进法，减缓或解决日益严重的显性失业和隐性失业问题；通过竞争促进法，强化市场主体的竞

---

① 丁同民、李宏伟、王运慧：《法治区域构建论——中原经济区法治建设研究》，黑龙江人民出版社，2011，第2页。

② 丁同民、李宏伟、王运慧：《法治区域构建论——中原经济区法治建设研究》，黑龙江人民出版社，2011，第2页。

争意识、加大市场的竞争力度，提高社会整体的竞争力和竞争水平；通过制定农业调整法、农村振兴发展法，改善农村的不合理生产结构，加速农村的城市化和工业化进程。①

二 经济法治建设的基本原则

（一）坚持党的领导原则

加强经济法治建设，关键在坚持党的领导。党的十八届四中全会《决定》指出，党的领导是中国特色社会主义最本质的特征，是社会主义法治最根本的保证。把党的领导贯彻到依法治国全过程和各方面，是我国社会主义法治建设的一条基本经验。② 2015 年 3 月，中共河南省委《关于贯彻党的十八届四中全会精神全面推进依法治省的实施意见》要求，党的领导是中国特色社会主义最本质的特征，是社会主义法治最根本的保证。认真贯彻中央"三统一""四善于"的要求，坚持党委总揽全局、协调各方，把党的领导贯彻到依法治省全过程和各方面，体现在党领导立法、保证执法、支持司法、带头守法上，充分发挥各级党组织在法治建设中的政治核心作用、领导干部的模范带头作用，确保全面依法治省方向正确、政治保证坚强。③

经济法治建设，说到底是维护经济协调发展的工作，是全党全社会的共同责任，同时也是一项涉及面很广的社会系统工程，需要各部门和社会各方面积极参与，协同作战。事实证明，只要党委、政府高度重视，党政领导真正负起责任，经济法治建设就一定能取得良好的效果。各级党委必须发挥好核心领导作用，统筹经济发展和社会稳定，处理好改革、发展、稳定三者的关系；各有关部门必须在党委的领导下，充分发挥职能作用，形成工作合力，齐抓共管。各级党委政府和各有关部门要始终把经济法治建设作为经济工作的重要工作，放到全局工作的重要位置，运用法治思维

---

① 丁同民、李宏伟、王运慧：《法治区域构建论——中原经济区法治建设研究》，黑龙江人民出版社，2011，第 3 页。

② 十八届四中全会《中共中央关于全面推进依法治国若干重大问题的决定》。

③ 中共河南省委《关于贯彻党的十八届四中全会精神全面推进依法治省的实施意见》。

和法治方式为经济社会持续健康发展创造良好的经济环境。

（二）坚持市场主体原则

党的十八届四中全会《决定》指出，健全以公平为核心原则的产权保护制度，加强对各种所有制经济组织和自然人财产权的保护，清理有违公平的法律法规条款。创新适应公有制多种实现形式的产权保护制度，加强对国有、集体资产所有权、经营权和各类企业法人财产权的保护。[①] 市场主体包括三种"人"，即法人、自然人和不具备法人资格的组织三类。坚持市场主体地位，其实也是坚持人民主体地位在经济法治建设领域的变换形式。必须坚持经济法治建设为人民、为市场主体、依靠市场主体的原则，以保障市场主体根本权益为出发点和落脚点，保证市场主体依法享有广泛的权利和自由。当然，根据权利义务对等原则，市场主体同时也应承担应尽的义务。

（三）坚持市场规律原则

马克思主义理论认为，法律作为上层建筑，由经济基础决定，并反过来为相应的经济基础服务。现代市场经济是社会化程度日益提高的市场经济，因而也必然是有序化、协调化、规范化、诚信化的法治经济。[②] 市场经济是各种资源起着配置作用的经济，它有其自己客观发展的规律性和主动性。经济法治建设作为上层建筑必须遵循市场经济发展的这种规律，否则，就会与市场经济建设的发展相矛盾，不但不会为市场经济建设保驾护航，反而会阻碍市场经济的发展。

（四）坚持以人为本原则

中共河南省委《关于贯彻党的十八届四中全会精神全面推进依法治省的实施意见》指出，人民是法治建设的主体和力量源泉。坚持法治建设为了人民、依靠人民、造福人民、保护人民，以保障人民根本权益为出

---

① 十八届四中全会《中共中央关于全面推进依法治国若干重大问题的决定》。
② 丁同民、李宏伟、王运慧：《法治区域构建论——中原经济区法治建设研究》，黑龙江人民出版社，2011，第 1 页。

发点和落脚点，把体现人民利益、反映人民愿望、维护人民权益、增进人民福祉落实到全面依法治省全过程，保证人民依法享有广泛权利和自由、承担应尽的义务，保证人民在党的领导下依法通过各种途径和形式管理国家事务、管理经济文化事业、管理社会事务，增强全社会尊法学法守法用法意识，使法律为人民所掌握、所遵守、所运用。①

实现全面建成小康社会目标、加快现代化建设，归根结底是为了人民群众，也必然要紧紧依靠人民群众，经济法治建设也不例外。经济法治建设要坚持党的群众路线，坚持党性和人民性的统一，把实现好、维护好、发展好最广大人民的根本利益作为经济法治建设工作的出发点和落脚点。②

人本原则要求，经济法治建设离不开人民群众的积极参与，其宗旨是为了人民群众安居乐业，经济法治建设要为了人民、依靠人民。人本原则决定了，评价经济法治建设好坏的标准在于人民的安全感和满意度。同时，也说明要建立全民参与的体制机制，充分发挥人民群众在经济法治建设中的聪明才智和巨大力量。

（五）坚持统筹原则

中共河南省委《关于贯彻党的十八届四中全会精神全面推进依法治省的实施意见》指出，从河南实际出发，立足全局，总体谋划，把全面依法治省与优化环境、推动发展结合起来，与全面深化改革、推进治理体系和治理能力现代化结合起来，与加强和创新社会治理、促进社会和谐结合起来，与全面从严治党、转变作风结合起来，抓住必须做而又能够做的事项，分批推进，强化落实，善作善成，既讲近功，又求长效。③

统筹原则要求，在经济法治建设中，要科学部署工作、协调关系，实现各地区全面发展。其中，要特别注意城乡统筹和社会统筹。农村经济法治建设是整个经济法治建设体系中的薄弱地带，要改变和摈弃过去那种重城市、轻农村，"城乡分治"的观念和做法，逐步清除城乡之间的樊篱，

---

① 中共河南省委《关于贯彻党的十八届四中全会精神全面推进依法治省的实施意见》。
② 《河南省全面建成小康社会加快现代化建设战略纲要》。
③ 中共河南省委《关于贯彻党的十八届四中全会精神全面推进依法治省的实施意见》。

加大对农村经济法治建设的投入。同时，对各个地区、各个部门之间的资源统一调剂，防止各地方、各部门间的推诿和资源浪费。

（六）坚持创新原则

中共河南省委《关于贯彻党的十八届四中全会精神全面推进依法治省的实施意见》指出，依法治省要坚持改革方向和问题导向，坚持全面依法治省与全面深化改革相互促进，把解决法治建设领域突出问题作为着力点，用改革的思路和举措破除法治建设的体制机制障碍，以法治建设引导、推动、规范、保障改革，实现改革和法治同步推进，在法治下推进改革，在改革中完善法治。

创新原则要求，加强经济法治建设不能片面地依靠增加人力、物力和经费，也不能纯粹地增加立法数量和加大执法力度，要创新工作思路和方法，创新体制机制，创新载体和平台，优化资金和人力、物力的使用，使经济法治建设社会效益、政治效益最大化。

三　经济法治建设的重大意义

（一）理论意义

在全面推进依法治省的背景下，对河南经济法治建设暨加快中原崛起、实现河南振兴法律支撑与法治保障问题的研究目前还是一个崭新的课题，加强河南经济法治建设，必将拓展中国区域法治的理论研究领域，从而丰富和发展中国法学研究，对中国区域法学学科的形成有着重要的意义，同时也有利于我国法治区域的构建。[①] 目前的经济法治建设涉足多个学科领域的内容，是跨越法学、区域经济学、社会学和管理学等多学科的交叉课题，对发展法学边缘学科尤其是区域经济法法学的建设及其实现理论创新具有重要意义。河南经济法治建设，在有利于依法治国理论完善的同时，也更能促进河南依法治省理论的发展和进步。

---

① 丁同民、李宏伟、王运慧：《法治区域构建论——中原经济区法治建设研究》，黑龙江人民出版社，2011，第4页。

（二）实践价值

1. 经济法治建设有利于河南转变经济发展方式、推进科学发展

经济法治建设是河南经济发展的核心竞争力。加强经济法治建设既是科学发展的重要内容，又是实现科学发展的重要保障。特别是通过推进体制机制和制度创新，加快形成有利于转变经济发展方式、推进科学发展的体制机制和制度，真正把科学发展观的要求落到实处。在"三大国家战略"实施过程中，需要运用法治的手段保障市场交易安全，降低交易成本，公正高效地处理经济纠纷。经济法治建设，就是要充分发挥法治在经济领域的规范、引导、制约和保障功能，进一步规范市场主体行为，维系市场秩序，实施宏观调控，建立起一个有序、协调、规范、诚信的法治经济，为发展和完善社会主义市场经济奠定坚实的基础，为中原崛起、河南振兴、富民强省提供牢固的法律支撑、持久的动力和良好的投资环境，促使中原经济区又好又快地科学发展。①

2. 经济法治建设有利于河南健康、有序和谐中原的形成

社会关系的和谐协调、社会秩序的稳定有序，是经济建设得以顺利进行的前提条件。在一个充满对立和冲突的社会环境中，是不可能从事经济建设的，更不可能有经济的快速发展，因此在经济发展过程中必须正确处理好改革、发展和稳定的关系。法治的基本属性决定了它是理想的社会控制模式，是维护社会稳定和谐的有效手段。因此，建设法治河南体现了社会和谐的本质特征，是构建和谐中原的重要保障，保证可持续、协调、健康发展模式的贯彻，为河南经济的快速发展起着保驾护航的作用。

3. 经济法治建设有利于推进依法治国方略、建设法治河南的进程

"法律是人类社会天性中的一项主要制度，若无法律，人类将成为一种截然不同的生物。"② 法律的统治或者说依法治理就是法治。法治是完善市场经济、推动科学发展的基本方式，是政治文明发展到一定历史阶段的标志，是维护社会稳定、构建和谐社会的牢固基石，是实现人民当家作

---

① 李小博：《论法治河南对中原经济区建设的重大意义》，《中国证券期货》2013 年第 8 期。

② 〔英〕丹尼斯·罗伊德编著《法律的理念》，张茂柏译，新星出版社，2005，第 1 页。

主、维护人民权益的根本保障。一国的法治总是由一国的国情和社会制度决定并与其相适应。经济法治建设就是为中原经济区战略提供法治保障，为中原经济区发展的协调与互动提供理论支持和动力来源。经济法治建设是整个依法治国战略在河南经济领域的具体实践，更是河南依法治省的重要内容之一。

第二节　经济法治建设的现状

改革开放以来，按照现代化建设"三步走"的战略部署，历届河南省委、省政府团结带领河南人民接力奋斗，经济社会发展取得重大成就。特别是 2008 年国际金融危机以来，面对异常严峻复杂的形势，全省上下迎难而上、真抓实干、开拓进取，奋力把现代化建设推进到一个新的阶段。综合实力迈上一个大台阶，2013 年，河南省生产总值超过 3 万亿元、人均生产总值超过 5000 美元。① 同时，河南坚持党的领导，注重地方实际，以保障经济社会发展为目的，全面落实依法治国基本方略，紧紧围绕中原崛起、河南振兴、富民强省发展战略，加快推进依法治省、依法执政、依法行政，科学立法、严格执法、公正司法、法治宣传教育都取得了长足进步，尤其是在经济法治建设方面成效显著。同时也要清醒看到，改革发展中的诸多难题亟待破解，人民内部矛盾和其他社会矛盾凸显，还存在有法不依、执法不严、违法不究现象，经济法治建设还有许多不适应、不符合的问题，主要表现在：有的法规规章针对性、可操作性不强，立法工作中存在部门化倾向、争权诿责现象，执法司法不规范、不严格、不透明、不文明的现象依然存在，部分市场主体法治意识不强，信权不信法、信访不信法现象比较突出。这些问题妨碍经济领域正常秩序，损害人民群众利益。要更好地激发改革动力和活力，更好地统筹社会力量、平衡社会利益、调节社会关系、规范社会行为，巩固和发展来之不易的大好局面，必须强化法治之力。②

---

① 《河南省全面建成小康社会加快现代化建设战略纲要》。
② 中共河南省委《关于贯彻党的十八届四中全会精神全面推进依法治省的实施意见》。

一 经济法治建设取得明显成效

（一）经济领域立法工作得到完善

20 世纪 80 年代初，河南在进行盈亏包干和矿山"扩权"试点工作的基础上，积极探索建立有计划的商品经济管理体制。这一时期，为了促进全省国民经济繁荣发展，河南制定了《河南省采矿管理条例》《河南省地方煤矿管理条例（试行）》等经济法规。1992 年后，为了适应社会主义市场经济发展的新要求，河南加快了经济立法工作。涉及经济领域的立法，1994 年多达 17 部，包括《河南省期货市场管理条例（试行）》《河南省鼓励外商投资条例》《河南省开发区条例》等；1995 年有《河南省制止不正当价格行为和牟取暴利条例》《河南省经纪人条例》等 9 部。近年来，围绕实施"三大国家战略规划"，审议通过了《河南省促进高新技术产业发展条例》《河南省信息化条例》等，为加快信息化与工业化深度融合、扶持民营经济、促进新兴战略产业发展等提供了法律依据。① 2009 年，河南出台了《河南省就业促进条例》，为推动统筹城乡就业和维护社会公平就业提供了法律保障。为保障食品安全，河南先后制定了《河南省〈食品卫生法（试行）〉实施办法》《河南省食品卫生条例》《河南省食品安全举报奖励办法（试行）》《河南省食品安全地方标准管理办法》《河南省食品生产加工小作坊和食品摊贩管理办法》等法规和规章。比如，《河南省科学技术保密细则》的出台和实施，对中原经济区高新技术产业起到了很好的保护和推动作用。《洛阳市城市市容和环境卫生管理条例》等地方立法成果的出台，有力地促进了区域内生产和生活环境质量的改善，为区域经济的协调发展提供了法律制度保障。

（二）经济领域行政执法工作得到加强

改革开放以来，河南行政执法部门牢记以人为本、执法为民理念，围

---

① 丁同民、闫德民主编《河南法治蓝皮书（2014）》，社会科学文献出版社，2014，第3页。

绕服务基层、服务群众、服务企业，切实加快了在经济领域行政执法方式的转变。一是探索建立行政执法责任制。2006 年，河南成立了省推行行政执法责任制工作领导小组，下发了《关于认真推行行政执法责任制的通知》。之后，河南在行政执法中认真梳理了执法主体和执法依据，逐步明确了"权利清单"，在此基础上进一步建立起责任目标考核机制，确保了行政执法评议考核结果的客观性、准确性、实效性，为落实执法为民理念提供了坚强的组织保证。二是围绕重点领域积极推进行政执法。比如，郑州火车站客流量大，关系河南整体形象。20 世纪 80 年代，火车站附近坑蒙拐骗、强买强卖、敲诈旅客现象时有发生，败坏了社会风气，破坏了市场经济秩序。针对这种状况，政府采取综合执法行动。仅 1988 年，公安部门在火车站区域就抓获各种犯罪分子 4587 人；工商、税务部门查处各种违章非法经营活动 9345 起。三是围绕经济改革发展中出现的突出问题强化行政执法。比如，1988 年的"价格闯关"带来了席卷全国的"抢购风"，河南组织有关部门集中力量进行物价大检查，切实整顿市场和价格秩序。一年中，全省共自查、抽查出违价案件 11125 起，违价金额 9800 万元，收缴入库 5402 万元。通过高效的执法行动，河南迅速平息了抢购商品风，遏制了物价上涨过猛的势头，纾解了群众的紧张心理。四是努力发挥行政执法的示范带动作用。为了深入落实《全面推进依法行政实施纲要》（国发〔2004〕10 号），河南开展了依法行政示范单位创建活动，取得了良好效果。比如，漯河市国税局将征管业务的九大项权力、73 个权力点、1688 个子权力分解到 177 个执法岗位，明确了执法责任，公开了执法流程，使经济领域行政执法的规范性显著提高。①

（三）经济领域司法保障作用得到增强

党的十一届三中全会后，河南司法机关相继恢复重建。三十多年来，河南公安机关严厉打击犯罪分子，切实保障人民群众生命财产安全，在维护市场经济秩序方面发挥着重要作用；检察机关认真履行审查批准逮捕、审查起诉、查办经济犯罪等法律监督职责，确保了准确执法；审判机关认

---

① 丁同民、闫德民主编《河南法治蓝皮书（2014）》，社会科学文献出版社，2014，第 6 页。

真落实司法为民要求，切实保障人民群众的合法权益，为完善社会主义市场经济体制、推动河南经济社会又好又快发展提供了坚强的司法保障。随着社会主义市场经济的发展，经济纠纷逐渐增多，河南着力强化民事和经济审判工作，依法审理了一系列权属、侵权纠纷及其他民商事案件，助推了全省经济健康发展。

（四）经济领域法治宣传教育得到提升

美国著名法学家伯尔曼有句名言：法律必须被信仰，否则它将形同虚设。普法宣传工作关系人民群众对法律的认知，决定着他们对法律的信仰程度。公民能否自觉遵守法律，一定程度上取决于普法宣传的效果。改革开放以来，河南立足省情，突出重点，积极开展具有中原特色的法治宣传教育，普及法律知识、弘扬法治精神、增强法治理念，起到了促进公民自觉遵守法律的效果。1988 年，召开了全省企业法治宣传教育工作会议。1989 年，对各级企业分批分期举办了《企业法》学习班，推动厂矿企业的厂长经理掀起学习"十法六条例"的热潮。此后，多次组织企业经营管理人员深入学习市场经济法律、世贸组织法律、现代管理等知识，切实提高了企业经营管理人员依法经营意识，以及适应市场经济和参与国际竞争的能力。①

二 经济法治建设存在的主要问题

（一）市场主体法治信仰、法治观念有待提升

随着全面依法治省的有序推进，以及法治宣传教育的不断强化，市场主体的法治观念不断加强，但仍存在不少思想认识上的障碍，市场主体的法治信仰、法治观念远未建立起来。良好的法治氛围还未真正形成。某些群众遇事"信访不信法"，认为法治专治老百姓，对当官的无可奈何。面对普法教育，很多群众认识不到重要性，并且认为当官的守法了，群众自

---

① 丁同民、闫德民主编《河南法治蓝皮书（2014）》，社会科学文献出版社，2014，第8页。

然就会守法。群众普遍有仇官、仇富心理，认为为官必然腐败，为富必然不仁。一些正常的工程招投标也被一些群众认为存在权钱交易、暗箱操作。由于听信"大盖帽两头翘，吃完原告吃被告"，一些上访群众认为坚决不能去打官司，造成涉法涉诉信访案件连年攀升，法治的权威受到极大影响，良好的法治氛围远未形成。全民守法、依法办事，法治思维和法治方式还未形成一种自觉。另外，法律服务体系不健全，服务不到位，法律援助的适用范围还不够广泛，以致一方面许多群众不懂法，不敢打官司；另一方面有的群众由于经济原因打不起官司，于是选择信访。这些问题的存在使得法治思维和法治方式尚未形成一种自觉，法治信仰基础依然薄弱。①

（二）部分重点经济领域立法需要加快速度

立法是经济法治建设的前提和基础。十八届四中全会《决定》指出，加强重点领域立法。依法保障公民权利，加快完善体现权利公平、机会公平、规则公平的法律制度，保障公民人身权、财产权、基本政治权利等各项权利不受侵犯，保障公民经济、文化、社会等各方面权利得到落实，实现公民权利保障法治化。② 河南省委《关于贯彻党的十八届四中全会精神全面推进依法治省的实施意见》要求，加强重点领域地方立法。紧扣打造"四个河南"、推进"两项建设"，突出保障三大国家战略规划实施、融入国家"一带一路"战略等立法重点，不断完善地方法规规章。围绕富强河南建设，加强经济结构调整和转型升级、产业集聚、对外开放、新型城镇化、现代农业、粮食安全、食品药品、市场监管、信息化、产权保护、财政税收、金融等方面地方立法。③ 目前，以河南省为主导的中原经济区建设、粮食核心区建设以及郑州航空港经济综合实验区建设正在如火如荼地推进，到 2020 年要建成全国重要的现代综合交通枢纽和现代物流中心、国际航空物流中心和全球智能终端生产基地，成为"一带一路"互联互通的重要枢纽和内陆地区融入"一带一路"战略的核心支点。所

---

① 丁同民、闫德民主编《河南法治蓝皮书（2014）》，社会科学文献出版社，2014，第 25～26 页。
② 十八届四中全会《中共中央关于全面推进依法治国若干重大问题的决定》。
③ 中共河南省委《关于贯彻党的十八届四中全会精神全面推进依法治省的实施意见》。

有的这些重大战略项目的实施和推进，无不需要"有法可依"，但是，目前河南还没有出台相关具有针对性和操作性的地方法规或规章。

（三）金融资本市场尤其是投资担保领域秩序亟须规范

截至 2010 年底，河南省登记在册的民间融资担保公司为 1640 家，占全国担保公司总量的四分之一，仅郑州市就有 400 多家。由此可见，融资性担保企业为中小微企业与各银行部门之间搭建起了融资的桥梁，有效地改善了中小微企业的融资窘况。但是，在融资担保企业迅猛发展的同时，一些投资担保公司也出现了一些严重问题。一是融资担保公司注册无序。有的融资担保公司不到有关部门报批，有的融资担保公司向工信局等监管部门报批，有的融资担保公司直接在工商行政管理局注册成立。二是融资担保公司缺乏统一的监管部门。融资担保公司监管部门不明确，担保公司业务监管缺位、权责不明、分工不清，各担保公司或担保或拆借或直接投资贷款，浑水摸鱼各行其是。三是融资担保企业打着理财的旗号进行非法活动。有的进行非法集资、高息揽储，再以民间借贷的形式投放给中小微企业，担保公司则从中攫取高额的利息、担保费用以及所谓的财务顾问费、咨询费等，以合法的形式掩盖了非法目的，等等。① 投资担保企业膨胀式、发酵式发展，再加上部分融资担保企业因为没有专业的管理人才、合法合规的经营模式、严谨的操作流程、有效的风险防范机制等，致使在其业务开展过程中违背了融资担保企业的经营原则和民间借贷担保的行业规则，使自身处于极大的风险之中。②

（四）招商投资法治营商环境需要优化

就河南经济法治建设而言，真正的招商投资法治营商环境还没有形

---

① 2011 年 10 月以来，郑州、洛阳、安阳等地的多家担保公司面临不能按时兑付、客户挤兑的困局，"多米诺骨牌"正倒向越来越多的担保企业。2011 年 10 月 13 日，河南圣沃投资担保公司出现挤兑潮，群众围堵金水路；10 月 25 日，河南豫祥投资担保有限公司出现挤兑，多名客户将公司负责人围困多日；10 月 26 日上午，郑州新通商投资担保有限公司客户围堵未来大道。2014 年底，许昌、开封、新乡、郑州等多地投资担保公司关门倒闭，仅郑州市就有 100 多家投资担保公司停止营业。

② 李宏伟：《我国融资担保类企业风险防范机制建设研究》，《金融理论与实践》2013年第 12 期。

成。改革开放以来，我国所有制结构调整取得了积极的效果，公有制经济逐渐从竞争性领域退出，效益有所提高，非公有制经济的规模、所涉及的领域也在不断扩大。但同时因为其在法律层面上的地位不明确，与国有企业相比民营经济的产业分布层次和水平都较低。根据调查，非公有制经济在能源、交通通信、金融、市政公用、基础设施等领域基本上没有涉足或者范围有限，反映出非公有制经济在经济建设中还不适应国家经济战略性调整，这也不利于产业结构的优化和配置。特别是在法律待遇、财产权和合法利益保护方面，依法平等使用生产要素、公开公平公正参与市场竞争还缺乏法律的有力支撑，导致法律依据不足和制度规定不明确，权利平等、机会平等、规则平等的"三个平等"不到位，市场存在壁垒，准入不统一，规定不合理等。优化经济发展的制度落实不够理想，经济发展的各项制度在一些地方和部门还没有完全落实，部分执法部门存在管理与服务职能相互错位，特别是某些领导干部在思想和认识上存在误区，认为经济法治环境只是软指标，缺乏对环境的重视程度，某些部门服务意识淡薄，服务职能弱化，服务效能不高，导致"权力部门化，部门利益化，利益审查化，审查复杂化"，在一定程度和范围内存在乱设许可、乱施处罚等现象，严重影响了经济发展的内在环境需求。①

（五）区域法治基础暨诚信机制亟须健全

诚信是人们之间交往具有相互性和依赖性的基础，是区域法治建设的基础，也是区域法治文化的一部分。一旦失信行为普遍化，人们之间的交往就会出现障碍，甚至难以进行和持续进行。信用缺失的原因十分复杂，既有历史传统的原因，也有现实经济发展总体水平偏低的原因，但主要是人们求利动机的激发与制度约束的滞后导致各种反信用行为的出现。目前，河南区域法治建设基础薄弱以及诚信机制不健全，主要表现在：商业领域信用危机重重、金融领域银行不良贷款激增、消费领域存在大量潜在风险。商业信用危机最直接的表现是"假冒伪劣""傍名牌"产品的层出

---

① 张立群：《丝绸之路经济带的法治环境建设研究》，载《全面推进依法治国的地方实践》，法律出版社，2015，第171页。

不穷；很多商家利用消费者的信任心理和消费行为倾向，在广告中混入大量虚假信息，造成误导。如扩大产品性能和作用，宣传名不符实、无中生有等。这一点，在医疗、药品、保健品等行业表现得尤为明显。企业之间"三角债"严重，成为重重叠叠的债务链，"拖欠"已经成为一种普遍现象，它严重阻碍了被拖欠企业资金的正常运转，有的企业甚至因此而破产，严重影响社会经济的正常运行。由于历史和现实的一些原因，中原地带契约意识不强，有些人把经济合同视为儿戏，想签就签，想撕就撕，随意中止或更改已签订合同的现象很多，使合同的严肃性受到挑战，合同违约现象已经成为经济生活中的一大顽症。一些企业为了防止受骗，在市场交往中只好步步为营，如履薄冰。银行信用危机直接表现为企业和个人恶意拖欠造成国有或民营的商业银行的巨额不良资产，导致商业银行自身资本金严重不足，进而增加了金融风险。[①]

第三节　全面推进经济法治建设的对策建议

法治是解决经济问题的必由之路，也是经济快速健康发展的根本保障，更是经济法治建设的根本出发点和落脚点。为深入贯彻党的十八大和十八届三中、四中全会精神，贯彻落实习近平总书记系列重要讲话和调研指导河南工作时的重要讲话精神，持续河南成功实践，完善提升发展战略，引领和鼓舞全省上下沿着正确方向奋力拼搏、乘势前进，如期全面建成小康社会，加快社会主义现代化建设，就必须结合河南省是人口第一大省、农业大省的实际，做到目标明确，有的放矢。针对河南经济法治建设突出问题，统筹兼顾，突出重点，扎实推进，以重点领域、关键环节的突破带动依法治省全面推进，推动中央重大决策部署在河南的具体化、实践化。

一　加快郑州航空港经济综合实验区建设领域重点立法

2013 年 5 月，国务院在《关于郑州航空港经济综合实验区发展规划

---

① 丁同民、李宏伟、王运慧：《法治区域构建论——中原经济区法治建设研究》，黑龙江人民出版社，2011，第 153～156 页。

的批复》中指出：河南要按照该《规划》确定的战略定位、发展目标、空间布局和重点任务，积极开展先行先试，探索体制机制创新。这个体制机制里面显然就包含了法律制度创新。因此，郑州航空港经济综合实验区（以下简称为郑州航空港区）承担着在全国层面形成一批"可复制、可推广"重大法律制度的使命，应在航空经济区政策法律创新方面先行先试，充分释放政策法律创新的潜力，提高对国家的"制度贡献度"，加快形成一批"可复制、可推广"的制度清单和市场交易规则，为郑州航空港区发展提供政策法律支撑。但是，三年来我们除了几份规范性文件以外，并没有一部法规或者规章来引导、规范郑州航空港区的经济发展，尤其是涉外方面的、能够与国际法律规范有效衔接的法律性机制没有形成。航空港经济综合实验区毕竟是一个崭新的经济综合体，仅仅依靠我国现有的法律法规与世界经济接轨是远远不够的。

所以，河南立法机关要顺应区域法治化及航空大都市建设趋势，加快郑州航空港区的法治创新步伐，力争把郑州航空港区打造成中部地区对外开放的法治现代化先导区。建议加快《郑州航空港经济综合实验区发展条例》《河南省物流发展促进条例》等的立法进程，在港区发挥法治的引领与规范作用，不断提高对外开放的法治化程度，确保国家战略目标的实现。同时，为加快形成一批在国家层面可复制、可推广的法律制度提供借鉴样本。

二　建立健全河南融入"一带一路"战略法律政策支撑体系

2013 年 9 月，习近平总书记提出"一带一路"战略，近三年来，中国同"一带一路"沿线国家已经翻开了全方位对外开放战略的新篇章，为我国与沿线国家合作共赢、共同发展开启了新的机遇之窗，既对我国提升开放型经济发展水平、加快经济转型升级，也对加快区域经济一体化、推动国际经济合作和文化交流具有重要的推动作用，意义重大而深远。

河南是"丝绸之路经济带"的起点，应责无旁贷地积极推动和融入"一带一路"经济战略。作为一种全新的战略构想，法律政策支撑体系的构建十分重要。

（一）制定和实施激励性的财税法律政策

财政税收法律政策作为政府重要的宏观调控手段之一，在转变经济发展方式、调整经济结构、促进区域经济协调发展、支持重点区域发展战略等方面均发挥着不可替代的重要作用。"一带一路"建设需要庞大的资金投入来完善交通、通信、网络等基础设施，其战略定位和产业合作等目标的实现需要激励性财政、法律、政策的引导。因此，应加大省级财政投入力度，尤其是针对符合国家产业政策和支持导向的高科技产业、重点企业和项目实行税收缓、减、免优惠。

（二）完善和创新多层次金融支持法律政策

金融是经济的血脉。无论是多好的设计和规划，最终的实施都要落实在金融的支持力度方面。除了提高对"一带一路"建设金融服务的层次和水平，构建多层次的金融市场体系之外，增加创新的金融产品和提高服务水平也是当务之急。一是针对"一带一路"建设特点，推动金融产品和服务方式创新。大力发展银行业中间业务，积极拓展投行业务，通过财务顾问、融资规划、银行间债券承销等综合金融服务，满足"走出去"企业高层次金融需求。二是加强政府、企业、金融部门之间的沟通合作，整合省内地方金融资源为"引进来"与"走出去"的河南企业和重点国际合作项目提供短期融资融券、信用增级、上市承销、股权融资等综合金融服务。三是拓宽多元化、国际化融资渠道。不同类型的企业会产生差别化的融资需求，应推动政策性金融、商业性金融等聚集，充分发挥地方融资平台的筹资能力，为"一带一路"建设提供全方位的金融支持，实现融资渠道的多元化。

（三）创新推进"一带一路"建设的协调平台以及合作机制

协调平台以及合作机制的构建是区域合作的基本内容，良好高效的合作平台和协调机制是河南参与"一带一路"建设的重要保障。在这个过程中，不仅涉及河南与沿线亚欧各国的跨国协调问题，还涉及河南与沿线省份之间的协调问题，以及河南省内各地市、各部门、各行业之间的协调合作问题。一是探索建立河南对沿线各国的交流合作促进机构。譬如，在外办系统内设立专门的对沿线各国交流合作促进中心，或者在商务系统现有的河南省投资促进局设立对沿线各国交流合作促进部，具体负责开展对沿线各国交流合作促进和宣传推介活动，承担招商引资工作的组织实施。同时还可以充分发挥民间团体的重要作用，譬如，商业（行业）协会、华人社团等民间团体的平台也是推进该项工作的有利抓手。二是构建河南与亚欧地方政府间的合作机制。尤其是发挥河南侨联侨务资源优势，利用友好城市的交流渠道搭建平台，完善对话协调及合作机制。三是建立健全河南与沿线各省份之间的协调合作机制。推动建立省级层次的省领导联席会议机制、各省重点城市市长参加的市长论坛以及城市会商机制，利用相关国际研讨会、论坛、展会展览等平台，推动与沿线省份的交流与合作。

三 加大食品药品领域执法监管力度

保障食品安全是人民群众生命健康权的必然要求。河南作为全国人口大省和食品生产加工大省，作为国人的"大粮仓""大厨房"，食品药品安全问题是最需要花大力气保障的基本民生问题之一。构建单一化的监管体制，适应食品药品监管体制单一化的改革方向要求，食品药品监督管理局将作为未来对食品药品监管的专门机构。在河南省范围内，省质量技术监督局生产环节食品安全监督管理的职责划入省食品药品监督管理局，省工商行政管理局流通环节食品安全监督管理的职责划入省食品药品监督管理局。伴随着监管职责的合并统一，食品药品安全监测的技术资源也应做相应合并统一。未来应整合省质量技术监督局、省食品药品监督管理局所属食品安全检验检测职能、机构和设备，推进管办分离，实现资源共享，建立法人治理结构，形成统一的食品药品安全检验检测技术支撑体系。对省级以下的改革，包括地级市、县（区）应依次展开食品药品安全监管体制的合并统一工作。在食品药品安全监管体制向单一化方向改革后，食品药品监督管理局将承担更为重要、更为集中的食品安全监督管理职能，具体包括食品药品稽查制度的制定和实施，食品药品违法行为的查处、不安全食品药品的召回和处置，建设食品药品安全事故应急处理机制、组织和指导对食品药品安全事故的处理、监督事故处置情况，建设统一的食品药品安全检验体系、食品药品安全追溯体系及其信息化，食品药品安全诚信制度建设，等等。

四　进一步完善农村集体土地承包经营权流转机制

河南是农业大省、农民大省、产粮大省。每年的农产品博览会在河南召开。2014 年 11 月，国务院发布的《关于引导农村土地经营权有序流转发展农业适度规模经营的意见》指出，在坚持农村土地集体所有不变的前提下，实行所有权、承包权、经营权三权分置，引导土地规范有序流转。2015 年 1 月，国务院办公厅发布了《关于引导农村产权流转交易市场健康发展的意见》，被称为首部针对农村产权流转交易市场的全国性指导文件。该《意见》明确将土地经营权分离出来，对农村土地流转领域的所有权、承包权和经营权进行了分类指导，强调在不涉及农村集体土地所有权和以家庭承包的集体土地承包权的情况下，以农户承包土地经营权、集体林地经营权为主进行依法流转。

为了更好地促进农村土地流转，最大限度地实现农村土地有效利用和农民土地财产权益保障，笔者有以下建议。

（一）加快农村土地承包经营权确权登记工作

国务院 2014 年颁布的《不动产登记暂行条例》第 4 条规定，国家实行不动产统一登记制度，耕地、林地、草地等不动产权利依照本条例的规定办理登记。但是在现实中仍然存在农村土地权属关系混乱、转让不规范等问题，河南应依据 2011 年国土资源部、财政部、农业部联合下发的《关于加快推进农村集体土地确权登记发证工作的通知》，在农村土地确权登记发证工作中遵循依法依规、便民高效、因地制宜、急需优先和全面覆盖的原则。要针对土地承包经营权、集体建设用地使用权等不同权利采取不同的确权步骤和方案，做到"确实权，颁铁证"，让农民切实享受土地带来的财产收益，保障农民土地财产权利。

（二）进一步完善制度设计

《我国农村土地承包法》《农村土地承包经营权流转管理办法》都规

定土地承包经营权转让需经发包方同意，为了使这一制度设计能够真正实现立法目的，需要对发包主体、程序和期限加以细化。一是明确发包主体。二是细化同意程序。三是设置同意期限。

（三）加强土地用途管制，及时纠正违法行为

土地管理部门要通过对土地流转的定期或不定期检查、监督，保障承包地流转合同顺利履行，防止破坏耕地、改变耕地用途等违法利用和经营土地的现象发生。一是要强化政府部门的监管责任，确保耕地用途不变。二是实行地方领导终身问责机制。对于存在不作为的情形，应严格追究相关负责人的领导责任。三是要健全事前管理和事后监督机制。

五 建立健全区域间土地指标合法置换漂移制度

可以结合各区域的实际情况考虑实施区际之间的易地开发补偿所占用土地的占补平衡政策，实行区际资金、资源、土地优势互补。

（一）通过异地占补实现耕地占补平衡

从城镇化建设的特点来看，建设项目用地主要集中在城市及其郊区，多分布在平原地带。而在距离城市比较远的农村，没有城镇化的建设任务和压力，大量的土地（除粮食生产用地外）使用指标则闲置浪费。从实践可看出，平原地区的土地资源相对丰富，耕地补充选择性较大；而山区土地资源相对匮乏，选择性相对较小。社会需要的就是合理的。充分调动异地土地用地规划互相补充，是城镇化发展到一定阶段的必然要求。

（二）多措并举，多方合作，增强异地占补平衡可操作性

一是进一步完善《土地管理法》，以省为单位，在辖区内综合平衡协调土地指标规划，确保指标充分利用且闲置土地不浪费，物尽其用；二是进一步落实好"占一补一"制度，加大严格执法力度，加大检查督促执法力度，确保落实好"占一补一"制度；三是进一步完善漂移制度，确定土地置换漂移换算的最高价和申报程序，对置换漂移进行监督；四是通过生产力的提高保持土地总量动态平衡，进一步完善产学研联合攻关机

制，联合高校以及科研机构，确保在土地复垦整理、土壤肥力提高以及培育优良作物方面发挥科学的力量和作用。

六　加强金融投资担保领域依法治理

（一）建立投资担保企业执法监管体系

党的十八大报告指出，深化金融体制改革，健全促进宏观经济稳定、支持实体经济发展的现代金融体系，加快发展多层次资本市场，稳步推进利率和汇率市场化改革，逐步实现人民币资本项目可兑换。加快发展民营金融机构。完善金融监管，推进金融创新，提高银行、证券、保险等行业竞争力，维护金融稳定。

从我国融资担保行业发展的现状来看，亟待改变目前"九龙治水"的局面，在全国范围内明确一个监管主体，成立专门的监管机构，统筹整个行业的执法运作。河南可参照我国金融部门分业监管的模式，成立自上而下的独立监管机构，或者委托河南省中小企业担保集团股份有限公司等机构对全省融资性担保企业进行专业化监督管理。不但可以提高监管标准的统一性和完整性，而且有利于形成有力高效的监管模式，有助于解决融资担保企业复杂混乱的局面。

（二）发挥行业协会作用，建立风险防范机制

风险防范能力是融资担保企业市场核心竞争能力的体现，是规范投资担保市场秩序的迫切需要，也是投资担保行业长远健康发展的重要保障。对于融资性投资担保公司企业来讲，建立一套可预测、可管控的企业风险防范机制，从而规范企业与企业之间、企业与政府主管部门之间等多方位的法律关系至关重要。行业协会无疑是发挥行业自律和专业服务功能的最佳组织。健全完善担保行业协会的组织机构和运作机制，形成强有力的行业行为规范，是加强担保行业企业自律的一个重要前提，与政府监管法律相比而言，具有更强的灵活性和针对性，而且更切合实际，操作性也更强。同时，行业协会由于其成员组成的特殊性，对各种复杂情况能够做出迅速判断和反应，从而整合各担保企业的力量，对行业内的违法违规行为

形成及时有效的规范和约束。往往这种道德层面的自我约束，对于企业来讲也更愿意接受和服从。

（三）建立投资担保企业风险预警系统

加强评级建设，提高信用水平，推进社会整体信用水平的提高。笔者建议，一是在进一步加强企业信息披露的基础上，扩大监管部门与融资性担保企业之间的合作空间。监管部门在出台强制性披露规定的同时，逐步强化对融资担保企业资本金规模、杠杆比率、风险防范等方面的预测评估，在增强市场对融资担保企业约束力的同时，倒逼担保企业经营管理更加规范化、合法化。二是进一步完善社会信用管理平台系统。建立健全以被担保企业为对象，以信用记录、调查、预测评估、新闻发布为主要内容的企业信用管理平台系统，给企业设下警戒线的同时，对失信行为采取"零容忍"的态度。三是进一步评估预测标准体系建设。建立一套完善的考核标准，将融资的中小微企业纳入该系统，担保企业不但可以利用评估体系对客户的经营情况进行预测评估和查询跟踪，必要时还可随时采取法律措施，从而降低担保企业的担保风险。

七　坚持打击行业垄断及其不正当竞争行为

反垄断法是市场经济国家的基本法律制度，其重要意义在于防止企业滥用市场优势地位。十八届四中全会《决定》指出，依法加强和改善宏观调控、市场监管，反对垄断，促进合理竞争，维护公平竞争的市场秩序。近年来，河南商务、工商等职能部门严格执法，对一些不法企业的不正当经营行为以及破坏市场公平交易的做法进行了一系列的整治打击，及时有效地维护了企业的合法权益和良好的法治营商环境。

但是，近年来随着航空港经济综合实验区、跨境电子商务试验区、综合保税区等的落地，一些外资企业争着到河南进行投资，省内企业争着到境外发展业务，由此一来，一些垄断与反垄断，以及不正当竞争行为就会在所难免。笔者建议，一是加强全省对涉及世界贸易组织相关事务的研究、指导和服务工作，加强组织协调反倾销、反补贴和保障措施及其他与进出口公平贸易相关工作。二是建立进出口公平贸易预警机制，成立专门部门负责组织产业损害、反垄断调查，指导协调产业安全应对等涉外法律服务事宜。三是研究构建省级战略平台，力求掌握规则、标准、合格评定、实际运行及贸易摩擦解决等方面的制高点和话语权，破解国外跨境电商技术壁垒，提升电商出口企业风险防控应对能力，促进河南跨境电商转型升级，有利于河南在跨境电商领域赢得发展先机。拟定河南省反垄断相关政策，指导企业在国外的反垄断应诉工作。

第八章
文化法治建设

第一节 文化法治建设的理论分析

要加快推动文化法治建设，必须明晰文化法治建设的内涵和意义。同时，以保障和实现公民的文化权益为当今时代文化法治建设的最高原则和首要目标。

一 文化法治建设的原则

文化法治建设的全过程，必须贯彻保障公民文化权利原则、维护国家文化安全原则、经济效益和社会效益相统一原则等基本原则。

（一）保障公民文化权利原则

通常而言，文化权利是与政治权利相对应的概念。如何保障和实现公民的文化权利，是一个重大的课题。而最根本的途径，还是要依靠宪法和法治。我国《宪法》第35条规定："中华人民共和国公民有言论、出版、集会、结社、游行、示威的自由。"其中的言论自由、出版自由，就属于公民的基本文化权利。被称为"国际人权宪章"之一的《经济、社会及文化权利国际公约》也对保障公民的文化权利做出了明确的规定。① 《经

---

① 《经济、社会及文化权利国际公约》第十五条规定："一、本公约缔约各（转下页注）

济、社会及文化权利国际公约》是当今世界上最具影响力，也是加入国家最多的国际人权法律文件之一。中华人民共和国已于 2001 年加入《经济、社会及文化权利国际公约》。因此，遵守该公约的规定，充分保障公民的文化权益、言论自由、表达自由、创作自由，毫无疑问是中国在国际法上的义务。②

2014 年 10 月，中国共产党第十八届中央委员会第四次全体会议通过的《中共中央关于全面推进依法治国若干重大问题的决定》（以下简称党的十八届四中全会《决定》）之中提出："加强重点领域立法。依法保障公民权利，加快完善体现权利公平、机会公平、规则公平的法律制度，保障公民人身权、财产权、基本政治权利等各项权利不受侵犯，保障公民经济、文化、社会等各方面权利得到落实，实现公民权利保障法治化。增强全社会尊重和保障人权意识，健全公民权利救济渠道和方式。"这里所说的重点领域，显然包括了文化领域。

要推进文化法治建设，必须把保障言论自由和出版自由等公众最基本的文化权利放到最突出的位置。切实保障言论自由和出版自由不受任何国家机关、社会组织和个人的无理干预、非法干预和破坏。

要让切实保障言论自由和出版自由等公众的文化权利，成为全社会、全民族的最基本共识，而不是画饼充饥或者望梅止渴。要确保出版自由、表达自由

（接上页注①）国承认人人有权：（甲）参加文化生活；（乙）享受科学进步及其应用所产生的利益；（丙）对其本人的任何科学、文学或艺术作品所产生的精神上和物质上的利益，享受被保护之利。二、本公约缔约各国为充分实现这一权利而采取的步骤应包括为保存、发展和传播科学和文化所必需的步骤。三、本公约缔约各国承担尊重进行科学研究和创造性活动所不可缺少的自由。四、本公约缔约各国认识到鼓励和发展科学与文化方面的国际接触和合作的好处。"

② 《经济、社会及文化权利国际公约》（以下简称《公约》）第一次以法律形式对经济、社会及文化权利加以确认，推动了发展中国家倡导的民族自决权等集体人权的形成、发展和完善，突破了西方国家只承认个人人权，片面强调公民权利和政治权利的传统人权观的局限，反映了广大发展中国家要求同等重视经济、社会及文化权利这两类人权的强烈呼声，是一项具有积极意义的国际人权文书。《公约》共有31个条款，分别规定所有人民都有自决权、非歧视权、男女平等权、工作权、享受公平与良好工作权、同工同酬权、晋升及带薪休假等休息权、自由组织和参加工会权、罢工权、享受社会保障权、婚姻自由权、家庭权和妇女儿童权益；获得相当生活水准权、享有最高的体质和心理健康权利、受教育权以及享受科学文化生活的权利等。

等受到各种类型的侵犯之时，公民拥有包括行政救济、司法救济和社会救济等在内的多元化的、可以选择的救济方式；而且这些方式应当便捷、经济。但是，我国一些文化领域的基本立法却迟迟没有出台，相关具体规定也都存在于一些行政法规和部门规章之中。这些规定对文化领域的行政管制色彩比较浓厚，对公民权利保护的立场却很不鲜明。

依照党的十八届四中全会《决定》的精神和要求，这些文化基本权利的保障程度亟须得到大幅度的提升，通过全国人大及其常委会的立法和地方人大立法的形式加以明确保护。

自由同时意味着责任，而并不是无限放任。能自律才能得自由，在行使言论自由和出版自由等公民的基本文化权利时，创作者要对自己的言论和作品负责任，尤其要注意不得侵犯国家利益、违背社会公德、侵犯他人隐私。① 对于假借言论自由的名义行极端个人主义之实，靠造谣污蔑他人满足一己私利私欲的卑鄙无耻行为，要加大司法惩戒力度，并采取法律等多种手段进行规制。

（二）维护国家文化安全原则

文化法治建设必须以维护文化安全为重要原则和基本目标。近年来，随着非传统安全事件的频频发生，"文化安全"这样一个全新的概念越来越受到我国政府和公众的广泛关注。对"文化安全"这一概念进行界定的主要困难在于它所涉及的核心概念还比较模糊。例如，对"文化"的定义就往往言人人殊。目前，学术界对于文化安全的概念界定，往往各执

---

① 国家规定，公民在行使言论自由等文化权利时，必须遵守宪法和法律，不得损害国家的、社会的、集体的利益和其他公民的合法的自由和权利。对创作自由、表达自由的限制性规定大体包括三部分：第一部分是危害国家安全和社会秩序的，如反对宪法所确立的基本原则，危害国家统一、主权和领土完整，危害国家安全、荣誉和利益的，泄露国家机密，煽动民族分裂，破坏民族团结；第二部分是违背社会公德的，如宣扬淫秽、迷信或者渲染暴力，侵害少数民族风俗习惯，危害社会公德和民族优秀文化传统；第三部分是侵犯他人权利和隐私的，如侵犯他人权利和名誉的侮辱或者诽谤。要使公民权利保障法治化，不仅仅要有原则性的规定，还需要有具体的权利与义务的界限，需要使有关危害国家安全、社会公德、个人隐私的每一项限制性规定具体化，提高法治化的水平，减少自由裁量的限度，使每一项限制行为都建立在法律明确规定的基础上。

一词，还缺乏较为统一的认识。比较有代表性的有两类观点，客观论和主客观统一论，它们各自都获得了不少学者的支持。

客观论者强调国家文化安全是指国家文化不受威胁或者没有危险的客观状态。客观论者之中的关注点也各有不同。文化主权的安全问题是一部分学者着重强调的，认为"从本质上来说，文化安全就是文化主权的安全"。另外有一些学者，则着重强调"国家文化的整体发展不受威胁、免于侵害"。

客观论学者中的主流观点侧重于文化价值体系的保护和传承。这种观点通常认为，国家文化安全就是"使一个主权国家的文化价值体系，特别是一个主权国家的主流文化价值体系，免于遭到来自内部或外部文化因素的侵蚀、破坏或颠覆，从而能够很好地保持自己的文化价值传统，在自主和自愿的基础上进行文化革新，吸收和借鉴一切对自己有利的文化价值观念和文明生活方式"。①

就笔者而言，目前还是较为认同主客观统一论者的观点。即国家文化安全应该包括主观和客观两个方面，"主观上指主权国家文化外界的现状不存在文化威胁，即文化保持独立性。客观上指人们的文化心态、心理不存在恐惧、害怕、担心等"。②

一个国家和地区的整体安全，从根本上看，是离不开文化安全的。维护和加强国家文化安全，不仅对于社会事业和文化事业的健康发展有着积极的意义，对于经济平稳较快增长、科学技术繁荣创新也都意义非凡。

首先，维护文化安全有利于保持政治环境的稳定有序。当前，我国经济和社会的持续健康发展，需要有较为稳定的内部政治环境。而稳定的政治环境在相当程度上，取决于国民对于本国民族文化的认同感。例如，当公众质疑政党或者政府执政的合法性时，国家的政治生态和政治环境的稳定性就会大幅降低，甚至将导致直接危害国家安全的大规模社会动荡。通常，企图进行颠覆的政治势力，除了采取政治、经济乃至军事的力量外，还会采取降低公众对于民族传统文化认同等各种手段，来消解、解构现存

---

① 参见王凡《略论国家文化安全》，《广西社会科学》2006 年第 6 期。

② 参见潘一禾《文化安全》，浙江大学出版社，2007。

政权的合法性。

其次，维护文化安全有利于增强中华民族的凝聚力。民族凝聚力是国家文化软实力的重要组成部分。民族凝聚力现在更多地表现为维护民族利益的团结精神和大局意识。某个国家在其他方面优势再大，如果缺乏民族凝聚力，国内各个民族、阶层之间相互敌视和猜忌，也将形同一盘散沙。从中国近现代的历史进程发展来看，20 世纪 30 年代的国共两党合作建立抗日民族统一战线、1998 年的抗击特大洪水、2008 年的汶川大地震抗震救灾，都表现了"兄弟阋于墙，外御其侮""一方有难，八方支援"等可贵的民族精神。类似这种万众一心、同舟共济的民族凝聚力，长期以来植根于优秀的历史传统和文化土壤。维护国家文化安全，可以保护、保全一个民族的精气神，为中华民族伟大复兴提供精神动力和宝贵信心。

最后，维护文化安全还非常有利于保护文化遗产和非物质文化遗产，实现文化多样性。所以，河南在文化法治建设进程中，必须坚持维护国家文化安全这一重要原则。

（三）经济效益和社会效益相统一原则

推进文化法治建设必须高度重视"效益"这一关键问题。推进文化法治建设的主要目的，就是要最大限度地调动各种积极的文化要素，推动文化的大繁荣大发展，创造更多的经济和社会效益，最终满足公众的各种文化需要和诉求。

文化同时具有经济和社会属性，文化创作的自由与其他自由一样，是有一定边界的。因此，对文化发展既不能处处设限、画地为牢，也不能大撒把式地任其无序发展。必须认识到，文化法治建设必然会在一定程度上对文化自由加以一定的限制。而这种限制又是有限度的，它要以保障公民权利和个人表达自由的健康发展为基本原则，这是经济效益和社会效益相统一原则的集中体现。

文化法治建设必须注重经济效益与社会效益之间的平衡，以社会效益与经济效益相统一为目标，坚持社会效益优先。贯彻经济效益和社会效益相统一原则必须区分文化产业和文化事业的不同特点，因为在其发展中经济效益与社会效益各有侧重。文化产业以营利为目的，文化产业立法以实现文化经济效益最大化为目的，但不能忽视文化的社会效益。公益性事业文化立法应当以保障文化的公共性和先进性为价值追求，兼顾文化的经济效益。坚持经济效益与社会效益相统一，但不是二者并重，经济效益必须以保障社会效益为前提。

当前，拜金之风、媚俗之风盛行。要特别注意避免忽视文化的社会效益而片面追求经济效益，导致文化生产、传播迎合低级趣味，盲目猎奇，追求收视率和点击率。近年来，泛滥的综艺娱乐节目，特别是一些选秀、真人秀等节目，探秘、揭秘节目，其中不乏破坏社会公序良俗、损害优良文化传统的成分。

二 文化法治建设的内涵

文化本身就是一个内涵非常丰富的概念。笔者认为，对文化法治建设中所涉及的文化概念，应当采取广义的理解。文化建设在中国特色社会主义建设中占有重要地位。文化法治建设既是政治建设，也是文化建设的有机组成部分。文化法治建设作为依法治国基本方略的有机组成部分，并不是单兵突进，而是与经济、政治、社会等领域紧密结合、相互作用、全面推进，共同推动和保障中国特色社会主义文化发展繁荣。

所以，不能把文化法治建设涉及的"文化"，限定在国务院所属的几个部门或单位管辖范围内的"文化"范畴，更不能将其限定为"狭义"上的文化部管辖范围内的"文化"。只有从广义角度来理解、把握文化法治建设所指向的"文化"，才能真正推进我国文化的大发展大繁荣。①

文化法治建设是以法治思维和法治方式调整社会主义文化领域的各种社会关系，特别是文化行为关系与文化管理关系；维护社会主义文化市场秩序，引导、规范和促进文化事业、文化产业发展，保障公民的公众文化权利的法治建设。

---

① 文化法治建设所保障和促进的"文化"，应当是指与政治、经济、社会、生态相并列的公民的价值观念认知领域，以及相应寄托或承载这种观念认知的领域。具体包括：知识、信仰、艺术、道德、习俗、习性等非物质文化领域，蕴涵人们某种价值诉求、观念认知的文化遗址、现代艺术品等物质文化领域，以及承载物质文化与非物质文化的文化事业、文化产业领域等。

中国特色社会主义文化法治建设视野中的文化法，应当包括文化权利保障法、政府文化责任法、文化产业和文化事业促进法等多重属性。而文化法之最本质的特征，无疑就是文化权利保障法。

在一定程度上，文化法具有社会法的特征。从根本上讲，不论是文化事业进步还是文化产业发展，都应当以公民的文化权益更大限度上的实现为目标。党的十一届三中全会以来，我国经济建设取得了举世瞩目的伟大成就。经济的大发展使得公众在满足温饱等基本需求之余，更加注重精神生活，更加需要高质量的文化产品。要解决人民群众的文化需求日益增长同高质量文化产品的供给相对落后之间的矛盾，通过文化法治建设来实现文化立法的科学化、民主化，进而实现文化事业和文化产业发展的法治化，充分保障公众的文化权益，无疑是当前我国的最佳选择。保障公民的文化权利，最重要的就是保障公民在宪法上的文化权利，如文化表现权、文化保障权、文化平等权、文化参与权、文化成果权等的充分实现。① 否则，推进文化法治建设就将成为一句空话。

三　文化法治建设的意义

文化建设是五大建设之一。推进文化法治建设既是保障公众文化权益的基本要求，也有利于保护文化多样性。

（一）推进文化法治建设是建设中国特色社会主义的基本要求

文化建设是建设中国特色社会主义的重要环节。国家发展和国民幸福，既需要坚实的经济基础，也需要强大的文化软实力；既需要有先进的制造业，也需要具备产出优质文化产品的能力。如果一个国家、一个民族仅仅是 GDP 与日俱增，在世界各国中排名不断攀升，而在思想贡献、文

---

① 对文化成果权的保护成效和力度在一些领域存在很大的问题。例如，根据《中华人民共和国著作权法》第十一条规定，"创作作品的公民是作者"。第十三条规定，"两人以上合作创作的作品，著作权由合作作者共同享有。没有参加创作的人，不能成为合作作者"。可是，无视和违反这些规定、侵犯公民文化权益的现象在中国的不少地方，包括一些大学和科研机构还屡见不鲜。

化产出等方面长期以来故步自封、自设枷锁、乏善可陈，就难以成为一个真正具有世界影响的泱泱大国。深邃的思想和优秀的文化虽然不会产生直接经济效益，但是其影响却可以源远流长，泽被深远。从这个意义上讲，文化建设在建设中国特色社会主义事业中具有无可替代的独特地位。要实现文化建设的大发展大繁荣，必须有完备的法治保障。当前，文化活动日益增多，文化产品日趋多元，尤其需要通过文化法治建设，明确发展方向和制度规范，促进文化产业和文化事业的发展繁荣。

加强文化法治建设，就是要以法律方式保证文化建设的基本方向和核心价值正确，要以法律方式明确各类文化主体的法律地位和主要功能，要以法律方式明确政府对文化活动的管理、规范和引导方式，切实做到科学立法、严格执法、公正司法、全民守法。

（二）推进文化法治建设是保障公众文化权益的基本要求

健康充实向上的文化生活有助于实现人的全面发展。改革开放 30 多年来，我国经济社会发展取得了巨大成就。但是在生活基本达到小康水平之后，人民对精神文化生活不断提出新的要求，文化需要日益增长。有效满足公众的精神文化需求、充分保障公众的文化权益成为时代发展的重大课题。

文化权益包括：开展文化创造的权利、参与文化活动的权利、享受文化成果的权利、对个人进行文化艺术创造所产生的成果和利益所享受的保护权。[①] 只有在法律的框架内，才能够切实保障社会成员的合法权益。因此，满足人民文化需要，保障人民文化权益，必须大力切实推进文化法治建设。

政府在文化领域固然要简政放权，尽可能减少不必要的行政审批和行政干预。但是，想方设法提供更多更好的公共文化产品和公共文化服务，

[①] 有学者认为，"文化权利主要体现在：一是享受文化发展成果的权利，特别是享受基本公共文化服务、共同文化遗产方面的权利；二是参与文化活动的权利，即作为活动主体参加各种形式文化活动、体验各种文化生活的权利；三是开展文化创造的权利，即在文学艺术创作、理论学术研究、创意创新产业等方面表现主体创造力的权利；四是拥有文化创造成果知识产权的权利，包括著作权、专利权、商标权等"。参见沈春耀《加强文化法制建设》，《中国人大》2011 年第 23 期。

使公民的文化权益得到充分实现和提升，也是政府的基本职责。①

（三）推进文化法治建设有利于保护文化多样性

联合国教科文组织明确提出，所谓文化，就它的某些成分而言，在各种文明之间历来是交流不息的。接受、赞同和欢迎文化多样性并不意味着相对主义，而是意味着多元共存。文化的多元共存是不同文化主体经过反复博弈形成的历史事实。虽然保护文化多样性已经成为世界各国的共识，但是文化多样性的发展历来会受到各种威胁，有些文明甚至已经消失于历史长河之中。如果人类文化的多样性本身不能得到保护，所谓不同文化间的多元共存就只能是一种美好的愿景。

河南是中国的文化大省，共具有 5 项世界文化遗产，分别是龙门石窟、安阳殷墟、"天地之中"历史文化建筑群、"大运河"、"丝绸之路"。此外，截至 2013 年底，河南共有国家级非物质文化遗产 95 项，国家级非物质文化遗产项目代表性传承人 79 人，省级非物质文化遗产 372 项。② 因此，河南大力推进文化法治建设，对中国乃至世界的文化多样性保护具有特殊意义。

从历史经验来看，尊重国家主权是保持文化多样性的基本要求。如果一个国家的国家主权——包括文化主权——不能得到普遍尊重和有效保护，那么该国家之内的文化多样性保护问题也将无从谈起。所以，推进文化法治建设进而维护文化安全，是有效防止外来文化侵略，保护人类文化多样性，实现文化多元共存的有效途径。

---

① 发达省市和地区普遍把人民群众基本文化权益保障列入民生工程，纳入党委、政府工作考核的内容，建立健全相应的责任制度。例如广东省东莞市规定，对公民文化权益的实现程度，要从年度财政预算中保障文化权利的专项资金逐年提高比例指标、政府相关部门对文化权益的宣传教育指标、文化活动时间的保证指标、政府文化部门为弱势群体提供文化服务的指导性任务指标、建立文化设施和文化机构指标（比如在一个农民工社区，必须建立一间图书室、一个影剧院、一个综合文化活动室、一个综合体育场馆、一个文艺演出队、一个体育竞赛队、一个文艺创作组、一份内部文艺刊物这样类似的"八个一"的指标）等方面进行严格考评。

② 河南国家级和省级非物质文化遗产项目总数由笔者根据政府公报公布的相关数据汇总统计而成。

第二节　文化法治建设的现状

近年来，河南的文化法治建设取得了一定的成就。但是，立法层次还比较低，行政执法和司法保护力度不足，人才队伍建设滞后等突出问题依然存在。公权力肆意侵犯公民文化权益的现象还时有发生。

一　文化法治建设的成效

改革开放 30 多年来，我国文化法治建设取得了显著的成效。文化法治建设取得的历史性成就，为维护国家文化安全提供了基本的制度保障，为文化事业的发展和文化产业的繁荣营造了较佳的社会氛围，为公民文化权益的实现提供了较为坚实的法治基础。此外，在培育社会主义核心价值观方面，文化法治建设也起到了积极的推动作用。

（一）文化法律法规体系初步建立

改革开放以来，我国文化领域的法治建设经历了长期复杂的发展历程。随着中国特色社会主义法律体系的形成，我国文化法律法规体系也初步建立。① 现在，从国家层面来看，已经从无到有，从单个立法到初成门类，逐步形成了覆盖公共文化服务、文化产业发展、文化市场管理、文化遗产保护、知识产权保护等多个重要领域的文化法律法规体系。

目前，我国主要的文化法律有《著作权法》《非物质文化遗产法》《文物保护法》这三部，其中《著作权法》正在进行第三次修订。此外，《电影产业促进法》正在抓紧制定之中，国务院已经原则通过了草案。与

① 2011 年 3 月 10 日，全国人大常委会委员长吴邦国在十一届全国人大四次会议第二次全体会议上宣布，中国特色社会主义法律体系已经形成。中国特色社会主义法律体系，是指以宪法为统帅，以法律为主干，由宪法相关法、民法、商法、行政法、经济法、社会法、刑法、诉讼与非诉讼程序法等多个法律部门组成的有机统一整体。1997 年 9 月，党的十五大明确提出，到 2010 年形成有中国特色社会主义法律体系的立法工作目标。2007 年党的十七大提出，要完善中国特色社会主义法律体系。2010 年，具有中国特色的社会主义法律体系建成。这表明法律体系的形成只是实现了立法工作的阶段性目标，并不意味着立法任务的终结。

文化领域相关的主要行政法规有《著作权法实施条例》《传统工艺美术保护条例》《文物保护法实施条例》《公共文化体育设施条例》《博物馆条例》《历史文化名城名镇名村保护条例》《长城保护条例》《娱乐场所管理条例》《营业性演出管理条例》《互联网上网服务营业场所管理条例》等十多部。仅文化部公布的、现行有效的部门规章就有三十多个。①

从 1998 年到 2012 年，河南地方立法进入深入实施阶段。这一时期，河南省立法机关主要围绕历史文化开发与保护等进行立法。制定或修改了《河南省文化市场管理条例》《河南省历史文化名城保护条例》等。2013 年 9 月，河南省人大常委会制定通过了《河南省非物质文化遗产保护条例》。此外，河南还制定了《河南省人民政府关于支持登封市建设华夏历史文明传承创新示范工程的指导意见》（2014）、《河南省人民政府关于支持省级文化改革发展试验区建设的若干意见》（2009）、《河南省人民政府办公厅关于进一步繁荣发展少数民族文化事业的实施意见》（2010）等重要文件。

在一些国家立法一时尚未出台或者由于种种原因长期难以出台的领域，河南等不少省市依据现实需要，通过制定地方性法规的形式促进该项事业发展。这些地方立法活动，为国家层面立法提供了宝贵经验和有益参考。特别是在非物质文化遗产保护领域，地方立法和国家立法形成了良性互动的局面。② 总体来看，近年来，一批文化领域法律、法规和规章的颁布和施行，有力地推动了河南文化体制改革进程，促进了文化遗产保护事业的长足发展，维护了文化产业的健康发展。

---

① 各地文化行政部门根据国家的上位法，并结合当地实际，推动出台了一系列地方性法规和规章，涵盖公共文化服务、传统文化保护、文化产业等多个领域。据统计，与文化工作密切相关的地方性法规有 154 部，地方政府规章有 138 部，地方规范性文件达 13000 余件。全国地方文化立法数量超过 10 部的有北京、河北、吉林、上海、江苏、浙江、安徽、福建、山东、湖北、广东、四川、贵州、云南 14 个省市。

② 历史地看，地方立法是我国的非物质文化遗产立法的开端。20 世纪 90 年代，《江苏省传统工艺美术保护条例》和《宁夏回族自治区民间美术、民间美术艺人、传承人保护办法》等地方法规的制定标志着我国非物质文化遗产领域法律法规制定工作的起步。《中华人民共和国非物质文化遗产法》于 2011 年中正式开始实施之后，全国各省市又掀起了新一轮非物质文化遗产地方立法的热潮。地方立法有可能也应当在适应本地区实践需要的同时，先行先试，为全国性立法的制定和修改提供宝贵经验。

（二） 文化执法力度不断加强

徒法不足以自行。文化执法与文化立法相辅相成，缺一不可。近年来，文化部门从明确自身执法职责入手，以制定《文化市场综合行政执法管理办法》为先导，着力推行文化市场综合执法改革，对文化市场的执法体制进行了较大的调整和完善，使得文化市场综合执法的合法化、规范化程度有了较大提升。[1] 此外，文化部多次牵头组织了专项执法检查，对《非物质文化遗产法》《文物保护法》等的实施情况进行了检查，查找法律实施中存在的困难和问题，为下一步如何开展工作明确了方向、提供了依据。[2]

河南在文化行政执法领域也取得了显著成效。近年来，河南文化部门联合新闻出版部门暨版权部门、知识产权部门，开展了"剑网行动"等多次专项治理行动，有力地打击了侵权盗版行为，维护了文化市场的正常秩序，促进了文化产业的发展。[3]

（三） 人民群众文化权益得到了初步的法治保障

文化建设是否为了人民、依靠人民、造福人民，是否取得了成就，成就是否为公众共享，不能靠空头宣传、自说自话，而是要靠保障和实现公众的文化权益来体现，要为人民群众所亲身享有和切实感知。

我国《宪法》《著作权法》《非物质文化遗产保护法》《公共文化体育设施条例》《营业性演出管理条例》等相关法律、法规对人民群众文化权益的内容进行了详细规定。对国家推进文化建设的义务也做出了重要规定。"明确了国家发展为人民服务、为社会主义服务的文学艺术事业、新

---

① 全国列入改革范围的 403 个地级市以及 2594 个县（区）已全部完成综合执法机构组建工作，综合执法人员达 3 万余人，92% 的地区已完成了委托执法或授权执法的行政确认工作。参见蔡武《大力推动文化法治建设　开创文化工作新局面》，《行政管理改革》2014 年第 12 期。

② 蔡武：《大力推动文化法治建设　开创文化工作新局面》，《行政管理改革》2014 年第 12 期。

③ 例如，2012 年，河南全省各文化相关部门联合开展打击网络侵权盗版专项治理"剑网行动"，共关闭违法违规网站 20 余个，查处相关行政案件 15 起，刑事拘留 8 人，治安拘留 10 人，收缴一批涉案盗版计算机软件。

闻广播电视事业、出版发行事业、图书馆、博物馆、文化馆和其他文化事业，开展群众性的文化活动，国家对于从事教育、科学、技术、文学、艺术和其他文化事业的公民，给予鼓励和帮助，赋予公民有进行科学研究、文学艺术创作和其他文化活动的自由。"①

纸面上的权利要落到实处，需要得到司法的有力保障。据统计，3年来，河南共审结知识产权民事一审案件10752件。其中，著作权纠纷案件3670件，商标权纠纷案件2381件，专利权纠纷案件1108件，技术合同纠纷案件156件，植物新品种、不正当竞争及其他知识产权民事案件3437件。② 在版权纠纷中，反映河南文化特色的戏曲作品侵权纠纷频繁发生。这些案件的公开、公正审理，使得公民的文化权益实现有了司法坚实后盾。

公民的文化权益要得到保障，需要对政府审批权力进行削减和限制。近年来，文化相关的政府部门把简政放权、加快转变政府职能、建设服务型政府作为重要任务。例如，文化部为了落实国务院《全面推进依法行政实施纲要》，从2002年起陆续取消行政审批项目28项，下放11项，划转5项，仅保留4项行政许可项目，取消和下放的项目比例在国务院各部委中名列前茅。③

近年来，河南省文化部门高度重视简政放权工作，取消了对文化市场申办主体在注册资金、验资证明、经营场所证明等领域的限制，大大激励了社会资本进入文化市场。在减少行政审批的同时，河南省文化部门在加强事中事后监管方面下真功夫，通过对上网服务营业场所进行信用等级评定、实施信用等级管理，促进了网吧行业的健康有序发展。此外，河南省文化部门还通过提升文化系统干部职工的宪法意识、依法行政意识，把公民文化权益的保护水平带入了新阶段。

---

① 人民群众文化权益的内容，概括来说包括享受文化发展成果的权利，特别是享受基本文化服务、共同文化遗产方面的权利；参与文化活动的权利，即作为活动主体参加各种形式文化活动、体验各种文化生活的权利；开展文化创造的权利，即在文学艺术创作、理论学术研究、创意创新产业等方面表现主体创造力的权利；拥有文化创造成果知识产权的权利，包括著作权、专利权、商标权等。
② 参见《河南省知识产权司法保护状况白皮书》，2015。
③ 参见蔡武《大力推动文化法治建设 开创文化工作新局面》，《行政管理改革》2014年第12期。

二　文化法治建设存在的主要问题

近年来，文化法治建设虽然取得了一些初步的成效，但依然存在一些不足之处。文化立法层次还比较低，行政执法和司法保护力度不足，人才队伍建设滞后。

（一）文化立法层次仍然比较低

总体上看，形式被全国人大或其常委会通过的法律的数量屈指可数，大部分文化立法的形式还是行政法规和部门规章。立法层次偏低直接影响了法规的强制力和实施效果。

文化建设各领域立法也存在不平衡，目前文化领域还没有一部基本法性质的统领法律，而在司法实践中又难以直接援引有关公民文化权益的宪法条款。此外，现行文化立法主要集中在文化遗产保护和文化市场管理方面，其他领域的立法数量较少。地方立法的重点不够突出。就河南而言，加强文化改革发展、文化遗产保护、华夏历史文明传承创新区、基本公共文化服务等方面的地方立法都存在缺失、缺憾。以《河南省非物质文化遗产保护条例》为例，在立法名称上就过于局限于"保护"，看似突出重点，实则自缚手脚。

（二）行政执法和司法保护力度不足

文化执法的综合性不强，多头执法，各行其是的现象比较普遍；以专项执法行动为主，常态化监管不足，执法标准的统一性和执法行为的有效性都不足，这些都难以适应成倍增长的文化法律纠纷和日趋复杂的文化法律环境。例如，对河南戏曲作品侵权纠纷多发，这一现象具有浓厚的地方特色，但在行政和司法保护方面还缺乏完善的协调处理机制。[1]

---

[1] 近3年来，河南省知识产权案件呈现出如下特点：一是案件数量增幅较大，地区分布不均；二是涉外和涉港、澳、台知识产权案件总量增多；三是案件发生领域广泛，类型多样，涵盖面广；四是反映河南文化特色的戏曲作品侵权纠纷表现突出，具有浓厚的地方色彩；五是系列、关联案件增多，社会影响力大；六是新情况、新问题不断出现，法律关系竞合等现象突出。参见《河南省知识产权司法保护状况白皮书》，2015。

（三）人才队伍建设滞后

文化法治人才队伍现状堪忧。以文化行政主管部门为例，全国只有40%的省级文化部门设有法规处或政策法规处，整个系统内专职从事文化法治建设的人员也相当有限。在新闻出版系统和版权系统、知识产权系统、司法行政系统内，从事文化法治建设工作的人员也严重不足。此外，不管是全国还是河南，真正从事文化法治研究的学者也是比较少的。大多数相关研究成果是由知识产权法、宪法和行政法学者所发表的。这种文化法治人才队伍现状，显然难以适应加快推动文化法治建设的现实需求。

第三节　全面推进文化法治建设的对策建议

全面推进文化法治建设，要以加快建立高水平的文化法律法规体系为中心。同时，注重法律法规的实施效果评价。

一　加快推动文化立法，健全完善文化法规体系

文化立法从大类上看，可以分为文化事业立法和文化产业立法两大领域。依照党的十八届四中全会《决定》的精神和要求，应当充分发挥立法的引领和推动作用。要大力推进文化领域重点立法项目立法进程，全国来看就是制定公共文化保障法和文化产业促进法。就河南而言，就是要在2020年之前，制定公共文化服务保障法的实施办法、文化产业促进法的实施办法，健全促进社会效益和经济效益有机统一的制度，推进文化领域法治建设和管理，使文化领域法治建设水平进一步提升，公民基本文化权益得到保障，文化产业健康快速发展。

此外，河南还要加强文化改革发展、文化遗产保护、华夏历史文明传承创新区、基本公共文化服务等方面的地方立法。要切实提高地方立法的质量，避免为了立法而立法的形式主义立法、官僚主义立法、凑热闹式立法。河南在加快地方文化立法进程之中，应当注意做到以下几点。

（一）要集思广益，忌闭门造车

文化立法与人民群众的文化生活息息相关，地方文化立法工作自然也

离不开公众尤其是本地区居民的热情关注和广泛参与。但是，从目前来看，河南制定文化法规时在开门立法方面做得还不够好。例如，2012 年 6 月，河南省政府法制办出台了《河南省非物质文化遗产条例（草案）》，并面向社会公开征求意见。该《条例》对于规范河南全省 8400 余项各级"非遗"项目的保护、传承与发展意义重大。可是，这次公开征求意见活动却遭遇了"公众参与意见条数"为"零"的尴尬。

之所以会造成这种局面，原因大致有三。一是征求意见的时间过短，仅为 15 天。二是征求意见的途径狭隘、反馈方式单一。草案仅在访问量很小的省政府法制办网站上进行了公开，而且规定公众只能用书面形式反馈意见。三是对草案的解释说明不够充分，某些专业性较强的条文和术语（如"传承谱系""文化生态保护区"等）公众难以完全理解。今后"非遗"地方立法的草案在征求意见时，最好能够做到：第一，延长征求意见的时间，至少应当为两个月；第二，丰富草案公开的方式，拓宽意见反馈的途径，可以将草案在当地主流媒体和访问量较大的新闻网站上公开，并且利用电子邮箱、短信、微信等多种方式收集反馈意见；第三，要对草案中较为晦涩的术语加以适当解读，说明重点条文的制定理由等，便于社会公众全面正确地理解草案中的各项规定。

（二）要有的放矢，忌空泛宣示

通常来看，国家层面的文化立法已经为我国的相关领域的文化法治建设工作提供了总体框架和基本思路。在此情况下，相关地方立法更应当直面本地区相关工作中的突出问题，做出有针对性的具体规定。

以河南近年来进行的非物质文化遗产地方立法为例，非物质文化遗产地方立法中必须要有总则部分，要明确该法规的指导思想、保护方针等重要原则。但是地方立法的重点显然不应当只局限于上述部分，例如，非物质文化遗产地方立法之重点，应当是建立健全本地区非物质文化遗产的保护协调机制，明确文化、文物、教育等各有关部门在非物质文化遗产保护领域的主要职责，明确科技、知识产权、民族宗教、城乡规划、旅游等部门的配合职责。如果一部非物质文化遗产地方立法之中欠缺对本地区非物质文化遗产保护、利用工作中重要事项的明确规定，而仅仅停留在对立法目的、保护方针等的泛泛而谈地宣示上，那么它必然将是一部失败的法规。① 制定这种操作性不强的法规也是对有限的地方立法资源的一大浪费。

（三）要突出特色，忌因袭照搬

地方性文化法规在不与国家法律、行政法规相抵触的前提下，区域特色越突出，其实用性和可操作性就越强，也就越能解决本地区的实际问题。中国幅员辽阔，各省市区之间的文化资源禀赋和自然、经济、社会等发展状况差异巨大。因此，在地方文化立法时，切忌因袭照搬、千规一面，把本省市的非物质文化遗产条例变成了国家相关立法的复刻版。

河南地方文化立法要突出特色，必须找准方向，聚焦于本地区的主要矛盾、优势资源等。以"非遗"地方立法为例，河南的地方剧种众多，民俗资源丰富，则可以在立法中重点关照传统戏剧、曲艺杂技、传统武术、民俗等非遗类型。近年来，河南省人大常委会启动了《河南省云台山景区保护条例》的制定工作，力求推动建设民俗文化与自然风光和谐共生的文化生态保护区。这就是地方文化立法突出区域特色，力争更有针对性地促进和规范河南相关文化事务的有益尝试。

（四）要跟踪评价，忌一劳永逸

法律的生命力在于实施。一项地方文化立法的制定和颁布只是本地区的相关文化工作进入法治化、规范化轨道的开始，而绝非完结。因此，一定要杜绝法规通过后就万事大吉，一劳永逸的思想。我国有不少地方法规由于通过后未能认真贯彻实施，成了束之高阁的本本；不仅没有起到良好的社会效果，反而易使公众怀疑法律的权威性，这种教训值得河南在地方立法进程中吸取。因此，必须建立法规的实施效果评价机制。

立法后的实施效果评价机制能够帮助检验地方文化立法的科学性和有

---

① 例如，非物质文化遗产地方立法应当对文化馆（站）、博物馆、图书馆、美术馆、科技馆等公共文化机构，如何在文化主管部门和非物质文化遗产保护中心的指导下开展非物质文化遗产保护、保存工作进行规定；应当对外国组织或者个人在本地区进行非物质文化遗产调查的申请条件、审批时限、调查成果利用规则等进行规定。

效性，还可以为法规未来的修改积累资料。实施效果评价的重点是检验法规的"三性"。一是规范性。即检验地方文化立法中的概念界定是否明确，语言表述是否准确、规范、简明，逻辑结构是否严密。二是协调性。即检验地方文化立法与其他各项相关法律法规、政府规章及规范性文件之间是否存在着矛盾冲突。三是可操作性。即检验地方文化立法中规定的执法主体是否明确，措施、手段和法律责任是否具体、可行，程序是否正当、便民，实施机制是否完备、高效等。只有综合考虑和评价地方文化立法实施后对本地区文化、社会、经济、生态环境等方面的影响，了解公众对法规的真实看法和意见，并适时做出修正，地方文化立法才能够产生更好的社会效益。

二　重视文化领域的司法保护，提升司法保护的效率和能力

过去，我国在很多领域存在着重视行政保护而忽视司法保护的倾向，文化领域也概莫能外。原因是复杂多样的。

党的十八届四中全会《决定》指出，完善激励创新的产权制度、知识产权保护制度。以著作权为核心的文化领域的知识产权保护工作，应当成为今后一段时间知识产权司法保护工作的重点。

著作权是一项重要的知识产权，包括发表、署名、修改，保护作品完整、复制、发行、信息网络传播、改编、汇编、翻译等权利。通常而言，对著作权的知识产权等保护，有利于文化的发展和繁荣。如果各种知识产权侵权现象得不到及时有效地处理，创作者和投资人在文化领域的投入和投资就得不到足够的报偿。相应的，他们的创作热情和投资力度也会萎缩，使得文化的发展繁荣缺乏源头活水。因此，对知识产权的法律保护体系应当是立体的，而司法保护的渠道在其中不可或缺，而且应当尽可能的经济、便捷。党的十八届三中全会《决定》指出，要在我国建立专门的知识产权法院，这将使知识产权司法保护能力得到很大提升。

可是与其他权利一样，知识产权也不是一种绝对的权利，对它的保护也有限度、有边界。要通过著作权等知识产权保护在文化产品的创作者、传播者和使用者之间实现一种利益的平衡，而不能因为保护知识产权，反而阻碍了文化的传播。

我国《著作权法》也对著作权设置了各种限制。以专门一节的篇幅，规定了著作权的限制。例如保护期限的限制、合理使用的限制、法定许可的限制、展览权的限制。其中，对著作权最重要的限制，是合理使用的限制。① 著作权和其限制是一体两面，不能片面强调一面而忽视另一面。

三 加强依法行政，提高文化执法水平

推动文化行政部门职能转变，建设现代政府；提高文化执法水平，营造守法诚信经营的良好文化发展环境，势在必行。管得太具体，文化大发展大繁荣没有希望。文化产业和文化事业投资和投入巨大，耗时往往很长，回报本身就存在着很大的不确定性。如果政府的有形之手伸得太长，发力太频繁，投资和投入将很难有稳定预期的回报。政府在文化领域管得太细、太具体，这是制约我国文化产业和文化事业发展的一大痼疾。

（一）文化行政管理全过程要贯穿法治意识

首先，必须以简政放权为原则，通过行政审批制度改革，在文化领域大力推动政府职能转变。其次，全面推进政府信息公开，坚持以公开为原

---

① 《著作权法》第二十二条规定，在下列情况下使用作品，可以不经著作权人许可，不向其支付报酬，但应当指明作者姓名、作品名称，并且不得侵犯著作权人依照本法享有的其他权利：（一）为个人学习、研究或者欣赏，使用他人已经发表的作品；（二）为介绍、评论某一作品或者说明某一问题，在作品中适当引用他人已经发表的作品；（三）为报道时事新闻，在报纸、期刊、广播电台、电视台等媒体中不可避免地再现或者引用已经发表的作品；（四）报纸、期刊、广播电台、电视台等媒体刊登或者播放其他报纸、期刊、广播电台、电视台等媒体已经发表的关于政治、经济、宗教问题的时事性文章，但作者声明不许刊登、播放的除外；（五）报纸、期刊、广播电台、电视台等媒体刊登或者播放在公众集会上发表的讲话，但作者声明不许刊登、播放的除外；（六）为学校课堂教学或者科学研究，翻译或者少量复制已经发表的作品，供教学或者科研人员使用，但不得出版发行；（七）国家机关为执行公务在合理范围内使用已经发表的作品；（八）图书馆、档案馆、纪念馆、博物馆、美术馆等为陈列或者保存版本的需要，复制本馆收藏的作品；（九）免费表演已经发表的作品，该表演未向公众收取费用，也未向表演者支付报酬；（十）对设置或者陈列在室外公共场所的艺术作品进行临摹、绘画、摄影、录像；（十一）将中国公民、法人或者其他组织已经发表的以汉语言文字创作的作品翻译成少数民族语言文字作品在国内出版发行；（十二）将已经发表的作品改成盲文出版。前款规定适用于对出版者、表演者、录音录像制作者、广播电台、电视台的权利的限制。

则，不公开为例外。推进决策公开、管理公开、执行公开、结果公开。再次，要明确宣传部门、文化部门等的权力清单，明确其审批、审查的程序、时限和标准。要以透明度提升公信力，大力破除权力的设租寻租空间。最后，限制权力不等于放弃监管。放开搞活和加强监管并不矛盾，但是要由事前审批向事中事后监管转变，要完善丰富事后监管的政策措施和管理办法，推行服务式审批办证，确保权力下放后监管不缺位、不悬空，服务不滞后。总之，文化行政管理全过程都要贯穿法治意识，不能搞"拍脑袋决策、拍胸脯承诺、拍屁股走人"。

（二）文化行政执法机制需要进一步完善

文化事业的发展，文化市场的繁荣，离不开公正、文明、高效的行政执法活动。首先，要健全行政执法的决策机制，完善促进领导干部依法行政的内部监督机制。要在积极提升依法行政能力的同时，以平和、谦卑、理性的态度应对公民和法人提起的行政复议、行政诉讼等行为。行政诉讼中，要由部门主要负责人出庭应诉，而不是消极躲避。其次，要大力深化文化市场综合执法改革，明确文化领域综合执法机构法律地位问题。应当以提升文化市场综合执法能力为抓手，推行公正文明执法，切实做到依法行政。再次，要高度关注新媒体市场。注重对网络文化市场的监管和各种新类型文化违法行为的依法惩处。特别是对微商微店、微博营销、微信公众号、网络音乐、网络游戏等的违法经营活动，要加大查处力度。最后，要加快对跨区域的文化监管与服务综合信息系统平台的建设，推广信息系统平台的应用；为市场准入、动态监管、综合执法和公共服务等提供技术支撑。

四　加强文化法治人才队伍建设

要形成共同推动文化法治建设的合力，离不开一支高素质、懂法律、能力强的法治人才队伍。加强文化法治人才队伍建设，要着力做好以下几点。

（一）加强专职队伍建设

要加大对文化相关行政部门公务员的培训力度，塑造文化法治建设的基本力量。要完善现有的文化法治联络员等行之有效的制度，对文化法治联络员等，要结合未来五年的文化立法规划和重点文化立法项目进行有针对性的培训和培养。

要在文化队伍中弘扬法治观念，推崇法治思维。可以通过远程教育、在职培训、创办专业刊物等多种方式，培养文化系统公务员尤其是领导干部的法治意识和法治思维，特别要注意，在他们之中树立宪法意识、人权意识，促使他们关注和重视保障公民文化权益、文化遗产和非物质文化遗产保护、知识产权保护和运用等重要问题。努力提高他们的学法用法能力，并在他们之中形成以依法行政为荣、以违法滥权和侵权为耻的共同体意识。同时，要把能否以法治思维和法治方式推动文化法治建设，作为对文化相关部门的领导干部进行考核和任用时的重要评价标准。

（二）注重借助外脑

市级以上文化部门都应当成立文化法治专家委员会，吸收高校、科研院所之中对文化法治建设领域素有研究的学者参加，并充分发挥文化法治专家委员会在立法评估、决策咨询、项目论证、纠纷处理、权益维护等方面的作用，把文化法治专家委员会建设成为高水平的文化法治智库。

（三）高度重视文化领域的知识产权工作

要高度重视文化领域的知识产权工作。依托河南省知识产权事务中心、中国（河南）知识产权维权援助中心等单位，研究设立文化知识产权服务中心和文化知识产权研究中心，建立健全文化领域知识产权纠纷多元化解决机制。要重视发挥文化市场领域各行业协会的自律作用，在文化人才队伍和文化市场人士中普及法治意识、信用意识。①

五 发挥文化系统特有优势，推进法治文化建设

在建设法治文化、培育法治精神领域，文学艺术起着不可或缺的重要

---

① 可以加快建设河南省文化市场信用体系，建设艺术品征信系统和演出信用系统，建立健全文化市场守信激励和失信惩戒机制，制定河南省娱乐场所经营规范和演出经纪人员从业规范。

作用。党的十八届四中全会《决定》指出，必须弘扬社会主义法治精神，建设社会主义法治文化，增强全社会厉行法治的积极性和主动性，形成守法光荣、违法可耻的社会氛围，使全体人民都成为社会主义法治的忠实崇尚者、自觉遵守者、坚定捍卫者。

（一）以文学艺术的表现形式宣扬法治精神，可以增进公众对法治的感性认识

社会主义法治在科学立法、严格执法、公正司法、全民守法的各个领域中的具体体现，可以通过文艺创作得到具体体现。深入我国法治建设的实际中去，深入立法、执法、司法、守法的实际生活中的好作品，不管是提供正能量的还是揭露阴暗面的，都有利于社会主义法治文化的形成。

（二）以文学艺术的表现形式宣扬法治精神，可以充分利用法治的本土资源

中国的历史长河中，固然有很多阻碍法治发展的文化因素，但是也有塑造优秀法治文化的传统资源。例如，"包青天""狄公案""强项令"等文学作品和历史掌故；注重调解与和解，注重和谐，提倡公正廉洁、法不阿贵等传统法律文化，对于建设法治文化都具有非常明显的积极作用。电影、电视剧、小说、曲艺等文学艺术作品形象生动，受众广、传播快。它们可以大力宣扬我国传统法律文化中的积极因素，扬弃其中的消极、不健康的因素，为新时代的法治文化的建设助力。一些歪曲历史，肆意戏说，曲解法律的奇葩剧、抗战剧、律政剧，对法治建设也有不利影响。

同样的，西方文学艺术作品中，也有不少反映公平、正义、民主、自由、法治的元素的作品。对这些作品也可以在不侵害知识产权的前提下积极译介和传播。这样才能海纳百川，吸收世界各国的优秀法律文化资源，使我国社会主义法治文化建立在更加牢固的基础之上。

（三）发挥文化在全面推进依法治国中的作用，可以采取多种方式

河南可以在"十三五"期间，考虑开展一次"法治文化建设年"活动。① 建议在"十三五"期间，由省委宣传部和省文化厅牵头，每年举办一次全省法治文艺作品征集大赛。全省法治文艺作品征集活动可以以"大力弘扬法治精神，共筑伟大中国梦"为主题。征集的作品形式应当多样化，包含法治小品、相声、歌曲、话剧、戏剧等、微电影、FLASH 短片，等等。争取以这种文艺大赛的形式，催生一大批弘扬法治精神、依法治国的文艺作品，在全社会营造自发学法、自觉守法的良好社会氛围。可以每年在"12·4"国家宪法日暨全国法治宣传日来临之际，举办法治短信创作大赛。鼓励创作出一批语言简洁精炼、通俗易懂，同时具有较强警示性和提示性的法治短信，并通过移动、联通、电信的手机平台发送给全省干部群众，尤其是领导干部；探索移动互联网时代以文艺创作形式开展普法宣传工作的新途径、新渠道。可以继续每年举办一次河南省知识产权作品书画展，② 并将现在由郑州市版权协会、中华民间书画名家联合会举办的河南省知识产权作品书画展进行升格，改为由河南省文化厅、河南省知识产权局、河南省知识产权研究会、河南省书法家协会和中华民间书画

---

① 江苏在"十二五"期间，就开展了"社会主义法治文化建设年"活动。江苏发挥"五个一"工程奖和各级文化产业基金的作用，引入市场化运作机制，扶持优秀法治文化作品的创作，鼓励多种主体开展丰富多彩的法治文化活动。南京的"六合农民画"、无锡的"锡剧普法"等内容生动、通俗易懂，都是延伸普法渠道的有效举措。它们已经成为风行一地的法治文化品牌。这些新颖多样的法治文化阵地，运用极具法治特色的标语、谚语、警句、故事说"法"，真正让老百姓在喜闻乐见的形式中接受法治教育、提升法律素养。

② 已经举办的两届知识产权书画作品展，参展作品分为三大类：书法、绘画及创意书画。对作品的基本要求：一是作品必须是原创；二是作品作者在所在市区知识产权管理部门进行过登记或在公开媒体上发表过；三是作品有较高的书画艺术价值和文化创意；四是坚决抵制庸俗、低俗、媚俗的离奇古怪的杂耍技法参展。以"魅力河南"为创作题材，要求突出"民间书画作品知识产权确权、维权与宣传"及"引领民间书画人才的挖掘、创新"主题，以"立足民间，广揽大家，倡导创新，强化维权，源于民间，服务人民"为原则，引导河南民间书画家，在具体书画创作中学会创新、确权、维权，确保河南书画事业沿着正确的方向健康发展。在区域知识产权文化塑造过程中，起到了良好的效果。

名家联合会举办，使之成为真正的全省性大赛。通过对参赛作品的评选和奖励，增进全社会的知识产权意识。

（四）应当加快法治文化基础设施建设，发挥好现有的公共文化设施在法治宣传教育中的功能

要充分发挥图书馆、博物馆、文化馆、乡镇综合文化站等现有的公共文化设施在法治宣传教育中的功能。[①] 要在"高雅艺术进校园"和文化"三下乡"等群众性文化活动中增加多样化的法治文化元素，以演出、展览等丰富多彩、公众易于接受的方式，推动普法教育进企业、进农村、进机关、进校园、进社区，加快建设和改善全社会的法治文化氛围。对实体书店、私立博物院、文化馆等设施，要加以补助或者给予税收减免，鼓励它们在法治文化建设进程中，发挥积极作用。

[①] 江苏省的法治文化基础设施建设走在了全国前列。截止到 2014 年，江苏全省已有 12 个省辖市建成法治文化场馆（例如常州市建造了法治文化公园，扬州市建成了法治文化体验馆，常熟市建起了法治文化街）。80% 以上的县（市、区）建成了法治宣传教育中心。2013 年内，市县乡三级法治文化阵地基本实现了全覆盖。目前，江苏共建有近 300 个法制主题广场、公园和街区，有 5.2 万余个固定法制宣传栏。

第九章
社会法治建设

　　随着经济社会的快速发展，依法治国、依法治省全面推进，社会法治建设的重要性日益凸显。社会法治建设对协调社会关系中的弱势群体与强势群体之间的关系，以及缓和由市场竞争本性所导致的贫富分化、社会失衡起到了重要的作用。但是，目前河南省的社会法治建设理论与实践还较为薄弱，在深化改革、全面推进依法治省的背景下，完善河南的社会法治建设，保障全省公民的"社会权"，具有重大的理论意义和现实意义。

第一节　社会法治建设的理论分析

　　党的十七大首次将"社会建设"纳入"四位一体"（经济建设、政治建设、文化建设和社会建设）的建设布局，并写入党章。党的十八大增加"生态文明建设"将"四位一体"发展为"五位一体"，至此，社会法治建设逐步被提上重要日程。习近平总书记强调指出，全面推进依法治国，要坚持法治国家、法治政府、法治社会一体建设。"社会法"是近年来在贯彻落实科学发展观、构建和谐社会的过程中，为了适应社会发展的需要而新兴的法律部门，是对现有社会主义市场经济法律体系的补充与完善。社会法治建设相对于其他四大法治建设而言，起步较晚，其内涵、价值定位、原则等都存在不明确的地方，有待在实践中进一步研究与完善。

一　社会法治建设的内涵与价值定位分析

（一）基本内涵

社会法治建设是与经济、政治、文化和生态文明法治建设相并列的"五位一体"法治建设，以保护公民的社会权利、缓和社会矛盾为主要价值目标。社会法治建设主要解决社会保险、社会救助、社会优待与抚恤、促进就业、弱势群体权益保障、慈善捐助等社会性问题，从社会整体利益出发，维护社会安定，保障社会健康发展。①

（二）价值定位

社会法治建设的主旨在于保护公民的社会权利，尤其是保护弱势群体的利益，最终维护整个社会安全网的正常运行。在社会关系中，有天生的强势群体和弱势群体之分，而且市场经济会自发地导致强者越强、弱者越弱。此时如果没有公权力的介入来保护弱者的利益，将使社会关系的失衡状态加剧并最终导致严重的社会问题。通过法治途径即制定和完善社会法，加强社会法治建设，是改变这种失衡局面的必然选择。除了对社会弱势群体的救助外，"福利国家"的创立和发展也是经济发展的必然要求。

二　社会法治建设的基本原则

（一）社会本位原则

社会法治建设实行社会本位，目的是扶助弱势群体，维护社会公共利益，弥补单纯"私法自治"和"自由竞争"的不足，提高社会福利水平。社会本位要求社会法治有全局观念和整体意识，把整个社会协调为一个统一、和谐的有机整体。国家要不分强弱平等保障社会上每个人的生存和发展。国家保障需要国家强力介入，以保证那些对社会保障负有义务和责任的人与机构尽到应尽的义务和责任。

---

① 竺效：《祖国大陆学者关于"社会法"语词之使用考》，《现代法学》2004 年第 4 期。

（二）社会公正原则

社会公正原则包含四项基本规则：一是基本权利平等，二是机会平等，三是分配平等，四是社会调剂平等。社会法追求的社会公正，重点突出社会成员之间的实质平等，在实践中通过对弱势者的权利进行保护来实现。社会公正绝不仅仅是财富的公平分配，还包括社会成员的政治权利平等、社会地位平等、接受文化教育权平等、司法面前人人平等，以及在享受社会救助、公共服务和社会福利等方面的平等。遵守社会公正原则，一方面要缩小收入差距、消除两极分化，另一方面要在政策、法律和制度等方面打造公正的整体社会环境，并且要扩大社会保障，形成涵盖所有社会成员的社会保障体系。

（三）保护弱势群体原则

社会成员千差万别，社会法要遵循保护弱势群体的原则，解决其生存和发展问题。几十年来的社会实践表明，人之天赋和出身的差异，导致形式上的机会平等原则在强者和弱者之间适用，会产生贫困、失业、两极分化等严重的社会问题，这些社会问题进一步扩大，强者和弱者之间的冲突必将激化和尖锐。保护弱势群体原则是对形式平等地修正，注重追求实质平等，一方面强者不能无限自由，另一方面，保障弱势群体的生存与发展机会。在某种情况下，不一样的差别待遇同样是符合公正原则的，虽然在形式上看似不公正，但实质上是为了达到更高层次的公正。[①]

（四）人权保障原则

人权保障原则集中反映了社会法的本质和精神。人权保障原则要求社会法治建设要保障社会成员过体面生活的人格尊严，为每个人的全面发展提供充分的保障。从某种角度来说，人权问题是社会法产生和发展的一个动因，没有人权问题，社会法的协调、平衡作用也不会被激发。人权保障是社会法的基础，标识出了社会保障的底线。鉴于经济发展水平的高低和

---

① 王振东：《法哲学论》，中国人民大学出版社，1999，第 89 页。

社会财富的多寡，人权保障的水平也不同，但要随着经济的发展逐步提高，保障了人权就是实现了社会法的灵魂。

第二节　社会法治建设的现状

改革开放以来，市场经济法律体系不断完善，科学发展观、和谐社会理论被提出并上升为国家发展理念，社会法治建设也逐渐被提出并与经济建设、政治建设、文化建设摆在同等重要的位置，社会法也成为一门新兴的法律部门得到了极大的发展。近年来，全省社会法治建设取得了巨大的成效，在缓和社会矛盾、维护社会稳定、促进社会公平方面发挥了积极作用，但是仍存在不少问题。

一　社会法治建设简要回顾

（一）社会法治建设发展的时间轴

中共十六大报告（2002 年）提出"三位一体"建设布局（经济建设、政治建设、文化建设），其中尚未包括社会建设，社会法治建设也未提上日程。中共十七大（2007 年）提出了"四位一体"建设布局（经济建设、政治建设、文化建设和社会建设），至此，社会建设被提到国家建设布局的高度，社会法治建设也被正式提上日程。中共十八大（2012 年）发展出"五位一体"建设布局（经济建设、政治建设、文化建设、社会建设、生态文明建设），社会法治建设被重申。这个总体布局意味着自2007 年以后，社会法治建设被纳入国家现代化建设的全局来推进。2014年 10 月，习近平在关于《中共中央关于全面推进依法治国若干重大问题的决定》的说明中指出："建设法治中国要坚持法治国家、法治政府、法治社会一体建设。"从"五位一体"的总体布局和习近平总书记关于建设法治中国的阐述来看社会法治建设，有助于准确把握今后一段时期依法治国、依法治省的工作重点。

（二）社会法治建设思想的演进

社会法治建设是法律社会化的产物之一。早期的法治思想大多以极端自由主义和个人主义为中心，法律中的人是抽象的人，法律保护的权利是一般意义上的平等权利，随着自由资本主义的发展，这种法治思想下构建的法治体系所倡导的"所有权绝对"和"契约自由"，只是强者的权利，对于社会弱者则形同虚设。这种法治体系对社会上发生的贫富两极分化等现象愈加束手无策。为了矫正此种弊病，需要重建法律观念，以全体社会成员的实质正义为目标，充分考虑共同的社会生活中人与人之间在各个方面的差异，正视社会现实的法治思维成为大势所趋。

（三）社会法是市场经济法律体系完善过程中的新兴法律门类

在解决社会问题的过程中，会产生新的法律门类。在中国进行社会主义市场经济体制改革的进程中，原先单纯由国家和国有单位提供的社会保障体制作用受到了很大的影响，产生了大量涉及自由就业劳动者、妇女、老人、未成年人、残疾人等弱势群体的社会问题。社会法的兴起和发展有了真实的社会现实基础。除了民法、商法、刑法等传统法律部门，要维护社会公平、保护社会弱势群体的合法权益，则要创制调整社会公共事务和社会保障方面的社会法，社会法既不同于公法也不同于私法，是适应社会发展而产生的新兴法律门类。

二 社会法治建设取得的成效

（一）立法方面取得的成效

目前，在全国层面已经颁布的社会法主要有 18 部，覆盖范围较为广泛，反映了国家解决社会问题的社会法律倾向，依法对公民的生存权、发展权予以保护，对于维护社会安定，促进社会和谐起到了积极的作用。河南省在社会法立法方面也取得了很大的成绩，河南省现行社会法主要有以下 11 部：《河南省残疾人保障法实施办法》（1993，2012 年修订）、《河南省未成年人保护条例》（2010 年）、《河南省工会条例》（2005 年）、《河南实施中华人民共和国妇女权益保障法办法》（1994 年，2008 年修正）、《河南省实施中华人民共和国红十字会法办法》（1996 年）、《河南省就业促进条例》（2009 年）、《河南省老年人保障条例》（1990 年，2010 年修订）、《河南省安全生产条例》（2004 年，2011 年修订）、《河南省劳动行政处罚听证规则》（1998 年）、《河南省社会保险基金管理规定》（2007 年）、《河南省工伤保险条例》（2007 年）。

（二）社会法治建设服务经济社会发展、维护社会稳定显成效

社会发展与稳定，需要全体社会成员的和谐相处、共同协作。社会法治建设为社会不同阶层的成员能够共享社会发展的成果，能够平等拥有发展机会提供了有效的保障。近年来，河南省在医疗、养老、工伤、失业、生育保险法治建设，社会救助法治建设，优待抚恤法治建设，就业促进法治建设，弱势群体权益保障法治建设，慈善捐赠法治建设等方面取得实效；运用法治思维和法治手段保障经济、社会发展，突出社会法治建设服务于科学发展，使每一个社会成员不因出身的不平等而身处困境、无从翻身。在全省范围内基本实现了老有所养、病有所医、鳏寡孤独废疾者皆有所养。

（三）社会法治建设有效保障了民生、促进了社会和谐

在切实保障民生、构建和谐社会的主导思想指引下，河南省有关部门为实现公平竞争，依法维持市场秩序，及时化解各类经济矛盾，为全省经济社会发展营造了良好法治环境。始终坚持进行社会管理创新，不断提高社会管理的法治化水平。通过"进村入企"大走访活动，尽量把问题和矛盾处理在基层。依法保障民生，重点在于通过网格化管理，对与老百姓日常生活息息相关的就业、入学、求医、养老等核心民生领域加强督查和投入，深入推进公民权益依法保障行动计划。在老百姓特别关注的食品药品安全、校车安全、生态环境安全等领域，开展专项整治，从而促进了社会和谐。

三　社会法治建设存在的主要问题

（一）对社会法治建设的重要性认识不足

社会公众对公法、私法这种传统分类比较熟悉，对于社会法是什么则

存在模糊认识，因为认识的不到位，也难免社会公众对社会法不够重视。甚至有相当一部分人将社会法与社会保障法二者混为一谈，更不必说对社会法改变和重塑社会的功能与作用的认识，社会公众包括一些公务人员对社会法与社会和谐的关系也知之甚少。社会法治建设旨在规范政府提供的社会福利与社会保障，能够使个体和群体免受无限竞争的市场经济的负面影响，以民主协商的方式对重要领域的决策和资源配置加以干预，才能获得社会的真正平等与稳定。另外，社会法治建设使得社会生活方方面面都有保障，人们衣食住行的基本生活需求都能得到满足，则可以有效改善社会风气、克服拜金主义泛滥。社会保障的健全通过减少人们的后顾之忧，来改变一味追逐金钱、过分看重利益的价值观，促使人们发现生活中的真善美，减少恶意竞争。

（二）社会法治建设立法相对滞后

社会领域立法滞后是一个普遍存在的问题，难以满足社会建设与经济建设、政治建设、文化建设和生态建设协调发展的客观需要，不能满足构建社会主义和谐社会的新要求。① 许多现有社会领域的法律法规多停留在权利宣言的形式上，很多条款是原则性的规定，不具有可操作性。对有关责任部门的规定不明确，会导致法定职责、法律责任找不到主体来承担，甚至有的法律法规对法律责任未做明确规定。目前社会法立法的现状决定了，实施细则和配套措施必须加强和完善。社会法领域的立法空白也比较多，遇到问题无法可依的情况比较常见，现行社会法的有些规定彼此冲突或者重复，导致覆盖对象交叉，重复补贴，数据信息重复建设，其中认定和抚恤标准不一致，经常导致实践中无所适从的情况发生。

（三）民生领域过度市场化

发展社会主义市场经济的过程中，曾经过度夸大了市场的作用，导致把自由竞争的市场原则毫无变通地引入了社会和民生领域。解决民生领域的过度市场化问题是目前社会法治建设的重要内容。政府为社会公众提供

---

① 陈君：《社会法立法模式研究》，《天水行政学院学报》2014 年第 5 期。

公共服务是社会法规范的重点领域，教育和医疗这两方面的过度市场化是目前最突出的问题。因为，市场手段偏重讲求效率，但公共服务领域则更加注重公平。政府有义务为社会公众提供普惠性的公共服务。民生领域的过度市场化恶果已经显现，如目前被社会公众普遍诟病的"看病难、看病贵、房价畸高、高价教育费"等。在这种情况下，社会法需承担起约束强者、扶助弱者、追求社会实质正义的重任。然而现实情况却是，社会法在中国的法律体系中最为孱弱，尤其与高歌猛进的商法、经济法形成了巨大的反差。①

（四）覆盖面窄，覆盖率低

目前，按照中央的部署，河南已经建立了较为全面的社会法治保障制度，体系框架也已经基本构架起来。各种社会保险、社会救助、优抚优待、促进就业、保护弱势群体合法权益的制度也已经取得了明显成效。在以人为本、科学发展的指导下，全省出台了相关的法规和地方政府规章，为全省社会法治建设的发展提供了制度保障、法治保障。但是，从总体上来看，河南社会法治建设还处于探索阶段，许多制度、规范性文件虽然已经出台，但是能够保障的人群仍然不够多，社会保障覆盖面窄、覆盖率低的问题还比较突出，社会法治建设依然薄弱，仍需进一步加强和完善。

第三节　全面推进社会法治建设的对策建议

社会法治建设是五大法治建设（经济法治建设、政治法治建设、文化法治建设、社会法治建设、生态文明法治建设）中的薄弱环节。在科学发展观、和谐社会理念的指导下，社会法治建设的重要性越来越被重视，成为大家的共识。近年来，河南在社会法治建设方面已经取得了初步成效，在缓和社会矛盾、解除社会问题、消除两极分化、实现人的均衡发展、构建公平正义社会等方面发挥了积极作用。但是，河南社会法治建设起步比较晚，尤其是在社会保险法治建设、社会救助法治建设等理论实践

---

①　魏建国：《城市化升级转型中的社会保障与社会法》，《法学研究》2015 年第 1 期。

方面都有待进一步加强与完善。

一 加强与完善社会保险法治建设

（一）加强与完善医疗保险法治建设

1. 修改与完善医疗保险方面相关法律法规

2001 年颁布实施的《河南省建立城镇职工基本医疗保险制度实施意见》，距今已有十几年，当时规定的一些规则已经远远不能满足目前人民群众对医疗保险服务的需要，意见中关于医疗保险的诸多规定较为笼统和原则，对医疗保险法律制度的具体实施作用有限，可以自由裁量的部分过多，缺乏统一的标准。① 因此，应该根据新情况、新问题进行修改和完善。医疗保险属于比较专业的领域，有许多规定需要结合医学、医疗方面的知识来进行综合规制，可以以国家颁布实施的《社会保险法》为指导，结合地方实际情况，完善加强医疗保险领域立法，并制定配套法规。

2. 提高参保人员和医护人员的法治意识

多种形式开展医疗保险制度及其相关法律、法规的宣讲，让参保人员对医疗保险制度和法律法规有一个充分又正确的理解，对自己的参保行为和违反规定行为的法律后果有一个正确的预期，从而减少医疗保险工作进行的难度和障碍，提高参保人员的守法意识和依法维权意识。通过对医护人员的法治教育，增强其职业道德感，减少违规行为的发生。

3. 严格医疗保险执法工作

医疗保险执法，涉及多个相关部门，涉及多个复杂环节，接触到不同人群，因此，需要建立起一个以医疗保险执法机构为核心、各有关部门相互协同的执法工作体系。要明确协同执法过程中各个部门的职责和权力，形成一目了然的权力清单。执法工作中要重视利用现有的社会信用体系，将参保患者的个人信用纳入其中，并与医保监管体系相衔接，将个人信用与医保资金的分配使用联系起来，实现对参保人员行为的有效约束。对于

---

① 张再生：《中国医疗保险法律体系的发展与改革》，《中国卫生政策研究》2015 年第 4 期。

医护人员的行为，通过部门协同监管，以及加大对违规行为的惩处力度来严格保障医疗保险法的执行。

（二）加强与完善养老保险法治建设

1. 完善养老保险法律法规

目前，河南还没有一部统一的《河南省养老保险条例》，只有关于养老保险费缴纳的通知等几个文件，在立法方面有待进一步加强。养老保险条例同每一个公民和每一个家庭的切身利益相关，对全省社会发展和稳定意义重大，是社会法部门的一部支撑性法律。但是，目前尚缺乏有关法律和配套法规，难以形成一整套完整的养老保险法律体系，还需进一步加强配套立法，细化养老保险法的规定，为其具体适用打好基础。

2. 制定新型农村养老保险法律法规

农村经济的发展，以及计划生育政策的改变，冲击了依赖家庭赡养和土地收入这两种基本的养老保障方式的保障能力。农村与城市存在很大的差异，并且农村的情况也发生了巨大的变化，迫切需要一种适应新情况的养老法律制度来保证农村老年人的养老。可以借鉴城镇养老保险的办法，采用农村传统养老模式依然保留，再增加社会养老保险方式的做法，实行家庭养老、土地保障与社会保险三种方式相结合的新型农村老人养老保险制度，并且需要依法加以确认和实施。

3. 进一步健全相关税收保险法律制度

总体思路是通过税收让高收入者承担一部分养老保险的社会成本。可以用个人所得累进税、遗产税等税收杠杆调节社会收入分配，可以适当考虑在不同收入者中，在保持相同征缴比率或相同社会保险税率的情况下，划分不同收入阶层的工资替代率。

（三）加强与完善工伤保险法治建设

1. 扩大工伤保险覆盖面

《河南省工伤保险条例》对工伤保险覆盖范围比之前有了进一步的扩大，但其实际覆盖范围仍较窄。譬如，农民工短期临时务工人数庞大，但未能纳入工伤保险的范围。社会法要求给予全体社会成员同等的保护，因此，各个行业、各种身份的工作人员都应成为工伤保险的保障对象。同时还应加大对公司、企业为员工缴纳相应工伤保险金的行政监管执法力度，使现行《河南省工伤保险条例》规定的、应当参加工伤保险的人员都能够享受工伤保险的社会保障。

2. 统一工伤认定标准和完善工伤认定程序

工伤认定属于专业性强的工作，必须由具有一定资质的专业技术人员组成，并且工伤认定机构应该是一个中立的第三方机构，尤其是不隶属于任何国家机关，有利于防止行政权在工伤认定中的不当介入。

3. 明确规定工伤保险给付与损害赔偿的法律适用

在立法上明确给付标准与给付方式，逐步提高工伤保险给付标准，尽量做到能够填补并维持劳动者及其家属的基本生活的水平，并且扩大行使工伤保险给付与损害赔偿请求权人的范围，扩大到由受害者抚养的家庭成员。

（四）加强与完善失业保险法治建设

1. 逐步扩大失业保险的适用范围

将适用对象逐步扩大到全体社会劳动者，特别是把临时性农民工、非全日制劳动者以及其他灵活就业的人员、国家公务员以及处在实习期的高校毕业生等纳入失业保险的适用范围。从相关法律的衔接和一致性上来看，失业保险法规定的适用范围应该与《劳动法》《劳动合同法》的规定相一致，避免法律之间的分歧。

2. 提高失业保险的给付标准，缩短给付期限

现有的失业保险金给付标准和方式不够科学，固定金额的标准不足以应对社会工资水平的上升以及由于物价上涨带来的生活成本的提高，应该采取工资比例制，随着工资的涨幅按照比例确定给付金额，并且规定不得低于当地最低生活保障标准。这一方面加强了对失业人员的生存保障，另一方面促进了失业者的积极就业。

3. 科学设计失业保险费率，实行浮动机制

目前采用的单一的比例费率，没有考虑到行业之间、劳动者之间的差异。采取行业差别费率制，将对各行业失业保险费用征缴的比率与该行业的失业风险程度结合起来。失业风险高的行业，缴纳失业保险金的比率可以相应提高，失业风险比较低的行业，缴纳失业保险金的比率可以相应降低一些。

（五）加强与完善生育保险法治建设

1. 修改完善《河南省职工生育保险办法》

该办法于 2008 年颁布实施，距今已有将近十年。国家出台了放开二胎等新的生育政策，针对这些重大调整有必要修订《河南省职工生育保险办法》，对新政策、新情况加以规定，以法律的形式规范生育保险相关法律行为，明确用人单位和监管部门的法定职责。

2. 扩大生育保险覆盖范围

将流动人口孕产妇纳入生育保险的覆盖范围，享受同本地户籍人口同样的社会生育保险，并且不断完善生育保险转移和衔接的制度，避免因就业不稳定、不连续而导致的断保现象发生。

3. 加大对生育保险的监督管理力度，采取必要的惩罚措施

对拖欠缴纳生育保险费的用人单位给予严厉的法律制裁，督促尚未参加生育保险的用人单位依法为职工缴纳生育保险金，责令骗取生育保险金的单位和个人限期退还并追究其相应法律责任，违反计划生育政策的不能享受生育保险待遇，并且要接受相应的处罚。

二 加强与完善社会救助法治建设

（一）依法保障城乡居民最低生活水平

1. 进一步完善《河南省社会救助实施办法》

实施办法中关于最低生活保障的规定需要进一步细化，增强可操作性。地方在最低生活保障制度实施和管理中负有的各项具体权责，需要由地方性法规加以明确。中央和地方对农村低保的财政补贴比例也需要进一步依法予以明确。

2. 进一步整合城乡最低生活保障统筹标准

结合经济法治水平，遵循最低生活保障标准与物价挂钩的联动机制，综合运用科学的测算方式，明确合理的统筹标准。

3. 进一步强化监督管理

采取统一管理、统一救助标准的集成化管理模式。把所有救助对象放在一个平台上进行细分，避免由于信息沟通不畅，而导致的重复救助、救助水平高低不均等问题。

（二）依法对流浪乞讨人员实施救助

1. 强化救助站服务和管理

切实维护流浪乞讨人员合法权益，保障其基本的生活，不断改善救助站的硬件设施，提供人性化、亲情化的救助服务。有必要把未成年流浪乞讨人员单独分离出来进行救助。对未成年人的救助必须根据未成年人可塑性强、活泼爱动的特点，以教育感化为主，以强制限制为辅，合理安排其生活起居和文体娱乐活动。对残疾、智障、受到伤害或有心理问题的流浪乞讨人员，重点在于对其积极进行医护和康复。

2. 强化街头流浪乞讨人员管理和解救工作力度

加强打击刑事犯罪，发现拐卖、拐骗、胁迫、诱骗、利用未成年人乞讨或组织未成年人违法犯罪的，要以涉嫌犯罪立案侦查。对街头流浪乞讨和被组织从事违法犯罪活动的未成年人一律采血，经检验后将数据录入全国打拐数据库。各地在采血和检验比对工作中的费用从财政列支。加强街头管理和救助，对流浪乞讨人员强行乞讨、骚扰他人、扰乱公共秩序、危害交通安全和公共安全的行为要严格依法查处。符合救助条件的，要及时送到救助管理机构救助。

（三）依法加强法律援助

1. 强化法律援助工作机制

强化法律援助队伍建设，建议指定律师事务所轮流从事法律援助工作，或者指定专职律师专门办理法律援助案件，其工资和办理法律援助案件的经费由财政统一列支。另外，可以规定每个律师事务所每年必须承担法律援助案件的最低数量，办理法律援助案件的开支由承办律师所在的律师事务所和法律援助中心共同分担。

2. 强化法律援助经费保障监督机制

根据上年度法律援助案件的数量和办理情况，结合最近几年来法律援助案件的平均增长速度，确定下一年度的法律援助经费预算，并按时足额拨付。对法律援助经费的使用必须进行监督和审查，有效使用经费，防止挪用和浪费。

3. 加强法律援助机构和队伍建设

全省各级政府要保障法律援助办案用房、用车，要把法律援助电话专线、微信平台建设等纳入投资规划，保证法律援助办公场所的基础设施建设。法律援助办公场所的设立要选取方便服务群众的地方，多推出便民措施，为社会弱势群体接受法律援助提供方便服务。司法行政部门要定期选派高素质、高业务水平的专业法律人才加入法律援助队伍中，不能因为这个是社会公益事业就降低队伍的配备标准。另外，还要进一步加强志愿者队伍建设，法律援助志愿者队伍也是一种不可忽视的社会力量，对于发展法律援助事业有很大的作用。还可以探索政府购买法律援助服务的方式，让更多的社会力量加入法律援助事业中来。司法行政部门每年要定期对法律援助工作机构和个人进行考核和评定，对优秀的给予表彰和奖励，对不合格的要给予批评和惩罚。探索建立法律援助案件公开制度，对承办律师的情况、案件的办理情况、经费的使用情况等定期公开。

（四）加强住房、教育、灾民救助方面的法治保障

1. 合理制定、及时调整住房救助对象的住房困难标准和救助标准

每一年均实行动态调整，经济社会发展水平提高，救助对象的住房条件也相应应予提高。另外，要加强住房保障各个环节、各个方面的信息公开，落实监督渠道。

2. 增加教育救助信息的公开性

为了避免不符合标准的学生冒领救助金等情况的发生，可以通过教育信息网络平台将贫困学生信息、教育救助对象信息都进行统计和公开。通过教育信息网络平台，社会公众作为一种社会监督力量，可以及时了解教育救助有关情况和实施状态，也可有效防止地域偏袒。

3. 进一步做好救助资金监管工作

各地民政部门与审计部门联合组成督查小组，严格按照有关规定，坚持专款专用。救灾物资的发放需要登记造册，确保灾民救助过程的公开与公正，对滞留、截留、挪用救灾物资以及亲友优先的情况必须依法惩处。

三 加强与完善优待抚恤法治建设

（一）加强与完善见义勇为相关法治建设

1. 制定《河南省见义勇为条例》

2012 年，河南省人民政府颁布实施了《河南省维护社会治安见义勇为人员保护奖励办法》，明确了国家补偿义务，完善了见义勇为基金制度。但是，随着近年来经济社会的发展，有必要制定一套完整的地方性法规《河南省见义勇为条例》，提高立法层级，在对见义勇为行为依法进行认定和奖励的同时，进一步明确统一见义勇为行为认定标准和奖励、补偿标准。依法设定一个比较宽泛而又具体的见义勇为行为认定标准，设定有利于见义勇为者的举证责任。从而能够进一步鼓励和表扬见义勇为行为，不让英雄"流血又流泪"。

2. 完善见义勇为中的责任认定制度

危机情况下，见义勇为者不惜牺牲自己的生命、财产去救助他人。并且，在救助过程中情况紧急，根本来不及仔细全面地思考，难免会有不当。因此，应该依法明确规定见义勇为者仅负有一般注意义务，即使在见义勇为中出现过当情节损害了他人的权益，只要没有故意即可免责。

（二）加强与完善现役军人、转业干部、退役士兵、军队离退休干部优抚优待法治保障

1. 建立健全相关法规制度

加快制定军人社会保障相关法规制度，涵盖军人保险、军人优抚安置、军人社会福利、军人社会救助和军人补充保障等重要内容。军人基本医疗保险、养老保险要明确实行社会统筹和个人账户相结合，退役、失业保险应将服役年限折抵缴费年限。对《退役士兵安置条例》中要求政府

安排岗位的四类人员，做出刚性规定。建立军人抚恤待遇水平的自然增长机制，对遗属抚恤制度进一步做出明确规定。

2. 扩大现有军人保障覆盖面

扩大军人保险险种，扩大军人伤亡保险的适用范围，扩大未就业随军配偶基本生活补贴保障范围。根据军人职业风险的特殊性建立专项保险制度。解决优抚对象在看病、交通、住房、入学、参军、补助、救济等方面的困难。

3. 提高退役士兵培训、安置质量

探索推行退役士兵担任村官、武装干部的办法，使退役士兵就业与巩固基层政权、加强基层武装工作有机结合。加强对退役士兵进行职业培训，促进其高水平就业。

四　加强与完善就业促进法治建设

（一）完善就业促进法

1. 增强《河南省就业促进条例》的可操作性

《河南省就业促进条例》是政策法律化的结果，但没有很好地处理法律与政策的关系，给其实施带来了很大的障碍。从整部《河南省就业促进条例》来看，除了个别章外，其余部分大多由原则性规范构成。政策性、原则性较强，具体规定不多，不利于法律责任的追究。一些原则性规定、鼓励性规定也无相应的监督和评价规定。这些规定在实施中变成了没有法律后果的"无用规范"。因此要加强《河南省就业促进条例》关于法律责任的规定。

2. 将失业保险待遇明确规定为国家的给付义务

《河南省就业促进条例》只在"政策支持"这一章提到失业保障制度，并没有作权利、义务、责任等具体化规定。应该在实施细则中明确规定失业保险金作为国家对失业者的给付义务，且增强其可诉性。

3. 明确多种就业形式，鼓励社区服务

《河南省就业促进条例》可以将举办社区服务的单位和个人纳入享受补贴、税收、信贷等优惠措施的主体范围，优惠程度与经营规模等因素密切相关。

（二）依法推动劳动法、劳动合同法的完善与实施

1. 加强《劳动法》《劳动合同法》的实施监督和检查

各级劳动保障监察机构负责劳动监察执法活动，目的在于督促用人单位严格执行《劳动法》《劳动合同法》，确保劳资双方的合法权益得到充分保证。同时，负责保障劳动保护、工资给付、劳动者入职和在职培训、有关保险、社会福利等方面的法律法规得到贯彻落实。在规范用工行为、订立劳动合同、理顺劳动关系、监控工资支付等方面加大监察执法力度。加强对重点地区、重点企业的检查，依法查处拖欠工资、拒缴保费、使用童工等侵害劳动者权益的行为。

2. 增强劳动者维权能力

劳动者群体里农民工人数最多，他们文化水平有限，对《劳动法》《劳动合同法》的内容所知甚少。有的为了获得工作和较高的工资不惜牺牲自己的权利；有的人认为法律途径麻烦、成本又高而放弃依法维权；有的人甚至不知道身为劳动者有何权益、如何维护自己权益。这就使得用工单位收入职培训费、扣押身份证、不签订劳动合同、滥用试用期等行为屡禁不止。因此，要通过法律宣传和法律培训提高劳动者对自己权益保护的意识。用人单位侵犯劳动者权益时，劳动者应该注意收集证据，积极主张自己的权利，知道请工会维权或者律师代理，并且始终通过正当途径解决劳动争议，不能采取过激行为或者暴力手段。

五　加强与完善弱势群体权益法治保障

（一）依法加强未成年人权益保护

1. 修改完善《河南省未成年人保护条例》

明确政府保护职责，明确和细化未成年人各项合法权益由哪个部门负责保护，如保护不利出现严重后果将承担怎样的法律责任。明确对未成年人权利保护的程序、经费来源，完善问责机制，让《中华人民共和国未成年人保护法》真正发挥保护未成年人合法权利的作用。

2. 加大对侵犯未成年人合法权益犯罪的惩治力度

对拐卖儿童、组织儿童乞讨及从事违法犯罪活动等行为要依法严厉打击。对未成年人犯罪高度重视，加强和完善预警机制。设立侵犯未成年人犯罪强制报告制度，严厉打击以未成年人为犯罪对象的犯罪行为，对未成年人的性侵害罪犯于刑满释放后仍要进行登记备案，加强防范。

3. 设立专门的未成年人保护机构

政府设立专门的未成年人保护机构，赋予其独立的行政职权、经费和人员，实现一个机构负责未成年人保护的完整流程，避免将相关职责在不同阶段分割给不同部门，造成衔接的漏洞和互相推诿扯皮。

（二）依法加强妇女权益保障

1. 进一步实施《中华人民共和国妇女权益保障法》

1994 年，《河南省实施〈中华人民共和国妇女权益保障法〉办法》颁布施行，2008 年对其进行了一次修订。时至今日，出现了许多新情况、新变化，河南省有关部门应该针对这些制定出相配套的措施，提高全省妇女的权益保障的水平。特别是依法反对性别歧视，禁止性别歧视行为，努力避免和减少就业中的性别歧视，对不依法为妇女提供劳动保护的单位和个人，依法规定其法律责任，明确其必须采取措施进行整改，对教育仍不整改的单位，依法追究其法律责任。

2. 保护妇女婚姻家庭、财产等合法权益

要把打击重婚、"包二奶"、家庭暴力等危害婚姻家庭的违法行为作为加强妇女权益保护的一项重要工作抓好。进一步建立和健全反家庭暴力投诉站。在妇女财产权益的保护过程中，需要完善离婚损害赔偿制度，扩大损害赔偿的请求权主体，不仅限于无过错的婚姻当事人，还应包括与婚姻当事人共同生活的、受婚姻过错方暴力侵害或虐待、遗弃的其他家庭成员。

3. 加大对侵害女性权益行为的惩罚力度

严厉打击各种侵害妇女权益的犯罪活动，特别是要依法从重打击强奸、拐卖妇女、强迫妇女卖淫等严重侵害妇女人身权利的犯罪行为。逐步清理农村中与法律法规相抵触的"乡规民约"，保障出嫁女享有与村民同等的权利。

（三）依法加强老年人权益保障

1. 适时修改完善老年人权益保障相关法律法规

《河南省老年人权益保障条例》于 2013 年通过实施，基本适应了经济社会和老龄人口构成发生的变化，但是，现行法律的一些内容仍不能完全满足老龄化社会的需要，需要进一步完善。建议河南省人大常委会适时对有关法律法规进行修改和完善，将实践中成熟的老龄工作经验上升为法律，增强法律的针对性和可操作性，为维护老年人权益提供更好的法律保障。

2. 依法健全覆盖城乡的老年人社会保障体系

老有所养、老有所医是老年人最为关注的核心利益问题，也是社会保障制度建设的重点。要继续完善覆盖城乡的老年人基本养老保险和基本医疗保险制度，逐步提高保障水平。老年人优待政策需要进一步落实，并且要注意向农村倾斜。

（四）依法加强残疾人权益保障

1. 依法保障残疾人受教育权

办好特殊学校，同时制定普通学校招收残疾孩子入学制度。残疾儿童无学可上、学校不招残疾儿童的现象仍然存在，这个问题必须得到重视和解决，要全面提升残疾人的受教育水平，提高入学率。同时，应重视残疾人的职业教育问题，探索能够增强残疾人融入社会、自食其力能力的职业教育体系。

2. 依法保障残疾人就业权

依法保障残疾人享有工作权，让其能够自食其力。现已出台的有关残疾人就业的政策、法规，在落实上还存在一些问题。解决这些问题，就要在现有措施基础上，进一步拓宽思路。比如，在党政机关、企事业单位，确定一定比例适合残疾人工作的岗位，优先录用残疾人；确定适合残疾人生产的商品、经营的行业，由残疾人专营；继续办好办实福利企业。

六 加强和完善社会公益法治建设

(一) 依法推进慈善捐赠法治建设

1. 制定有关实施细则

针对《中华人民共和国公益事业捐赠法》和《基金会管理条例》制定出实施细则，将河南省的公益捐赠纳入法律调整范围。另外，目前有关捐赠的法律法规只对"公益捐赠"进行规范，对实践中已出现的大量"社会捐赠""民间捐赠"问题则未包括在内，在全国层面立法尚有空白，如媒体是否有募捐主体地位，其义演、义卖所得钱款流向不清的问题怎么解决。在国家层面立法尚不成熟的情况下，地方可以在依法保障社会捐赠、民间捐赠方面进行有益的探索和大胆的尝试。

2. 依法明确民政部门的管理角色与职责

民政部门是对捐赠事务等进行管理的政府部门。改变民政部门既是募捐人、受赠人，又是管理人的角色混同困境，让民政部门从募捐人、受赠人的角色中解脱出来，成为单一管理人，则能够更好发挥其管理、监督职能。

3. 建立健全责任追究制度

当前社会救济体系极不完善，在捐赠活动中经常出现违法、违规活动，而不规范的捐赠活动所带来的负面影响，无疑是对慈善事业的毁灭性打击。因此应该建立捐赠责任追究制度，对于捐赠中存在的违法、违规行为应该追究和制裁，构成刑事犯罪的依法移交司法机关追究刑事责任。

(二) 依法发展规范彩票业

1. 进一步完善落实《河南省彩票公益金管理办法》

2013年2月25日，河南省人民政府办公厅印发了《河南省彩票公益金管理办法》。该办法对彩票公益金的收缴管理、资金分配、使用管理、监督检查规定得比较笼统，需要进一步细化。该办法的法律层级不高，靠政策和政府规章进行规范，显然法律威慑力不强，特别是现阶段彩票市场出现的违法犯罪问题仅依赖行政法规、政府规章来处理，很多情况下无法可依。另外，对违反规定的处罚规定不详细，这些方面都需要进一步完善。

2. 依法保障彩票资金使用规范合理

依据有关法律法规，对彩票发行费和公益金的筹集、分配、收缴、使用、监督检查、效果评估的全流程进行梳理，加强彩票资金管理的规范力度。严格按照有关法律法规，对虚报冒领、挤占挪用彩票资金、违规建楼堂馆所以及发放津贴等问题，依法追究有关单位和人员的责任。提高资金的使用效益，依法进行分配，对项目的申报和绩效评估都要重视。

3. 依法加强对彩票业的监管力度

严格监管彩票的发行和销售，改变片面强调销量的做法。贯彻落实《中华人民共和国彩票管理条例》和实施细则，对违法违规问题，例如擅自利用互联网销售彩票、挪用资金、违规分配等，坚决不能只追求经济效益而对此视而不见或者姑息迁就。

（三）依法规范无偿献血

1. 依法加强对血液使用的监督

公开、透明可以增加百姓对无偿献血机制的信任。在全省范围内统一用血收费标准，同时把血站的运营情况公开，定时向社会公布血液的去向，比如一年一共用了多少血，这之中有多少是在加工过程中浪费的，有多少在哪些医院里使用。把这些信息都集中，且在一个载体上公布出来。对于违法规定的医院和个人，依法追究法律责任。

2. 依法加强无偿献血志愿者队伍建设

加强对无偿献血志愿者组织的管理与监督，加大对无偿献血服务队的人力、物力及财力支持，使无偿献血志愿者组织朝着健康的方向发展。从河南省红十字血液中心获悉，截至目前，河南省全省共有固定献血者队伍52.3万人，应急献血者队伍20万人，献血志愿服务者队伍8380人，成分献血者队伍3.3万人，稀有血型献血者队伍1.2万人，有力保障了日常、淡季和应急等不同状态下的临床用血需求。[①] 但是，在救治过程中，仍然

---

① 武亚楠：《河南固定献血者达52.3万人应急鲜血队伍20万人》，《河南日报》2015年6月14日。

存在血量不足、应急调度不开的情况。

3. 依法落实"无偿献血、无偿用血"承诺，调动无偿献血的积极性

无偿献血是保障血液安全的重要机制，对于保障人民身体健康、控制疾病传染、维护社会安定具有重要意义。因此，要在全省进一步贯彻落实"献一反三、终身免费"的返还政策，采取多种措施开通献血返还"绿色通道"。简化献血人及其直系亲属用血费用返还程序，为实现异地返还建立协调保障机制。

第十章
生态文明法治建设

生态文明被称为人类社会的"第三次文明",[①] 是继农业文明、工业文明之后的新的文明形态。习近平总书记在强调生态与文明的关系时指出:"生态兴则文明兴,生态衰则文明衰。"[②] 对于整个人类社会是这样,对于中国更是这样。我国正在全面深化改革,迫切需要一个人与自然和谐共处的生态环境。因此,加强生态文明建设是我国社会主义现代化建设"五位一体"的重要内容。法治具有规范性、权威性和稳定性,可以保障生态文明建设的合规有序、稳步推进,只有让法治利剑护航生态文明建设,实现生态文明建设的法治化,"美丽中国"才能尽早实现,我国才能真正意义上全面建成小康社会。

第一节　生态文明法治建设的理论分析

党的十八届四中全会以来,我国的法治建设迈上了新的起点,改革发展与法治的关系也有了新的定位,不再是以前的改革先行,法律随后保驾护航,而是强调改革发展必须于法有据,必须体现法律的引领和规范作用。因此,"五位一体"建设都将与法治建设同步推进,生态文明与法治文明也得以充分融合,相生相长,形成生态文明法治建设的有机统一体。

---

① 宋豫秦、叶文虎:《第三次文明》,《中国人口资源与环境》2009 年第 4 期。
② 王丹:《生态兴则文明兴,生态衰则文明衰》,《光明日报》2015 年 5 月 8 日。

一 生态文明法治建设的内涵分析

（一）基本内涵

生态文明是人类社会面临严峻的环境危机形势，做出的对以往任何一种文明形式的彻底反思和为了人与自然和谐相处与可持续发展而做出的适应性选择。这一文明理念的建立和普及必然会对人们的行为提出一系列规则要求，而具有普遍性、强制性和规范性特征的法律制度恰恰是这种规则的最佳选择。生态文明在物质层面主要是指为实现人与自然和谐而进行的生产方式、经济运行方式和生活方式的改造及其成果。因此，从这个意义上讲，生态文明建设属于经济基础的范畴，其形成、发展和完善需要上层建筑的支持和保障，尤其是法治的保障。党的十八大报告明确指出"法治是治国理政的基本方式，要推进科学立法、严格执法、公正司法、全民守法，坚持法律面前人人平等，保证有法必依、执法必严、违法必究"，同时也提出建设生态文明社会的要求。可见，法治对于全力推进生态文明建设至关重要。生态文明法治建设就是要运用法治思维和法治方式深化改革，坚决排除一切妨碍生态文明科学发展的思想观念和体制机制弊端，构建系统完备的科学规范和运行有效的生态文明法律制度体系；推动生态环境领域的严格执法和公正司法，化解矛盾纠纷；通过制度的约束、规范和提升，培养社会大众的生态文明法治意识，促进全民守法，实现人与自然和谐相处。

（二）价值取向

生态文明法治建设从根本上来说就是通过法治的手段实现对生态价值、经济价值以及其他价值之间的协调和平衡。由于涉及的利益和关系层叠交叉、错综复杂，因此，生态法治建设的价值取向也很难界定。尽管如此，任何一个涉及法律科学的问题都不能回避价值的取向和选择的问题，生态环境法治建设的价值取向应当是站在社会本位的立场上，保护每一个法律主体的生态环境利益，促进生态文明与法治文明的融合与共赢，最终实现生态和谐发展。实现这一价值目标，必须处理好以下几个问题。

1. 正确处理和协调生态环境利益与经济利益之间的关系

如果把整个社会文明比作一个"母体"，生态文明与经济文明、政治文明、社会文明、文化文明都是她的"孩子"。它们之间既相互独立，又彼此依存，其中，尤其是生态环境利益和经济利益之间存在明显的冲突和矛盾，如何处理协调这两者之间的关系对于实现生态文明至关重要。在全面深化改革过程中，要把生态文明建设融入经济、政治、文化和社会建设的方方面面，要运用法治的思维和方式，努力扭转我国经济社会发展过程无视或者轻视生态环境的观念，重新认识生态环境在现代社会发展中的地位，更加全面和综合地去评价其价值，明确其在社会文明建设中不可取代的独特作用；要通过法治指标测评改变以往以经济指标为核心的单一的社会发展评价标准，将生态环境法治建设的各项指标进行量化，纳入多元化的综合评价社会发展的指标体系当中；要重视生态法治的全面实施，不仅要科学立法，更要严格执法和公正司法，改变当前一些生态环境法律制度落实不到位的现状。

2. 逐步明确相关法律主体的生态环境利益

环境是每个人生存必不可少的物质条件，良好的生态法治建设也必须是承认各个法律主体的生态环境利益。公民的环境权与生俱来，但我国现有的法律法规中并未明确规定环境权的相关内容，这对生态文明的全面建成必将是一个巨大的阻碍。例如，我国修改后的民事诉讼法已经确立了环境公益诉讼制度，但是，在具体的诉讼实践中难以找到提出诉讼的请求权基础，导致这一重要制度无法落到实处。因此，生态法治建设要逐步建立各项法律制度，明确法律主体应该享有的生态环境利益，这是实现生态文明的重要制度基础。

3. 必须建立健全科学合理的生态环境利益救济制度

法律的作用在于按照一定的程序对违法者的违法行为进行惩戒或否定，同时对受害者进行补偿或肯定，使遭受破坏的社会秩序恢复到原来的稳定状态。法学领域坚持"无救济便无权利"，对待生态环境利益，重在保护，防患于未然，但是一旦利益受损，必须给予最周密、最及时的保护，只有充分合理的救济，才能体现法律权利的存在和价值。当前，环境公益诉讼制度虽已建立，但是，全面落实的配套机制还不健全，如该制度中的原告资格、程序、证据规则、诉讼标的等相关问题尚未厘清和完善，需要在今后的生态法治建设中予以重视和解决，只有环境公益诉讼制度得以有效实施，以此为核心的生态环境利益救济制度才算有了支撑。另外，除司法救济之外，还需要逐步建立和完善行政救济和社会救济制度等，形成多元化的生态环境利益救济制度体系。

（三）制度体系

生态文明法治建设的基础是完备周密的生态环境法律体系，当今社会发展瞬息万变，我们面临的生态环境问题层出不穷，很多生态危机接踵而来。生态法治建设必须对这些新问题予以回应，首要之举便是按照生态文明建设的要求健全和完善生态环境法律体系，保证生态执法和司法过程的有法可依，并通过立法中的环保理念和生态保护意识促进人们生态法治观念不断增强，有助于实现生态法治建设中的全民守法。鉴于生态文明的特殊性，根据它的内涵和特点，我们在生态法治建设的框架下可以将生态环境法律体系分为环境污染和生态退化防治法律体系、生态经济法律体系、生态建设法律体系以及环境教育法律体系四个部分。① 就第一部分而言，当前我国主要侧重于环境污染防治方面立法，而生态退化防治方面的立法紧迫性还没有被重视；第二部分生态经济法律体系主要是指《循环经济促进法》《清洁生产促进法》等相关法律法规，立法目的是从法治角度解决经济发展与生态保护之间的矛盾；第三部分生态建设法律体系目前主要有《森林法》、《草原法》和未来将制定的《湿地法》等，侧重点在于用法律保障生态修复以及生态基础设施的建设；第四部分环境教育法律体系主要是将一些重要的生态文明道德规范法律化，用法律保障生态建设的文化载体，引导人们树立绿色消费、生态保护的法治意识。

二　生态文明法治建设的基本原则

生态文明的法治建设，是一个长期而系统的工程，其中包括很多环

---

① 钱水苗、巩固：《面向生态文明的环境法制建设路径探析》，《环境污染与防治》2011 年第 6 期，第 90～94 页。

节，且这些环节之间互为表里，联系紧密。因此，建设过程必须遵循一套科学合理的基本原则，保证每个环节的建设有章可循，共同促成生态文明法治新秩序的形成。

（一）保护优先原则

中国有句俗语：防患于未然，即强调提前保护和预防的重要性。保护优先原则，符合我国的生态领域基本国情，符合环境污染防治规律，是我国长期以来环境保护工作的经验总结，体现了法治建设中法律所发挥的警示和预防作用。坚持保护优先的原则，对从源头上防止环境污染和生态破坏、正确处理发展与环境保护的关系、最终建成美丽中国，具有十分重大的意义。正确履行保护优先原则，既包括思想领域的革新，又包括管理手段方式的变革，其实施重点是采取政府组织、舆论导向、教育介入的形式，广泛、深入、持久地开展宣传，开展经常性的监督检查，唤起全社会生态文明的法治意识，大力营造保护环境人人有责、提前预防惠及后代的生态法治文化氛围。在具体实践中，立法方面应注重强化保护优先原则的规则体现，建立健全保护优先原则依法实施的制度体系，同时注重在执法过程中做到奖罚分明，谁坚持履行保护优先原则谁得利，反之受罚。在城市治理方面，要用法治的手段保证城市规划管者首先考虑生态建设和保护的需要，科学规划每一个细节，善于考虑工程建设对自然的影响，做到每一个步骤都不能打破自然系统。

（二）因地制宜原则

因地制宜实际上就是要坚持事物的特殊性，反对千篇一律套用某个模式。我国地域宽广，生态条件复杂多样，各个地区的地理、气候、资源状况都有所不同，甚至差异很大。如新疆与海南各自面对的环境问题必然大相径庭，即使在同一个省域内，各地市的生态状况依然会有不同的特点。因此，要想制定一个全省统一甚或全国统一的生态法治建设模式，几乎都是不可能的。有鉴于此，对于生态法治建设过程中的普遍性的问题，如污染的控制、资源的节约等，应当站在整体的角度统一谋划和实施；但对于不同区域的生态状况，法治建设必须坚持因地制宜的原则。在具体实践中，各级地方政府应立足本地的实际情况，扎根于自身的经济基础，制定有针对性和实用性的实施办法，确定工作重点，分清主次，推动生态法治建设有条不紊地进行。

（三）环境公平原则

环境公平是人类公平理念在生态文明法治建设中的具体反映。环境公平内涵丰富，既包括环境资源领域内权利和机会的公平，也包括分配环境资源过程中的公平以及更广范围内的环境人道主义公平等内容。"环境权利公平，是指每一个人都具有平等的生存权、发展权、环境权和其他环境权益，主要是指公民环境权平等。环境机会公平，是指满足人对环境资源的不同层次的需要和不同的人对环境资源的不同层次的需要，以利于发挥每个人的潜能。环境分配公平，是指法律在配置环境资源时或政府在分配环境资源时，必须公平。环境人道主义公平，是指对于弱势群体、弱者，要实行照顾弱者、扶持弱者的政策，为其生存发展提供基本的环境资源条件。"[1] 生态文明法治建设过程中，坚持环境公平原则，将极大地拓展和丰富传统的公平理念，将公平从代内延伸到代际、区际以及种际。可见，环境公平作为一种理念和原则，是让人们从真正意义上共享"美丽中国"利益的集中体现，也是生态文明法治建设面向世界和未来的显著标志。

（四）综合价值最大化原则

长期以来，人类在从事经济活动时由于对自然资源的价值和价格问题存在着非理性认识，无视资源的生态价值，片面追求经济利益，因而过度开发和消耗自然资源，出现了资源短缺甚至枯竭的现象，严重者甚至导致了生态危机。随着资源过度开采和浪费造成的负面影响日益突出，人们对自然资源的生态价值观念发生了逐步转变，开始认识到自然资源不仅具有经济价值、社会价值，同时还具有生态价值，而且这三者是统一的、不可分割的整体。由于这些价值之间相互牵制、互为条件，忽视任何一种价值

---

① 蔡守秋：《环境公平与环境民主——三论环境资源法学的基本理念》，《河海大学学报》（哲学社会科学版）2005 年第 9 期，第 12～17 页。

的同时必然造成其他价值的流失和减少。例如，大量采伐森林可以获得巨大的经济效益，但同时也导致了森林的生态危机，不但消减了未来时期森林的经济价值和社会价值，更是消减了森林的生态价值。因此，生态文明法治建设中坚持价值最大化原则，就是要用法治和制度的力量去承认和协调自然资源的各种价值，不是一味追求经济价值、忽视生态价值，也不是要摈弃经济价值、夸大生态价值和社会价值，而是要摆正态度，坚持科学先进的立法指导思想，从根本上提高生态保护法律的正当性和有效性，把生态保护建设、经济建设与社会发展放在同等重要的位置，促进三者协调发展，实现综合价值的最大化。

（五）公众参与原则

公众参与在公共治理领域主要是指社会主体根据其自身的权利和义务进行有目的的社会行动；而在法治建设领域，公众参与主要表现为社会公众参与管理国家事务和社会公共事务的权利；具体到生态文明和环境保护领域，公众参与，则指公众有权平等地参与环境立法、决策、执法、司法等与其环境权益相关的一切活动。① 坚持公众参与的原则，有助于公众合理表达对生态环境法治建设的需求和建议，也可以切实提高公众的生态文明法治意识。但由于公众参与在法治建设领域基本上还属于一个新鲜事物，因此，生态法治建设中需要特别注意公众参与范围和参与途径的问题，前者包括环境立法、环境行政决策、生态保护的社会实践以及监督等，后者则包括召开听证会、论证会、座谈会，出具专家意见，申诉、检举、控告以及参加问卷调查等，同时，也要加强对公众参与的程序保障和给予公众参与的有效回应。

第二节　生态文明法治建设的现状

近些年来，我国的生态法治建设取得了显著的成就和长足的进步，形

---

① 张晓文：《我国公众参与环境保护法律制度探析》，《河北法学》2007 年第 7 期，第 124～127 页。

成了涵盖宪法、法律、行政法规、地方性法规以及我国签订或参加的国际条约的生态保护法律体系。然而，立法方面的完善并不能代表生态法治整体的成效，况且很多省份的生态法治建设与整个生态法治国家的要求还相差甚远，河南在生态地方立法、执法、司法和法治文化建设方面也还存在一些问题和不足，亟待解决和完善。

一　生态文明法治建设的成效

（一）立法理念显著进步，法律体系逐步建立

我国 2014 年新修订的《环境保护法》引入了生态文明建设和可持续发展的理念，与之前制定于计划经济时代的旧法相比，有了很大的进步。如新法中开始体现保护和预防优先、代际公平等新型理念。以前的法律更多的是注重事后救济，很少发挥法律的预防功能；以前的法律主要关注的是当代人的利益，无视或者忽视后代人的利益以及自然的利益，更不用说去追求人类代与代之间的公平以及整个生命物种之间的公平，因此过去的法律才不具有长久的生命力。河南省在这一立法理念引导下，在制定地方性法规时，开始避免类似问题的发生，即在立法导向上不再偏重环境污染防治而轻视对自然资源进行保护和生态建设，不再只是看到了加强污染防治背后能给地方带来短期的经济效益，而是意识到这是以牺牲我们赖以生存的有限资源和环境为代价的，环境和资源的承载能力一旦不堪重负，严重的生态问题或生态危机就会接踵而来。

当前，我国的生态文明建设面临着全面推进依法治国、全面建设和谐社会、全面贯彻环保法的时代背景，进一步完善生态保护法律体系，做好相关配套制度建设，为生态文明法治建设夯实科学立法的基础显得尤为重要。我国近些年来逐步重视科学立法、民主立法，不断加强生态文明建设方面的立法工作，初步形成生态保护的法律体系，总体上朝着逐步系统完备、不断健全完善的趋势发展。在很长一段时间内，我国环境立法理念相对滞后，立法跟不上市场经济发展需要，很多环境问题出现以后才想起来要制定某方面的法律，立法缺乏长远规划因而不够系统，法律之间缺乏有机联系。近几年来，随着环境法治建设越来越铿锵有力，我国公民应当享

有的环境权正在逐步落实到具体的法律中，相信以后还会写入宪法，更好地发挥宪法作为根本大法的引领和指导作用。一般而言，在我国，生态文明建设的法律体系应当由宪法、环境基本法、各环境单行法以及相关部门法、地方性立法分类组合形成有机联系的统一整体。如此看来，我国生态文明的法律体系建设正在有条不紊地进行，河南的生态立法在国家宏观生态立法环境下必将取得更明显的成效。

（二）生态文明执法力度不断加强，执法长效机制初步形成

就目前而言，新的环保法刚开始实施，居民对居住环境的要求逐步提高，各种环境问题接踵而来，已经到了非治不可的地步，因此，各地纷纷重拳出击，严厉打击环境违法行为，较好地维护了环保执法的公信力和权威性，遏制了环境违法行为的多发态势。2014 年，河南省环保厅与省公安厅联合下发《关于切实加强环境行政执法和刑事司法衔接工作的通知》和《关于印发挂牌督办重大环境污染犯罪案件暂行规定的通知》，建立了"3 + 3"联动工作机制。即"三项制度"，分别是联席会议制度、重大环境污染案件挂牌督办制度、环境违法信息抄报制度；"三项机制"，分别是联合查处机制、11 类涉嫌治安处罚的环境违法行为移交机制、4 类涉嫌环境污染犯罪案件移交机制，较好地形成了行政、刑事合力打击环境违法行为的制度网络。

与此同时，河南环境执法正在采取各种措施避免受到地方保护主义的阻碍和影响，保证环境执法的统一性和有效性。此外，从我国多年的环境执法实践来看，不论是全国统一性执法还是各省因地制宜的特色执法，都带有"运动式"和"风暴式"的色彩。因此，河南的环境执法要努力建成长效机制，这不能不说是一个艰巨的任务。

（三）环境公益诉讼制度得以确立，环境审判机构逐步健全

我国新修订的《环境保护法》中明确规定了环境公益诉讼制度，其中规定：对污染环境、破坏生态、损害社会公共利益的行为，依法在设区的市级以上人民政府民政部门登记的相关社会组织，专门从事环境保护公益活动连续五年以上且信誉良好的社会组织，可以向人民法院提起诉讼，

人民法院应当依法受理。同时规定，提起诉讼的社会组织不得通过诉讼牟取利益。可见，新法扩大了环境公益诉讼的主体，对增强公众环保意识、树立生态文明建设的公众参与理念并及时发现和制止环境违法行为，意义不可小觑。

为了应对日益增多的环境纠纷案件，我国从 2007 年开始借鉴国外的司法经验，设立专门的环境法庭，这极大提高了环境案件的办理效率和审理质量，将为生态文明的法治建设发挥重要作用。据相关研究统计，目前我国贵州、云南、江苏、江西、福建、海南、湖南、山东、吉林及河北等10 余省的部分高级人民法院、中级人民法院和基层人民法院，已经先后设立了几十个专门的环境法庭。其中，基层人民法院中设置环境法庭的较为普遍，而中级人民法院中设置环境法庭的逐年增加。据笔者所知，目前，贵州省贵阳市中级人民法院、江苏省无锡市中级人民法院、云南省昆明市中级人民法院和玉溪市中级人民法院、吉林省吉林市中级人民法院都正式设置了环境法庭。当前，河南环境法庭制度的建设刚刚起步，在法律依据、法官素质、办公配置等方面都在逐步完善和发展。

二　生态文明法治建设存在的主要问题

生态文明法治建设是一项系统工程，其中包括很多组成部分和重要环节，其复杂性和艰巨性决定了这一工程将面临诸多困难。近年来，河南生态文明法治建设虽取得了一些成效，但是，具体实践中仍然存在一些问题，需要予以重视并逐步解决。

（一）大气污染治理中行政执法效率低下

人类分分秒秒都不能离开空气，而我国的大气污染却呈恶化趋势，尤其是最近几年的雾霾污染已经让社会陷入恐慌。作为一种典型的大气污染，从中央立法到地方立法，从《大气污染防治法》《大气污染防治行动计划》到各地的地方性法规，有关雾霾污染的法律法规体系已经颇为完备，而且各地也分别采取了一系列措施进行治理，但效果不甚理想，而且不具有持续性，其关键原因在于执法不力。"徒法不足以自行"，在生态文明法治建设过程中，大气污染的治理效果更依赖于严格高效的环境执法。在我国，企业环境违法的成本是非常低的，法律法规中规定的处罚方式是比较轻微的，对于违法企业而言，只要实施违法行为所带来的利润高于违法处罚的金额，他们就敢于铤而走险。更严重的是，河南一些地方政府为了拉动经济的发展和凸显政绩，在招商引资的任务面前，地方保护主义大行其道，对高污染企业也视而不见，网开一面。基于这些原因，政府在环境执法中就很难做到严格执法，更无法做到公平、公正和高效。

雾霾污染形成的特殊性，也是导致大气污染执法效率低下的一大因素。雾霾污染的形成原因是多方面的，是企业的群体性排污行为综合所致。在这些排污行为当中，有的企业实施了违法排污，但也有一些企业的排污行为可能并未超标，只是一定程度上给大气环境增加了沉重的负担，成为雾霾形成的"最后一根稻草"。对于这些合法排污企业，环境执法无能为力。还有从宏观层面而言，雾霾形成的大背景是河南不合理的产业结构以及能源结构，而对产业结构和能源结构进行调整，也是环境执法鞭长莫及的。可见，基于多方面综合原因，河南大气污染的行政执法处于效率低下的状态。

（二）水污染防治立法中缺乏公众参与内容

水是生命之源，而我国又属于水资源极度缺乏的国家，在缺水问题还没有得到有效缓解的时候，水污染问题又为人们拉响了警报。2007 年，我国《水污染防治法》重新修订，与旧法相比，新法有很多突破性创新，如立法目的更加明确、法律制度更加优化、执法力度得到增强等。根据上位法，河南及时制定了地方性法规《河南省水污染防治条例》，于 2010 年 3 月 1 日起开始实施。该条例的实施，建立了政府统一领导、部门依法监督、单位全面负责、群众参与监督、社会广泛支持的水环境保护体制，能有效预防水环境的恶化。这些立法上的进步都将推动生态文明建设中保护水资源的法治建设迈上一个新的台阶。然而在我们现行的《水污染防治法》中，没有明确赋予公众知情权，缺乏公众参与的相关规定，对于保护水资源这样一项需要每一个人参与其中的法治建设而言，这不能不说是一个欠缺。整部《水污染防治法》中，只有第 10 条第 1 款提到了公众参与的内容，即"任何单位和个人都有义务保护水环境，并有权对损害水环境的行为进行检举"，这明显还是命令控制和义务主导的立法模式，不赋予公民享受清洁水环境的权利和水环境信息的知情权，仅规定了检举权，这种法律规定可操作性不强，这种检举权因为没有法律上基础权利的支撑，也不可能真正起到鼓励公众参与水资源保护的作用。

（三）农村土地污染防治缺乏专门性立法

在传统的观念当中，人们往往认为土地是取之不尽、用之不竭的资源，随着社会的发展和自然环境受到破坏，人们的环保理念依然认为水需要节约、空气需要净化、森林需要保护等，而对土地受到的污染置若罔闻，尤其对远离人们视线的农村土地，其是否受到污染及污染的程度如何，人们很少去关注。殊不知，目前河南农村土地的生态环境面临着严峻的挑战，工业"三废"的排放、城市垃圾污染物的转移、化肥农药农膜等对农村土地造成极大的污染。土地是整个生态循环系统的重要因素，一旦农村土地污染到了积重难返的地步，空气和水体也会受到污染，从而形成恶性循环，后果不堪设想。然而，在我国目前的生态保护法律体系中，空气、水、森林等领域都有专门性的立法，而承载着十三亿人口衣食住行的土地，尤其是为我们一日三餐提供食物的农村土地，却没有专门的污染防治立法予以保护。正是因此，在一定程度上使得农村土地的污染防治工作缺乏执行力和针对性，系统性管理于法无据，工作效率低下，这些都不利于农村土地的污染防治，也将阻碍生态文明法治建设的顺利推进。

（四）噪声污染检测法律制度缺乏执行力

近些年来，噪声污染有日益加剧的趋势，甚至与大气污染、水污染并列为三大污染，严重影响了人们的工作和生活。环境噪声污染具有很强的特殊性，主要体现在噪声随时随地都可能出现和消失，其对人们的伤害具有主观性和累积性。因此，对检测噪声污染进行规范的法律制度就显得非常重要。然而，由于目前河南环境治理资金相对匮乏，主要注意力又集中在治理水、空气、垃圾等污染上，对噪声污染不够重视。与北京相比，近年来北京每年用于治理空气和水体污染的资金高达几十亿元，却只有四五千万元用于噪声污染的治理。首都尚且如此，河南作为中部发展中省份，噪声污染治理经费更加短缺，由此导致检测手段单一且落后，再加上监测标准的相应降低，出现环保监测缺位和执法能力不足现象就在所难免。

（五）生物多样性保护中政府责任缺失

生物多样性是一种宝贵的生物资源，在维护生态系统稳定中起着重要作用。由于人们在这方面的生态保护意识比较薄弱，加之经济利益的驱动，近些年毁草开荒、滥伐森林、捕猎野生动物的人为活动日益增多，生物多样性日益受到破坏，由此导致生态系统功能发生退化。生态文明法治建设是一个系统复杂的工程，每一个部件都不可缺失，与水、大气、森林等生态方面的法治建设相比，在生物多样性的保护方面，法律的有效性明显不足。这种不足由多方面原因造成，其中，政府在生物多样性保护中履行责任不彻底是最根本的问题。在对生物多样性保护中，政府责任包括两种义务，即政府首先应当承担切实履行生物多样性保护的职责，这是第一种义务；第二种义务是指当职责没有履行或者履行不当时应当追究的法律责任。生物多样性是生态系统的重要组成部分，属于典型的公共物品，政府作为公共物品的提供者，理应在生物多样性法治建设中起主导作用。然而，很长时间以来，河南政府在生物多样性保护中履行责任不彻底，突出表现为政府在相关工作中重权力轻义务，重管理轻服务；在具体活动中重政府主导轻公众参与；在追责方面重行政相对人的法律责任追究轻对政府的问责，这种轻重颠倒的工作理念严重阻碍了生物多样性保护法律效力的发挥。

第三节　全面推进生态文明法治建设的对策建议

党的十八大报告中指出，走向生态文明新时代，建设美丽中国，是实现中华民族伟大复兴的中国梦的重要内容。而法治在生态文明建设中的作用主要在于以法律为先导促进经济、文化、政治、社会与生态环境之间相互协调，推动社会朝着能够体现公平、正义、秩序、和谐价值理念的美好方向良性发展。因此，河南生态文明法治建设是一个用法治护航"美丽中国"梦的历程，需要在树立法治思维、完善立法体系、优化执法环境、实现司法专业化以及提高生态法治意识等各个方面共同加力，实现生态文明与法治文明的深度融合。

一　建立完善的生态文明立法体系

法治最直接的含义是"法律的统治"，这意味着每个领域的法治建设都必须有完善的制度基础，即"依法而治"。生态文明建设要得到法治的引领、规范、促进和保障，也必须首先建立完善的生态文明立法体系，使其适应生态文明法治建设的需要，为"良法善治"提供必要的前提和基础。首先，"生态文明"要写入宪法，在我国的根本大法中确立其重要地位。建议在宪法的有关章节增添"生态文明"的提法，明确环境权是公民的一项基本权利，有可能的话建立宪法诉讼制度，为给环境权提供司法救济创造宪法依据。其次，要制定一部综合性的生态保护基本法。宪法之下，应当有一部高位阶综合性的生态保护基本法作为生态文明法治建设的主要立法支撑，基本法应当吸收生态保护的整体理念并体现凡事于法有据的法治思维，将生态环境保护与资源节约保护统一起来，兼具环境污染防治和自然资源保护的双重功能，真正起到生态保护基本法的作用。再次，要加快制定和完善生态资源的专门保护法，我国目前《环境保护法》中列举了14类自然资源，一部分还缺少专门的法律保护，对《环境保护法》未涉及的但对人类生存和发展产生重要影响的自然资源，如土地资源的污染防治，这些都需要制定专门性的保护法实施有针对性的法治保障。最后，还需要尽快出台一部专门的生态保护程序法。新的《环境保护法》中，虽然明确规定了环境公益诉讼制度并扩大了诉讼主体的范围，但是对于环境公益诉讼的提起缺乏程序性的规定，而且对环境纠纷仲裁制度也没有加以规定，这些都亟待通过制定一部专门性的生态保护程序法一一加以完善。在国家生态立法日益完善的背景下，河南正在逐步加快地方性生态立法建设，强化生态环境保护的立法及调研工作已经被列入2016年全面推进依法治省重点事项中，同时，在《全面推进依法治省重点工作规划（2016－2020年）》中，河南明确提出要"把生态环境保护放在突出位置，加快建立有效约束开发行为和促进绿色发展、循环发展、低碳发展的生态文明法律制度，强化生产者环境保护的法律责任，大幅度提高违法成本，到 2020 年，实现生态环境保护法治化"。

二 营造良好的生态文明执法环境

在生态文明法治建设中，营造良好的执法环境对于提高法律实效和增强守法意识都具有重要意义。具体而言，首先，河南要建立一支高素质的环境执法队伍。通过公务员考试和工作中的学习培训，切实提高执法人员的生态法治意识和法律职业素养，培养他们对环境执法工作的责任感、使命感和自豪感，增强他们运用法治手段保护生态环境的自觉性和主动性；通过多种形式，深入开展生态文明法治宣传教育，形成环保执法人员良好的学习氛围。其次，要严格依照法律规定，严肃惩治各类环境违法行为，推进综合执法，如逐步提升大气污染防治的执法效率，尽快提高噪声污染防治法律制度的执行能力等。建立起严格执法的长效机制，长期坚持从快从重从严打击环境违法行为；对于重点案件要迅速查处，采取严厉行政措施，使其污染后果、社会影响减少到最低限度；在做好行政处罚工作的同时，对环境违法整改案件实施跟踪督察，对未完成整改任务的企业加大处罚力度；进一步完善定期协商、部门联动、案件移送等执法机制，不断提高环境执法实效。再次，要逐步规范执法行为和程序。环境执法活动中，要严格执行《行政处罚自由裁量标准实施办法（试行）》，根据案件的具体情况采取不同的处罚力度，依法规范生态环境违法处罚行为，确保生态文明法治建设中执法的公平、公正，维护法律的权威；各地具体的执法实践中，应在现有的基础上进一步细化、完善执法文书的种类、格式、内容，为行政执法和处罚工作的顺利进行提供方便；同时，要结合典型案例认真学习法律法规，对案件调查人员进行执法业务培训，组织法律培训和案件分析研讨；依法受理行政处罚和行政复议案件，对案件内容认真进行法律适用审查，按照依法行政各项规定，认真听取管理相对人的陈述、申辩，对其正确的意见依法采纳；注意受理程序、时间，确保行政处罚和行政复议的公平、公正。最后，各地要加强对基层环保执法的服务和指导。定期组织全省甚至全国环保系统学习、交流环保执法先进经验、典型环保案例分析和情况通报；做好国家、省新颁布的重要环保法律、法规的宣传贯彻落实工作，组织编印环境政策法规学习材料。

三　建立健全专门的司法审判机构

环境诉讼的明显特点就是专业性强，与海事诉讼相似，都需要建立专业性的司法机关（机构）。目前，我国贵阳、南京、昆明、无锡等地已经先后在法院内部建立了专业化的环境审判法庭。2014 年 4 月，河南省也在中牟县建立了第一个生态环境保护审判法庭；2016 年，郑州推动了 13 个基层法院设立环境资源保护审判庭。这些专门的环境保护司法机构，虽然形式上有所不同，但都一定程度上解决了环境纠纷的复杂性和专业性难题，是环境保护司法化的重要制度和组织保证。但是，环保法庭也存在一定的弊端，譬如，在处理跨区域环境纠纷方面，对那些造成本辖区环境污染的排污者不在管辖区内而难以追究其法律责任的问题很难顺利解决。因此，为了推进我国环境司法化制度更加成熟，避免出现环保法庭的负面作用，我们可以借鉴美国的做法，在一个省，或在一个水域甚至更大的生态环境区域内建立环境法院，将环境民事、刑事、行政和执行案件都交由环境法庭办理，建立综合性的环境审判庭，这样可以加快环境纠纷解决的速度，既节省了诉讼当事人的成本，也节约了司法资源，总体上缓解了司法资源紧张的状况。

四　树立生态文明法治理念

理念作为系统理性的观念，总是引导人们进行着科学有效的社会实践。正确的生态文明法治建设也必须是在正确的生态文明法治理念的指导下进行的，这样可以避免挫折和失败。树立法治理念，有助于法治思维的养成和高层次法治意识的建立。法治思维是将法治的各种要求运用于认识、分析、处理问题的思维方式，是以法治理念、法治精神、法治原则为基础，以法律规范为基准的逻辑化的理性思考方式。[1] 党的十八大报告指出：要"提高领导干部运用法治思维和法治方式深化改革、推动发展、化解矛盾、维护稳定能力"。在生态文明法治建设实践中，领导干部在法治理念的指导下运用法治思维非常重要，这是政府履行生态法治建设责任

[1]　张誉琳：《公民法治思维的价值诠释与培育路径》，《法制日报》2015 年 7 月 15 日。

的重要表现。一方面，领导干部的法治思维体现在用法律规范发展行为。在经济社会发展的每一步，必须构建科学有效的法治约束机制，具体包括依法决策机制、制度先行机制、依法追责机制、社会舆论机制、综合评价机制等，保证决策前、决策中、决策后都要符合生态法治的要求，尤其要明确决策失误造成生态损失环境污染时主体要承担的法律责任，以此优化保障生态文明法治建设可持续良好发展。另一方面，领导干部要学会运用法治方式促进矛盾化解。生态文明建设过程中，利益主体多样化和价值取向多样化不可避免会导致很多矛盾和纠纷，领导干部要善于"依法"来处理各种利益冲突，以"法律"为中心，使法律成为公众衡量进退的标尺和行为准则的根本，通过"依法而治"来维护社会秩序和公众信心。同时，要依法构建多元化的纠纷解决机制，不断满足群众的环境保护实际需求，提高群众生态环境利益表达的合法性和以合法形式反映问题的自觉性，有效促进社会矛盾的化解。

树立生态文明法治理念，可以有效促进生态法治意识向高层次发展。目前，河南在生态保护实践中存在的诸多问题，本质上都是观念落后造成的。因此，必须通过各种形式和途径在全社会树立生态文明法治理念，提升人们的生态文明法治意识，培育根深蒂固的生态法治文化，引导公众从自我做起，以法律为最低要求，切实保护生态环境。在《全面推进依法治省重点工作规划（2016～2020年）》中，河南继续把法治教育纳入精神文明创建内容，深入开展法治宣传教育，使社会主义法治精神和生态意识进一步得到弘扬。具体而言，一要加强生态法治文化工作的组织安排。开展法治文化实践，让法治文化成为推动生态文明法治建设的内在动力，必须进一步积极争取党委和政府的支持，加强党委、政府对生态法治文化工作的领导，凝聚全社会力量，推动宣传生态法治文化的重要性。二要创新生态法治文化载体形式。把培育生态法治文化作为生态文明法治建设的重要内容，高度重视法治文化的渗透力、引导力和感染力，努力在创新生态法治文化载体上下功夫，突出生态法治文化的大众性、娱乐性和广泛性，重视生态法治文化教育，丰富青少年法律知识。三要开发生态文明法治文化品牌产品。立足实际，主动与有关部门联手，结合社会发展、环境改善、和谐生活等，因地制宜制作打造一批贴近群众生活需要、能够被群众接受、具有区域特色的生态法治文化品牌，全面推进生态法治文化进机关、进乡村、进社区、进学校、进企业、进单位。

五　完善公众参与机制

生态文明法治建设中的公众参与，是公众及其代表根据国家生态环境法律赋予的权利和义务参与生态保护的决策和管理。公众参与机制就是以法律的形式明确公众参与的地位、过程和方式，主要包括：预案参与、过程参与、末端参与和行为参与等方式。预案参与是公众参与的前提，主要作用在于把关重要决策。决策出台前的论证会要请公众代表参加，决策出台时要以适当的形式公布于众，公众都不认可的环境决策不能出台。过程参与是公众参与生态保护的关键，是一种监督性参与。要求政府在各项环境政策、法律法规、规划及建设项目、区域开发等决策的实施过程，要随时听取公众意见，接受舆论监督，保证环境、经济行为的全过程符合生态文明法治建设的目的。末端参与是公众参与生态保护的保障，是反馈性参与。相关部门对环境纠纷的处理，要充分听取群众的意见和要求，处理意见和结果要以听证会的方式与群众见面，公众不认可的处理不能做出。行为参与是公众参与环保的根本，是自觉性参与，可以推动形成全民保护生态环境、依法治理环境的社会新风尚，实现监督参与和自我约束的有机结合。

生态文明法治建设的公众参与机制，是相对于行政调整、市场调整机制而言的，是指通过非政府、非营利性民间组织和社会大众等调整环境资源法律关系，保障公众有效参与生态文明法治建设，其主要的功能在于直接对抗国家公权，防止国家公权力对市民社会的不当膨胀与扩张。[1] 建立这一机制，首先要从立法上明确公民享有环境权。从宪法到生态保护基本法，再到各个专门法和程序法，整个生态保护法律体系，都要有体现这一权利的相应条款，使得这一权利从应然角度落地生根，变成公民享有的实实在在的法定权利。围绕公民环境权这一基本权利，一些有关环境事务方面的知情权和参与环境事务的讨论权、建议权等具体权利都应当明确加以

---

① 王文革：《环境知情权保护立法研究》，中国法制出版社，2012，第182页。

规定。同时，环境权除了实体方面包括知情权和参与权之外，还应包括程序方面的环境请求权，所谓"有救济才有权利"，当公众的意见被忽略、公众参与得不到应有重视时，只有法律赋予公众可以提请法院对决策机关的行为进行审查，环境权才是名副其实的权利，公民对环境权的行使才是有效的。其次，要完善生态保护的信息公开制度，切实保障公民的环境知情权。随着依法治国的全面深入和信息来源渠道的日益广泛，公众越来越重视维护自己在生态保护领域方面的知情权。因此，政府应当不断完善信息公开制度，让公众充分掌握有效信息，了解国家相关的环境政策以及决策内容，从而促进民众更加积极地参与生态文明的法治建设。当公民意识到自己是生态文明法治建设工程中发挥作用的成员时，会更加自觉地遵守生态保护的法律和政策，以主人翁的态度去保护生态环境，以法治维护自己的权利，真正促进生态文明和法治文明的共生共荣。再次，要鼓励发展民间环保团体，增强生态文明法治建设的群众基础。公众参与生态保护事务的主体有两种，公民和环保组织。公民作为单一的主体，其能力和知识范围都是有限的，只有依托一定组织才能形成合力，更有效发挥公众参与的作用，对政府和环境违法者加强监督，施加压力。民间环保团体与官方的和半官方的环保组织相比，具有更加广泛的群众基础，可以起到很好的宣传和带动作用，政府应通过法律政策和经济税收方面的优惠措施鼓励其发展壮大。

六　健全生态法治配套制度

生态文明法治建设需要建立覆盖源头、过程和终端的完整制度体系，除了周全严密的法律法规体系外，还需要一系列配套制度与之相辅相成，确保生态保护、环境污染控制和资源可持续利用有法可依，有标准便于执行和监管。

（一）建立健全生态安全评价制度

面对日益恶化的生态环境，河南亟须根据实际情况制定详细的《生态安全评价办法》，明确规定生态风险预防原则和生态安全评价制度，对全省生态状况进行系统分析，为区域内生态环境安全奠定基础。其中，评价指标体系的建立是最为关键的一环，通过建立包括农地安全评价指标体系、水安全评价指标体系、森林安全评价指标体系、湿地安全评价指标体系、草地安全评价指标体系和大气安全评价指标体系等一系列指标体系，综合分析人类活动对生态系统的干扰以及生态系统对人类活动干扰的响应，科学、系统、准确地反映全省生态安全的客观情况，揭示区域生态环境存在的主要问题，确定生态安全等级进而建立起生态安全预警系统，化解潜在的生态风险，从而维护区域内生态环境安全，促进全社会可持续发展。

（二）完善生态安全补偿基金制度

近年来，河南经济的快速发展所带来的最严重的负面效应就是生态环境受到了系统性的破坏，我们亟须通过建立一种综合考虑经济因素和环境因素且公平有效的可持续性制度来突破困局。河南应通过省级财政预算建立生态安全补偿基金，以法律的规范性和强制性保障基金的专款专用，保证经济社会发展中生态损害的反哺式填补成为一种常态，保障环境资源生态功能的及时有效恢复，这样有利于环境资源生态价值、经济价值和社会价值相辅相成、相互促进的和谐实现。

（三）建立生态环境特定保护区制度

特定生态保护区制度是指通过建立各种保护区、控制区、疫情区等对容易受到损害的特定生态系统划定保护区加以特殊保护的一系列规章制度。生态环境污染问题具有地域性特征，防治生态环境受破坏的一个有效办法，是在发生或有可能发生生态安全问题的地区划定各种形式的特定区域，包括各种保护区、控制区、疫情区等，对容易受到损害的特定生态系统划定保护区加以特殊保护，这对于保护和改善生态环境、充分保障生态环境安全具有重要作用。一般在构建生态特定保护区制度时，一方面要以生态效益为主，同时要兼顾经济效益原则和公平原则，应该从构建和谐社会，促进社会公平、正义的角度出发，加强这类地区的生态环境的保护和建设，对其实行特殊政策和措施。另一方面是坚持分类原则，通过立法设立各种不同类型的其他特定区域，包括但不限于名胜风景区、旅游区、文物保护区、渔业区、污染物排放总量控制区和各种环境资源功能区、生态功能区，对这些特定区域，制定不同的要求和规定。

总之，生态文明法治建设是一个长期复杂的系统工程，不可能一蹴而就，河南除上述诸多制度和机制需要建立和完善外，还必须应对一系列挑战。地方保护主义如何打破，机构职能如何整合分配，环境治理中的责权利如何平衡等，所有的问题都需要被纳入法治的轨道——破解。正如习近平总书记强调的，"保护生态环境必须依靠制度、依靠法治。只有实行最严格的制度、最严密的法治，才能为生态文明建设提供可靠保障"。①

---

① 李萌：《生态文明建设的科学指南》，求是理论网，2015 年 4 月 30 日。

第十一章
党内法规制度建设研究

当前，党内法规制度建设的体系初步形成，党章在党内法规制度建设体系中的核心作用不断增强，党内法规制度的科学性显著提高，但是也存在着意识不到位、体系不健全、执行乏力等问题。加强党内法规制度建设需要多措并举，除了在思想上高度重视，切实增强党内法规建设的意识外，还需要加强顶层设计，整体规划，建立科学合理的党内法规制度建设体系，强化党内法规制度的执行力，确保党内法规的权威。

第一节　党内法规制度建设的理论分析

党内法规制度建设的基本理论包括：党内法规概念的提出，党内法规的定义、内涵，党内法规的起草、审批、发布、备案、清理、评估，党内法规制度建设的基本原则、理论渊源以及重要性和必要性，等等。搞清楚党内法规制度建设的基本理论是进一步研究党内法规制度建设的前提条件。

一　党内法规概念的提出及其内涵

党内法规概念的提出经历了一个较长的过程，直到 1938 年党的六届六中全会才首次由毛泽东提出。1990 年出台的《中国共产党党内法规制定程序暂行条例》首次对"党内法规"的定义做出概括。党内法规具有非常丰富的内涵，需要从整体上全面把握。

（一）党内法规概念的提出

党内法规是一个具有中国特色的概念，是中国共产党的独创。党内法规这一概念的提出，经历了一个相当长的过程。1921 年 7 月中国共产党宣告诞生，同年召开的党的一大通过了《中国共产党纲领》，起着临时党章的作用。1922 年，党的二大通过了《中国共产党章程》，是中国共产党第一个党内法规。此后，党的三大、四大、五大、六大对《中国共产党章程》做出不同程度的修正。土地革命战争时期和抗日战争初期，面临严峻的革命形势，党没有更多的精力考虑自身的制度建设问题。1938 年，抗日战争进入相持阶段，形势相对缓和。同时，党内存在着严重破坏党的组织纪律、破坏民主集中制等不良情况。在这种背景下，党的六届六中全会在延安召开。会上，毛泽东首次提出"党内法规"的概念，他在《中国共产党在民族战争中的地位》一文中讲到党的纪律时指出："为使党内关系走上正轨，除了上述四项最重要的纪律外，还须制定一种较详细的党内法规，以统一各级领导机关的行动。"① 这是中国共产党第一次提出党内法规，不过毛泽东并没有给党内法规做出定义。此次会议上，党的另一重要领导人刘少奇作了关于党规党纪的报告。会议还制定通过了《关于各级党委暂行组织机构的决定》《关于中央委员会工作规则与纪律的决定》《关于各级党部工作规则与纪律的决定》等几项重要的党内法规。改革开放以来，党内法规建设日益提上日程，经过酝酿，1990 年 7 月，《中国共产党党内法规制定程序暂行条例》，第一次对"党内法规"的定义做出概括，对党内法规的适用范围、制定程序等也作了明确规定。1992 年，党的十四大对党章做出修改，一个突出的内容是首次写入"党内法规"这一概念，"党内法规"正式得到党章的认可。

（二）党内法规的定义及其内涵

党内法规又称"党法""党的法规""党规党纪"，是个约定俗成并逐渐得到社会各界广泛认可的概念。马克思主义经典作家的著作中并没有党

---

① 毛泽东：《毛泽东选集》第 2 卷，人民出版社，1991，第 528 页

内法规这一提法。因而，这一概念体现了鲜明的中国特色和中国风格。党内法规由毛泽东在党的六届六中全会上首次提出，后来，党的中央领导人刘少奇、邓小平、江泽民都多次提及。然而长期以来，它并没有一个明确的定义。直到1990年7月《中国共产党党内法规制定程序暂行条例》的颁布，党内法规才有了明确的定义。2013年5月，《中国共产党党内法规制定条例》对党内法规的定义做出进一步补充说明。该条例第二条指出，党内法规是党的中央组织以及中央纪律检查委员会，中央各部门和省、自治区、直辖市党委制定的规范党组织的工作、活动和党员行为的党内规章制度的总称。这是目前最权威、最科学的释义。

当前，尽管党内法规这一提法写入党章并且日益深入人心，但是，理论界一直存在不同的看法。尤其是法律界，一些法律人士对这种提法表示怀疑，有的学者甚至认为，党内法规的提法不具有"法理依据"，是不妥当的。因此，我们需要牢牢把握党内法规的内涵。

1. 党内法规是社会主义法治体系的重要组成部分

党的十八届四中全会在阐述中国特色社会主义法治体系时鲜明指出，要形成完善的党内法规体系，坚持依法治国、依法执政和依法行政一并推进。中国特色社会主义法律体系以宪法为核心，而党内法规是中国特色社会主义法律体系的组成部分，不是独立于国家法律体系之外的规章制度体系。党内法规不但包含在法律体系之中，而且不能凌驾于宪法和法律之上，更不能与宪法和法律相抵触。事实上，党内法规是法的重要组成部分，具备法的基本特征。因此，党内法规的提法并不能说是错误的。

2. 党内法规制定的主体特定

党内法规尽管是社会主义法治体系的重要组成部分，但是它的制定主体局限于中央及省、自治区、直辖市党委。《中国共产党党内法规制定条例》明文规定了制定主体，即党的中央组织以及中央纪律检查委员会，中央各部门和省、自治区、直辖市党委。国家法律是由国家立法机关制定的，包括全国人民代表大会及其常务委员会，国务院，各省、自治区、直辖市的人民代表大会及其常委会，等等。

3. 党内法规适用范围确定

从党内法规的定义来看，党内法规的适用对象仅仅限于党的各级组织和广大党员，党内法规是规范党组织和党员的规章制度的总称。这显然有别于国家法律。众所周知，国家法律的适用范围很广，它既适用于我国所有公民，也适用于法人和其他组织，还适用于居留中国境内的外国人和无国籍人。

（三）党内法规制度建设的基本原则

按照《中国共产党党内法规制定条例》《中央党内法规制定工作五年规划纲要》（2013～2017年）等党内法规的有关阐述，党内法规制度建设需要坚持以下几项基本原则。

1. 围绕中心、服务大局原则

围绕中心、服务大局是党内法规建设的出发点和落脚点。党内法规建设要从党的事业发展需要和党的建设实际出发，认真贯彻党的基本理论、路线、方针和政策，紧紧围绕社会主义初级阶段的基本路线，服务于中国特色社会主义事业的总体布局，服务于党的建设这一新的伟大工程，从制度上确保党的各项大政方针的落实。

2. 以党章为根本、以民主集中制为核心原则

党章是党的根本大法，是党内"宪法"，规定党内生活中最重大最根本的问题，是最根本的党内法规，在党内具有最高的权威性。党内其他规章制度的制定与修改必须以党章为根本依据。民主集中制是党的根本组织原则，也是党的根本组织制度和领导制度，是党内法规制度体系的核心。只有坚持以党章为根本，以民主集中制为核心，才能逐步形成完整、系统、配套、协调的党内法规制度体系。

3. 与宪法、法律相一致原则

宪法是党和人民意志的集中体现，是我国的根本大法，任何法律法规的制定与修改，都必须以宪法为根本依据，不能与宪法的内容产生冲突。一切党组织和全体党员，都必须以宪法为根本的活动准则。党内法规建设需要注重党内法规同国家法律的衔接和协调，与国家法律始终保持一致，避免产生冲突和抵触。

4. 平等原则

平等原则是保障党员民主权利的重要依据。《党章》强调，加强组织性、纪律性，在党的纪律面前人人平等。不允许有任何不参加党的组织生活、不接受党内外群众监督的特殊党员。不允许任何领导人实行个人专断和把个人凌驾于组织之上。以上规定充分体现了党内平等原则。邓小平强调："公民在法律和制度面前人人平等，党员在党章和党纪面前人人平等。"① 目前，党内现实生活中，仍然或多或少地存在着"家长制""一言堂"等形形色色的特权现象，平等原则遭到破坏。因此，在党内法规制度建设中始终贯彻平等原则有着现实的客观要求。

5. 系统性原则

《中央党内法规制定工作五年规划纲要》提出，到建党 100 周年时，全面建成内容科学、程序严密、配套完备、运行有效的党内法规制度体系。党的十八届四中全会再次提出要建立完备的党内法规制度体系。这些提法对党内法规的系统性提出了更高的要求。中国共产党需要在对现有党内法规和规范性文件集中清理的基础上，加强顶层设计，通盘谋划，整体设计；在党内法规建设的内容、程序以及党内法规的实施等各个方面做出妥善安排，避免和解决党内法规存在的不适应、不一致、不协调、不衔接问题。

二　党内法规制度建设的理论基础

马克思、恩格斯、列宁、斯大林等经典作家关于无产阶级执政党的制度建党思想为中国共产党的党内法规建设奠定了深厚的理论基础，中国共产党成立以来，几代中央领导集体核心的建党思想，尤其是党内法规建设思想成为新时期进一步推进党内法规制度建设的重要理论依据。

（一）马克思主义经典作家关于党内法规制度建设的思想

马克思、恩格斯等经典作家在他们的著述中并没有提及党内法规，更没有提到党内法规制度建设。但是，他们关于党内民主制度建设思想、关于领导干部任免制度的思想、关于干部待遇思想、关于党内监督制度思想等大量的叙述，其实指的就是党内法规制度建设。这些闪光的思想涉及党的建设的方方面面，内容非常丰富。如关于党内民主制度建设，马克思、

---

① 邓小平：《邓小平文选》（第二卷），人民出版社，1994，第 332 页。

恩格斯早在《共产主义者同盟章程》中就特别强调并做出进一步规定：所有盟员都一律平等，同盟内部的一切事务都由盟员或通过代表来处理，地方和中央的委员会委员都由选举产生并随时撤换。恩格斯晚年时期非常重视党的制度建设，针对共产国际中某些无产阶级政党破坏民主的情况，他提出要用新的制度替代旧的专制制度，实现党内民主。列宁把党内民主概念发展成民主集中制并把民主集中制作为无产阶级政党的基本组织原则和制度。为了更好地贯彻民主集中制，列宁精心设计了一整套包括党内选举制度、党代会制度、党内监督制度在内的制度体系。斯大林也曾强调党内民主制度建设，他比较注重党员之间的平等："如果我们对领袖们宣布一种党的法规，对党内的'平民'宣布另一种党的法规，那么我们就根本没有什么党，没有什么党的纪律了。"① 马克思主义经典作家的有关论述为中国共产党的党内法规建设提供了重要的理论依据。

（二）中国共产党几代中央领导集体关于党内法规制度建设的思想

在中国共产党的发展历程中，党的建设一直摆在非常突出的位置并被视为一项伟大的工程。90 多年来，党积累了丰富的建党理论。在党内法规建设方面，几代中央领导集体核心都有精辟的论述。毛泽东最早把党内法规的概念引入党内。他在 1938 年党的六届六中全会上强调，为使党内关系走上正轨，除了遵守少数服从多数等四项最重要的纪律外，还须制定较详细的党内法规，以统一各级领导机关的行动。刘少奇在 1945 年党的"七大"《关于修改党章的报告》中首次用到"党的法规"的概念，他指出，党章、党的法规，不只是要规定党的基本原则，而且要根据这些原则规定党的组织之实际行为的法，规定党的建造的组织形式与党的内部生活的规则。邓小平特别强调制度建党，1962 年 2 月，在扩大的中央工作会议上的讲话中，邓小平强调有一套健全的党的生活制度是中国共产党的一个传统。1978 年 12 月，在《解放思想，实事求是，团结一致向前看》一文中，集中地体现出邓小平同志丰富的党内法规建设思想，他指出："国

① 〔苏〕斯大林：《斯大林全集》第 11 卷，人民出版社，1955，第 278 页。

要有国法，党要有党规党纪。党章是最根本的党规党纪。没有党规党纪，国法就很难保障。"[1] 江泽民在讲话中多次谈到党内法规问题，如他在2001年"七一"讲话中指出，各级党组织和每个党员都要严格按照党的章程和党内法规行事，严格遵守党的纪律。十六大以来，以胡锦涛为核心的党中央领导集体，把党内法规建设提上重要日程。2006年，在中纪委第六次全会上，胡锦涛指出，国有国法，党有党章，党章是立党、治党、管党的总章程。他首次明确指出要加强以党章为核心的党内法规制度体系建设，为党内法规建设提出了新要求。

三 加强党内法规制度建设的重要性

加强党内法规建设是河南全面推进依法治省、走法治河南建设道路的必然要求，是加强和改进河南党的建设、全面从严治党的时代课题。加强党内法规建设也是实现中原梦、让中原更加出彩的政治保证。

（一）党内法规制度建设是全面推进依法治省、建设法治河南的必然要求

"法治"是社会文明的重要标志，是一个国家和地区长治久安的重要保证。在法治建设道路上，我们走过弯路，尤其是"文化大革命"时期，人治大行其道，社会主义现代化建设事业遭受重大挫折。党的十一届三中全会以来，中国共产党坚定不移地走中国特色社会主义法治道路，实现了经济与社会快速发展，综合国力显著增强。党的十八届四中全会进一步作出全面推进依法治国的决定，这对于我们加快建设社会主义法治国家，全面建成小康社会，实现中华民族伟大复兴的中国梦必将具有深远的影响。

依法治国的前提是必须依法治党。邓小平指出："没有党规党法，国法就很难保障。"[2] 江泽民在2000年1月14日中央纪委四次全会上指出："党的性质、党在国家和社会生活中的所处的地位、党肩负的历史使命，

---

[1] 邓小平：《邓小平文选》（第二卷），人民出版社，1994，第4页。
[2] 邓小平：《邓小平文选》（第二卷），人民出版社，1994，第147页。

要求我们治国必先治党，治党务必从严。治党始终坚强有力，治国必会正确有效。"这些论述深刻地揭示了治党与治国之间的关系，表明了治党是治国的前提条件。中国共产党是中国特色社会主义事业的领导核心，是实现社会主义法治的根本保障，没有中国共产党的领导，依法治国就会成为一句空话。党要带领全国各族人民实现依法治国，就必须加强自身建设尤其是党内法规制度建设。党的十八届四中全会指："党内法规既是管党治党的重要依据，也是建设社会主义法治国家的有力保障。"①

依法治国具体到河南来说就是依法治省。2015 年 3 月，为了贯彻党的十八届四中全会精神，河南省委九届九次全会审议并通过了《中共河南省委关于贯彻党的十八届四中全会精神全面推进依法治省的实施意见》（以下简称《实施意见》），明确规定了依法治省的总体要求、重点任务和保障措施。全面推进依法治省是一个长期的系统工程，关乎各项事业发展全局，必须加强和改进党的领导，这是依法治省的根本保证。加强和改进党的领导，一个迫在眉睫的任务就是推进党内法规制度建设和落实。《实施意见》对党内法规制度建设做出详细部署，要求加强管党治党制度建设，着重在县级以上机关完善和落实民主集中制、党内政治生活制度、干部选拔任用制度、反腐倡廉制度，完善和严格执行领导干部政治、工作、生活待遇方面各项制度规定。紧密结合《实施意见》，切实抓好党内法规制度建设，为依法治省提供坚强的政治保证。

（二）党内法规制度建设是河南加强党的自身建设、全面从严治党的迫切要求

制度建设是新形势下加强和改进党的建设的重要内容和有力保障。中国共产党自成立以来，反复强调并高度重视党的建设，然而制度建设长期没有得到应有的重视，制度缺失给党和人民的事业造成很大损失。邓小平深刻指出："我们过去发生的各种错误，固然与某些人的思想、作风有关，但是组织制度、工作制度方面的问题更为重要。"② 党的十六大以来，

---

① 《中共中央关于全面推进依法治国若干重大问题的决定》，《人民日报》2014 年 10 月 29 日。

② 邓小平：《邓小平文选》（第二卷），人民出版社，1994，第 333 页。

制度建设在党的建设中的重要性日益凸显。2007年，党的十七大提出思想建设、组织建设、作风建设、制度建设和党风廉政建设"五位一体"的党建新格局。2012年，党的十八大在坚持"五位一体"的同时，把制度建设放在党风廉政建设之后，突出说明党建的落脚点在于制度建设。以习近平为总书记的新一届中央领导集体，把制度建设特别是党内法规制度建设摆上重要日程，相继出台了《党政机关厉行节约反对浪费条例》《中国共产党党内法规制定条例》《中共中央关于废止和宣布失效一批党内法规和规范性文件的决定》《中央党内法规制定工作五年规划纲要》《中共中央关于再废止和宣布失效一批党内法规和规范性文件的决定》等重要规章制度，党的制度建设取得重大进展，有力地促进了党风廉政建设。

近年来，河南全省上下绝大多数党员干部是好的，能够兢兢业业、勤勤恳恳地为党和人民工作。但不可否认的是，少数党员干部作风漂浮，生活堕落，贪污腐败，严重败坏了党和政府形象。2013年，河南仅厅级官员受到处罚的就有13名，其中包括开封市原市长周以忠、漯河市原市长吕清海等。2014年，河南又查处11名厅官、53名处级干部，包括河南省人大常委会原党组书记秦玉海、河南省扶贫办原党组书记胡玉成等纷纷落马。2015年，河南省委组织部原巡视员郝天宇、河南教育学院原党委书记刘金海等170多名官员被查。2016年，洛阳市委原书记陈雪枫等涉嫌严重违纪被立案侦查。这些数据表明河南反腐败形势依然严峻。消极腐败现象之所以屡禁不止，甚至在某些领域愈演愈烈，一个重要原因，就是相当一些地方和单位的党组织和领导者治党不严，党要管党、从严治党的方针在有些地方并没有落到实处。

党要管党、从严治党离不开健全完善党内法规制度，党的十八届四中全会指出，党内法规是管党治党的重要依据，要运用党内法规把党要管党、全面从严治党落到实处。中共河南省委一定要带领全省人民，认真贯彻党的十八大、十八届四中全会精神，深刻领会《中央党内法规制定工作五年规划纲要》，在贯彻执行已有党内法规的基础上，抓紧制定出台适合河南的党内法规，自觉运用党内法规，把从严治党落到实处，不断开拓河南党的建设新局面。

（三）党内法规制度建设是实现中原崛起、河南振兴、富民强省的政治保证

2003 年 7 月，河南七届五次全会做出"奋力实现中原崛起"的决定，提出到 2020 年河南基本实现工业化，经济社会发展水平居于中西部地区前列。自那时起，中原崛起这一口号响彻中原。近几年来，河南把中原崛起、河南振兴、富民强省作为经济社会发展的奋斗目标。中原崛起、河南振兴、富民强省是 1 亿多中原儿女的共同心声，是全省干部群众的美好愿望，展现了河南美好的明天。实现这一宏伟目标，关键在党，尤其是党的各级领导干部。河南能否在中部地区率先突围，真正实现中原崛起，主要取决于广大领导干部能否勇于担当重任，能否走在时代前列，起先锋模范作用。

然而，就河南目前党内现状看，还存在着许多与广大党员干部所担负的艰巨任务不相适应的地方。如一些党员在市场经济条件下，理想信念发生动摇，拜金主义、享乐主义和极端个人主义滋生泛滥，为人民服务的宗旨抛之脑后；一些党员干部没有科学发展观，缺乏科学执政的能力；有的党员干部当官做老爷，高高在上，官腔十足，对群众麻木不仁；有的搞形式主义，工作敷衍塞责，得过且过，当一天和尚撞一天钟；有的法治纪律观念淡薄，违法乱纪；更有甚者，一些党员干部贪污腐败，沦为社会的蠹虫。这些情况都是严重违背党的宗旨，违背党章的基本精神，必须予以彻底纠正。我们只有不断加强和改进党的建设尤其是党内法规制度建设，以严格的规章制度约束党员的行为，把权力关进制度的笼子，才能确保广大党员干部凝神聚力，开拓创新，真抓实干，为实现中原崛起、河南振兴、富民强省的中原梦，让中原在实现中国梦进程中更加出彩而努力奋斗。

第二节　党内法规制度建设的现状

党的十八大以来，中央对党内法规建设的重视程度空前提高，党内法规制度建设的速度大大加快。迄今为止，党内法规制度建设的体系业已初步形成，党内法规制度的科学性明显增加，党章在党内法规制度建设的根

本作用不断增强，民主集中制的核心作用不断得到体现。但是，不可忽视的是，党内法规制度建设仍然存在着认识不到位、内容不完善、执行不得力等突出的问题。

一 党内法规制度建设的成效

党的十六大以来，党内法规建设的速度明显加快，大量党内法规制度涌现。党的十八大以后，党内法规制度建设快速推进。2013 年 5 月，中共中央出台了《中国共产党党内法规制定条例》。从 2012 年到 2014 年，党集中精力对现有的党内法规制度进行清理，在此基础上，中国共产党制定了《中央党内法规制定工作五年规划纲要（2013~2017 年）》，着手制定各项党内法规。纵观党的十六大以来党内法规制度建设情况，取得了明显成效。

（一）党章在党内法规制度建设的根本作用不断增强

党章是党内"宪法"，具有最高的党内权威，党章也是制定和修改其他党内法规的依据。习近平指出："建立健全党内制度体系，要以党章为根本依据。"[①]《中国共产党党内法规制定条例》把以党章为根本依据作为制定党内法规应当遵循的重要原则，《中央党内法规制定工作五年规划纲要（2013~2017 年）》也提出宪法为上、党章为本的基本要求。近年来，中国共产党加快了党内法规制度建设的节奏，一大批党内规章制度纷纷出台。在制定出台党内法规的过程中，坚持紧紧围绕党章的基本精神和基本内容，严格以党章为根本依据，党章的基础性作用不断增强。

（二）党内法规制度建设的体系初步形成

2006 年伊始，胡锦涛同志在中纪委六次全会上强调提出，要适应新形势新任务的要求，加强以党章为核心的党内法规制度体系建设。同年 6 月 29 日，中共中央政治局召开专门会议，再次强调建立健全党的法规制度体系。

---

① 习近平：《认真学习党章 严格遵守党章》，《人民日报》2012 年 11 月 20 日。

党的十六大以来，一系列重要党内法规的制定出台，标志着党的法规建设进入一个崭新阶段。主要表现在：2002 年，党的十六大对《中国共产党章程》作了进一步修改和完善；2003 年，颁布实施了《中国共产党党内监督条例（试行）》和《中国共产党纪律处分条例》。其中，《中国共产党党内监督条例（试行）》是中国共产党第一部党内监督法规。

党的十八大以来，党内法规制度建设更是加速推进，又一批重要的党内法规制度产生，其中包括：《关于改进工作作风密切联系群众的八项规定》《建立健全惩治和预防腐败体系 2013～2017 年工作规划》《党政机关国内公务接待管理规定》《关于党政机关停止新建楼堂馆所和清理办公用房的通知》《中央党内法规制定工作五年规划纲要（2013～2017 年）》《党政机关厉行节约反对浪费条例》。

总之，经过改革开放以来，特别是十六大以来中国共产党的不懈努力，一个以党章为核心，以准则、条例、规定、细则等为具体法规的党内法规制度体系已初步形成。

（三）党内法规制度建设的科学性不断加强

中国共产党从成立以来，根据形势的变化，在不同的历史时期，制定颁布了内容不尽相同的党内法规和规范性文件。但是，随着世情、国情和党情的深刻变化，这些党内法规和规范性文件存在的问题日渐暴露，弊端越来越明显。如：有的与实践不符，远远不能适应时代发展的需要，内容明显过时；有的与党的理论路线方针政策不一致；有的与宪法、法律和党章相冲突；有的相互之间交叉重复甚至自相矛盾。因此，对建党以来的党内法规和规范性文件进行一次"全面体检"势在必行。

2012 年 6 月，《中共中央办公厅关于开展党内法规和规范性文件清理工作的意见》出台。该意见通过之后，中国共产党历史上第一次对党内法规进行集中清理。2013 年 8 月，《中共中央关于废止和宣布失效一批党内法规和规范性文件的决定》颁发，2014 年 11 月，《中共中央关于再废止和宣布失效一批党内法规和规范性文件的决定》发布。上述两部决定的发布，标志着中央党内法规和规范性文件集中清理工作全部完成。通过历时两年多的集中清理，一批文件被宣布废止，一批宣布失效，党内法规

确实不易，表明了中国共产党加强党内法规建设的坚定决心。经过集中清理，系统解决了党内法规制度中存在的不适应、不协调、不衔接、不一致等问题，为党内法规制度体系建设奠定了坚实基础。

（二）建立科学合理的党内法规制度体系

党内法规和规范性文件集中清理结束后，工作的重点转入建设上来。下一步，要在集中清理成果基础上，通过顶层设计，精心构思，统筹考虑，抓紧制定一批实践急需的党内法规，确保党内法规制度体系建设目标如期实现。建立党内法规制度，在注重量的同时，更要注重质的提高。要紧密结合时代飞速发展的需要，紧密结合党的建设新的伟大工程的需要，紧密结合人民群众的呼声。2013 年，中共中央发布了《中央党内法规制定工作五年规划纲要（2013～2017 年)》，这是中国共产党在历史上第一次编制党内法规制定工作五年规划，为党内法规建设指明了方向。该纲要提出，经过五年努力，基本形成管党治党的党内法规制度体系框架。根据纲要要求，通过修改和制定一系列党内法规制度，未来包括党的领导和党的工作、党的思想建设、党的组织建设、党的作风建设、党的反腐倡廉建设、党的民主集中制建设等方面的党内法规制度将更加完善。当然，五年规划纲要不是终点，随着时代的变化，中国共产党仍然需要与时俱进，制定新的党内法规建设规划。

三 完善各项机制，加大党内法规制度的执行力

制度的生命力在于执行，党内法规制度建设的关键在于能否真正落实，做到"有法必依"、"执法必严"和"违法必究"。增强党内法规的执行力需要完善各项制度机制，使制度和机制成为真正的刚性约束，确保制定颁布的各项法规制度落地生根。

（一）完善宣传教育机制，使遵守党内法规成为全体党员的自觉行动

当前，一些党员干部党内法规制度知识欠缺是导致法规制度难以实施的不可忽视的原因，也有的党员干部虽然了解一部分党内法规，但是，受

封建专制主义思想影响，漠视法规制度，把党的制度看成"软条条、橡皮筋"，认为"国法不能犯，制度可以违"。有鉴于此，健全完善党内法规制度的宣传教育机制势在必行。

1. 完善学习机制

全国各地和各级部门应制订定期或不定期的学习计划，每年抽出一部分时间对全体党员尤其是领导干部进行党内法规制度方面的统一学习，通过举办研讨班、聘请专家、观看专题片、谈心交流、发放资料集体自学等途径，促使党员掌握更多的党内法规制度方面的知识。

2. 完善培训机制

每年组织党员干部参加党校、干部学院的培训，各级党校和干部学院把党内法规知识融入课堂和教学之中，特别是要突出党的法规制度实体内容方面的教育，重点加强《中国共产党章程》《中国共产党党内监督条例》《中国共产党纪律处分条例》《中国共产党党员权利保障条例》等重要党内法规制度的教育。

3. 完善远程教育机制

国家制定专门教程，通过互联网、电视等平台对党员进行继续教育。法规制度的权威来自人民的内心拥护和真诚信仰。只有通过深入持久的宣传教育，使党内法规入脑入心，才能增强广大党员对党内法规制度的认同、信仰和敬畏，增强他们遵守法规制度的自觉性。

（二）完善榜样激励机制，充分发挥领导干部的模范带头作用

榜样的力量是无穷的，领导干部身先士卒、率先垂范是保证各项制度真正落实的关键所在。由于领导干部具有很强的示范带动效应，他们的一言一行都具有重要的示范作用，因此，领导干部执行党内法规制度的情况直接影响党内法规制度的贯彻落实。正如邓小平 1979 年在《坚持四项基本原则》一文中指出的："党是整个社会的表率，党的各级领导同志又是全党的表率。"[1] 为此，要在完善榜样激励机制方面下功夫。

---

[1] 邓小平：《邓小平文选》（第一卷），人民出版社，1993，第 177 页。

1. 细化领导干部在遵守党内法规方面的规定

《中国共产党章程》明确规定领导干部必须"在党员群众中起模范示范作用",但非常笼统,并没有展开具体叙述。在此基础上,中共中央需要尽快出台关于党员领导干部在模范遵守和贯彻执行党内法规方面的具体要求和规定,使他们有章可循、有规可依。

2. 完善奖励机制

适时、恰当的奖励能够激浊扬清,净化社会环境,更能催人奋进、鼓舞斗志。目前,在遵守党内法规方面尚没有具体的奖励规定。因此,需要尽快制定相关制度,对那些模范遵守党内法规的领导干部从物质、精神方面及时给予褒奖,在社会上进行宣传,在职务升迁方面优先考虑提拔重用。

3. 完善考核机制

进一步健全干部考核机制,对于领导干部的考核、提拔和任用,在注重品德修养、注重个人能力、注重政绩的同时,把能否自觉遵守党内法规、能否严格执行规章制度作为考验领导干部党性的重要标准,把领导干部贯彻执行党内法规制度的情况作为考核、任用和提拔的主要参考内容。

(三) 完善监督检查机制,切实维护党内法规的权威

当前,党内法规制度权威性大打折扣的一个重要原因是缺乏一套行之有效的督促检查机制。事实证明,对制度的贯彻执行实行监督和检查是维护制度权威、保障制度贯彻执行的最后一道同时也是最关键的一道防线。中国共产党的各级组织尤其是纪检监察机关要把党内法规制度执行摆在突出位置,高度重视法规制度的贯彻落实情况。

1. 完善监督检查机制,首要的任务是健全党的纪检体制

党的十八大以来,中共中央加快了纪检体制改革的力度。2013年11月,党的十八届三中全会通过的《中共中央关于全面深化改革若干重大问题的决定》明确提出,推动党的纪律检查工作双重领导体制具体化、程序化、制度化,强化上级纪委对下级纪委的领导。2014年1月,在党的十八届中央纪委三次全会上,王岐山进一步强调,推进党的纪律检查体制机制改革和创新。他强调要强化上级纪委对下级纪委的领导,建立健全

报告工作、定期述职、约谈汇报等制度。2014 年 6 月 30 日，中共中央政治局召开会议，审议通过了《党的纪律检查体制改革实施方案》，开启了党的纪律检查工作新篇章。

2. 完善监督检查机制，也需要整合监督主体，发挥监督合力

党内法规的执行需要强有力的监督作保证。首先，要充分发挥相关职能部门监督检查的作用，特别是纪检部门应切实履行好职责。其次，要注重发挥人大、政协和人民群众以及新闻媒体的监督作用。最后，在当前互联网、手机普及的情况下，还需要充分利用新兴媒体的作用，健全网络举报和受理机制、网络信息收集和处置机制，利用好微信、微博、博客等自媒体，形成监督合力，保障党内法规制度得到贯彻落实。

3. 完善监督检查机制，还需要健全问责机制

追究不力、惩戒不严是有些党员干部无视党规党法的重要原因。必须健全惩罚问责机制，对有令不行、有禁不止、随意变通、恶意规避等严重破坏党内法规制度的行为发现一起查处一起，对随意应付、监督不力、惩戒不严的单位和个人要坚决实行问责，确保党内法规成为全体党员的紧箍咒和高压线。

第十二章
法治工作队伍建设

第一节 法治工作队伍建设的理论分析

党的十八届四中全会提出，全面推进依法治国，必须大力提高法治工作队伍思想政治素质、业务工作能力、职业道德水准，着力建设一支忠于党、忠于国家、忠于人民、忠于法律的社会主义法治工作队伍，为加快建设社会主义法治国家提供强有力的组织和人才保障。法治作为政治文明的核心内容之一，其建设进程彰显着政治文明的进程。党的十八届四中全会将全面推进依法治国提到前所未有的高度，对于法治人才的需求和要求也上升到了全新的高度。坚持依法治国、依法执政、依法行政共同推进，坚持法治国家、法治政府、法治社会一体建设，实现科学立法、严格执法、公正司法、全民守法，都离不开一支高素质的法治工作队伍。加强法治工作队伍建设为依法治省提供强有力的组织和人才保障是时代的要求、历史的必然。

一 法治工作队伍的内涵

法治工作队伍是指，从事立法、执法、司法、法律服务、涉外法律事务、法学教育、法学研究的法治建设力量，是崇尚法治精神、坚持法治理念、具有扎实法治理论功底、养成法治思维习惯、坚守法治原则、履行法治职能、恪守法律底线、捍卫法治权威、弘扬法治文化、凝聚法治共识、传播"法治中国"声音、为党和人民所信赖、为社会公众所认同的职业共同体。法治工作队伍是中国特色社会主义法治体系与社会主义法治国家的重要建设者，主要由法治专门队伍（包括立法队伍、行政执法队伍、司法队伍）、法律服务队伍（包括律师、仲裁员、公证员、基层法律服务工作者、人民调解员等）以及法学教育与研究队伍组成。① 无论是加快法治政府的建设，保证司法的公正、推进法治社会的建设，还是培养尊重法律、敬畏法律的法律理念，树立法律的权威，都必须从高素质法治工作队伍的建设抓起，并在法治工作队伍建设中毫不动摇地将法治精神贯穿始终，彰显法治的内涵。

二　法治工作队伍建设的重大意义

党的十八届四中全会设专章对法治工作队伍建设进行部署，本身就表明其在法治建设全局中的重要地位和意义。党的十八届四中全会提出的"建设高素质法治专门队伍，加强法律服务队伍建设，创新法治人才培养机制，着力建设一支忠于党、忠于国家、忠于人民、忠于法律的社会主义法治工作队伍"，这些具有鲜明针对性、系统性、战略性及指导性的新思想、新论断和新要求，对于加快推进高素质法治工作队伍建设有重大意义。一支忠于党、忠于国家、忠于人民、忠于法律的社会主义法治工作队伍，是全面推进依法治省的中坚力量，必须着力建设一支职业分类、专长各异、优势互补、门类齐全的高素质的法治工作队伍，为推进依法治省、依法强省提供强有力的法治智力资源、人力资源以及法治组织保障与人才保障。贯彻落实好这一要求，要把建设高素质法治工作队伍作为基础性、战略性任务来抓，这对于全面推进依法治省和加快建设法治河南具有极为重要的意义。

（一）加强法治工作队伍建设，是全面贯彻落实依法治国战略部署，实现建设中国特色社会主义法治体系、建设社会主义法治国家总目标的迫切要求

党的十八届三中全会通过了全面深化改革的决定，党的十八届四中全

① 黄进：《不断创新法治人才培养机制》，《经济日报》2014 年 11 月 11 日。

会以全面推进依法治国为主题，这是中国共产党执政以来第一次以全面推进依法治国为主题的全会，是对党的十八届三中全会的呼应，突出强调了改革和发展需要以法治为保障。关于全面推进依法治国，全会明确提出了六大任务，即完善以宪法为核心的中国特色社会主义法律体系，加强宪法实施；深入推进依法行政，加快建设法治政府；保证公正司法，提高司法公信力；增强全民法治观念，推进法治社会建设；加强法治工作队伍建设；加强和改进党对全面推进依法治国的领导。

国家治理能力法治化最突出的特点是国家治理队伍普遍具有依法治理国家和社会的能力。要坚持依法治国、依法执政、依法行政共同推进，坚持法治国家、法治政府、法治社会一体建设，要实现科学立法、严格执法、公正司法、全民守法，都离不开一支高素质的法治工作队伍。法治工作队伍既包括法治专门队伍也包括社会法律服务队伍，是国家治理队伍的一支重要力量，他们处于现代化法治的最前沿。法治工作队伍的素质，直接影响和制约着国家治理现代化的进程。加强高素质的法治工作队伍建设，是国家治理现代化的必要条件。

（二）加强法治工作队伍建设，是提高队伍素质，为全面推进依法治省提供更强有力的组织和人才保障

法治工作队伍建设就是为社会主义法治建设提供强有力的组织和人才保障，保障科学立法、严格执法、公正司法、监督守法、全民普法的实现。立法者之工作，要依法为国家立规矩、为社会定方圆，立法工作者队伍需要具备遵循社会发展客观规律、发扬民主精神、加强协调凝聚共识的能力。执法者之工作，要依法履行政府职能、管理经济社会事务，执法者工作队伍必须忠于法律、捍卫法律，严格执法、敢于担当。司法者之工作，要定分止争、化解矛盾，要公正司法，必须信仰法律、坚守法律，秉公司法。而引导和帮助公民学法知法、用法守法，真正做好普法和法律服务，需要一支弘扬法治精神、恪守职业道德、热心服务群众的社会法律服务者队伍。

法治工作的核心在于依法治理国家和社会，维护社会公平正义，促进社会和谐稳定。保障经济长期持续发展，是政治性、思想性、智慧性、专

业性、技术性、综合性非常强的事务，需要高级专门人才。特别是进入21 世纪之后，随着科学技术进步、社会转型和利益格局的巨变，新型案件、疑难案件、涉外案件、知识产权案件层出不穷，征地拆迁、土地承包纠纷、社会保险、教育医疗、消费者权益等涉及民生问题和群体性利益的案件逐年增加，与人格权、生存权、环境权、发展权等人权问题关联的诉讼也呈现攀升趋势。这就需要大批受过良好专业训练、具有救济权利、定分止争、制约公权实践理性和实践经验的法律专家①。当前的法治工作队伍总体上是可以胜任的，但根据新形势、新任务的要求，法治工作队伍的整体素质和能力还有待进一步提高，法治工作队伍还存在一些亟须解决的思想和业务能力问题。比如，有的理想信念不坚定，有的把握国情不准、了解民意不深、大局观念不强，有的执法不严格、不规范、不透明、不文明，有的司法不公、办案不廉，有的违背职业操守，这些问题必定会破坏法治的权威和尊严，影响人民群众对社会公平正义的信心，损害党的形象，对此，必须采取切实有效的措施加以解决。

总之，只有建设一支善于遵循法治建设规律、充分发扬民主、注重协调协商、凝聚各方共识，担当得起为国家立规矩、为社会定方圆的立法工作者队伍；能够忠于法律、捍卫法律、严格执法、敢于担当的执法工作者队伍；勇于坚守法律、端稳天平、铁面无私、秉公司法的司法工作者队伍；尽力弘扬法治精神、恪守职业道德、热忱服务群众的法律服务工作者队伍；具有坚定的政治方向、深厚的理论素养、高尚的诲人品德、开拓的育人眼光的法治人才培养专家及法学理论工作者队伍，才能把全面推进依法治省的各项任务落到实处。

（三）加强法治工作队伍建设，是推进法治教育创新、法治理论建设与提高法治人才素质的重要保障

全面推进依法治省，人才是基础。"治国兴邦，人才为急"，如果没有一支高素质的法治工作队伍，法治中国建设将会变成无源之水、无本之木。全面推进依法治省，需要法治思想的引领和法学理论的支撑，强调法

---

① 张文显：《大力加强法治工作队伍建设》，《人民法院报》2014 年 11 月 19 日。

治体系建设，依赖法学教育的发展和法治生活方式的传播。① 法学教育与法治人才的培养是法治工作队伍建设的基础性、先导性工作。党的十八届四中全会关于加强法治工作队伍建设的决策部署为法学教育与法治人才培养工作提出了新的要求。要加强法治工作队伍建设，为加快建设社会主义法治国家提供强有力的组织和人才保障。因此，创新法学人才培养机制，培养造就一批熟悉和坚持中国特色社会主义法治体系的法治人才和后备力量是法学教育肩负的重要历史使命。同时，建设一支有理想信念、有道德情操、有扎实知识、有仁爱之心的高水平法学师资队伍，是提高法治人才培养质量的重要保障。法学专家队伍对于探索和形成中国特色社会主义法学理论体系、法治理论体系和法治话语体系，用马克思主义法学思想占领法治意识形态阵地，至关重要。②

党的十八届四中全会明确提出"坚持用马克思主义法学思想和中国特色社会主义法治理论全方位占领高校、科研机构法学教育和法学研究阵地"，"加强法学基础理论研究，形成完善的中国特色社会主义法学理论体系、学科体系、课程体系，组织编写和全面采用国家统一的法律类专业核心教材，纳入司法考试必考范围"，"坚持立德树人、德育为先导向，推动中国特色社会主义法治理论进教材进课堂进头脑，培养造就熟悉和坚持中国特色社会主义法治体系的法治人才及后备力量"，"建设通晓国际法律规则、善于处理涉外法律事务的涉外法治人才队伍"，"健全政法部门和法学院校、法学研究机构人员双向交流机制，实施高校和法治工作部门人员互聘计划"，重点在于打造一支政治立场坚定、理论功底深厚、熟悉中国国情的高水平法学家和专家团队，建设高素质学术带头人、骨干教师、专兼职教师队伍。

只有加强高素质法治工作队伍的建设，才能使马克思主义法学思想和中国特色社会主义法治理论全方位占领高校、科研机构法学教育和法学研究阵地，才能更好地完善社会主义法学理论体系、学科体系、课程体系。党的十八届四中全会已历史性地把打造一支高素质专家团队、专业教师队

① 黄进、孔庆江：《全面推进依法治国呼唤法学创新》，《人民日报》2015 年 1 月 12 日。
② 张文显：《大力加强法治工作队伍建设》，《人民法院报》2014 年 11 月 19 日。

伍，加快培养法治后备人才提上了重要议事日程。

总之，要把建设高素质的法治工作队伍作为全面推进依法治省的基础性、战略性任务来抓。要坚持党管干部、党管人才原则，深入研究法治工作队伍建设的特点和规律，探索一套有别于党政领导、科技人才、经营管理人才的法治人才选拔、任用、管理办法，创新法治人才培养机制，努力提高法治工作队伍建设科学化水平。①

三 法治工作队伍建设的主要任务

党的十八届四中全会提出，全面推进依法治国，必须大力提高法治工作队伍思想政治素质、业务工作能力、职业道德水准，着力建设一支忠于党、忠于国家、忠于人民、忠于法律的社会主义法治工作队伍，为加快建设社会主义法治国家提供强有力的组织和人才保障。具体说来，法治工作队伍的建设，有以下几项重要任务。

（一）建设高素质的法治专门队伍

法治专门队伍主要包括在人大和政府从事立法工作的人员，在行政机关从事执法工作的人员，在司法机关从事司法工作的人员。法治专门队伍的建设，是法治体系建设的重要内容，是法治工作队伍建设的首要任务。由于这支专门队伍承担着立法、执法、司法的重任，建设好这支专门队伍，特别是建设好立法、执法、司法机关各级领导班子，对全面推进依法治省至关重要。

在高素质法治工作队伍建设中，首先，要重视思想政治建设，加强理想信念教育。深入开展社会主义核心价值观和社会主义法治理念教育，坚持党的事业、人民利益、宪法法律至上，加强立法队伍、行政执法队伍、司法队伍建设。其次，要抓住立法、执法、司法机关各级领导班子建设这个关键，突出政治标准，把善于运用法治思维和法治方式推动工作的人选拔到领导岗位上来。要畅通立法、执法、司法部门干部和人才相互之间以

---

① 《〈中共中央关于全面推进依法治国若干重大问题的决定〉辅导读》，人民出版社，2014，第 246 页。

及与其他部门具备条件的干部和人才之间的交流渠道。再次，要推进法治专门队伍正规化、专业化、职业化，提高职业素养和专业水平。要进一步完善法律职业准入制度，健全国家统一法律职业资格考试制度，建立法律职业人员统一职前培训制度。建立从符合条件的律师、法学专家中招录立法工作者、法官、检察官制度，畅通具备条件的军队转业干部进入法治专门队伍的通道，健全从政法专业毕业生中招录人才的规范机制。还要加强边疆地区、民族地区法治专门队伍建设。加快建立符合职业特点的法治工作人员管理制度，完善职业保障体系，建立法官、检察官、人民警察专业职务序列及工资制度。最后，建立法官、检察官逐级遴选制度。初任法官、检察官由高级人民法院、省级人民检察院统一招录，一律在基层法院、检察院任职。上级人民法院、人民检察院的法官和检察官，一般从下一级人民法院、人民检察院的优秀法官和检察官中遴选。

（二）加强法律服务队伍建设

法律服务队伍主要包括律师，也包括公证员、基层法律服务工作者、人民调解员以及法律服务志愿者等。大力发展以律师为主体的法律服务队伍，壮大力量、提高素质、扩大工作覆盖面，为党政机关、企事业单位和公民个人提供高质量法律服务，是加强法律服务工作队伍建设的重要任务。该任务要求：第一，要加强律师队伍思想政治建设，把拥护中国共产党领导、拥护社会主义法治作为律师从业的基本要求，增强广大律师走中国特色社会主义法治道路的自觉性和坚定性，加强律师行业党的建设，扩大党的工作覆盖面，切实发挥律师事务所党组织的政治核心作用；第二，构建社会律师、公职律师、公司律师等优势互补、结构合理的律师队伍，明确公职律师、公司律师的法律地位及权利义务，理顺公职律师、公司律师管理体制机制，各级党政机关和人民团体普遍设立公职律师，企业可设立公司律师，参与决策论证，提供法律意见，促进依法办事，防范法律风险；第三，提高律师队伍业务素质，完善执业保障机制；第四，加强律师事务所管理，发挥律师协会自律作用，规范律师执业行为，监督律师严格遵守职业道德和职业操守，强化准入、退出管理，严格执行违法违规执业惩戒制度；第五，发展公证员、基层法律服务工作者、人民调解员队伍，是加强社会法律服务队伍建设的重要内容，推动法律服务志愿者队伍建设，建立激励法律服务人才跨区域流动机制，逐步解决基层和欠发达地区法律服务资源不足和高端人才匮乏问题。

（三）创新法治人才培养机制

法治工作队伍的理想信念、职业伦理道德、专业知识与业务能力，决定着立法、执法、司法、法律服务、法学教育与理论研究等各项工作的质量与水平。法学教育与法治人才的培养是法治工作队伍建设的基础性、先导性工作。全面推进依法治省，加强法治工作队伍建设，对于法治人才培养提出了新的要求。创新法治人才培养机制，培养造就一批熟悉和坚持中国特色社会主义法治体系的法治人才和后备力量，是法学教育肩负的重要历史使命。

法治人才的培养须坚持以下几点。首先，要注重政治思想教育。坚持用马克思主义法学思想和中国特色社会主义法治理论全方位占领高校、科研机构法学教育和法学研究阵地，加强法学基础理论研究，形成完善的中国特色社会主义法学理论体系、学科体系、课程体系，组织编写和全面采用国家统一的法律类专业核心教材，纳入司法考试必考范围。其次，要坚持立德树人、德育为先导向。推动中国特色社会主义法治理论进教材、进课堂、进头脑，培养造就熟悉和坚持中国特色社会主义法治体系的法治人才及后备力量。建设通晓国际法律规则、善于处理涉外法律事务的涉外法治人才队伍。再次，要健全政法部门和法学院校、法学研究机构人员双向交流机制，实施高校和法治工作部门人员互聘计划，重点打造一支政治立场坚定、理论功底深厚、熟悉中国国情的高水平法学家和专家团队，建设高素质学术带头人、骨干教师、专兼职教师队伍。

第二节　法治工作队伍建设现状

随着社会主义法治建设的不断发展，河南建设了一支以立法、执法、司法为主体，以法律服务、涉外法律事务为协同，以法学教育、理论研究为支撑的法治工作队伍。法官、检察官与律师队伍的正规化、专业化、职业化程度不断提高，法律服务队伍持续壮大，在推进全面依法治省，实现中原崛起、河南振兴、富民强省的过程中起到了重要作用。但是，同党和河南省的发展需求相比，同全面推进依法治国的总目标和重大任务相比，同人民群众日益增长的法治需求相比，河南的法治工作队伍建设还存在一些问题，法治工作队伍建设现状与"三化"要求还存在较大差距，暴露出许多亟待解决的问题，主要表现在以下几个方面。

一 思想政治素质不过硬、业务能力有待提高

部分法治工作人员违规违纪现象时有发生。有些法治工作人员缺乏政治意识，政治敏锐性不强，对中国特色社会主义法治理论和法治体系一知半解，对中国特色社会主义法治信仰、法治道路不够坚定，甚至公开发表违背党的领导、违反社会主义的言论等。对不符合我国国情的西方法学思想、政治制度、司法制度生吞活剥，盲从信奉，良好的法治思维习惯亟待养成。

在立法上，有的立法工作人员，把握国情了解民意不深，把握法律创制规律不准。在参与拟定或制定法律法规规章和规范性文件过程中，照搬照套或者掺杂地方部门行业利益，既背离了立法的目的、损害了宪法法律权威，又带来执法、司法的不良后果，成为提升国家治理体系和治理能力法治化、现代化的一大障碍。在执法司法方面，有些法治工作人员政治意识、大局意识、为民意识、国情意识不强，对依法执法司法、规范执法司法行为认识模糊，影响了中国特色社会主义司法制度优越性和司法职能的有效发挥。有的唯"金钱论"，只重视个人经济利益，对群众的诉求麻木不仁，对群众的利益漠不关心，对群众的要求推诿扯皮，不公正执法、司法，违规与当事人或律师拉拉扯扯，吃请受礼，办理金钱案、人情案、关系案等，有的失职渎职致使冤假错案发生，甚至极个别的把审判权、执行权当作牟取私利的工具，搞权钱、权色交易、贪赃枉法，这些都损害了执法和司法的权威和公信力，损害了党和国家的形象。在法律服务方面，有的法律服务工作者违背职业操守，缺乏职业信仰与职业责任，为一己之利制造假案，充当"讼棍"。

二 正规化不足、专业化不高、职业化不强

法治队伍的正规化是依法治国的基础，法治队伍专业化是党依法执政的保证，法治队伍职业化是依法行政的保障。共同推进"三化"建设才能达到依法治省的最终目的。

虽然河南省法治工作队伍建设取得了较大进展，但法治工作队伍中仍然有不少人员不具备法学专业知识、较为普遍的"临时工"执法乱象、难以胜任司法工作的应届毕业生直接担任法官和检察官、部分领导干部缺乏法治思维、律师队伍良莠不齐等现象。同时，高端法律服务人才职业流动机制缺失，法律服务资源与高端人才区域分布不均衡等问题仍然存在。这些问题很大程度上会影响法律的正确实施，从而损害法律尊严，不利于河南的法治建设。

立法工作人员必须具有很高的思想政治素质，具有遵循规律、发展民主、加强协调、凝聚共识的能力。但就目前的情况来看，从事立法专门工作的人员编制少，具有法学专业背景的少，立法观念相对滞后，对立法工作不够重视，立法质量不高的情况仍在不同程度上存在。近年来，随着河南社会经济的不断发展，行政执法队伍越来越壮大，执法领域也越来越宽，执法队伍难以达到"三化"标准，"临时聘用人员""协警"等人员超越职权乱执法很难杜绝，扰乱了社会秩序，损害了政府形象，甚至会加剧人民群众与政府之间的矛盾。

三 法律服务队伍建设滞后，监管不完善

目前，法律服务队伍主要是指律师队伍。要推进依法治省，法律服务队伍的职业素质非常重要。当前河南省律师队伍的大部分人员能够勤勉尽责，兢兢业业，为客户提供优质的法律专业服务，甚至发挥他们在参政议政和社会公共事务中的作用。但是，就整个律师队伍来看，还存在良莠不齐和结构不合理、不平衡的现象，部分律师职业道德和执业水平亟待提高。

当前，律师队伍管理部门和律师之间的关系较为松散，二者之间缺乏良性互动。针对律师的理论培训、业务培训、思想道德培训较少，各项配套监管制度不健全。有些律师事务所没有建立党组织，或者仅仅在形式上

建立了党组织，实际上并未履行党组织的职责，不带领党员学习党的理论、政策等。公益法律顾问制度建设滞后，公益律师经费缺乏保障，对违规违法甚至犯罪的法律服务工作者职业禁止和淘汰机制有待建立与完善。

四　法治人才培养机制不够健全

随着社会主义法治建设各项事业的不断发展，河南省已经建立了初具规模的、多层次的法治人才培养体系，初步形成了法学教育、司法考试及法律职业技能教育之间的良性互动关系，培养了大批具有法律人格、法律知识和法律职业技能的专门人才，为法治领域输送了不少高素质专门人才。但是，同新形势下依法治省的新要求相比，法治人才培养质量和机制上都还存在一些亟待解决的问题。如仍然存在司法实践和理论内容"两张皮"的问题，不能把司法实践的内容及时更新，影响了法治人才的培养。目前，真正适应社会需要的高层次法治人才十分短缺，尤其是高层次法律职业人才和涉外高端法律人才严重不足。

河南在法学教育方面，相对于传授专业知识的重视度而言，较为忽视对法治理念、法律精神的培养，缺乏综合素质和职业能力的培养。法律课程的设置往往非常注重专业核心课程学习，但缺乏案例式教学、体验式教学，教学方法需要改进与提高。法学教师团队大量存在理论和实践相脱离的现象，一些法学教师虽然具备深厚的法学理论功底，能够深刻把握法律思想的精髓，但未必能够灵活运用法律解决实际问题。个别高校法学教师不够重视思想政治素质的培养与提高，工作中只注重西方法学理论、政治制度、司法制度的介绍引入与传播，但对西方法治模式和法治理论可能产生的负面影响和危害认识不足，缺乏必要的比较借鉴、国情分析和客观评析与批判，必然会影响对学生法治理念的培养。法治人才培养工作需要进一步加大力度，创新法治人才培养机制刻不容缓。

第三节　全面推进法治工作队伍建设的对策建议

法治工作队伍作为一支结构优化、功能协调、体系科学、有序流转、作用互补的队伍，是全面推进依法治省的中坚力量。实施依法治省，需要全面推进法治工作队伍建设。建设一支高素质的法治工作队伍，特别是建设好立法、执法、司法专门法治工作队伍至关重要。针对河南省法治工作队伍建设中存在的问题，新形势下要加强法治工作队伍的思想政治建设，推进法治工作队伍的正规化、专业化、职业化建设，正确把握住创新法治人才培养机制的关键节点，建立法官、检察官逐级遴选机制，加强法律服务队伍建设等，全面推进河南的法治工作队伍建设。

一 加强法治工作队伍思想政治建设

（一）把思想政治建设摆在首位

人的思想政治素质的高低是社会政治文明发展水平的重要标志，主要包括政治立场、政治品德和政治水平。思想政治素质不仅要解决人的政治立场、政治观点、政治行为等问题，还要解决人的世界观、人生观、价值观和道德观的问题。政治素质是指政治主体在政治社会化的过程中所获得的对他的政治心理和政治行为发生长期稳定的内在作用的基本品质，是社会的政治理想、政治信念、政治态度和政治立场在人的心理形成的并通过言行表现出来的内在品质。它是人们从事社会政治活动所必需的基本条件和基本品质，是个人的政治方向、政治立场、政治观念、政治态度、政治信仰、政治技能的综合表现。① 政治素质作为人的综合素质的核心，主要包括政治理论知识、政治心理、政治价值观、政治信仰、政治能力等，具有阶级性、内在性、综合性、相对稳定性、层次性等特征。

法治专门队伍承担着立法、执法、司法、传承法治理念等重任，是中国特色社会主义法律体系贯彻实施的重要主体。并且，立法、执法、司法等法治工作的政治性、政策性、人民性很强，人民群众正是通过一个个和他们打交道的法治工作人员来感受法治建设成果的。坚定的理想信念是法治工作队伍的政治灵魂。必须把理想信念教育摆在法治工作队伍建设的第一位，强化立法、行政执法和司法等法治专门队伍理想信念教育，加强党

---

① http：//baike.baidu.com/link? url = AAdM0JoIOd9HNHfndenwnqllZrdlA8cvPBKbdi3Hix MGbOtHurWfL3k40gd – 3EBe2KnO1uNRuyEBSfKE0PK1Kq

风廉政建设，形成坚定的理想信念、共同的法治信仰、统一的职业操守。要深入开展社会主义核心价值观和社会主义法治理念教育，不断打牢高举旗帜、听党指挥、忠诚使命的思想基础，坚持党的事业至上、人民利益至上、宪法法律至上，永葆忠于党、忠于国家、忠于人民、忠于法律的政治本色。

坚定的理想信念，表现为法治工作队伍的政治责任与社会担当。只有从思想上正本清源，不断坚定法治工作队伍理想信念，才能在依法治国的实践中勇于担当、敢于作为，切实肩负起中国特色社会法治事业建设者和捍卫者的职责使命。建设好一支具备过硬政治思想素质的法治专门队伍，必须坚持党的事业、人民利益、宪法法律至上，强调把思想政治建设摆在首位。忠于党是政治灵魂，忠于国家是最高原则，忠于人民是根本宗旨，忠于法律是职业准则。

法治工作队伍的思想政治素质建设，不但要注重加强"三观"教育，即理想信念观、社会主义核心价值观、社会主义法治理念观教育，使之内化于心，外践于行，成为马克思主义信仰的"主心骨"，还要把"忠诚、为民、公正、廉洁"作为核心价值追求，培育法治工作队伍的高尚职业情操。坚定党的事业、人民利益、宪法法律至上的法治信念，使法律实施的每个环节都符合宪法精神、反映人民意志、得到人民拥护。同时，要善于充分发挥理论工作者传承法治人文精神、共筑中华民族法治文化园地的作用，使之自觉成为中国特色社会主义法治事业的建设者、捍卫者和实践者。这是科学立法、严格执法、公正司法、全民守法，促进国家治理体系和治理能力现代化的前提。

（二）提高各级领导班子的法治思维和依法办事能力

加强立法、执法、司法机关各级领导班子建设，要突出政治标准，把善于运用法治思维和法治方式推动工作的人选拔到领导岗位上来。建设专门法治队伍的关键在于领导班子，在于各级领导干部的态度、决心和行动。党员干部是全面推进依法治国的重要组织者、推动者、实践者。领导干部带头学法、尊法、守法、用法是全面推进依法治省的关键所在。有没有一个高素质的领导班子决定了未来能否带领这支法治工作队伍搞好工作。各级党组织和广大党员干部在依法治省中具有重要作用，在推进依法治省方面肩负着极为重要的责任。

领导干部是我们党执政的骨干力量、中坚力量。建设中国特色社会主义法治要靠领导干部去组织、去推动。领导干部需要具有较强的法治意识、法治素养；领导干部同时负有保障法律实施、法律执行的基本职责，是法治实践的引领者、示范者。领导干部是否称职，很重要的一个方面就是看他有没有法治意识、具不具备法治能力、能不能坚持依法办事。领导干部只有树立法治意识，具备法治能力，才能树立法治权威，带动全体人民弘扬社会主义法治理念和法治精神。

领导干部要不断提高法治思维和依法办事能力。法治理念、法治精神是法治的灵魂，涉及法治的根本性质，涉及法治建设走什么道路、把握什么原则、朝着什么方向前进等基本问题。领导干部要善于运用法治思维和法治方式想问题、作决策，深化改革、促进发展、化解矛盾、维护稳定、从严管党治党。领导干部要坚持依法用权、自觉接受监督，自觉担负起学习贯彻全会精神、全面推进依法治国的重要责任。

二 推进法治工作队伍正规化、专业化、职业化建设

专业精神和专业素养是法治工作队伍的根基，在社会矛盾相对集中的转型时期，法治工作任务十分繁重，提高法治工作队伍的职业素养和专业能力就显得尤为重要。法治工作队伍要有过硬的专业能力和专业素质，才能担当起依法治国中坚力量的重大使命，才能赢得社会信誉、赢得人民尊重。《中共中央关于全面推进依法治国若干重大问题的决定》强调指出，要推进法治专门队伍正规化、专业化、职业化，并明确提出了一系列重大举措。推进法治专门队伍正规化、专业化、职业化建设要从以下几个方面进行。

（一）严格执行法律职业准入制度

法治专门队伍必须经过严格的职业化训练，要有专门的思维、语言、知识及伦理要求。为了提高法治专门队伍的职业素养和专业水平，党的十八届四中全会明确提出要完善法律职业准入制度，健全国家统一法律职业

资格考试制度，建立法律职业人员统一职前培训制度。严格执行法律职业准入制度，从源头上把好法治专门队伍的素质关，切实落实国家统一法律职业资格考试制度，建立法律职业人员省级统一职前培训制度，对职前培训实行统一管理，着力提高法律职业人员法律信仰、职业操守和职业技能，全面提升河南法治专门队伍的法律素养与专业水平。

（二）探索建立法治工作队伍开放的人才吸纳机制

探索建立开放的人才吸纳机制，拓宽优秀法律人才吸纳渠道，不断增强法治专门队伍吐故纳新、保持活力，优化法治专门队伍的结构，主要包括以下几个方面：（1）畅通立法、执法、司法部门干部和人才相互之间以及与其他部门具备条件的干部和人才交流渠道；（2）建立从符合条件的律师、法学专家中招录立法工作者、法官、检察官制度；（3）畅通具备条件的军队转业干部进入法治专门队伍的通道；（4）健全从政法专业毕业生中招录人才的规范机制。

推动立法、执法、司法机关从基层选拔优秀法治人才，从其他党政部门选拔优秀人才到法治部门工作；推动立法、执法、司法机关培养有潜力的人才到其他党政部门任职，到基层艰苦岗位锻炼培养，帮助他们了解社情民意，提高解决实际问题的能力和水平；以立法、执法、司法机关领导干部选拔任用交流为重点，拓宽视野，选贤任能，使党性观念强、法律素养好、有立法执法司法丰富经验的干部执掌立法执法司法权力，带领立法执法司法队伍恪尽职守，做中国特色社会主义法治建设的守卫者和推动者。

（三）加快建立符合职业特点的法治工作人员管理制度

探索实行差别化管理模式，形成符合法治规律的现代化法治，树立法律权威，提升各项法治工作的公信力。长期以来，法治工作人员的管理实行与普通公务员基本相同的管理模式，不能充分体现法律职业特点。完善职业保障体系，强化职业保障，落实法官、检察官、人民警察专业职务序列及工资制度改革，建立法官检察官员额制、专业职务序列和单独薪酬等制度，对切实增强法治工作队伍的职业荣誉感和使命感、实现责权利相统一有重要意义。另外，还要建立和完善法治工作队伍的政治保障，进一步完善省和设区的市人大及其常委会、政府法治部门立法机构设置，建立与设区的市立法工作相适应的立法队伍，推进立法专业人才培训和储备。同时，要充实加强市、县和基层一线行政执法力量。

（四）健全法官、检察官逐级遴选制度

法官、检察官岗位不仅具有极强的专业性，而且必须经过相当长时间的社会实践和司法历练，才能堪当大任。根据《中共中央关于全面推进依法治国若干重大问题的决定》和《中共河南省委关于贯彻党的十八届四中全会精神全面推进依法治省的实施意见》，健全法官、检察官逐级遴选制度，提高法官、检察官智识经验、司法技能、能谋善断、处理复杂司法案件的能力和水平，这是提升司法队伍专业化、职业化水平的重要举措，对建立合理的法官、检察官培养阶梯和机制，增强司法能力，满足司法为民要求，提高司法公信力意义重大。

建立法治工作队伍之间良性的流动和开放的人才吸纳机制，从符合条件的律师、法学专家中招录立法工作者、法官、检察官，这是产生法官检察官的一个重要渠道。但是，初任法官、检察官由省高级人民法院、省人民检察院统一招录，一律在基层法院、检察院任职；上级法院、检察院的法官、检察官一般从下一级法院、检察院的优秀法官、检察官中遴选。也就是说，上级人民法院、人民检察院的法官、检察官，除了可面向社会公开招录符合条件的律师、法学学者和其他法律工作者以外，一般从下一级人民法院、人民检察院中经过一定年限职业训练的优秀法官、检察官中遴选。除书记员、司法警察等司法辅助人员外，中级以上人民法院和市级以上人民检察院不再直接从应届毕业生中招录法官、检察官。另外，要完善人民警察招录培养制度，建立健全从优待警政策措施。建立重心下移、力量下沉的法治工作机制，加强基层法治机构建设和基层法治队伍建设，改善基层基础设施和装备条件，推进法治干部下基层活动。

这些改革举措，既符合法官、检察官、人民警察的职业特点，也符合法治人才的培养规律，将在高素质法治工作队伍建设中发挥重大作用。进一步提高法治工作队伍的思想政治素质、业务工作能力、职业道德水准，

为加快建设社会主义法治国家提供强有力的组织和人才保障。

三　加强法律服务队伍建设

律师是中国特色社会主义法律工作者，在维护社会公益和支撑社会良知、传播权利意识和正义理念、缓和化解社会矛盾纠纷等方面，具有非常重要的地位和作用。他们同立法、执法、司法工作者一样，都是全面推进依法治国、建设社会主义法治国家的重要力量，都要拥护中国共产党的领导、拥护社会主义法治，服从和服务于中国特色社会主义法治建设大局。新形势下，推动律师事业健康发展，最根本的是要建设一支政治坚定、精通法律、维护正义、恪守诚信的律师队伍。在加强律师队伍建设中，既要注重律师队伍业务素质的提高，还要特别重视其职业道德水平、思想政治建设；既要完善执业保障机制，保障律师执业权利，又要健全管理监督机制，强化退出管理，严格执行违法违规执业惩戒制度，严肃处理投诉案件；既要根据社会、党政机关和人民团体、企业发展需求，统筹社会律师、公职律师、公司律师队伍建设，构建社会律师、公职律师、公司律师等优势互补、结构合理的律师队伍，又要发展公证员、基层法律服务工作者、人民调解员队伍，推动法律服务志愿者队伍建设。

四　积极推动创新法治专业人才培养机制

法学教育与法治人才的培养是法治工作队伍建设的基础性、先导性工作，党的十八届四中全会关于加强法治工作队伍建设的决策部署为法学教育与法治人才培养工作提出了新的要求。目前，河南省法治人才培养工作已取得了巨大成就，但是对于全面推进依法治省而言，法治人才培养机制还不能完全跟上需要。为了建立法治专门队伍建设的长效机制，要积极推动创新法治人才培养机制，以培养造就熟悉和坚持中国特色社会主义法治体系的法治人才及后备力量。

（一）把思想政治建设摆在创新法治人才培养的首位

坚持用马克思主义法学思想和中国特色社会主义法治理论全方位占领高校、科研机构、政法职业培训机构法学教育和法学研究阵地，把马克思主义法学思想和中国特色社会主义法治理论作为整个法学教育的指导思想，推动法学理论研究的发展与法学人才培养机制的创新。建设一支高水平法学师资队伍是提升法治人才培养质量的重要保障。师资队伍建设，要加强社会主义核心价值体系教育，让所有的法学专业教师成为马克思主义法学思想和中国特色社会主义法治理论的坚定信仰者、积极传播者和模范践行者。把社会主义法治理念教育融入法律人才培养全过程，强化道德对法治文化的支撑作用，坚持立德树人、德育为先导向，推动中国特色社会主义法治理论进教材、进课堂、进头脑，增强学生贯彻落实社会主义法治理念的自觉性和坚定性，培养造就熟悉和坚持中国特色社会主义法治体系的法治人才及后备力量。

（二）健全政法部门和法学研究人员双向交流机制

健全政法部门和法学院校、法学研究机构人员双向交流机制，实施高等院校与法律实务部门人员互聘计划，是优化法学师资队伍的一项重要措施，其重点在于打造一支政治立场坚定、理论功底深厚、熟悉中国国情的高水平法学家和专家团队，建设高素质学术带头人、骨干教师、专兼职教师队伍。

贯彻落实"双千计划"，改善法学教育界和法律实务部门之间的脱节关系，这是提升法学师资队伍素质与水平、提高法律人才培养质量的重要措施。2013 年 7 月，为了加强高校与法律实务部门的合作，提高法律人才的培养质量，教育部、中央政法委、最高法、最高检、公安部、司法部联合下发了《关于实施高等学校与法律实务部门人员互聘"双千计划"的通知》，决定从 2013 年开始实施高等学校与法律实务部门人员互聘"双千计划"，即从 2013 年至 2017 年，选聘 1000 名左右有较高理论水平和丰富实践经验的法律实务部门专家到高校法学院系兼职或挂职任教，承担法学专业课程教学任务；选聘 1000 名左右高校法学专业骨干教师到法律实务部门兼职或挂职，参与法律实务工作。"双千计划"是"卓越法律人才教育培养计划"的一项重要内容，进一步推进"双千计划"的实施，把司法实务部门长期办案的实践经验推到高校去，把高校最新的理论成果运用到司法实践中，打造高水平的法学理论专家和法律实务专家。

（三）实施河南省卓越法律人才教育培养计划

"卓越法律人才教育培养计划"，是提高法律人才培养质量的重大举措，是中共中央政法委员会、中华人民共和国教育部联合实施的国家战略计划，旨在深化中国法学高等教育教学改革，以提高中国司法人才培养质量。河南也要实施卓越法律人才教育培养计划和法学名家培养计划，加强法治专业人才的培养。

社会主义法治建设不仅需要一大批法律人才，更需要卓越的法制专业人才。目前，河南法学教育还不能完全适应依法治省建设的需要，社会主义法治理念教育不够深入，培养模式相对单一，培养体系还不够完善，学生实践能力总体不强，急需应用型、复合型法律职业人才。落实"卓越法律人才教育培养计划"，以提升法律人才的培养质量为核心、提高法律人才的实践能力为重点，加大应用型、复合型法律人才的培养力度。培养应用型、复合型法律职业人才，强化学生法律职业伦理教育、实务技能培养，提高学生运用法学和其他学科知识方法解决法律实际问题的能力，促进法学教育与法律职业的深度衔接。

推进高校与实务部门联合培养机制，加强高校和司法实务部门的联合，加强"双师型"教师队伍的建设工作，促进教学与实践的结合，提倡理论研究与司法实践的对接。探索"国内—海外联合培养"机制，大力推进省内法学院校与海外高水平法学院校的交流与合作，积极利用海外优质法学教育资源，探索灵活多样、优势互补的卓越法律人才培养机制。包括完善与国外院校交流、双学位联合培养、国际组织实习等项目，加强对外交流合作，拓展法治人才国际化视野。只有这样，才能培养出政治立场坚定、通晓国际法律规则，既善于处理国内法律事务，又善于处理涉外法律事务的法治人才队伍。同时，鼓励法学骨干教师到海外学习、研究，提高专业水平和教学能力。积极引进海外高层次人才和教学团队，聘请世界一流法学专家学者到国内从事教学、科研工作。

（四）加强依法治省智库建设

为深入贯彻落实党的十八大和党的十八届三中、四中全会精神，加强中国特色新型智库建设，建立健全决策咨询制度，中共中央办公厅、国务院办公厅印发了《关于加强中国特色新型智库建设的意见》。中国特色新型智库是党和政府科学民主依法决策的重要支撑。智库建设为更好地服务党和国家工作大局，为实现中华民族伟大复兴的中国梦提供智力支撑。

为适应全面推进依法治省的新形势、新要求，加强法治人才队伍建设，结合实际，认真贯彻执行《关于加强中国特色新型智库建设的意见》，要充分重视专业化智库建设。要以科学咨询支撑科学决策，以科学决策引领科学发展，整合法学法律人才资源，大力加强法治人才智库建设，充分发挥智库在依法治省中智囊团和思想库的重要作用，加快推进河南法治建设进程。

智库建设归根到底要靠一支高素质、跨学科、多类型的人才队伍。智库专家的吸纳应当注意不同学科、不同领域、不同地区的人才布局。智库专家应当具备国际视野，熟悉国内政策环境；知识结构合理，具备复合型知识结构等。充分发挥高校学科齐全、人才密集和对外交流广泛的优势，推动高校智库发展完善。以马克思主义理论为指导，围绕河南省经济发展重大问题，汇聚全省法学法律人才力量，加强法治人才智库建设，积极发挥智库"转知为智"功能，为河南省经济发展、决策咨询提供科学高效的导向型服务。

（五）加快建设国家级、省级法学社科重点研究基地

社科重点研究基地对推动法治建设繁荣发展和人才培养机制创新、学术交流等都具有重要意义。法学社科重点研究基地，通过组织重大科研项目、课程开发和对基础问题与重大法律问题的研究，产出重大科研成果，培养高素质的法治人才和法治智库成员，成为法律咨询服务基地。

建设重点研究基地，可以促进法治人才的融合、学科的融合，对科研方式和科研体制会产生重大影响。重点研究基地不但能够以课题研究为平台，培养业务精湛的学术骨干，造就若干特色鲜明的创新团队和国家级教学团队，形成以学科带头人为核心的学术梯队，为国家和地方经济建设及社会发展提供智力支持，而且重点研究基地的重大科研成果一般代表了本领域的最高水平。这些科研成果，有的能够产生明显的经济效益，有的能

够转化为国家政策法规，有的成为政府决策参考，切实发挥了智库专家的作用。

法学社科重点研究基地，作为法治人才培养培训基地和学术交流基地，通过集中开展法学重大问题的研究，能够有效引导和促进法学的繁荣和发展，在传承法治文明、加强法学基础理论研究、创新法治人才培养机制、服务社会等方面都能发挥重要作用。

第十三章

法律服务

　　法治是治国理政的基本方式，是实现国家治理体系和治理能力现代化的必然路径。完备的法律服务体系，是全面推进依法治国的必备要素。随着人们物质交换内容的丰富和依法治国进程的加快，人与人之间的各种利益冲突越来越突出，对法律服务的需求日益旺盛。从世界各国的法治发展来看，法律服务体系的发展水平不仅是衡量一个国家或地区法治文明程度的重要标志，同时也是考量一个国家或地区社会治理法治化、现代化水平的重要方面。党的十八届四中全会通过的《中共中央全面推进依法治国若干重大问题的决定》中，明确提出建设完备的法律服务体系，阐明了法律服务在全面推进依法治国中的地位和作用。《中共河南省委关于贯彻党的十八届四中全会精神全面推进依法治省的实施意见》和中共河南省委办公厅河南人民政府办公厅关于印发《全面推进依法治省重点工作规划（2016～2020年）》的通知中，就推进河南法律服务体系建设明确了具体要求和重点，这无疑对促进河南法律服务体系建设具有重要意义。

第一节　法律服务的理论分析

　　加快和完善法律服务体系建设，首先应对法律服务的基本理论加以分析，只有明确法律服务的内涵、特征，对法律服务的范围和法律服务的提供主体明确界定，才能更好地按照党的十八届四中全会精神要求和河南依法治省实施意见的部署，全面推进法律服务体系建设。

一　法律服务的概念

目前，我国对法律服务尚未见有确切的法律或学理定义。但就"服务"一词而言，无论是从《现代汉语词典》，还是《辞海》的解释看，就一般意义来说，都含有为集体或别人工作的含义。从这一意义上看，法律服务应该包括国家权力机关、政党机关、司法机关在内的部门，对于相对方的生产和生活所提供的法律服务。即便是司法机关权力的行使也必须服务于整个国家和社会，服务于社会主义的经济、文化等各项建设事业。因此，可以说司法机关也是法律服务部门。故法律服务从广义上讲是指，法人或自然人为了实现和维护自己的合法权益，提高经济效益，在排除不法侵害、防范法律风险等方面，聘请律师、法律工作者、专业人士或机构以其法律知识和技能为自己提供服务的专业活动。从狭义上讲则是指，由司法行政机关主管的法律服务机构及其工作人员接受当事人的委托，以法律知识和诉讼技能向当事人提供法律帮助，维护当事人的合法权益，以保障和促进法治顺利实现的专业性社会活动。

但是，法律服务在我国是一个特有法律用语，有其特定的内涵，它是指不包括公、检、法、监狱等行使国家司法权力的司法机关在内的特定司法组织，是为预防和解决纠纷、维护一定主体的合法权益及满足其他一定法律事务需求所进行的法律工作和活动。其主体具有特定性，即不包括司法制度中的司法机关，仅指司法制度中的司法组织部分。其职能一般不具有行使国家司法权力的属性；其对象主要是一定的诉讼或非诉讼法律事务当事人，包括国家机关、企业和事业法人、非法人组织、公民个人等；其内容主要是以工作主体的法律专业知识和技能满足一定对象的法律事务需求；其目的主要是在诉讼和非诉讼法律事务中，通过对一定主体法律事务需求的满足，预防和解决纠纷、维护当事人的合法权益及提供其他的法律帮助。

二　法律服务的特征

法律服务是由法律确认的主体基于与当事人达成的协议，运用法律及其知识和技能，为帮助当事人解决法律问题所进行的智力型脑力服务活动。无论是与国家司法、行政执法活动相比较，还是与其他类型和形式的社会服务相比较都有不同特征。

（一）服务性

法律服务作为为社会和他人提供服务的一种活动，是社会服务活动的一种形态，是一种满足社会及其成员特定的法律服务需求，为需要法律帮助的人提供解答、咨询、辩护、代理、证明等各种活动的服务。凡是有法律服务需求者，都可能成为服务的对象。不仅企事业单位、个人，甚至是政府等国家机关也可以聘请律师等法律服务者，为政策制定、公共事务管理等提供法律意见和法律服务。

（二）帮助性

法律服务是服务者运用国家法律及其专门知识和技能，协助当事人解决具体法律问题的过程和活动，是协助当事人实现法定权利或者维护其受到侵犯的法定权利，为解决具体法律问题提供有效的帮助。但这种帮助不能对当事人的法律问题作出裁判或者决定，只能通过向当事人提供法律帮助，影响和制约司法裁判权或者行政决定权的行使，以达到维护当事人合法权益的目的。

（三）专业性

法律服务是依靠和运用法律解决法律问题的活动，在一定意义和程度上不仅包含了服务者对法律本身的深刻理解和具体运用，而且包含了服务者对法律专门知识及其技能的熟练掌握和巧妙运用。例如，公证作为专业证明机构，需要遵守严格的专业规范，以适应预防和解决纠纷的需要。又如，律师作为处理当事人法律事务的专业人员，需要经过专门的教育培训，获得相应的专业资格等。

（四）独立性

法律服务是服务者与服务对象之间一种基于契约而形成的民事法律关系，是需求者基于自身某种法律服务需求，向法律服务提供者所做的真实而明确的意思表示，一般以委托的形式出现。同时，法律服务是服务者以自己的法律知识来弥补服务对象能力的不足。为了保证法律服务质量，服务者可以独立对案件有关事实和法律进行正确判断，自由地对案件的事实和法律发表意见，不受任何干扰，也可以独立自由选择服务对象。

三 法律服务的内容

无论是从理论上还是社会现实实践看，法律服务的服务对象、服务领域、服务范围非常广泛，只要是与法律问题直接相关的社会需求，法律服务均可涉及。就法律服务的内容而言，基本上可以划分为两大类。

（一）诉讼业务服务

诉讼（俗称打官司），是指司法机关在当事人和其他诉讼参与人的参加下，为解决案件而依法定程序所进行的全部活动。

1. 诉讼业务服务的范围

诉讼业务服务包括民事、刑事、行政案件诉讼代理和仲裁代理。刑事诉讼是指国家机关在当事人及其他诉讼参与人的参加下，依照法定的程序，揭露犯罪、证实犯罪、惩罚犯罪的活动。民事诉讼是指人民法院在双方当事人和其他诉讼参与人参加下，审理和解决民事案件的活动，以及处理由这些活动所产生的诉讼关系的活动。行政诉讼是指公民、法人或其他组织认为行政机关具体行政行为侵犯其合法权益，在法定期限内依法向人民法院起诉，而由人民法院依法审理裁决的活动。仲裁代理是指根据法律规定或者当事人、法定代理人的授权委托，以被代理人的名义，为维护被代理人的合法权益，在代理权限内代理一方当事人进行仲裁活动。

2. 诉讼业务服务的内容

法律事实的认定和法律适用，是所有诉讼的基础和主题。因此诉讼业务服务的内容主要集中在法律事实的认定和法律适用上。事实认定是指在诉讼程序中，通过当事人的举证、相互质证等阶段，最终由法官和陪审员确定案件事实的过程。通过事实认定过程而确定的事实将作为判决的主要依据和基础。法律适用则是在具体的法律事实出现后，通过将其归入相应的抽象法律事实，然后根据该法律规范关于抽象法律关系的规定，进而形成具体的法律关系和法律秩序。尽管诉讼业务服务的目标是获得服务方认可的诉讼结果，但只是一种可能的结果，并不是唯一结果。因此，法律服务者要想正确运用法律来支持自身的诉讼请求，需要熟悉相关法律法规，对一般法律原则有深刻的认识和理解。

（二）非诉讼法律服务

非诉讼法律服务一般包括咨询和文书服务、专项法律服务和其他非诉讼法律服务等。

1. 咨询和文书服务

主要有法律咨询和代写诉讼文书，诉讼文件包括起诉状、上诉请愿书、申诉状等，相关法律事务文书包括委托书、遗嘱等，还有非法律事务文书。

2. 专项法律服务

专项法律服务主要有五类。一是公司专项法律服务。包括建立企业和解散企业的有关事务、公司日常管理中的一般法律事务、投资和项目开发、金融融资、证券业务、兼并、企业租赁、合同、托管、知识产权、劳动人事等特殊的法律事务。二是建筑和房地产专项法律服务。包括公司的创建规划阶段参与谈判、报审文书准备、代为报批等，土地使用权取得阶段的土地征用、国有土地转让、转让过程中涉及法律的事务，拆迁过程中的争议解决、提交文件等，工程施工阶段的招标文件准备、起草、审核、工程和设备合同履行的监督事务，房地产操作阶段的销售、租赁、抵押贷款融资等事务，物业管理阶段的相关事务，等等。三是金融、证券、保险专项法律服务。包括金融机构的法律咨询服务，存款、贷款法律服务，票据、信托、外汇、期货、债券法律服务，租赁法律服务、国际结算、国际融资法律服务，保险法律服务，以及涉及信用卡、电子银行、网上支付、设立外资金融保险机构等领域的法律服务。四是知识产权专项法律服务。包括知识产权申报代理、产权转移代理、所有权代理、技术对比咨询、专项知识产权代理、侵权代理、物业管理援助、纠纷代理，提供与著作权法、商标法、信息网络法、商业秘密法、技术合同法、反倾销法、不公平竞争法、专利法等相关综合知识产权法律服务。五是商业账户管理等法律服务。

3. 其他非诉讼法律业务

其他非诉讼法律业务主要有四种类别：一是商业资信调查。包括自然人户口登记证书、房地产登记、婚姻状况、抵押登记、工商登记、船舶登记、工商年检、分支机构、投资者、债权、债务、投资、资产等情况的调查。二是见证。见证是指接受当事人委托或者通过当事人同意，对当事人所申请调查的事项进行真实性和合法性审查。三是公证。公证是指公证机构根据自然人、法人或其他组织的申请，依照法定程序对民事法律行为、有法律意义的事实和文件合法性、真实性进行证明的活动。公证制度是国家司法制度的一部分，是国家预防纠纷、维护法治、巩固法律秩序的司法手段。公证机构的活动是在民事纠纷发生之前，对法律行为和有法律意义的文件的真实性和合法性进行认证，达到防止纠纷、减少诉讼的目的。四是代理合同、协议谈判、起草、审查、修改，代理不服司法机关生效裁判、决定的申诉等。

四　法律服务提供的主体

法律服务提供的主体，一般受一国法律直接规范和调整。根据我国现行法律、法规的规定，法律服务提供主体必须至少同时具备三个条件。第一，熟悉法律并具有一定的法律专门知识及其技能。第二，与行使国家权力的主体相分离。第三，经法定程序的批准和办理有关证照。三个条件缺一不可。由此可见，我国法律服务的提供主体具有法定性或者说专门性、合法性特点，公民个人只能成为法律服务主体的组成成员，而且只有在成为一个特定的法律服务主体组成成员后，才有资格接受指派，提供与其身份相符的法律服务。根据我国现有法律规定，如《律师暂行条例》、《公证暂行条例》和司法部颁发或者与各有关部门联合颁发的《关于乡镇法律服务所的暂行规定》、《关于军队法律服务工作有关的问题的通知》等，法律服务提供主体主要有五类。

（一）各种形式的律师事务所

律师事务所作为律师执行职务进行业务活动的工作机构，在组织上受司法行政机关和律师协会的监督和管理，是目前我国法律服务提供主体中的一种基本类型和中坚力量。其在规定的专业活动范围内，可接受当事人的委托，提供各种法律服务。律师事务所就其形式和种类来说，有合伙制律师事务所，也有律师个人开办的个人所、律师合作开办的合作制律师事务所等。凡以律师名义执行律师职务的工作机构，依法设立并取得执业许可证，都可称之为律师事务所。当事人有需要请律师帮助解决问题时，如实填写授权委托书、代理合同，并按规定交纳或无须交纳费用后，就可以聘请或接受律师法律服务。

（二）公证处

公证处是依法设立，不以营利为目的，依法独立行使公证职能、承担民事责任的证明机构，是我国法律服务主体中的一种基本类型。按照国务院办公厅《关于深化公证工作改革的方案》的有关规定，目前改制后公证处已成为执行国家公证职能、自主开展业务、独立承担责任、按市场规律和自律机制运行的公益性、非营利性的事业法人。党的十四届三中全会的《决定》中，把公证处称为"社会中介机构"。

（三）乡镇（含街道办事处）法律服务所

乡镇（含街道办事处）法律服务所是依据司法部《基层法律服务所管理办法》（2000 年 3 月 31 日　司法部令第 60 号）在乡镇和城市街道设立的法律服务组织，是基层法律服务工作者的执业机构。其人员构成可由兼职律师提供法律服务，由乡、镇、办事处法律服务所在职法律工作者从事法律服务，由公证员担任法律服务，由退、离休政法人员从事法律服务工作，由法人内部在职人员从事法律服务及由上述人员自由联合提供法律服务。其业务范围非常广泛，除不能办理刑事诉讼案件外，几乎可以涉足律师事务所的全部业务范围，主要是面向基层政府机关、群众自治组织、企业事业单位、社会团体和承包经营户、个体工商户、合伙组织以及公民。在隶属关系上，接受县级司法行政机关或者乡镇、街道司法所的委托，协助开展基层司法行政工作。

（四）社会法律咨询服务机构

社会法律咨询服务机构是依照规定成立，向社会提供有偿法律服务，实行独立核算、自收自支、自负盈亏，能独立承担民事责任的中介服务组织。但不包括依照国家有关法律、法规成立的律师事务所、公证处、乡镇（街道）法律服务所。社会法律咨询服务机构主要包括法律咨询服务公司和法律咨询服务部。

（五）军队法律服务机构

军队法律服务机构是由司法部和军委有关部门联合颁发规定予以确认和调整的，仅在军界服务而不面向社会服务的机构。

第二节　法律服务的现状

法律服务最初是由律师提供，后来发展到由律师、公证等多种主体提供。尤其是改革开放以来，伴随着全国法律服务业的发展，河南法律服务更是取得长足发展，法律服务体系已初步形成，法律服务门类逐步完善，法律服务领域日益拓展，法律服务队伍不断壮大，法律服务制度日益健全，在河南经济社会发展和促进社会和谐稳定中发挥了应有作用。

一　法律服务取得的成效

河南法律服务经历了几十年的发展，无论是律师的人数还是律师和其他法律服务机构提供的法律服务数量或规模，都有了一个很大的增长。同时，河南各地也不断根据自己的特色建立了与本地发展相协调的法律服务体系。

（一）法律服务网络体系基本健全

在市级层面，成立了法律服务中心、法律援助中心、大调解中心和社区矫正中心，形成了资源共享、机制互动、集中受理的综合性法律服务实体平台。在县乡层面，依托司法局、司法所和法律服务所，建立了县乡公共法律服务中心，由司法局、司法所人员、法律服务工作者轮流值班，接待群众咨询、办理相关法律事务。在社区（村）层面，设立了公共法律服务站点，由律师、法律工作者结对驻点服务，方便群众就近接受法律咨询和法律服务，为基层社会组织提供顾问服务，参与基层疑难复杂纠纷的预防化解，基本形成了市县乡三级法律服务组织网络。

（二）法律服务资源得到整合聚集

有些地区鉴于法律服务特别是公共法律服务由司法行政机关统筹提供的现实，打破常规，不变体制变机制，为建立一支素质高、能力强、反应快的综合法律服务队伍，不断探索整合司法行政资源，开创性地成立了由律师、公证员、专职调解员、法律工作者等人员组成的法律服务团，建立了律师先锋队和QQ律师服务群，引导鼓励律师参与公共法律服务。抽调机关职能科室人员，成立了宣传服务大队、执法管理大队、应急处置大队。日常工作中，由协调指挥中心负责指挥调度，法律服务团充当智囊团角色，分析研判重大社情民意及疑难复杂法律问题，并参与联合处置重大突发事件，改变了以往各自为政的局面，形成了工作合力，提升了服务效率。

（三）法律服务领域有所拓展延伸

按照党的十八大提出的建立法律顾问制度的要求，有些地区开始稳步推进机关、企事业单位和各行业、村（社区）法律顾问工作制度，建立了市县法律顾问团，对顾问单位的法律文书进行审查，代理法律事务，提出可行的法律建议和意见等；还有的加强了基层法律援助工作站建设，在村（社区）配备法律援助联络员。同时，大部分地区不断扩大了法律援助受援范围，将法律援助对象向低收入人群覆盖，大力开展了调解工作的社会化、专业化建设，建立了矛盾纠纷综合协调化解机制，加强了行业性专业调解，完善了公调、诉调、检调、访调对接机制，推进了企业调委会建设，开辟了物流、电视媒体、网络平台等新领域调解阵地，发挥了调解在预防和化解社会矛盾纠纷中的"第一道防线"作用。

（四）法律服务信息化水平初步提升

河南有不少地市依托司法局成立了12348法律服务协调指挥中心，集远程调度、远程视频服务、监控、指导功能为一体，并通过开发内外网双向数据接口，使律师事务所和法律服务所等法律服务机构能够登录政府外网进入法律援助系统平台，进行法律援助案件"承办"和"结案"环节的处理；还有的建立了网络法律服务平台，将司法行政各项职能全部纳入网络中，增设了"网络法律服务中心""网络百姓说事点""网络人民调解室""网络普法工作室"服务窗口，使群众足不出户就能享受法律服务；还有的建立了手机短信普法信息平台，将《宪法》《刑法》《合同法》《婚姻法》等法律知识编辑成短信，送达居民手中，等等。

二 法律服务存在的主要问题

河南法律服务经过三十多年的发展，取得了长足的进展，但随着改革开放全面深化、依法治国全面推进和公民法律意识不断增强，人民群众的法律需求日益增长，对法律服务尤其是公共法律服务的要求越来越高，由此使得公共法律服务社会化程度不够高、运行机制不够通畅、法律人员综合服务能力不够全面、保障制度不够健全等问题日渐显现。

（一）法律服务社会化程度不够高

虽然司法行政机关依托职能优势，加快推进了公共法律服务体系建设，但实践中很难争取政府和相关部门重视和支持。一方面，一些部门对公共法律服务的认识不足，对公共法律服务的职能、作用不甚了解，参与度不高，尤其街道、乡村、社区公共法律服务中心仍然是依托司法所开展工作，成效不明显。另一方面，公共法律服务的社会认知度不高，群众对公共法律服务的性质缺乏了解，遇有法律问题，少部分有法律意识的会找律师寻求有偿法律服务，而相当一部分还是习惯于求助信访、公安等部门，致使公共法律服务的作用大打折扣。

（二）法律服务运行机制不够通畅

尽管有些地区建立了12348司法行政公共服务平台，但存在运行不通畅、衔接不配套等问题。如各司法所、律师事务所、服务窗口和业务科室没有专人对接12348协调指挥中心，缺乏工作对接细则；12348协调指挥中心处置、转接咨询求助类法律问题时间过长；常驻中心的律师、公证员、调解员等法律服务人员不固定，公益服务补偿机制不健全；社会律师、法律服务工作者参与公共法律服务的积极性不高。

（三）法律人员综合服务能力不够全面

有些地区虽然名义上成立了县乡两级法律服务中心，但中心人员综合素质参差不齐，在解决群众法律诉求时有的不及时，有的不专业，更有的责任意识不强。如有的在接待劳动方面的法律问题时，却告知当事人到人社部门咨询，民政方面的法律事项到民政部门解决，使公共法律服务的公信力受到质疑，社会认可度不高；又如，有的面对很多群众咨询的事项，比如土地流转、交通事故赔偿金额计算、工伤认定等，因专业水平限制无能力给予及时解答，解决问题的效率不高；等等。

（四）法律服务保障制度不够健全

公共法律服务体现的是公益性、社会化服务，目的是满足群众的基本法律需求。但是，目前建立的公共法律服务体系仍局限在司法行政体制内运行，在大多数地方还没有被纳入政府的公共服务保障体系，政府购买公共法律服务的制度体系尚未确立，公共法律服务的公益性没有得到充分体现。同时，基层司法局受人、财、物等方面的局限，很难提供一套完备明晰的公共法律服务产品。

第三节　全面推进法律服务的对策建议

随着改革开放的深入和全面推进依法治国的推进，法律已成为调节各种社会关系的重要方式，法律服务已成为公民实现和保障合法权益的基本需求之一。因此，要按照党的十八届四中全会要求和《中共河南省委关于贯彻党的十八届四中全会精神全面推进依法治省的实施意见》，不断提高、拓展和规范法律服务。这既是法律服务本身特点所决定的，也是对法律服务提出的新要求。拓展，要求法律服务工作有更大的发展，重点拓展法律服务的领域、法律服务的方式、法律服务的社会功能；规范，要求法律服务工作的发展必须建立在健康有序的基础上，重点规范服务主体、服务行为、服务秩序和管理行为。

一 进一步完善法律服务体系

建设完备的法律服务体系，是推进经济社会发展和全面推进依法治国的必然要求。建设完备的法律服务体系，必须紧紧围绕经济社会发展实际需要和人民群众对法律服务的需求，把法律服务融入五位一体建设的各方面和全过程，以实现法律服务全覆盖。

要加强民生领域法律服务。民生是与百姓生活密切相关的问题，关乎社会的和谐与稳定。当前，要紧密结合经济社会发展实际，不断拓宽法律援助的覆盖人群，适应困难群众的民生需求，及时调整法律援助补充事项范围，将就业、就学、就医、社会保障等与民生紧密相关的事项逐步纳入法律援助的范围。要进一步放宽经济困难标准，使法律援助覆盖人群从低保群体逐步拓展至低收入群体。要完善便民利民措施，使法律服务申请快捷化、审批简便化、服务全程化。要创新服务方式，严格按照法律规定来规范代理诉讼和仲裁的执业流程、执业标准和执业行为，积极创新法律顾问和非诉讼的服务方式、服务内容和服务标准。要有效整合法律服务资源，优化衔接法律服务流程，构建综合性一站式法律服务平台，通过搭建法律服务信息化平台，畅通连接省、市、县、乡四级的法律服务信息化网络。

二 进一步完善法律援助制度

法律援助制度，是国家以制度化和法律化的形式对经济困难、无力支付法律服务费用的当事人或者特殊案件的当事人减、免费提供法律帮助，保障当事人合法权益的一项司法救济制度。完善法律援助制度，需要在通过法律对法律援助进行规范的基础上，不断扩大法律援助的实施主体，建立专业化的法律援助队伍，指定特定的律师事务所专门从事援助工作，专门办理援助案件；通过强制手段规定每个律师事务所每年应该承担的援助案件；同时，鼓励更多的公益组织和个人参与到法律援助中。要严格按照法律、法规、规章和规范性文件的要求，完善法律援助案件受理、审查、决定、指派、承办、监督等各个环节的程序规则，从援助前、援助中、援助后等各个环节，强化对办案过程的监督，不断提高办案质量。要多渠道筹集法律援助资金，建立法律援助经费保障体系，可采取财政拨款、专项提取、社会捐赠等方式，由各级政府根据实际需要和财力，在每年的财政预算中专项列入；还可从律师协会、公证员协会、法官协会、检察官协会等社会组织的经费中提取，通过设立法律援助基金会，接受社会各界的捐助；等等，以保证法律援助费用的支出。

（一）落实法律援助政府责任

法律援助是为经济困难或特殊案件当事人提供法律服务并减免法律服务费的一项法律保障制度。因此，各级政府应该把法律援助作为"法治惠民"的一项重点工程。要充分利用电台、电视台、报纸、网站等媒体宣传法律援助，通过专题宣传咨询、评选法律援助典型案例、宣传优秀法律援助工作者事迹等活动，让社会进一步了解法律援助，以提升法律援助工作的社会知晓率。要与文明创建活动相结合，不断加强法律援助志愿者队伍建设，大力表彰法律援助先进集体和先进个人，鼓励社会各界参与法律援助事业。要明确相关部门支持、参与法律援助的义务，充分发挥法律援助在社会求助体系中的特殊作用，建立法律援助社会协作机制。要完善便民措施，进一步创新残疾人、农民工等特殊群体的服务举措，开辟"绿色通道"，简化法律援助申请、受理和审批程序，畅通申请渠道，规范法律援助工作站和联系点建设、社会诚信建设，完善法律援助接待场所和服务设施，方便困难群众申请获得法律援助，不断提高社会对法律援助的满意度。要突出法律援助质量管理、监督，在法律援助开始以前，要有专门的公共机构对案件进行分析，挑选责任心强和工作能力强的援助人员办案；在法律援助工作进行的过程中，要有专门机构派遣专门人员对案件进行追踪检查，对案件进展情况和工作质量好坏进行监督，案件有疑点时应该组织专家和律师团队进行集中讨论协商；在法律援助工作结束以后，要让受援助对象和司法行政机关工作人员等对办案律师进行评估，确立法律援助工作的考核标准，根据评估结果给予一定的经济补贴。要以立法的形式将法律援助经费纳入经济和社会发展规划，建立法律援助最低经费保障制度，将法律援助经费纳入政府的财政预算当中，保证资金来源稳定，并不断拓宽资金来源渠道，遵循"政府主导，社会参与"的原则，鼓励社会捐款和投入，设立法律援助专项基金，建立法律援助资金监督体系，保障法律援助基金专款专用。

（二）扩大法律援助范围

尤其是在面对弱势群体时，他们不但经济困难，甚至一些人连基本生存问题都没有解决，当他们权益受到侵害时，往往因付不起律师费用而不能维护自己的合法权益。因此，切实保障每一个经济困难的公民都能获得必要的法律服务，是真正体现法律援助制度存在价值的关键所在。针对弱势群体人数较多的现实，必须扩大法律援助的范围。尽管 2003 年国务院颁布施行的《法律援助条例》对受援对象做出了具体规定，即公民为保障自身合法权益需要法律业务，确因经济困难无力支付法律业务费用的，可以申请法律援助。同时又授权省、自治区、直辖市人民政府可以对《法律援助条例》规定以外的法律援助事项（包括民事和行政事项）做出补充规定。公民经济困难的标准，也由省、自治区、直辖市人民政府根据本行政区域经济发展状况和法律援助事业的需要规定。也就是说，依照我国法律援助立法的根本目的（保障经济困难的公民能够平等地享受到法律的保护），法律援助范围最终目标是要实现全方位的覆盖，即所有的困难群体，不论何种法律事务都享有能够获得法律援助的权利。因此，要彻底取消事项范围的限制，将所有的事项均纳入法律援助范围；同时，在现有特定援助事项的基础上，适当把有关群体性案件、重大突发性案件以及有关损害农民工合法权益的案件等列入特定事项，并将与困难群众切身利益休戚相关的，如交通事故、劳动合同纠纷、征地补偿、拆迁安置、假农药假种子坑农及环境污染等事项纳入受案范围。尤其要放宽经济困难的标准，如果门槛仍然偏高，大量生活在低保线之上却又无力支付最低法律服务费用的困难群众就无法得到法律援助。只有适当放宽困难标准、降低门槛，才能将那些经济状况处在困难标准"边缘"的群众，纳入受援范围，以实现法律援助范围的扩大化。总之，要紧紧围绕经济社会发展和人民群众实际需要，不断扩大法律援助范围，提高援助质量，落实政府责任，健全体制机制，坚持和完善中国特色社会主义法律援助制度。

（三） 实现法律援助与司法救助的无缝衔接

法律援助和司法救助，虽然二者实施主体、救济环节、救济方式、适用情形、法律依据不同，但就其本质和目的而言，都是保障社会成员平等地实现法律赋予的权利。只有二者有效地进行衔接，才能让真正需要帮助的人得到帮助。因此，应建立法律援助与司法救助相结合的一援到底的专项通道，凡是属于法律援助对象的当事人，顺理成章地进入司法救助的通道，其他单位不得另行设立审批标准或审批程序。应通过制定全国统一的法律援助法，将法律援助的审查权与司法救助的审查权合并在法律援助中心，由中心统一行使申请法律援助审查和指派援救助的国家职能。应通过建立健全法律援助的组织领导协调机制，把法律援助与司法救助紧密结合起来，在各级政府的统一领导下，法律援助机构要进一步加强与公、检、法机关的沟通，使公、检、法机关都能够把法律援助工作作为自己应完成的一项工作职责，做到相互协调、密切配合。在办理各类案件的过程中，只要发现当事人符合法律援助条件，就能积极主动地告知和帮助其向法律援助机构申请法律援助。凡当事人以法律援助机构给予法律援助的决定为依据，向人民法院申请司法救助的，人民法院无须审查其是否符合经济困难标准而直接做出给予司法救助的决定；凡当事人以人民法院给予司法救助的决定为依据，向法律援助机构申请法律援助的，法律援助机构也无须审查其是否符合法律援助范围和经济困难标准而直接做出给予法律援助的决定。实行一次审查、一援到底的制度，减轻当事人重复申请、有关机构重复审查的负担。同时，要积极开展法律援助参与申诉案件代理工作试点，就申诉案件受理审查、办理、监督以及办案经费和工作力量保障等问题制定下发意见，建立法律援助参与申诉案件代理工作机制。

三 发展律师、公证等法律服务业

法治国家必须有成熟、完善和发达的法律服务业。改革开放以来，河南法律服务业取得了长足发展，基本形成了以律师业为主，公证、司法鉴定、基层法律服务等法律服务业协调发展的局面。但与目前的形势发展和需求相比，仍有提升的空间。当务之急，应进一步统筹城乡、区域法律服务资源，不断拓展法律服务领域，切实推动法律服务向基层延伸。

（一）统筹城乡、区域法律服务资源

随着经济社会的快速发展和城乡一体化的不断深入，法律服务方面的需求不断增长。并且，基层民主法治建设的发展也带动了法律服务需求的增长。这都需要统筹城乡、区域法律服务资源，建立起结构合理、发展平衡、网络健全、运行有效、覆盖整个城乡区域的法律服务体系，以切实保障广大人民群众获得基本法律服务的权益。一是，拓展服务平台。通过开展法律顾问、法律（法援）进村（社区）、公证服务、人民调解等工作，形成以司法行政法律服务中心为龙头，以各司法所和村（社区）司法行政工作室为触角，以司法行政网上法律服务中心和各类信息化网站平台为纽带，全体司法行政工作人员、律师、公证员、法律服务工作者队伍深度融入基层、服务群众的大舞台。二是，通过推进司法所抱团合作，以组团为单位，培育各类业务强所，建立交流合作制度，优势互补，合力推进组团内社会管理事务法治化进程。推进司法所、律所间的所所合作，发挥各类法律服务单位专业优势，根据地方政府法律需求，协助开展社会管理和法律服务，服务于经济建设中心工作。三是，通过成立由司法行政干部、法律援助工作人员和律师、志愿者组成的法律援助应急服务队，完善法律援助与劳动仲裁、司法救助的应急衔接机制，加强与工、青、妇、残、信访等部门的沟通协作，实现各部门之间法律援助资源的互通共享，形成覆盖到最基层的法律援助工作体系和"全域受理、就近服务"的工作机制。

（二）拓展法律服务领域

经济社会的发展、全面深化改革的推进和人民法治观念的增强，必然带来对法律服务需求范围和领域的拓展。在拓展法律服务领域上，应在原有的基础上，切实做好与全面深化改革密切相关的法律服务工作，为健全城乡发展一体化体制机制、建设社会主义民主政治制度、推进文化体制机制创新、推进社会事业改革创新、建立系统完整的生态文明制度体系等提供法律服务。要扩大公司律师试点，拓展知识产权、金融等新兴民商事业服务领域，为市场在资源配置中起决定性作用提供法治保障。要着力服务保障和改善民生，立足河南公共服务体系中的重点领域，拓展教育、就业、社会保障、医疗卫生、住房保障、文化体育等领域的法律服务。着力服务社会和谐稳定，健全完善法律服务人员参与信访、调解、群体性事件处置工作机制。

（三）推动法律服务向基层延伸

推动法律服务向基层延伸，为基层人民群众提供面对面、零距离的法律服务，是形势发展的需要，也是法律为民、服务为民的最好体现，更是我国社会主义法治建设的基本要求。要以基层站所与村级便民服务中心对接为依托，健全完善基层便民法律服务体系，将基层法律服务机构的法律咨询、纠纷调解、法治宣传、法律援助初审等事项与便民中心对接联通，加强业务指导和督导，完善便民服务机制，通过开展法律援助等一系列行动，推动法律服务资源向基层延伸。要以构建多层面、立体化、全方位人民调解组织网络为依托，健全完善基层矛盾纠纷排查化解体系，进一步加强和规范村、居（社区）、企事业单位人民调解组织建设，加强行业专业性人民调解；以县级司法行政法律服务中心为龙头，推进各司法所与各类人民调解组织衔接互动。要依托乡镇司法所和基层法律服务所，建立公证联络员制度，设立法律援助工作站，开通法律服务流动车，在农贸市场、社区广场、村（居）委会活动中心等百姓集中场所，提供面对面、零距离的法律服务等。要在乡镇设立便民服务大厅，开设法律服务窗口，对符合条件的公证、法律援助等事项及时联系公证员、法援人员集中办理，免去老百姓来回奔波之苦，对情况紧急的公证事项，公证员可上门服务。要建立完善城乡区域一体的普法宣传体系，组织普法宣讲员和法律服务人员，定期到农村和乡镇开展"送法下乡""法律服务下乡"等活动，为村民上法制课、散发法治宣传材料、解答法律咨询、帮助修改合同、创作演出法制文艺作品，把法律知识和法律服务送到基层。要逐步建立完善乡镇法律服务机构体系，在乡镇逐步设置律师、公证机构，将现行律师、公证制度向农村地区延伸，保证为农村地区提供优质高效的律师服务。要依托司法所在乡镇、村（居）设立法律援助工作站，工作站组成人员由法律服务工作者或律师组成。对于乡镇、村（居）范围内发生的符合法律援助的纠纷，经当事人申请后，由工作站站长根据纠纷的类别分别进行处理。工作站除受理一定范围的法律援助案件以及对其他案件进行初步审查外，还开展对本辖区范围内群众的来电、来访咨询解答服务以及代书服务，同时根据地市法律援助中心的要求，开展法律援助的宣传以及实施法律援助工作的其他各项职能。

四　建立公共法律服务政府购买机制和补偿机制

法律服务尤其是公共法律服务，是促进权利保障的重要手段。为人民群众提供基本公共法律服务是政府的责任，建立公共法律服务政府购买机制和补偿机制，则是满足人民群众日益增长的法律需求、改进政府提供公共服务方式的重要途径。因此，推进政府向社会力量购买公共服务不仅是惠及人民群众、深化社会领域改革的重大措施，又是加快服务业发展、扩大服务业开放、引导有效需求的关键之举，更是推动政府职能转变，推进政事、政社分开，建设服务型政府的必然要求。[①]

（一）建立公共法律服务统一平台

由各级政府主导，充分整合律师、公证、司法鉴定、实务法律援助、基层法律服务、人民调解、法治宣传、社区矫正、安置帮教等司法行政资源，组织搭建统一的实施平台，健全县、乡、镇基层法律服务中心，实施"统一指挥、协调一致、上下联动"的动态管理，并建立统一的信息、信用平台，用政府购买的形式，最大范围地给群众提供更多更有效的法律服务。

（二）加强法律人才队伍建设

逐步加大对法律专业人才培训的投入，加大引进专业人才的力度，重点加强对急需紧缺的复合型、高层次律师的培养和引进。大力引进新兴产业的法律人才，落实相关人才政策。深入开展主题教育活动，加强律师职

---

① 国务院常务会议《研究推进政府向社会力量购买公共服务　部署加强城市基础设施建设》，《人民日报》2013年8月1日第1版。

业道德和执业纪律的培养教育，引导其树立正确的价值观。规范引导社会律师参与公共法律服务，有机整合并充分发挥政府法律顾问律师和政府公职律师的功能和优势。深入推进法律服务机构规模化、品牌化建设。加大投诉查处力度，开展执业道德和执业纪律评查活动，健全监督约束机制，坚决查处执业中的违法违纪行为。要对律师行业的思想政治状况进行评估，引导广大律师坚定中国特色社会主义理想信念，坚持中国特色社会主义律师制度，打造政治坚定、法律精通、维护正义、恪守诚信的律师队伍。

（三）明确政府采购法律服务的范围、标准与要求

尽快出台政府采购法律服务类项目公开招标规范，通过采购需要标准、价格评审、优先采购事项等具体措施增强调控。就法律服务项目采购需求广泛征求意见，规范评审方式与程序，招投标结果及时向社会公告。同时，及时梳理政府部门现存的各种法律需求，由各部门在其职责范围内，根据既往工作经验及实际情况，对可能涉及法律风险的事宜进行统一排查，有针对性地筛选出急需法律服务的相关领域及事项，由法治部门进行审核确定。健全政府法律顾问准入和退出机制，形成政府法律顾问能进能出的严格考核机制。加强对政府法律顾问的日常考评、业绩考核和绩效评价，建立专门档案，强化检查指导。

（四）完善评估及监管机制

严格规范政府购买公共法律服务的提供主体、保障责任、实施标准、覆盖水平、资源配置、供给方式、管理运行、效果追踪、评估及监管等机制，将考评结果与后续购买相挂钩。进一步完善司法机关行政管理和法律服务行业协会管理相结合的管理体制，通过行政监管和行业自律两种手段，借助司法系统完善相关公开公示制度，加强对法律服务领域的规范与监管。

（五）积极推行政府法律顾问制度

律师在政府职能转变中具有专业优势和独特作用，尽快组建各级政府

法律顾问团队，重视并吸收外聘律师参与政府法律事务，明确外聘社会律师提供政府法律顾问服务的工作方案，制定实施法律服务共同的和重复使用的指标。政府法律顾问团队及外聘律师参与政府事务，应坚持以事前防范和事中控制法律风险为主、事后法律补救为辅的原则，围绕本地党委、政府的中心工作重点，积极创新律师参与政府法律顾问工作模式，尽快推动政府法律顾问工作的制度化。

五　探索一村（社区）一法律顾问制度

当前，改革进入攻坚期和深水区，各阶层的利益诉求日益多样，社会矛盾多发易发。需要充分发挥律师的专业特长，通过大力开展律师进村（社区）活动，组织律师担任村（社区）法律顾问，开展法律咨询、普法宣传、人民调解和法律援助，以维护群众的合法权益，化解纠纷矛盾，这对于创新基层社会治理、维护社会和谐稳定等，都具有重要意义。同时，探索实行一村（社区）一法律顾问制度，作为构建基层公共法律服务体系的重要组成部分，将会为构建基层公共法律服务体系奠定良好基础。

（一）明确人员配备

一村（社区）一法律顾问制度能否有效发挥作用，人员配备至关重要。司法行政机关和律师协会要尽可能地动员和组织所有专职律师、兼职律师及申请律师执业的实习人员参与此项工作。对法律问题比较多、群体性敏感性案件易发多发的村（社区），律师事务所要优先选派大局意识较强、政治和法律业务素质较高的律师担任村（社区）法律顾问，可实行县（市、区）司法局推荐，镇街司法所具体协调，村（社区）与律师事务所双向选择的模式。通过双向选择，村（社区）组织与律师事务所签订服务协议，律师事务所指派符合条件的律师担任村（社区）法律顾问，县（市、区）司法局将村（社区）基本情况及推荐的律师事务所及其拟指派律师的基本信息、工作业绩等情况公示，增强双方了解。

（二）明确顾问职责

律师受聘担任村（社区）法律顾问工作的主要职责应根据不同情况，

明确界定，界定中要重点突出四个方面。一是，为村（社区）管理提供法律专业意见。协助起草、审核、修订村（社区）自治组织章程、村规民约以及其他管理规定。为村（社区）重大经济、民生和社会管理方面的决策提供法律意见，引导村（社区）依法管理。协助村（社区）解决换届选举中的法律问题。二是，为群众提供法律咨询和法律援助。向群众解答日常生活中特别是在征地拆迁、土地权属、婚姻家庭、上学就医、社会保障、环境保护等方面遇到的法律问题，提供法律意见。协助村（社区）组织处理信访案件，引导当事人依法、理性反映诉求，依法维护自身的合法权益。经法律援助机构的审查同意，为符合法律援助条件的群众提供法律援助。同时，接受群众委托代为起草、修改有关法律文书和参与诉讼活动应酌情减免服务费用，并向县（市、区）司法行政机关备案。三是，开展法治宣传。定期举办法治讲座，通过"以案说法"、以群众身边事讲法说法等方式普及群众日常生活涉及的法律知识。针对村（社区）企业在转型升级、知识产权、劳资纠纷等方面遇到的问题，开展法律讲座等法律服务，为企业解惑释疑，促进企业生产经营平稳发展。四是参与人民调解工作。担任兼职人民调解员，根据基层调解组织的安排参与矛盾纠纷排查和调处工作，或为调解组织调处重大疑难矛盾纠纷提供法律意见。协助村（社区）完善基层人民调解组织建设，为调解员提供法律专业知识培训，提高基层人民调解员的法律水平。

（三）明确工作要求

村（社区）法律顾问每个月至少到村（社区）服务 1 天，每个季度至少举办 1 次法治讲座。具体的服务时间由律师与村（社区）组织商定后予以公示。村（社区）法律顾问对村（社区）组织和群众提出的具体法律服务需求应及时回应，对可能影响社会和谐稳定或涉及村（社区）、群众重大利益的事情，应及时到场或通过电话提出法律意见，同时向当地县（市、区）司法行政机关报告。

（四）明确责任分工

司法行政机关要根据工作实际，建立科学的工作机制，不断完善规章制度。一要建立工作台账。工作台账是上级部门对村（社区）法律顾问工作进行评价和考核的重要材料。村（社区）法律顾问每次提供服务时须认真填写提供法律服务的时间、对象、内容和结果。工作台账要一次一记、一村一卷。工作台账可由村（社区）法律顾问、村（社区）组织代表及司法所分别填写，并由镇街司法所保管。二要开展业务培训。地市司法局会同律师协会每年组织受聘担任村（社区）法律顾问的律师开展业务培训。要针对本地村（社区）工作实际，编制培训大纲，组织本辖区所有村（社区）法律顾问开展有关国家政策、社情民情及法律业务的学习与交流，不断提高村（社区）法律顾问的大局意识、责任意识、服务意识以及服务基层、服务人民群众的技能和水平。三要完善工作规范。在总结工作经验的基础上，建立和完善各项规章制度，包括村（社区）法律顾问行为规范、服务标准等基本制度，村（社区）法律顾问开展矛盾纠纷调解、参与处置群体性敏感性案件和村（社区）组织换届选举方面的工作指引，村（社区）法律顾问工作检查评估制度等。四要定期检查评估。县（市、区）司法局会同镇街司法所每年年底要对律师担任村（社区）法律顾问工作进行至少一次检查，通过实地检查、台账检查、听取村（居）委和群众意见等形式，及时发现村（社区）法律顾问工作中存在的问题，提出改正的意见和建议。检查和评估的结果要在县（市、区）范围内公布，并通报律师所在律师事务所。服务次数达不到要求的，相应扣减报酬；群众意见较大的，可建议村（社区）不再续聘担任村（社区）法律顾问。对于律师在执业中违反执业纪律的，建议其所在地市司法局或律师协会给予行政处罚或行业处分。

（五）明确经费保障

在经费保障方面，可采用律师公益法律服务与政府给予经济补贴相结合的办法。司法行政机关要通过加强与同级财政部门的沟通协调，保障配套对律师给予的补贴以及培训经费，地市"12348"热线建设和维护所需费用及时到位，为工作开展提供良好保障。同时，要建立省级至少地市级统一的公共法律服务网络平台，使其成为律师与村（社区）组织及群众沟通交流、向村（社区）提供法律咨询和法治宣传以及各级司法行政机关监督指导村（社区）法律顾问工作的综合性服务平台，及时为群众提供法律咨询、宣传法律知识、及时疏导群众情绪、指导群众维权。

六　健全统一司法鉴定管理体制

司法鉴定是指，在诉讼活动中鉴定人运用科学技术或者专门知识，对诉讼涉及的专门性问题进行鉴别和判断并提供鉴定意见的活动。健全统一司法鉴定管理体制，不仅能及时有效地为司法审判提供可靠保障和优质服务，而且有利于促进司法的公平和正义。健全统一司法鉴定管理体制，一要积极推动和联合有关部门，改革和修改有关的法律规范和司法制度，如健全司法鉴定的启动程序，完善司法鉴定意见的质证程序，规范重新鉴定程序、解决鉴定意见的效力问题，以及逐步建立起合理有效的采信机制、监督机制和救济机制。二要建立和完善司法鉴定主管部门的行政管理和司法鉴定协会的行业管理相结合的管理制度。研究建立起司法鉴定主管部门与各类技术鉴定业务主管部门的双重管理模式。三要适应司法活动日益复杂化、专业化和综合化的发展需要，为提高和保证司法鉴定的科学性、可靠性和客观性，按照分工专业化、队伍职业化、技术标准化和方法综集化的要求，进一步加强检测实验室建设，建立统一规范的技术标准体系、科学开放的技术管理制度，以及布局优化、结构合理的司法鉴定实施网络。四要建立完善司法鉴定行业退出、淘汰制度，综合运用法律手段、行政手段和技术手段。如采取严格准入条件和完善专家评估程序、严格仪器设备配置标准、建立关键设备强制认证制度、统一规范执业资质条件、调整优化布局结构、建立检案质量评查和执业活动年度检查制度、依托第三方开展认证认可和司法鉴定行业协会组织同行评价等不同方式，形成优胜劣汰的竞争机制，逐步实现创新发展的目标。

第十四章
法治宣传教育

法治宣传教育是提高全社会的法律意识和法治观念，推动法治实践，营造法治氛围，促进民主法治建设的关键环节，因而，是推进全面依法治省的一项基础性工作。当前，河南已进入实现中原崛起、河南振兴、富民强省新的发展阶段，新的形势和任务要求我们以高度的使命感和责任感加强法治宣传教育。

第一节　法治宣传教育的理论分析

理论使人们对事物的认识和把握更加准确、更加深刻，从而增强人们行动的自觉性和坚定性。新的形势下加强法治宣传教育，需要对法治宣传教育的内涵、基本功能和现实意义有准确而深刻的认识。

一　法治宣传教育的内涵

准确把握法治宣传教育的内涵是加强法治宣传教育的起点。法治的基本要求是各项工作都法律化、制度化，其主要标志是立法、执法、司法、守法等环节都有比较完备的法律和制度。法治宣传教育包括法治宣传和法治教育两个方面。

（一）法治宣传的内涵

法治宣传，是指通过多种形式向全社会普及宪法、法律和法规知识，培养公民学法、守法和用法行为习惯，增强公民法律意识；促进社会团体、企事业单位和其他组织依法经营、依法办事、依法维权；推进国家机关依法管理、依法行政、公正司法的社会活动。法治宣传工作是一项政府主导、全社会共同参与的社会系统工程，是适应经济、政治和社会发展需要，有目的、有计划的社会传播行为，其目的是将法律交给广大人民，使广大人民学会运用法律武器，知法、守法、树立法治观念，保障公民合法的权利和利益，同一切违反宪法和法律的行为做斗争，维护宪法和法律的实施。① 在内容上，它传播的内容既包括国家法律制度、法律体系的具体内容等静态意义上的法治，也包括国家政治、经济社会活动中动态意义上的法治；不局限于法律条文本身，更重要的是宣传蕴含在宪法、法律之中的宪法精神和法治理念，使人民群众不仅掌握宪法、法律的具体内容，更重要的是树立法治理念；在全社会范围内实现传播法律知识、营造法治氛围的作用。

（二）法治教育的内涵

法治教育是指以领导干部和青少年为重点人群，使他们深刻认识社会主义法治的内在要求、精神实质和基本规律，具备正确的法治观念和较强的法律意识，全面提高他们的法律素质，促进党的领导、人民当家做主和依法治国的有机统一。法律素质是现代法治社会对公民文明素质提出的一个不可或缺的内在要求，是人的素质的一个重要方面。随着社会从"大政府、小社会"向"小政府、大社会"转变，改变了以往政府对社会的管理模式，面对复杂的形势和环境，建设和管理都必须在法律和政策允许的范围内进行，人们的衣食住行无不与法律有着密切的联系，问题及矛盾的解决也都需要以法律为依据，人们对法律知识的需求越来越大，迫切需要通过法治教育提高人们的法律素质，尤其是领导干部和青少年。领导干部是中国特色社会主义事业的组织者和领导者，法律素质的高低直接关系到社会主义法治国家建设的进程；而青少年的法治素养如何，不仅关系着青少年健康成长，更关系着我国法治建设的未来。

---

① 《全国人民代表大会常务委员会关于在公民中基本普及法律常识的决议》，http://www.npc.gov.cn/wxzl/gongbao/2000-12/06/content_5004462.htm。

二　法治宣传教育的基本功能

法治宣传教育以潜移默化的方式作用于人们的思想，内化为思想准则，外化为社会实践，从而具有引导作用、凝聚作用、自律作用、监督作用等多方面作用。

（一）引导作用

法治宣传教育动员人们积极学法、鼓励人们普遍守法、劝导人们正确用法，对人们的行为具有引导作用。这种引导主要是学法用法基本路径指引，包括法律知识、信息方面的引导，也包括用法和依法维权路径方面的引导。一方面，法治宣传教育部门的工作人员力量有限，不可能让法官或律师经常放下自己的业务去搞现场法律咨询，也不可能所有地方都有足够的法律志愿者。因此，面对面的咨询和解答不是总能够实现的。另一方面，人们遇到的法律问题可能都不一样，即使是法律服务人员，也不可能精通于各方面的法律知识。实际上，对于公民具体的法律问题或法律服务方面的需求，最好的方法就是提供路径指引，让人们知道在什么地方、通过什么途径能进行法律咨询、获得法律援助，遇到问题应该通过什么样的法律途径予以解决，等等。法治宣传教育要结合公众的需求和本地经济社会发展水平，做实实在在的工作，着力营造社会氛围，避免将法治宣传教育作为一种即时有效的工具或手段，不能有一劳永逸的思想倾向。

（二）凝聚作用

实现依法治国需要凝聚全体社会成员的力量。法治宣传教育使法律蕴含的价值理念和精神追求被社会成员广泛认同，成为一种黏合剂，并将其作为一种坚持不懈的价值追求，使广大党员干部和全体社会成员受到共同的法律精神的熏陶和共同的行为规范引领，在统一的认识和统一的精神追求中产生一种巨大的向心力和凝聚力，从而能够把全体社会成员团结起来。这种凝聚作用主要体现在以下方面。第一，在法治宣传教育中扩大法律援助覆盖范围，以多种手段搞好法律服务，着力提高公共法律服务水平，在法律服务中使司法为民的宗旨温暖人心。第二，法治宣传教育诠释着现代治理的理念，回应着群众对公平正义的诉求，从而激发人民群众推动依法治省的动力。第三，全面推进依法治国，要求维护人民合法权利，巩固人民主体地位，弘扬和践行法治理念。法治宣传教育通过对宪法和法律体系的宣传，维护人民群众的根本利益，保证社会可持续发展与稳定，凝聚起全社会的共识和力量。

（三）自律作用

"法者，天下之准绳也。"实现依法治国需要多种政治因素和社会因素合力作用，道德自律是其中一种重要力量。实现依法治国所要求的民心稳定、长治久安，道德自律不可或缺。道德自律是对人的内在约束，一旦深深地根植于人们的心中，能够促进人们的行为自律，它将起到法律制度不能替代的作用，是实现依法治省的重要力量。"求木之长，必固其根；欲流之远，必浚其源。"一些人之所以走上违法甚至犯罪道路，一个重要原因就在于缺少道德自律，不注意防微杜渐。法治宣传教育可以使法律蕴含的道德诉求通过教育、宣传、警示等多种手段内化在人们心里，为党员干部和人民群众提供一个判断是非曲直的明确道德标准和行为准则。当这些道德标准和行为准则被认同和接受后，就会发挥熏陶、引导、渗透、影响作用，约束和规范他们的思想与行为，不断提升规范的要求，注意防微杜渐，对正确行为进行发扬光大，对错误行为自觉地加以改正。

（四）监督作用

权力受到约束是依法治省的重要内容和必然要求，但约束权力单靠自律是不够的，必须有来自外部的监督，严格监督使权力的行使受到约束，成为可以控制的力量，才会收到良好的效果，而法律正是发挥外部监督作用的重要途径。习近平在党的群众路线教育实践活动总结大会上的讲话中指出，"要加强警示教育，让广大党员、干部受警醒、明底线、知敬畏，主动在思想上划出红线、在行为上明确界限，真正敬法畏纪、遵规守矩"。① 具

---

① 习近平：《在党的群众路线教育实践活动总结大会上的讲话》，《人民日报》2014 年 10 月 9 日。

体而言，法治宣传教育的监督作用主要有以下方面。一是唤起人们的监督意识。法治宣传教育提倡法律监督，要求各级领导干部都要主动接受监督和依法依规保护监督，因而，能够唤起人们的监督意识，鼓励人们在上级对下级、下级对上级、群众对领导干部以及干部之间敢于进行有效的监督。二是提供规制。各种法规是对党员干部行为的外在约束，是每个人不管愿意不愿意都必须遵守的行为准则。三是发挥警醒作用。依法查办腐败案件，会对那些未暴露的腐败分子形成一种威慑，唤其警醒。

三　加强法治宣传教育的现实意义

充分认识加强法治宣传教育的现实意义是做好法治宣传教育的前提。加强法治宣传教育是全面建成小康社会的重要条件，是全面深化改革的保障措施，是全面依法治国的应有之义，是全面从严治党的基础环节。

（一）加强法治宣传教育是全面建成小康社会的重要条件

法治宣传教育对经济社会具有积极的促进作用，是全面建成小康社会的重要条件。首先，法治宣传教育有助于提高国民素质。邓小平指出："国家的强弱和经济发展的后劲越来越取决于劳动者的素质。"① 党的十八大报告强调，全面建成小康社会要加快形成新的经济发展方式，把推动发展的立足点转到提高质量和效益上来，更多依靠科技进步、劳动者素质提高、管理创新驱动，这一切都有赖于国民素质的提高，而法治宣传教育是国民素质教育的一个重要组成部分。其次，法治宣传教育有利于促进科学发展。全面建成小康社会要求坚持科学发展。法治宣传教育服从和服务于大局，树立和贯彻与经济社会协调发展的理念，紧紧围绕党政工作大局开展，围绕党的十八大关于"五位一体"总体布局和"四个全面"战略部署，紧扣深化产业结构调整、积极稳妥推进城镇化、扎实推进生态文明建设等重点工作，大力宣传促进转变经济发展方式、科技进步、自主创新、区域和城乡协调发展、资源节约和管理等方面法律法规，有利于促进科学发展。

---

① 《邓小平文选》（第二卷），人民出版社，1994，第120页。

（二）加强法治宣传教育是全面深化改革的保障措施

当前，我国改革进入攻坚期和深水区，面对的改革发展稳定任务之重前所未有、矛盾风险挑战之多前所未有，全面深化改革迫切要求加强法治宣传教育。一方面，法治宣传教育保证全面深化改革沿着法治的轨道进行。习近平总书记强调，在整个改革过程中，都要高度重视运用法治思维和法治方式，凡属重大改革都要于法有据。① 过去的改革措施，通常是先试点，总结经验之后上升为法律，立法是为了总结和巩固改革经验。法治宣传教育能够提高各级党委和政府的法治意识，保证全面深化改革沿着法治的轨道进行。另一方面，法治宣传教育为全面深化改革营造稳定的外部环境。全面深化改革需要稳定的外部环境。我国正处于改革发展的关键时期，随着全面改革的进一步深入，在当前和今后相当长一段时间内，经济社会发展面临的矛盾和问题可能更复杂、更突出。只有加强法治宣传教育，发挥职能作用，着力化解社会矛盾，才能促进社会和谐稳定。

（三）加强法治宣传教育是全面依法治国的应有之义

一方面，法治宣传教育是全面推进依法治国的一项长期战略任务。全面推进依法治国要求不断提升法律认知度，建立起对法治的信仰，把法治意识、法治原则、法治精神融注在工作、生活中。而这并不是一蹴而就的，必须以法治宣传教育作为重要抓手，要借助于持久的、强有力的法治宣传教育来不断增强人民群众的法律素质。党的十八届四中全会把"增强全民法治观念，推进法治社会建设"② 作为全面推进依法治国的重大任务之一，明确提出把全民普法和守法作为依法治国的长期基础性工作。科学立法、严格执法、公正司法、全民守法是目前法治工作的基本格局，这一基本格局的每一个环节都离不开法治宣传教育。另一方面，法治宣传教育是全面推进依法治国的重要切入点和突破口。依法治国要求依法调节好

① 习近平：《改革要运用法治思维和法治方式》，http：//news. sina. com. cn/o/2014 - 03 - 01/063929594298. shtml。

② 《中共中央关于全面推进依法治国若干重大问题的决定》，《人民日报》2014 年 10 月 29 日。

各种利益关系，正确处理好各种社会矛盾，保证社会有序运转。只有加强法治宣传教育，才能不断提高领导干部运用法律手段协调利益关系、妥善处理人民内部矛盾的本领，才能使广大人民群众依法表达利益诉求，依法维护权益。

（四）加强法治宣传教育是全面从严治党的基础环节

中国共产党致力于建设一个团结统一、组织严密、纪律严明的马克思主义政党，要求党组织必须严格执行和维护党的纪律，共产党员必须自觉接受党的纪律的约束。习近平总书记在党的群众路线教育实践活动总结大会上的讲话指出："从严是我们做好一切工作的重要保障"[1]，"从严治党必须具体地而不是抽象地、认真地而不是敷衍地落实到位"[2]。全面从严治党需要国家法治的有力保障，离开了法治就很难实现全面从严治党。正因为如此，中国共产党始终把法治作为自身的精神追求。中国共产党党章明确规定：党必须在宪法和法律的范围内活动。中国共产党要求自身党员模范遵守国家的法律法规，对任何触犯法律者都实行严肃追究和严厉惩处，不允许有凌驾于党纪国法之上的"特殊党员"。从革命与战争年代对黄克功的审判到今天周永康、薄熙来等一批违法犯罪的党的高级干部的严惩，无不昭示了这一点。坚持不懈地开展法治宣传教育，使广大党员干部特别是各级领导干部牢固树立社会主义法治理念，才能真正实现全面从严治党。

第二节　法治宣传教育的现状

河南开展法治宣传教育 30 多年来，为推进依法治省进程，维护社会稳定，促进经济发展和社会全面进步都发挥了重要作用。同时，随着形势发展，一些新情况不断出现，法治宣传教育还存在一些不能完全适应新形

---

① 习近平：《在党的群众路线教育实践活动总结大会上的讲话》，《人民日报》2014 年 10 月 9 日。

② 习近平：《在党的群众路线教育实践活动总结大会上的讲话》，《人民日报》2014 年 10 月 9 日。

势的一些问题。

一 改革开放以来河南法治宣传教育的回顾

改革开放以来，河南省坚持不懈地开展形式多样的法治宣传教育活动，法治宣传教育实现了从单一的法律知识的传播到法治精神弘扬的跨越。具体而言，经历了三个阶段：以普及法律常识为主的启蒙阶段、从学法到用法的跨越阶段和努力弘扬法治精神的新阶段。

(一) 以普及法律常识为主的启蒙阶段

1985 年，中共中央、国务院转发了中宣部、司法部《关于向全体公民基本普及法律常识的五年规划》。同年，全国人大常委会做出了《关于在公民中基本普及法律常识的决定》。以此为标志，开始了以普及法律常识为主法治宣传教育启蒙阶段。这一阶段法治宣传教育的基本目标是在公民中普及法律常识，对象主要是工人、农（牧、渔）民、知识分子、干部、学生、军人、其他劳动者和城镇居民中一切有接受教育能力的公民。普及法律常识的内容，以《宪法》为主，包括刑事、民事、国家机构等方面基本法律的基本内容，以及其他与广大干部和群众有密切关系的法律常识。各部门还着重学习与本部门业务有关的法律常识，各地区还根据需要积极选学了其他有关的法律常识。

(二) 从学法到用法的跨越阶段

随着普法工作的深入开展，广大人民群众对法律的需求已经不是简单地停留在获取法律知识的层面，而是要求依法切实维护自身合法权益。自1991 年起，"二五"普法将普法规划改为法治宣传教育规划，在内容上以宣传宪法为核心、以专业法为重点，这标志着普法活动开始转向学用结合的轨道，开始了从学法到用法的跨越。这一阶段法治宣传教育重点对象由县、团级以上各级领导干部，特别是党、政、军高级干部扩大到各级领导干部；由执法人员，包括司法人员和行政执法人员扩大到企业经营管理人员；在青少年群体中，特别强调大、中学校的在校生。在内容方面，更加注重实效性、针对性。在继续学习邓小平同志关于社会主义民主与法治建设理论、宣传宪法和国家基本法律的基础上，明确提出学习宣传与群众工作、生活密切相关的基本法律知识以及与维护社会稳定有关的法律知识教育。适应形势需要，开展社会主义市场经济相关的法律法规、保障和促进国家西部大开发、加入世界贸易组织、维护社会稳定等社会发展迫切要求的各项法律法规。

（三）努力弘扬法治精神的新阶段

2006 年开始的"五五"普法规划提出倡导坚持社会主义法治理念，河南省的法治宣传教育进入努力弘扬法治精神的新阶段。基本目标是通过深入扎实的法治宣传教育和法治实践，深入宣传宪法，广泛传播法律知识，进一步坚定法治建设的中国特色社会主义方向，提高全民法律意识和法律素质，提高全社会法治化管理水平，促进社会主义法治文化建设，推动形成自觉学法守法用法的社会环境。党的十八大以来，特别是党的十八届四中全会提出"增强全民法治观念，推进法治社会建设"① 以来，河南省的法治宣传教育更加注重法治精神的弘扬，强调增强全社会厉行法治的积极性和主动性，形成守法光荣、违法可耻的社会氛围，使全省人民都成为社会主义法治的忠实崇尚者、自觉遵守者、坚定捍卫者。加强公民道德建设，弘扬中华优秀传统文化，增强法治的道德底蕴，强化规则意识，倡导契约精神，弘扬公序良俗。发挥法治在解决道德领域突出问题中的作用，引导人们自觉履行法定义务、社会责任、家庭责任。②

二 法治宣传教育的成效

30 多年来，河南的法治宣传教育取得了显著成效，各级党委依法执政的意识加强，人民群众的法律意识提高，初步建立了普法网络，法治教育培训工作取得初步成效。

---

① 《中共中央关于全面推进依法治国若干重大问题的决定》，《人民日报》2014 年 10 月 29 日。
② 《中共中央关于全面推进依法治国若干重大问题的决定》，《人民日报》2014 年 10 月 29 日。

（一）全省各级党委依法执政的意识加强

依法执政是新的历史条件下党执政的基本方式，是加强党的先进性建设、提高党的执政能力、巩固党的执政地位的必然要求。早在改革开放之初，邓小平同志就深刻指出："我们这个国家有几千年封建社会的历史，缺乏社会主义民主和社会主义法治，现在我们要认真建立社会主义的民主制度和社会主义法治。只有这样，才能解决问题。"① 党的十六届四中全会明确把依法执政作为新的历史条件下党执政的一个基本方式，突出体现了中国共产党作为执政党在国家法治建设中的主动性、创造性。30 多年来，河南省坚持不懈地开展法治宣传教育，使广大党员干部特别是各级领导干部牢固树立社会主义法治理念，维护宪法和法律的权威，依法行使权力，依法履行职责。各级党委在观念上有了新的转变，依法行政的重要性已成共识，各级党委领导法治建设的工作机制全面建立，对依法执政思想一年比一年重视，工作力度一年比一年加大。

（二）全省群众的法律意识提高

人民群众是依法治省的主体，提高全省人民的法律意识是法治宣传教育重要任务。通过 30 多年坚持不懈地开展法治宣传教育，河南广大人民群众的法律意识显著提高。人民群众对基本的法律常识、对自身的权利义务、对解决纠纷的各种法律途径都有了较深的了解，法律意识和法治观念不断增强，学法、知法、守法、护法的意识与观念普遍形成，自觉学习法律、依法参与法治实践的要求更加迫切，越来越多的群众选择以法律方式解决社会矛盾，依靠法律手段解决纠纷的需求不断增加，有问题找律师，解决问题靠法律的观念逐渐形成。公民以法律手段维护自身合法权益的现象与事例明显增多，最突出的是农村依法选举得到普遍落实。合法经营、诚信从业的重要性越来越成为多数人的重要信条与行为准则，依法履行义务和维护自身合法权益的自觉性不断提高。依法办事、依法行政、依法治理的理念不断深化，打击刑事犯罪与经济领域违法行为得到社会的普遍认

---

① 《邓小平文选》（第二卷），人民出版社，1994，第 348 页。

同与支持。

(三) 全省普法网络初步建立

30 多年来，河南开展法治宣传教育坚持面向全省人民。以形成全民受教育、人人促发展的生动局面为重要目标，从群众需要出发，发挥各方面优势，不断拓宽教育渠道，扩大覆盖范围，采取切实有效的措施，把宣传教育活动覆盖到广大农村、社区、学校、机关、企业和军营等基层单位，尤其是向偏远乡村、新建社区、学校、企业和单位延伸，向各地城乡接边、集贸市场、流动人口聚居区等区域延伸，覆盖到各行各业和全省群众，覆盖到新经济组织和新社会组织等社会的方方面面。以创建活动为抓手，在行业、部门、机关等不同领域开展依法治理先进单位创建活动，大力开展法治城市、法治县（市、区）、法治乡（镇、街道）和民主法治村（社区）创建活动，开展各类专项依法治理活动，进一步提高法治宣传教育水平。加强促进中原经济区建设、保障和改善民生、维护社会和谐稳定等方面的地方立法和规章制度建设，进一步完善地方法规规章体系，使经济建设、政治建设、文化建设、社会建设和生态文明建设等各方面有法可依、有章可循。①

(四) 法治教育培训工作取得初步成效

河南的法治宣传教育始终把领导干部和青少年作为法治宣传教育的重点对象，法治教育培训工作取得初步成效。青少年的法治素养如何，直接关系青少年健康成长，关系河南法治建设的未来，法治宣传教育必须把青少年作为重点对象。30 多年来，河南按照国家要求把法治宣传教育纳入国民教育序列，列入中小学教学大纲，在中小学设立法治知识课程，保证在校学生都能得到基本法治教育。同时，充分发挥课堂法治教育的主渠道作用，加强与青少年健康成长密切相关的法律法规的教育。2014 年，河南省教育厅等八部门《关于进一步加强全省青少年法治宣传教育工作的

---

① 《大力弘扬法治精神　护航中原经济区建设》，http：//roll. sohu. com/20110712/n313108358. shtml。

实施意见》，提出坚持法治教育与思想政治教育相结合，坚持学校教育与社会教育相结合，提升青少年学生法治教育工作水平。在重视法治教育的同时，层层抓好法律培训。对各级领导干部包括农村"两委"干部、"大学生村官"定期进行集中培训和以会代训，系统学习宪法和法律法规，提高他们依法决策、依法行政、依法管理和依法办事的能力和水平。

三　法治宣传教育存在的主要问题

30多年来，河南法治宣传教育取得了显著成绩，但与新的形势和要求相比，还存在一些问题，主要表现为一些领导干部对法治宣传教育重要性的认识不到位、法治宣传教育的形式单一、法治宣传教育的内容存在一定的片面性、法治宣传教育的机构设置不合理、法治宣传教育的工作制度不完善等几个方面。

（一）对法治宣传教育重要性的认识不到位

各级领导部门，特别是主要领导和关键部门对做好法治宣传教育工作的重视非常重要，起到至关重要的作用。在实际工作中，仍然有不少地方、单位对法治宣传教育重要性的认识不到位。少数部门的领导认为普法宣传教育工作是司法行政部门的事情，与其他部门、领导无关，可以事不关己高高挂起；一些地方的干部特别是领导干部把普法工作看成是软任务，认为其他工作抓好了，看得见，摸得着，普法宣传工作没有硬指标，在一定时期、一定程度上难以衡量，存在"普法工作说起来重要，干起来次要，忙起来不要"这样一种倾向，因而把普法工作当作可抓可不抓、可多抓也可少抓的事情来看待；少数干部特别是领导干部中，存在"普法工作搞多了，群众的法律意识增强了，就学会了运用法律武器来维护自己的合法权益，我们的工作就会越来越难做"① 的错误思想。这就导致一些地方和部门对法治宣传教育不够重视，有的只是搞搞形式，走走过场，法治宣传浮于表面，工作任务难以全面落实，甚至只是为了应付上级

---

① 朱世余：《浅谈当前普法工作中存在的问题及对策》，http://3y.uu456.com/bp－003b828b76a2002qbc642d16－1.html。

检查。

（二）法治宣传教育的形式单一

新形势下，法治宣传教育的环境、对象、内容和方式方法都发生了很大的变化。随着科学技术的发展，群众接触互联网、电子图书、数字多媒体的机会越来越多，对法律知识的需求也从单纯了解一般法律知识向维权、诉讼等综合性需求的转变。一些传统的工作方式方法已不适应要求，特别是法治宣传教育形式单一，方法简单、缺乏创新，单一宣传教育形式不能适应当前的法治宣传教育形势和要求，一定程度上影响了法治宣传教育发展。有些地方还是采取挂横幅、贴标语、发资料、设宣传台等形式进行法治宣传教育。有些地方习惯于摘用一些条纲，难以通俗易懂，常常实用性不够强，难以收到法治宣传教育应有的效果，难以激发人们学法用法的主动性和能动性。有些采用照本宣科的讲法形式，上大课、满堂灌。讲解者口干舌燥，旁听者枯燥无味，很难提高学法兴趣。有些地方对于法治宣传仅限于普法宣传栏宣传，而人们自觉学习法律知识较少。

（三）法治宣传教育的内容存在一定的片面性

人民群众学习掌握法律知识的原动力，主要不是由于行政的力量，而是由于自身对法律的需求，法律可以回答和解决身边的法律问题。而一些地方的法治宣传教育却忽视群众多元化的要求，不去了解群众关注什么，群众关心的热点、难点问题，在生活中需要什么样的法律帮助，有什么困惑和疑难，在内容上出现了片面性。一是在法治宣传教育的内容上侧重于对义务的宣传忽视对权利自由的传播。向群众强调最多的是法律意味着义务，法律意味着约束，法律是约束人们行为的规则。这种宣传教育使很多人认为自己不过是义务主体，而非权利主体，结果往往是消极守法，甚至对法治宣传教育带着一种抵触心理，使法治教育很难收到预期的效果。二是只重视新出台的法律法规宣传。通常是对于某个新出台的法律法规，集中宣传一阵子，然后就放在一边。至于其他法律法规，尤其是没有特殊要求的平时很少宣传，结果导致群众运用法律看问题、处理事情时出现片面性。

（四）法治宣传教育的机构设置不合理

河南大多数地方的法治宣传教育都是由普法领导小组领导，普法领导小组及其下设的办公室不是常设机构，办公室往往挂靠在司法行政部门。这样的机构设置和挂靠，通常表现出许多弊端。一是由于普法领导小组及其办公室是临时机构，其成员往往是党委、政府的主要负责人，成员多，人事变动又快，造成领导小组及办公室人员容易产生挂名、临时的思想，不能真正负起责任；二是由于办公室挂靠在司法行政部门，往往使社会上的人们普遍认为普法工作仅仅是司法行政部门的事，而仅仅依靠司法行政部门的力量是难以推动全社会法治宣传教育的；三是由于办公室挂靠司法行政部门，平时工作中往往因权限、职责、编制等方面的限制，使法治宣传教育机构人员难进、权限不清、职责不明，导致缺乏统一领导，工作步伐容易出现不协调，工作起来缺乏力度，多是搞一些宣传活动，发发信息，编编简报，且信息简报往往也不能反映当地法治宣传教育的整体情况。

（五）法治宣传教育的工作制度不完善

30多年来，河南在法治宣传教育中积极推行党委领导、政府实施、人大监督、政协监督和全社会共同参与的工作机制，取得了很大成绩。但是，这一工作机制也存在一些不健全、不完善的地方。一是法治宣传教育尚未纳入法治化轨道。河南至今还没有一部地方法规来规范普法宣传教育。二是检查考核机制不健全。相当一部分地方、部门还没有建立科学的检查考核机制，检查考核力度不大，使普法工作仅仅停留在"听一堂法律课、记一次学法笔记、购一本法律书、参加一次法律考试"走过场的形式上。三是法治宣传教育经费保障不力。法治宣传教育经费标准没有明确的法律依据，经费来源缺乏保障，有些地方的法治宣传教育经费不能做到专款专用，致使法治宣传教育难以顺利进行。以农村法治宣传教育为例，河南大多数村集体经济薄弱，乡镇财力又不足，财政无法过多支撑法治宣传教育经费，每年的法治宣传教育投入较少，造成了法治宣传教育宣传物质基础薄弱，普法资料紧缺，从而影响了法治宣传教育的广度和深度。

第三节　全面推进河南法治宣传教育的对策建议

党的十八届四中全会对法治宣传教育提出了新的更高的要求，也为新形势下全面深化法治宣传教育指明了方向。全面推进河南法治宣传教育需要从以下几个方面作出努力。

一　把全民普法和守法作为法治宣传教育的基础性工作

法治宣传教育，是一项宏大的社会系统工程，需要全社会共同努力，要坚持把全民普法和守法作为法治宣传教育的长期基础性工作。

（一）全面推动法律进机关、进乡村、进社区、进学校、进企业、进单位

在深入贯彻党的十八届四中全会精神和河南省委关于法治建设的重要部署，全面落实《中共河南省委关于贯彻党的十八届四中全会精神全面推进依法治省的实施意见》的新形势下，加强法治宣传教育必须全面推动法律进机关、进乡村、进社区、进学校、进企业、进单位。要针对机关、乡村、社区、学校、企业、单位的不同特点，采取有针对性的工作措施。深化"法律进机关"活动，以提高公务人员法治理念为立足点，突出服务中原崛起、河南振兴、富民强省，不断增强依法管理和服务社会的能力；深化"法律进乡村"活动，以促进农村经济发展和维护社会稳定为立足点，服务全省的社会主义新农村建设；深化"法律进社区"活动，以推进社会管理创新为立足点，提高社区自治和服务能力；深化"法律进学校"活动，通过在中小学全面开设法治知识课程，推广优质青少年法治教育教学资源，加强中小学法治教育师资培训，建立大中小学有机衔接、校内外教育相互融通的青少年法治教育机制；深化"法律进企业"活动，以建立现代企业制度为立足点，提高企业核心竞争力和依法防范风险的能力；深化"法律进单位"活动，以促进法治化管理为立足点，营造良好法治氛围。

（二）创新法治宣传教育的方式方法

通过制定指导性方案，组织媒体开展法治宣传，全社会学习法律知识、提高法治意识、增强法治观念的氛围更加浓厚。

创新法治宣传教育的方式方法，是提高法治宣传教育实效性的客观要求。只有不断创新法治宣传教育的方式方法，法治宣传教育才会充满生机与活力。做好法治宣传教育，既要运用好行之有效的传统方法手段，又要学会适应人民群众的认知心理和学法兴趣，充分运用现代科技方法，将媒体法治宣传纳入报刊年度核验，建设新媒体普法阵地，使传统媒体和新媒体相结合的公益普法体系得以构建。当前，以互联网为代表的科技进步使整个社会进入了"大数据"时代，也从根本上改变了人们的思维方式和生活方式，法治宣传教育在方式方法上必须迅速跟进，通过与宣传、工商等部门探索建立公益法治宣传教育机制，推动户外电子显示屏、楼宇广告、移动电视等新型媒介参与各种普法，具备条件的地方或部门应努力打造具有影响力的法治电视品牌栏目。同时要依托专业普法网站、机关门户网站及企业网站的法治宣传栏目，把博客、微信、移动客户端、搜索引擎等与法治宣传紧密结合，打造强大的法治宣传教育网络阵地，拉近法治宣传教育与人民群众的距离，推动法治宣传教育深入开展。

（三）推进法治宣传教育要重实效

随着法治宣传教育的深入和群众法律需求的增长，法治宣传教育内容呈现出不断扩大的趋势，如何使法治宣传教育"入耳、入脑、入心"，增强法治宣传教育的实效性是一项迫切而重要的课题。法治宣传教育一要加大人文关怀。依法治国的主体是人，法治宣传教育的对象是人，法治宣传教育树立以人为本的理念，才能够增强实效性。法治宣传教育，应以满足群众对法律的需求作为根本出发点，加大与人民群众生产生活密切相关的法律法规的宣传教育，结合人民群众在日常生活中遇到的普遍性的法律问题，进行有针对性的宣传教育。在法治宣传教育的具体措施上，坚持服务群众法治实践，扎根法治实践，寓宣传教育于法律服务和解决问题之中；针对不同对象采取不同的形式和内容，以便于人民群众掌握。法治宣传教育二要注重效果。法治宣传教育是一个潜移默化的过程，其效果具有广泛性、抽象性和相对性的特点，必须以实践作为检验效果的尺度，法治宣传教育的效果才是其生命力的根本。法治宣传教育应制定出符合实际的规划，确保实实在在的效果。

二　抓住领导干部这一关键少数

各级领导干部肩负着领导和管理国家各项事业的重要职责，他们法律素质的高低直接关系到河南依法治省的进程，加强法治宣传教育必须抓住领导干部这一关键少数。

（一）不断提高领导干部依法决策、依法行政的意识和能力

全省各级领导干部对依法治省既可以起到极大推动作用，也可能起到致命破坏作用，法治宣传教育落实的成效如何关键看领导干部带头作用的发挥。各级领导干部要牢固树立法治信仰，把依法决策、依法行政的意识融入工作和生活中去，带头敬畏法律、尊崇法治，自觉做尊法的模范；带头了解法律、掌握法律，做学法的模范；带头遵纪守法、捍卫法治，做守法的模范；带头厉行法治、依法办事，做用法的模范。要自觉提高运用法治思维和法治方式深化改革、推动发展、化解矛盾、维护稳定能力，高级干部尤其要以身作则、以上率下。① 要把法治宣传教育成效纳入政绩考核指标体系，作为衡量各级领导班子和领导干部工作实绩重要内容。把能不能遵守法律、依法办事作为考察干部重要内容，在相同条件下，优先提拔使用法治素养好、依法办事能力强的干部。对特权思想严重、法治观念淡薄的干部要批评教育，不改正的要调离领导岗位。

（二）把法治教育纳入领导干部理论学习规划

依法治省对领导干部学法用法提出了新的要求。加强法治宣传教育要围绕经济社会发展需要和普法规划确定的目标任务，把法治教育纳入领导

---

① 《运用法治思维和法治方式推进改革》，http：//news. xinhuanet. com/politics/2014 - 11/02/c_ 1113076058. htm。

干部理论学习规划，把宪法和法律列入党校、行政学院和社会主义学院必修课，列入各级领导干部教育培训计划，努力提高全省各级领导的法律素质，增强他们依法管理和服务社会的能力。坚持把学习宪法放在首位，深刻理解宪法的基本原则，深入学习基本内容，牢固树立一切权力属于人民的观念，自觉崇尚宪法、遵守宪法。认真学习社会主义法治理念，自觉把社会主义法治理念的基本要求贯穿到经济、政治、文化、社会等各项事业的管理中。认真学习中国特色社会主义法律体系的基本构成、基本特征、基本经验和重要意义，认真学习构成中国特色社会主义法律体系的基本法律特别是加强和创新社会管理的法律法规、与经济社会发展和人民生产生活密切相关的法律法规。认真学习与履行岗位职责相关的法律法规知识，不断提高熟练运用法律处理事务、解决问题的能力。

（三）推进领导干部学法经常化、制度化

各级领导干部带头学法、模范守法是全体社会树立法治意识的关键，加强法治宣传教育必须推进领导干部学法经常化、制度化。坚持和完善领导干部集体学法治度，推动把宪法法律列入党委（党组）中心组学习内容，政府常务会议会前学法；结合实际，制订年度学法计划，建立法律培训制度，开展法治讲座；认真组织实施，促进领导干部学法的经常化。按照干部管理权限，建立健全领导干部法律知识考试考核制度，通过多种形式，加强对全省各级领导干部法律知识的考试、考核；逐步建立和完善领导干部学法档案、学法考勤、学法情况通报等方面的制度；把能不能遵守法律、依法办事作为考察干部的重要内容，把依法执政能力和法律素质作为领导干部政绩考核的重要内容，定期对领导干部年度或阶段性学法完成情况，法律知识考试情况和依法执政、依法行政、依法办事等方面的情况进行考核。推广领导干部任前法律知识考试制度、领导干部年度述法等做法。

三　建立普法宣传教育长效机制

法治宣传教育是一项长期任务，不可能一蹴而就，要积极探索建立法治宣传教育的长效机制。

（一）加强各级党委、政府对法治宣传教育的领导

要提高思想认识。各级党委、政府要以高度的责任感和紧迫感充分认识法治宣传教育对全面推进依法治省的重要意义，充分认识法治宣传教育面临的形势和要求，把法治宣传教育作为当前一项长期战略任务来抓。要把贯彻落实党的十八届四中全会精神同落实"七五"普法规划紧密结合起来，紧密结合本地本部门实际，以只争朝夕的精神，进行专题调查研究，及时提出深入开展法治宣传教育的具体措施。各级党委和政府要把法治宣传教育纳入当地经济社会发展规划，纳入党委和政府目标管理。进一步完善党委领导、人大政协监督、政府实施的领导体制，定期召开会议、听取汇报、开展督查。要把法治宣传教育列入各级党委、政府年度综合目标考核的重要内容之一，建立健全考核评估指标体系。各级党政领导干部每年的个人述职报告中必须有本地区、本部门法治宣传教育的开展情况，对不重视法治宣传教育或者工作没有实效的不能够称为称职，不能够评先评优。

（二）发挥司法行政部门的组织协调、指导监督检查作用

一要加强组织协调。法治宣传教育不是单纯的政法部门的事情，而是一项长期的系统工程。党的十八届四中全会对法治宣传教育提出的各项任务措施，需要协调推动的事项多、难度大，必须加大协调推动力度，全省上下共同努力，进一步整合社会资源，充分调动各方面的积极力量。建立依法治省工作联席会议制度，定期不定期地听取汇报，及时研究、解决实际问题，推进工作。应尽快形成由政府司法行政机关组织、各相关部门和单位分工协作、全社会共同参与的工作模式。二要发挥指导监督检查作用。司法行政机关要把对各部门法治宣传教育监督、检查作为一项重要任务。要围绕法治宣传教育中的重点难点问题，采取过硬措施，攻坚克难。要明确各部门的工作职责，科学分工，列出时间表，建立落实台账，发扬钉钉子精神，以踏石留印、抓铁有痕的劲头和善作善成的作风狠抓监督、检查，通过评议、视察、现场会等形式，加强对法治宣传教育监督力度。

（三）发挥宣传、文化、教育等部门和人民团体的职能作用

推进法治宣传教育要在各级党委和政府领导下，充分发挥宣传、文化、教育部门和人民团体在普法教育中的职能作用。宣传、文化部门应当组织开展多种形式的法治宣传教育活动。广播、电视、报刊、网络等新兴传媒及文艺团体应当开办法治宣传教育栏目，开展法治文艺活动，丰富法治宣传教育形式普及法律知识，刊播法治宣传教育公益广告，宣传法治精神。教育行政部门应当组织学校根据教学大纲和教育特点，加强在校学生的法治宣传教育，做到教学有大纲，学习有教材，任课有教师，课时有保证。社会团体、各企事业单位和各类组织，都应高度重视、积极参与法治宣传教育，积极做好本部门、本系统及面向社会的法治宣传教育。律师是具有法律专业知识的群体，律师及其协会要在法治宣传教育中发挥应有的作用；工会、共青团、妇联、残联等社会团体应当结合本系统实际，对自身服务和联系的对象如职工、青少年、妇女、残疾人等开展法治宣传教育。

四　落实普法责任制度

只有责任主体明确，才能有力地推动工作。推进法治宣传教育，必须落实普法责任制度，建立以案释法治度，把法治教育纳入精神文明创建内容，加强普法队伍建设，加强普法办事机构建设、加大经费保障力度。

（一）建立以案释法治度

实行国家机关"谁执法谁普法、谁主管谁普法"的普法责任制，建立法官、检察官、行政执法人员、律师等以案释法治度，加大在执法、司法过程中的普法力度，使办案过程成为法治宣传教育的过程。案例宣传一直以来被各地法治宣传教育部门和各类媒体所重视。实践证明，案例宣传是一种有效的宣传方式，也是法律引导的一种重要形式。单一的教条式的灌输，生硬的、僵化的就法说法，往往达不到预期的效果。用一个个生动的案例讲述发生在人民群众身边的法律故事，用一个个与自己的生活有一定关联的鲜活的实例来寓教于例，往往宣传了法治，又教育了群众。在司

法执法实践中要探索群众旁听庭审、媒体庭审直播、案件宣讲等有效形式，推动形成以案释法工作长效机制。推广"用身边人说身边事、用身边事教育身边人"的成功经验，推动法治宣传教育贴近生活、贴近百姓。要加强司法、行政执法案例整理编辑工作，推动有关部门面向社会大众建立司法、行政执法典型案例发布制度。案例宣传要注意社会效应，不能迎合一些人的猎奇心理，要重点选取带有明确判决结论的且带有一定共性的案例，只有这样才有宣传和示范效用。

（二）把法治教育纳入精神文明创建内容

要把法治宣传教育纳入精神文明创建内容。要加大法治宣传教育在精神文明创建中的工作内容比重和考核权重。以创建文明城市、文明村镇、文明行业、文明单位和未成年人思想道德建设、基层文化活动为载体，发挥新闻媒体优势，深入开展法治宣传教育，使社会主义法治精神进一步弘扬，守法光荣、违法可耻的社会风尚得以树立。在文明城市、文明村镇、文明单位创建中，扩大法治宣传教育的深度和广度，做好先进典型的发布、称号授予和宣传推广。要明确法治宣传教育合格是评定精神文明建设有关奖项的前提，使法治宣传教育由"软任务"变为"硬措施"，解决干和不干一个样、干好干坏一个样的问题。对没有达到法治宣传教育考核标准的，不得参评精神文明建设有关奖项；对不履行法治宣传教育职责的，要对主要领导进行问责；对弄虚作假而骗取奖项的，由批准机关予以撤销，并由有关部门、单位对直接负责的主管人员和其他直接责任人员依照法律规定的权限和程序给予相应的处分。要广泛开展群众性法治文化建设活动。坚持群众在法治文化建设中的主体地位，推动法治文化与地方特色文化、行业文化、企业文化的融合发展。把法治宣传教育融入群众公共文化生活，利用宪法日及全国法治宣传日、重大纪念日、民族传统节日等重要节点开展形式多样的法治宣传教育活动。

（三）加强普法队伍建设

推进法治宣传教育必须加强法治宣传教育队伍建设。当前，河南法治宣传教育队伍整体素质还有待进一步提升。司法行政机关和各部门、各行业要加强法治宣传教育专门队伍建设，把理论功底扎实、工作能力强的人才充实到法治宣传教育队伍中来，配齐配强人员，并进一步提高他们的思想政治素质、业务工作能力、职业道德水准。进一步发挥讲师团在普法工作中的骨干作用，大力加强普法讲师团建设。鼓励各专业法主管部门工作人员、广大司法干警、行政执法人员、律师、基层法律服务工作者加入普法讲师团队伍，合理调配人才资源，充分发挥其法律专业人才优势，提高法治宣传教育的质量。加强普法志愿者队伍建设。吸引老教师、老干部、社会知名人士，以及各类热心公益、热爱法律工作的人员加入普法志愿者队伍；采取有力措施，组织开展有特色、有实效的活动，通过身边人耐心细致的宣讲和解答，引导群众学法、懂法、守法、用法，培养普法志愿者品牌团队。

（四）加强普法办事机构建设，加大经费保障力度

加强普法办事机构建设一方面要建立健全专职的法治宣传教育机构，赋予职权，实行"三定"。一个工作机构如果地位提不高，有责无权，威信就上不去，工作自然也难以开展。法治宣传教育机构不仅是办事机构，同时也应是管理机构，应明确职责，赋予其管理职权，实行定编制、定职责、定岗位的"三定"方案。另一方面，要从河南法治宣传主体的广泛性出发，加强法治宣传教育规划的制定工作，充分调动各种宣传主体的积极性和主观能动性，加强对各种宣传主体的指导和公益性，充分发挥它们在法治宣传教育中的作用。落实普法责任制度要求加大经费保障力度。法治宣传教育所需经费列入各级政府的财政预算，标准明确，按时足额到位。各级政府要加大对法治宣传教育和依法治理工作经费的投入，根据本地区经济社会发展水平和工作需要，建立法治宣传教育经费动态增长机制，专款专用。要着力解决基层法治宣传教育在教材、装备、人员、开展活动等方面的困难。

第十五章
党委依法执政

　　法治建设与政权建设在中国共产党发展历史上是同步的。从根据地政权时代开始，就进行法治建设的实践探索。法治建设为中国共产党带领人民取得全国性政权和完成社会主义改造发挥了不可忽视的积极作用。但是，"文革"的爆发严重破坏了国家政权建设和法治建设的进程。党的十一届三中全会深刻反思执政得失，提出"为了保障人民民主，必须加强法治。必须使民主制度化、法律化"的法治思想。① 在此思想基础上，党的十五大提出依法治国战略。这一战略在立法层面得到体现，即九届全国人大二次会议将依法治国写入宪法。紧接着，国务院《关于全面推进依法行政的决定》提出"依法行政是依法治国的重要组成部分"，提出依法行政概念，深化了依法治国内涵。2002 年，党的十六大从党的执政方式角度提出"依法执政"概念。2004 年 9 月，胡锦涛在庆祝全国人民代表大会成立 50 周年大会讲话上提出"依法执政首先是依宪执政"的重要论断，强调依法执政中宪法的权威地位。② 2012 年 12 月，习近平在首都各界纪念现行宪法施行 30 周年大会上提出了"坚持依法治国、依法执政、依法行政共同推进"的重要论断。2014 年，党的十八届四中全会全面阐释了依法执政的内涵和意义。从依法治国到依法行政再到依法执政，这些

① 《中国共产党第十一届中央委员会第三次全体会议公报》，见 http：//cpc.people. com. cn/GB/64162/64168/64563/65371/4441902. html。

② 《胡锦涛在庆祝全国人民代表大会成立 50 周年大会上的讲话》，http：//www.people. com. cn/BIG5/shizheng/1024/2786960. html。

既有联系又有区别的概念体系反映了中国共产党法治理论的不断创新和发展。将法治作为国家治理现代化和治理体系现代化的抓手，将依法执政作为依法治国的关键，体现了中国共产党对治国理政道路审慎而又清醒的选择。依法执政正成为中国政治新常态。

第一节　党委依法执政的理论分析

现代政治是政党政治，执政党作为统治阶级掌握和领导国家政权、负责组织政府的政治主体，在国家政治生活中发挥着不可替代的领导核心作用。执政党的政治领导指的是执政党运用政治权力或权威，通过对政治客体的作用和影响，实现一定的政治原则和方向。执政党政治领导的构成要素包含：主体、客体及领导方式。① 领导方式是否合适，往往是政治领导成功与否的关键。② 而领导方式和执政方式的选择往往受政党、国家和社会关系的影响。中国共产党根据世情、国情和党情的变化，借鉴世界政党执政规律，将依法执政作为执政的基本方式。什么是依法执政和怎样推行依法执政，成为迫切需要研究的问题。

一　党委依法执政的科学内涵

（一）依法执政的内涵分析

顾名思义，依法执政指的是执政主体依法运用政治权力或政治权威，通过对执政客体的作用和影响，最终实现执政主体的意志。这个定义包含执政主体、政治权力或政治权威、执政客体、执政主体的意志和法几个要素，依法执政的内涵也将通过它们来体现。

所谓执政主体，是指执政过程中处于支配和主导地位的政治行为者。③

① 中国大百科全书总编辑委员会《政治学》编辑委员会：《中国大百科全书》（政治学卷），中国大百科全书出版社，1992，第496页。
② 中国大百科全书总编辑委员会《政治学》编辑委员会：《中国大百科全书》（政治学卷），中国大百科全书出版社，1992，第516页。
③ 中国大百科全书总编辑委员会《政治学》编辑委员会：《中国大百科全书》（政治学卷），中国大百科全书出版社，1992，第516页。

所谓政治权力或政治权威，是指政治主体对一定政治客体的制约能力和力量。所谓执政客体，是指政治过程中执政主体行为所涉及的被领导者，被领导者在政治过程中不是完全被动的，被领导者能动地完成执政主体的要求是领导成功的关键。所谓执政主体的意志，是指执政主体所欲实现的治理目标。法代表执政主体影响和支配执政客体的方式。依法执政是执政主体秉持法治原则和精神依据宪法法律对执政客体施加影响达成治理目标的政治实践的总称。现代政治是政党政治、民主政治和法治政治，依法执政意味着执政党要依法掌控、主导代表和执行人民意志的国家政权。这是执政党执政规律最重要的内容，具有普遍意义。但是由于各国历史和制度的差异，依法执政在实践中有多种实现形式。

（二）党委依法执政的内涵分析

依法执政的具体实践形式与一国权力观、权力结构及其运行机制密切相关。由于中国共产党是中华人民共和国最重要的建国者，因此宪法确定了其领导国家政权的领导地位和执政地位。这是其他西方国家执政党所不具有的独特地位。我国宪法规定："中华人民共和国是工人阶级领导的、以工农联盟为基础的人民民主专政的社会主义国家。社会主义制度是中华人民共和国的根本制度，禁止任何组织或者个人破坏社会主义制度。"[①]宪法确认了中国共产党对国家政权的领导权和执政权。宪法第二条规定："中华人民共和国的一切权力属于人民。人民行使国家权力的机关是全国人民代表大会和地方各级人民代表大会。人民依照法律规定，通过各种途径和形式，管理国家事务，管理经济和文化事业，管理社会事务。"[②]宪法阐述了人民主权原则。简言之，我国的权力观是必须坚持中国共产党的领导，但是中国共产党不能代替国家政权，国家政权机关职权是法定的，中国共产党必须依法支持国家政权履行职责，即中国共产党必须依法执政。

中国共产党作为执政党要依法执政需要通过其组织来实现。中国共产

---

① 《中华人民共和国宪法》，http://www.people.com.cn/GB/shehui/1060/2391834.html。
② 《中华人民共和国宪法》，http://www.people.com.cn/GB/shehui/1060/2391834.html。

党党章规定中国共产党实行代表大会年会制，党的各级委员会亦有闭会期，因此代行代表大会职权的日常机构是党的各级委员会的常委会，简称党委。也就是说，目前党依法执政在权力运行层面主要体现为党委依法支持国家政权机关履行法定职责。具体而言，党委依法执政是指，党委依法处于总揽全局、协调各方的领导地位，要支持人大及其常委会依法行使职权，支持政府依法行政，确保审判机关、检察机关依法公正行使审判权、检察权。

依法执政是执政主体与执政客体在宪法框架下的互动。要深刻理解依法执政，必须弄清以下五个关系。

1. 党与法的关系

党的十八届四中全会指出，党的领导和社会主义法治是一致的，法是党的主张和人民意愿的统一体现。① 党的领导力量不仅体现在党领导人民制定和实施宪法法律，还体现在党自身在宪法法律范围内活动。社会主义法治必须坚持党的领导，党的领导必须依靠社会主义法治。党和法、党的领导和依法治国是高度统一的。②

2. 党与国家政权的关系

在我国，中国共产党的领导地位已被宪法确认。我国宪法从党与国家建成史角度阐述了中国共产党是中国特色社会主义事业的领导核心。与此相应，我国宪法规定，中华人民共和国实行人民代表大会制度，国家政权机关依法行使职权。中华人民共和国实行依法治国，建设社会主义法治国家。一切国家机关和武装力量、各政党和各社会团体、各企业事业组织都必须遵守宪法和法律。一切违反宪法和法律的行为，必须予以追究。③ 简而言之，中国共产党支持国家政权机关依法履行职责是一项宪法权利和义务。

---

① 《中共中央关于全面推进依法治国若干重大问题的决定》，http://cpc.people. com.cn/n/2014/1029/c64387 - 25927606.html。

② 《习近平在省部级主要领导干部学习贯彻十八届四中全会精神全面推进依法治国专题研讨班上的讲话》，http://politics.people.com.cn/BIG5/n/2015/0202/c70731 - 26494744.html。

③ 《中华人民共和国宪法》，http://www.people.com.cn/GB/shehui/1060/2391834.html。

3. 党内法规与国家法律的关系

党的十八届四中全会《决定》指出，党内法规既是管党治党的重要依据，也是建设社会主义法治国家的有力保障。[①] 党制定党内法规，调整党内关系、规范党内生活，为党组织和党员提供行为遵循。党又领导人民制定宪法和法律，调整社会关系、规范社会秩序，为公民、法人和其他组织提供活动依据。党内法规和国家法律都是党和人民意志的反映，二者在本质上是一致的。[②] 与此相对，"党纪"与"国法"又不能混同，党的先进性决定了党纪要严于国法。党是政治组织，党内法规保证着党的理想信念宗旨，是执政的中国共产党党员的底线。法律体现国家意志，是全体中华人民共和国公民的底线。[③] 从行为性质上看，党内法规与国家法律针对的越轨行为从轻到重，党纪重在理想道德，是一种高标准要求，是对较轻的越轨行为的规范；国家法律是对较为严重的越轨行为的规范，是一种低标准要求，是社会的底线。因此依法执政必须坚持党纪严于国法，实现纪法分开。[④]

4. 各级党组织和领导干部与国家法律的关系

各级党组织和领导干部与国家法律的关系本质是权与法的关系。党的十八届四中全会要求，各级领导干部要对法律怀有敬畏之心，牢记法律红线不可逾越、法律底线不可触碰，带头遵守法律，带头依法办事，不得违法行使权力，更不能以言代法、以权压法、徇私枉法。[⑤] 领导干部要把对法治的尊崇、对法律的敬畏转化成思维方式和行为方式，做到在法治之下，而不是法治之外，更不是法治之上想问题、作决策、办事情。[⑥] 对一

---

① 《中共中央关于全面推进依法治国若干重大问题的决定》，http：//cpc. people. com. cn/n/2014/1029/c64387 – 25927606. html。

② 中纪委副书记：《实现党内法规同国家法律的衔接和协调》，《人民日报》2014 年 12 月 16 日。

③ 《王岐山在浙江省调研时强调　唤醒党章党规意识　推进制度创新》，《人民日报》2015 年 5 月 11 日。

④ 《王岐山在陕西调研时强调坚持纪严于法　实现纪法分开推进全面从严治党制度创新》，见 http：//www. ccdi. gov. cn/xwtt/201507/t20150710_ 59101. html。

⑤ 《中共中央关于全面推进依法治国若干重大问题的决定》，http：//cpc. people. com. cn/n/2014/1029/c64387 – 25927606. html。

⑥ 《习近平在省部级主要领导干部学习贯彻十八届四中全会精神全面推进依法治国专题研讨班上的讲话》，http：//politics. people. com. cn/BIG5/n/2015/0202/c70731 – 26494744. html。

切违反党纪国法的行为，都必须严惩不贷，决不能手软。①

5. 党组织与国家政权机关的关系

党组织与国家政权机关的关系本质上是公权力合理分工问题。根据党章和宪法规定，发挥领导核心作用的党组织即各级党的委员会（简称党委）与国家政权机关的关系，是依法执政体制机制改革的关键。各级党委处于依法总揽全局、协调各方的地位，要支持人大及其常委会依法行使职权，支持政府依法行政，支持政协履行民主监督职能，确保审判机关、检察机关依法公正行使审判权、检察权。各级党委政法委员会（简称政法委）要把工作着力点放在把握政治方向、协调各方职能上，带头依法办事，保障宪法法律正确统一实施。②

通过上面分析可以发现，依法执政的具体内涵有多个层次：在宪法法律层面，依法执政意味着党要根据国家的宪法和法律去制定政策、作出决定，维护宪法和法律的统一和尊严。要善于把成熟的决定和政策及时通过法定程序转化为法律，使社会矛盾和政治经济关系在法律的轨道上得到正确、及时的协调和处理。③ 在政治系统层面，依法执政意味着政党不能代替国家政权，不能以党代政，要支持国家政权机关依法履行职责。在党的系统层面，依法执政意味着党要依规治党、党纪严于国法。在中央层面，依法执政意味着党依法领导中央国家政权机关管理国家事务、依规管党治党；在地方层面，依法执政意味着地方党委依法贯彻党中央的政策和上级政权系统的法律规章，依规管理地方党内事务；在个体层面，依法执政意味着党员领导干部要依法依规行使权力，管理地区事务，违法违纪将会被追究责任。

依法执政是一项系统性工作，需要协调推进。依法执政的前提是培养法治意识和法治思维；依法执政的基础是党内法规与国家法律的有效衔接，党内法规和政策要与宪法法律精神一致；依法执政的核心是依法合理

---

① 《习近平在十八届中央政治局第一次集体学习时的讲话》，http：//www.china.com.cn/news/18da/2012–11/19/content_27151418.htm。

② 《中共中央关于全面推进依法治国若干重大问题的决定》，http：//cpc.people.com.cn/n/2014/1029/c64387–25927606.html。

③ 肖扬：《坚持依法执政提高执政能力》，《求是》2005年第1期。

划分权力边界和重塑权力运行流程；依法执政的重点是完善党委依法决策机制；依法执政的难点是党委依法总揽全局、协调各方的领导机制；依法执政的保障是健全执政行为公开制度和违法执政责任追究制度。

二　党委依法执政的主要内容

依法执政在政治关系层面明确了执政主体与执政客体之间互动的法治框架。依法执政能干什么不能干什么即依法执政的内容，则需要从法定权力结构、职权、运行程序等层面明确执政主体和执政客体之间的互动过程。

（一）党委依法执政的主体

所谓执政主体，是指执政过程中处于支配和主导地位的政治行为者。有的研究认为依法执政的主体是作为整体的中国共产党，作为个体的党员领导干部和党员，没有领导职能的党支部、总支部和机关党委难以成为执政主体。① 有的研究认为党执政的真正含义是党的代表们代表党执政。② 有的研究认为中国共产党依法执政的主体是与各级政府相对应的，是党的各级代表大会选举出的党的各级委员会及其选举产生的常务委员会。③ 有的研究认为，乡镇党委和村党支部也是执政主体。④ 有的研究认为民主党派也是执政党。⑤ 在笔者看来，依法执政主体的界定，需要注意"执政"具有理论和制度安排两个不同层面的意涵。在理论上，执政党和国家政权都是从整体层面阐述的，依法执政的主体无疑是作为整体的中国共产党。但是在制度安排层面，中国共产党这个执政主体是由党员及其组织组成的。鉴于依法执政的本质是依法规范权力运行，依法执政的主体与党的权力结构有关，也就是说依法执政主体是拥有不同权力的党的领导机关。中国共产党党章规定："党的最高领导机关，是党的全国代表大会和它所产

① 王贵秀：《对"科学执政、民主执政、依法执政"的理解》，《新视野》2005 年第 3 期。
② 张恒山：《党的领导和党的执政辨析》，《法治与党的执政方式研究》，法律出版社，2004。
③ 赵理富：《论依法执政的主体自律机制》，《社会主义研究》2012 年第 3 期。
④ 肖立辉：《关于农村党组织依法执政的思考》，《科学社会主义》2006 年第 6 期。
⑤ 杨海坤：《依法治国、依法执政和依法行政》，《法治论丛》2006 年第 6 期。

生的中央委员会。党的地方各级领导机关，是党的地方各级代表大会和它们所产生的委员会。党的各级委员会向同级的代表大会负责并报告工作"；"党的中央政治局、中央政治局常务委员会和中央委员会总书记，由中央委员会全体会议选举。中央委员会总书记必须从中央政治局常务委员会委员中产生"；"中央政治局和它的常务委员会在中央委员会全体会议闭会期间，行使中央委员会的职权"；"中央委员会总书记负责召集中央政治局会议和中央政治局常务委员会会议，并主持中央书记处的工作"；"党的地方各级委员会全体会议，选举常务委员会和书记、副书记，并报上级党的委员会批准。党的地方各级委员会的常务委员会，在委员会全体会议闭会期间，行使委员会职权"。这些规定表明，依法执政的主体在中央层面有党的全国代表大会、中央委员会、中央政治局、中央政治局常务委员会和中央委员会总书记，在地方层面有地方各级人民代表大会、地方各级委员会、地方各级委员会常务委员会和书记。中国共产党党章还规定："全党各个组织和全体党员服从党的全国代表大会和中央委员会"；"党的上级组织要经常听取下级组织和党员群众的意见，及时解决他们提出的问题。党的下级组织既要向上级组织请示和报告工作，又要独立负责地解决自己职责范围内的问题。上下级组织之间要互通情报、互相支持和互相监督"；"党的各级委员会实行集体领导和个人分工负责相结合的制度。凡属重大问题都要按照集体领导、民主集中、个别酝酿、会议决定的原则，由党的委员会集体讨论，做出决定；委员会成员要根据集体的决定和分工，切实履行自己的职责"。据此可见，依法执政的主体在制度层面上表现出时间维度的横向授权和空间维度的纵向授权的分级型多中心结构，即执政主体是由多个互相关联的权力行使者组成的整体，每个部分都是执政主体的一部分。由于党的各级代表大会及其委员会不是常设权力机构，因此在日常实践中，各级党的委员会的常务委员会成为最重要的执政主体。

各级领导干部作为具体行使党的执政权和国家立法权、行政权、司法权的人，在很大程度上决定着全面依法治国的方向、道路、进度。党领导立法、保证执法、支持司法、带头守法，主要是通过各级领导干部的具体行动和工作来体现、来实现。高级干部做尊法学法守法用法的模范，是实现全面推进依法治国目标和任务的关键所在。① 从权责对等的实践角度看，各级领导干部是违法追究的对象，是依法执政责任追究制的主体，党的各级领导干部作为行使权力的关键少数，无疑是执政主体的一部分。

（二）党委依法执政的客体

依法执政的客体是什么？这就涉及对"执政"中的"政"的理解。从严格意义上看，依法执政的客体无疑是国家政权机关。然而我国的权力体系不同于别的国家，宪法确定中国共产党处于总揽全局、协调各方的地位，是中国特色社会主义事业的领导核心。法国著名政治学家迪维尔热认为，政党的内部场域是形成政党行为的关键，政党内部关系塑造和主导着政党外部行为。良好的政党内部运作和内部规范是政党成功实施外部行为的先决条件。② 中国共产党也认识到这个问题。党的十八届四中全会指出，依法执政，既要求党依据宪法法律治国理政，也要求党依据党内法规管党治党。③ 依法执政不仅是党执政的法治化，也是党自身建设的法治化，即依法执政是党的权力活动的法治化。④ 依法执政的双重客体在依法执政中的地位是不同的，党依法领导国家政权机关是关键，党依规治党是保障。此外，不同于西方国家执政党依法执政仅限于国家政权的某些组成部分，在我国执政党依法执政是全面的，在横向上包括立法、行政和司法机关，在纵向上包括中央和地方机关，此外还包括执政党内部机构。

（三）党委依法执政的内容

依法执政的内容由其含义决定。中国共产党依法执政的内容是指中国共产党对国家权力依法进行主导和掌控，依法依规从严治党。⑤ 执政党依

---

① 《习近平在省部级主要领导干部学习贯彻十八届四中全会精神全面推进依法治国专题研讨班上的讲话》，http：//politics. people. com. cn/BIG5/n/2015/0202/c70731 - 26494744. html。

② 参见赵理富《论依法执政的主体自律机制》，《社会主义研究》2012 年第 3 期。

③ 《中共中央关于全面推进依法治国若干重大问题的决定》，http：//cpc. people. com. cn/n/2014/1029/c64387 - 25927606. html。

④ 陈昊：《论建国以来党坚持依法执政的基本经验》，《经济研究导刊》2014 年第 25 期。

⑤ 张金来：《依法执政研究》，中共中央党校，2008。

法掌控国家政权必须尊重法定的国家政权结构形式、法定的政权机关职权、法定的政权机关运行程序等。

我国宪法法律对国家政权结构作了明确规定。在横向上，国家政权分为立法权、行政权和司法权；在纵向上，国家政权分为中央政权和各级地方政权，且下级政权受上级政权领导。这一政权结构体现在组织层面，表现为横向上立法机关产生行政机关和司法机关，且行政机关和司法机关向立法机关负责、接受立法机关监督；纵向上下级机构接受上级机构的领导和监督。此外，宪法法律没有规定执政党和国家政权机关之间存在组织隶属关系。如果将国家政权结构比作纵横交错的赛道的话，依法执政意味着执政党只能通过这些赛道到达目的地，而不能另辟蹊径。

依法执政要求执政党尊重法定的国家政权机关及其人员产生方式。这意味着执政党必须推荐本党骨干经过国家政权机关形成规则的筛选，才能获得行使国家政权的法定资格。在我国，宪法规定："全国人民代表大会和地方各级人民代表大会都由民主选举产生，对人民负责，受人民监督。国家行政机关、审判机关、检察机关都由人民代表大会产生，对它负责，受它监督。"① 依法执政的首要环节是通过民主选举获得行使国家政权的法定资格。

宪法规定不同的国家政权机关有不同的职权。人大拥有选举权、立法权、罢免权、质询权、监督权和调查权等。行政机关拥有行政决策权、行政处罚权、行政复议权、行政许可权等。法院拥有审判权，检察院拥有检察权。依法执政意味着执政党必须支持国家政权机关履行法定职权，防止职权混乱与僭越。

国家政权机关行使职权依靠一系列法定程序。立法机关、行政机关和司法机关由于职权性质不同，其运行程序也是不同的。立法机关有立法程序、选举程序、罢免程序、质询程序、监督程序、特别调查程序等。行政机关有行政决策程序、行政处罚程序、行政复议程序、行政许可程序、行政诉讼程序等。司法机关有民事诉讼程序、刑事诉讼程序等。这些宪法法律规定的程序是职权履行的保障。依法执政意味着执政党成员获得法定资格后，

① 《中华人民共和国宪法》，见 http://www.people.com.cn/GB/shehui/1060/2391834.html。

要按照国家政权机关的法定运行程序履行职权，禁止违反程序的权力运作。

前述依法执政的内容涉及的法律依据主要是规范国家政权运行的法律。依法执政还要求执政主体依法依规管党治党。执政主体要依法依规支持党内职能部门履行职责并根据法规对其实施监督。

三 党委依法执政的基本原则

依法执政原则是指对执政主体执掌权力进行管理活动的基本要求和根本准则。在我国，依法执政原则主要包括：维护宪法法律权威原则、执政为民原则、坚持改革方向和问题导向原则、统筹兼顾和务实推进原则。

（一）维护宪法法律权威原则

依法执政首先是依宪执政。依宪执政要求执政主体按照宪法法律规定维护国家政权机关的权威，健全国家政权机关组织机构，合理划分国家政权机关职能，完善权力运行程序，优化权力运行流程，为实现于法有据、以法限权、依法用权、违法担责奠定制度基础。[①]

（二）执政为民原则

依法执政必须将维护广大人民的根本利益作为执政的出发点和目的。中国特色社会主义法律体系虽然已经形成，但是还不完善，存在很多问题。依法执政面对这些问题时，不能以现有法律规定为借口，而要以执政为民原则来推动法律体系的完善，更好地实现人民群众的根本利益。

（三）坚持改革方向和问题导向原则

依法执政在依法治国战略中是最薄弱的环节，因为涉及权力制约之难题，因而需要最大的政治勇气和智慧来推进这项工作。这就要求坚持改革方向，不要畏首畏尾；坚持问题导向，从矛盾最集中的地方抓依法执政的典型，以"点"的成效影响"面"的推进。

---

① 黄文艺：《论依法执政基本内涵的更新》，《法制与社会发展》（双月刊）2014 年第 5 期。

（四）统筹兼顾和务实推进原则

依法执政既涉及国家系统权力依法运作和党内权力依规运作，还涉及两者之间的有效衔接，是一项系统性工程。这就要求各级党委要合理分工，以问题为导向，协调各方，解决权力运行中的推诿扯皮，实现权力链的贯通，为依法执政务实推进打造坚实的制度基础。

四　党委依法执政的重大意义

党委依法执政是我国政治发展中的重大进步，具有丰富的理论和实践意义。

（一）依法执政的理论意义

1. 依法执政丰富了中国特色社会主义法治理论

中国共产党是马克思主义政党，在国家政治生活中发挥着不可替代的作用。党的十八届四中全会全面回答了党与法的关系、权与法的关系、党组织及党员干部与法的关系问题等。法是党的领导和人民意志的共同体现，党的领导和社会主义法治是一致的，所有权力都要受到法的约束，没有不受制约的权力。党组织和党员干部要模范遵守法律，做尊法学法守法用法的带头人。依法执政将执政党纳入法治体系，丰富了中国特色社会主义法治理论。

2. 依法执政丰富了马克思主义执政理论

马克思主义政党在苏联模式影响下的执政模式存在很大弊端，长期以来在理论和实践上都没有实现大的突破。党的十八届四中全会，抓住依法执政这个关键，论述了党执政的基本方式，将党治国理政活动的法治化提高到国家兴亡的高度，阐述了依法执政的内涵与要求，丰富了马克思主义执政理论。

3. 依法执政丰富了依法治国的内涵

依法治国是一个总体性概念，涉及国家各个方面工作的法治化，包括依法执政、依法行政、依规治党等核心概念。党的十八届四中全会首次全面阐述了依法执政的内涵和要求，指出依法执政是依法治国的关键，间接说明了依法执政决定依法行政和依法治国能否真正实现。缺了依法执政，依法行政和依法治国的根基终将不稳。依法执政使依法治国概念更加周全、内涵更加科学。

（二）依法执政的实践意义

1. 依法执政有效地克服了以党代政的弊端

以党代政的执政方式的危害是双重的。一方面，以党代政使国家政权机关不能独立依法行使职权，国家政权机关运行政党化，破坏了权力制约与监督体制，不利于人民当家做主；另一方面，以党代政使政党组织官僚化，地方主义、部门利益侵入政党机体，弱化了管党治党的主要责任，削弱政党与人民之间的血肉联系。依法执政就是中国共产党对这些问题的解决方案。依法执政就是要在执政过程中发挥法治的引领和规范作用，使国家权力行使和党内权力的行使都法治化。只有这样才能发挥政党和国家两个系统的积极作用。

2. 依法执政打通了依法用权的瓶颈

在我国，中国共产党处于总揽全局、协调各方的领导核心地位，其执政方式对国家政权机关的运作具有决定性的影响。依法执政意味着从权力链条的最前端受到法的约束，否则依法行政和司法独立将不能深入下去。依法执政打通了依法用权的瓶颈，是依法治国的关键，决定着依法治国最终能否真正实现。

3. 依法执政规范了党的权力运行机制

依法执政的本质是依法规范。党委作为执政主体，其违背宪法法律行使权力，不仅有违人民当家做主，而且通常这些违法行为都和贪腐联系在一起。而腐败严重破坏党的形象和群众基础，腐败治理不好亡党亡国。因此，党要管党从严治党必然要求依法执政。

第二节　党委依法执政的现状

党的十一届三中全会以来，中国共产党高度重视制度和法治建设，逐步实现从以党的形式执政向以国家形式执政转变，从单纯依靠政策向综合运用法律调控和政策引导转变，从实行人治向实行法治转变。①

一　党委依法执政取得明显成效

（一）中国共产党转变领导方式和执政方式的简要回顾

党的领导方式和执政方式与党的组织及国家政权机关组织状况密切相关。新中国成立至改革开放，国家政权机关经历了建立健全、破坏和恢复三个阶段。在这期间，由于国家政权机关的不健全，党的领导方式和执政方式主要以党的形式执政和依靠政策执政为主。改革开放后，党的领导和执政方式转变的重点是领导人大立法。2011 年 3 月，全国人大常委会委员长吴邦国向全国人民代表大会做报告，宣布中国特色社会主义法律体系已经形成，国家建设各个方面实现有法可依。这是我国民主法治史上的里程碑，也是推进依法治国方略的新起点。党的领导和执政方式也从单纯依靠政策向综合运用法律调控和政策引导转变。党的十一届三中全会提出的民主制度化、法律化的法治思想在党的十五大上升为依法治国战略。1999 年，依法治国战略被写入了宪法第五条。自此，依法治国不仅是一个重要的政治规范，而且上升为重要的宪法规范，获取了最高的法律效力。这意味着党的领导和执政方式必须从人治向法治转变。

为了实现党的领导方式和执政方式转变，中国共产党也进行了体制机制探索。一是树立宪法权威，提升法治意识。党的十八届四中全会提出"将每年十二月四日定为国家宪法日，建立宪法宣誓制度"，以加强宪法法律权威。2014 年 11 月 1 日，第十二届全国人民代表大会常务委员会第十一次会议通过《全国人民代表大会常务委员会关于设立国家宪法日的决定》，把 12 月 4 日设立为国家宪法日。2014 年 12 月 4 日，在国家首个宪法日，全国各地举行宪法宣誓活动。2015 年 6 月 25 日，第十二届全国人大常委会第十五次会议表决通过了全国人大常委会关于实行宪法宣誓制度的决定。以立法形式正式设立国家宪法日和实行宪法宣誓制度，得到了

---

① 《依法执政的湖南实践》，《湖南日报》2012 年 1 月 13 日。

社会的普遍认可。① 国家宪法日和宪法宣誓制度体现了党的政策和法律的有效衔接，是党支持人大履行法定职权、依法执政的生动体现。二是完善规范性文件备案审查制度。党的十八届四中全会决定提出："加强备案审查制度和能力建设，把所有规范性文件纳入备案审查范围，依法撤销和纠正违宪违法的规范性文件，禁止地方制发带有立法性质的文件。"② 当前，地方各级政府已经普遍建立了规范性文件备案审查制度。完善备案审查制度，健全备案审查工作机制，积极开展主动审查，对党内规范性文件也进行清理工作。三是提出党内法规同国家法律的衔接、纪法分开的重要思想。党内法规与国家法律调节范围实行法先于纪、法纪分开原则，应该由法律法规调节的事项党纪退出，可转换为法律的党纪及时通过法定程序转化为法律；对于法律既没有规定也不适合规定的事项，实行党纪全覆盖原则，实现全面从严治党。③ 党纪的这"一退一进"是依法执政的体现，也为依法执政的全面深入推进扫除法律障碍。④ 四是完善党内法规体系。2013 年和 2014 年中共中央以"减法"为党内法规"瘦身"，废止和宣布失效一批党内法规和规范性文件。与此同时，党中央也加强了有关党内法规的制定，如《中国共产党党组工作条例（实行）》。五是纪委职能定位转变及工作机制完善。确定纪委的职责是依"纪"进行监督执纪问责。党的十八大以后，中央纪委把"办案"改叫"纪律审查"，把"案件室"改称"纪检监察室"。把"案件线索"规范为"反映领导干部问题线索"。中央纪委指出纪检机关不是党内的公检法。要在确保质量的前提下缩短时间，快查快结、快进快出，把违反纪律的主要问题查清后，涉嫌犯罪可以及时移送司法机关继续依法查处。把不该干的事交出去，把该干的事担当起来。⑤ 纪委职能定位的转变，体现了依法治国依规治党的深刻内涵。既

---

① 《向宪法宣誓，让法治成为信仰》，《北京青年报》2014 年 10 月 29 日。
② 《中共中央关于全面推进依法治国若干重大问题的决定》，http://cpc.people.com.cn/n/2014/1029/c64387 - 25927606.html。
③ 中纪委副书记：《实现党内法规同国家法律的衔接和协调》，《人民日报》2014 年 12 月 16 日。
④ 张晓燕：《依法治国条件下中国共产党执政方式研究》，中共中央党校，2000。
⑤ 《加大纪律审查力度、遏制腐败蔓延势头之三：创新监督审查方式》，见 http://www.ccdi.gov.cn/xsjw/series8/201505/t20150524_56762.html#Art4。

科学界定了纪委依"纪"进行监督执纪问题的职责定位，又维护了国法的权威；既是对党章的尊重也是对宪法法律的尊重，是推行依法执政的重要举措。[①] 六是建立健全党依法总揽全局、协调各方制度机制。2015 年 6 月 11 日，《中国共产党党组工作条例（试行）》开始实施。中国共产党党组是党依法总揽全局、协调各方的组织制度保障和重要机制，该《条例》的实施有利于党组工作规范化、制度化和法治化。

（二）河南各级党组织推进党委执政方式转变取得的主要成效

由于我国是中央集权的单一制国家，中国共产党是民主集中制的马克思主义执政党，地方党委执政方式转变和中央执政方式转变特征基本一致，但也有自身的特点。

一是在中央统一领导下，建立健全地方国家政权机关和党内机构，为依法执政奠定组织和制度基础。二是依法治省工作切实加强，地方法规体系基本形成，依法行政水平、公正司法能力持续提高。三是在全国率先开展了法治城市、法治县（市、区）创建工作。"党委领导、人大监督、政府实施、全社会广泛参与"的工作格局基本形成。四是建立省委人大工作会议制度，每五年召开一次，研究、部署全省人大工作。[②] 五是支持地方人大依法履行职能得到加强。虽然在总体上河南地方立法明显滞后于中央立法，但河南省委支持省人大在某些领域立法走在了全国前列。如 2014 年 5 月 29 日河南省第十二届人民代表大会常务委员会第八次会议表决通过《河南省民用运输机场管理条例》和《关于修改〈河南省人口与计划生育条例〉的决定》。[③] 六是完善省人大工作制度，强化人大职权。2014 年，修订"讨论决定重大事项的规定"，明确 11 类重大事项必须提

---

① 《加大纪律审查力度、遏制腐败蔓延势头之二：突出执纪特色》，见 http：// www. ccdi. gov. cn/xsjw/series8/201505/t20150524_ 56762. html#Art4。

② 邵卫科：《风盛正是扬帆时——中共河南省委人大工作会议隆重召开》，《人大建设》2005 年第 8 期。

③ 靳英桃：《中国特色社会主义法律体系形成后得分立法特色及实现路径》，《法制博览》2014 年第 10 期中。

交省人大常委会讨论决定，17类需要及时向常委会报告，进一步规范讨论决定程序，使人大工作的薄弱环节得到了切实加强。① 七是加强党内法规建设。2012年，河南省委响应中央工作部署批准印发了《河南省党内法规和规范性文件清理工作方案》，由省委办公厅牵头，分两个阶段对1978年至2012年6月和新中国成立至1977年发布的党内法规和规范性文件开展清理。2014年1月31日，河南省委再废止和宣布失效一批党内法规和规范性文件，废止399件，宣布失效412件，继续有效396件。八是建立法律咨询制度。2013年8月28日，河南省委政法委成立河南政法工作法律专家咨询委员会，18名全国知名豫籍和省内院校的法律专家学者受聘为专家委员。这一制度精神符合习近平总书记对领导干部的忠告："说话做事要先考虑一下是不是合法，把握不准的就要去查一查党纪国法是怎样规定的，还可以请法律专家、法律顾问帮助把把关。"②

二　党委依法执政存在的主要问题

虽然改革开放以来，党领导国家在法治建设上取得很大进展，但是与全面推进依法治国的要求相比，依法执政实践还存在不少问题。

（一）依法执政意识相对淡薄

权大于法思想依然存在。③ 有些党员干部否定法律、轻视法治，以强调党的领导为名，破坏与政府首长分工合作的规矩，以党代政，以言代法，有法不依。有些领导干部认为法律可有可无，法律束手束脚，政策就是法律，有了政策可以不要法律。④ 社会对这些不法执政的总结是"黑头（法律）不如红头（文件），红头不如笔头（批示），笔头不如口头（命令）。"

依法执政与依法行政混淆。有些领导干部认为依法执政就是依法行

---

① 《10类重大事项须提交省人大常委会讨论决定》，《郑州日报》2014年12月1日。
② 《为法治河南建设建言献策》，《河南日报》2013年8月29日。
③ 陈垚：《中国共产党依法执政的实践思考》，《学习月刊》2011年第8期下。
④ 玄玉姬：《中国共产党依法执政存在的问题及路径选择》，《延边大学学报》（社会科学版）2011年第4期。

政，做好依法行政就可以了，依法行政就是依法执政的具体体现和实现路径。有些领导干部认为依法执政是中央或省级层级的任务。有的领导干部认为地方党委依法执政在实施中过于空泛、无法操作。①

有些领导干部认为对于地方党委而言最要紧的任务不是依法执政工作，而是如何落实好政策、如何推动经济社会发展和社会稳定等，认为依法执政不是必选项，有条件的可以推进。②

这些错误认识在于没有认识到依法执政的本质是依法依规规范执政权，依法执政约束重点是各级党委及其领导干部，没有认识到党委依法执政对于地方治理的引领作用。

（二）依法执政的法规依据尚欠缺

虽然中国特色社会主义法律体系已经形成，但依然存在上位法和下位法不统一、法律缺乏公正性和操作性、法律体系不健全等问题。比如，《义务教育法》，没有规定不送适龄儿童入学接受义务教育应受行政处罚，但国务院批准的《义务教育法实施细则》却规定"乡级人民政府可以给予罚款"等。③

党内法规也不完善。纪法不分问题依然存在，有的党规党纪与国家法律交叉重复，比如，党纪处分条例共有 178 条，其中 70 多条同刑法等国家法律重复。④ 修订党内法规要坚持党内法规严于国法，实现纪法分开。⑤党内法规有的过于原则、缺乏细节支撑，可操作性不强，亟待完善。如党的职能部门作为依规治党的重要途径，既没有组织层面的规定也没有运行层面的规定，这与其政治生活中发挥的重要作用是不相称的。党内组织立法需要加强，完善党内权力结构及其运行规则。党内法规不完善对改革的

---

① 郭祎：《地方党委依法执政过程中的问题及对策》，《人民论坛》2015 年第 3 期中。
② 郭祎：《地方党委依法执政过程中的问题及对策》，《人民论坛》2015 年第 3 期中。
③ 玄玉姬：《中国共产党依法执政存在的问题及路径选择》，《延边大学学报》（社会科学版）2011 年第 4 期。
④ 张国栋：《为什么强调"实现纪法分开"》，http://fanfu. people. com. cn/n/2015/0817/c64371-27473218. html。
⑤ 《王岐山在陕西调研时强调坚持纪严于法 实现纪法分开推进全面从严治党制度创新》，见 http://www.ccdi.gov.cn/xwtt/201507/t20150710_59101. html。

制约也是明显的，近几年试点的党委权力公开透明运行就遇到了无法可依的窘迫。

（三）依法执政的体制不健全

中国共产党在我国的领导地位和执政地位具有历史性和唯一性。它不但是现有国家政权的创建者，也是维护者、完善者，是我国公共权力的关键部分，既肩负着领导职能也肩负着执政职能。我国的党政关系本质上是一种职能分工关系。但由于体制机制建设滞后，党委依法执政现实中存在一些问题。如宪法规定地方人大拥有决定权和监督权，但由于缺乏具体操作机制，现实中很难依法落实。党政机关在人事权、财政预算、重大事项监督等方面存在职能交叉、职责不清和角色混乱等问题。① 当前，执政实践中成立的各种领导小组，规格高权力大，却非法律授权，需要对其设定和运行作出比较严格的限定，以免干扰法定职权的行使。

（四）依法执政的责任机制不完善

依法执政责任是执政主体在执政活动中依法应当履行和承担的义务。依宪执政是依法执政的首要义务，违背宪法的执政行为，必须要追究违宪责任。对违宪行为的确认是进行责任追究的前提，而违宪行为的确认应该由法定机关，按照法定程序进行，这就要求建立违宪审查制度。当前，我国只在全国人大法工委有一个专门的法规审查机构——法规审查备案室。但总体来看，我国关于违宪审查的现有做法既不系统、不健全，也未得到有效落实。

（五）党委总揽全局协调各方机制不健全

各级党委作为依法执政的关键主体，各级党政主要负责人作为推进法治建设第一责任人，其要发挥总揽全局协调各方的领导核心作用，必须依靠各种有效的常态化工作机制来实现。当前，各级党委定期听取法治建设工作汇报，研究决定法治建设重大事项，定期听取人大、政府、政协、法

---

① 郭祎：《地方党委依法执政过程中的问题及对策》，《人民论坛》2015 年第 3 期中。

院、检察院党组工作汇报尚未规范化、制度化，这些工作机制的不健全制约着依法执政的深入推进。此外，党委总揽全局协调各方，更需要科学的规划。当前，依法执政是依法治国、依法治省的薄弱环节，大多数地方尚未出台较为系统、科学的依法执政规划，法治建设指标体系和考核标准也欠缺依法执政相关内容，依法执政总体来说处于摸索阶段。

（六）党委对政法工作领导的机制不规范

政法工作是中国共产党始终非常重视的工作之一。根据马克思主义关于政治与法律的思想，中国共产党已经形成有中国特色的政法领导体制。在这一体制中，政法委员会是党委领导政法工作的组织形式，是党委领导政法工作的特殊职能部门。政法委员会不同于党委其他职能部门实行的是委员会制，其办事机构是政法委员会机关，实行书记负责制或秘书长负责制。实践中，政法委员会机关实际承担着组织领导、沟通协调政法单位的任务，但是，相关职责定位模糊不清，导致一些推诿扯皮现象发生。此外，由于法治建设经验不足，党委政法委领导司法工作还存在一定程度的"泛政治化"现象，党委政法委运用法治思维和法治方式领导政法工作的能力尚显不足。

第三节　全面推进党委依法执政的对策建议

党委依法执政是依法治国、依法治省的关键和薄弱环节，需要积极推进相关工作。在此，笔者有以下建议。

一　健全党委依法总揽全局协调各方的领导体制机制

党委依法总揽全局协调各方要常态化，必须建立健全各种体制机制。各级党委要将领导工作建立在主动了解实际情况的基础上。一是加快制定各级党委定期听取法治建设工作汇报制度，全面系统地了解法治建设各阶段工作进展状况，将法治建设作为各级党委的常规工作之一；二是制定各级党委定期听取人大、政府、政协、法院、检察院党组工作汇报制度，加强党组与党委的制度化联系，强化党委对党组工作的综合协调作用；三是制定党委研究决定法治建设重大事项制度。法治建设是政治新常态的核心内容，各级党委要高度重视法治建设重大事项的研究和推进，要坚持法治的引领作用，从一开始就注重法治建设工作机制的规范化、制度化建设。

二 加快完善党委依法决策机制

党委决策是依法执政实践的关键环节，要在构建决策权、执行权、监督权既相互制约又相互协调的权力结构和运行机制上，考虑完善地方党委议事决策程序。依法决策具有较强的专业性，对于法律专业性，要建立健全决策前合法合规性审查制度，对于决策专业性，要根据事项的大小，进行专业的决策咨询。此外，决策应符合民主原则，不仅要符合党委民主集中制原则，还要考虑扩大公众民主参与，民主程序不仅有利于避免决策盲点，还有利于在沟通中形成更大范围的共识，为有效执行奠定基础。在当前，要加紧贯彻落实修订后的《中国共产党地方委员会工作条例》和《中国共产党党组工作条例（试行）》。

三 完善党委对政法工作领导的体制机制

中国特色的政法领导体制，是包含党委、政法委员会、政法委员会机关、政法单位几个主体的权责体系。要根据依法执政的基本原则，梳理现有法律法规，合理划分各主体间的权责，不断完善政法工作领导体制和工作机制。一是建立健全政法机关党组织向党委报告重大事项制度，明确报告事项的范围、报告的形式和程序，制定《政法机关党组织向党委报告重大事项制度的实施意见》。二是尽快研究制定《中国共产党政法工作条例》，研究总结依法执政条件下政法工作的规律，明确权力边界，完善政法领导体制和政法权力运行机制，规范政法领导行为，加强对政法活动的监督。

四 切实完善党委依法执政的法律法规

河南省委要紧扣地方治理中心任务，支持地方人大坚持立改废释并举，领导重点领域立法，加快完善地方性法规和规章。可以在管辖范围内遵循宪法和党章精神积极完善地方党内法规体系，着眼未来、立足当前、立行立改，使地方依法执政于法有据、体现河南特色，走在地方依法治理的前列。严肃法律规范和其他社会规范的边界。不同社会关系需要不同手段来调整，除了法律规范，还有市场机制、行业自律、习惯规则、道德规范、先进的管理和技术手段等。因此，河南省完善法律法规体系要注意公权力和私权利的边界，让不该法律法规管的事务回归社会。

五　建立健全法治建设指标体系和考核标准

要调动对法治建设的积极性，干部考评制度要进行相应的调整和完善。依法执政要求干部考评制度应强化对干部遵守法律、依法办事方面的考核，引导干部自觉树立法治观念、提升法治素养。注重对领导班子和领导干部法治素养和依法办事能力的分析研判，并作为干部选拔任用的重要依据。同时，加强从严管理，贯彻落实中央关于组织人事部门对领导干部进行提醒、函询的实施细则。对不自觉遵守法律和依法办事的干部及时批评教育、督促整改，教育后不改正的调离领导岗位。

六　党的各级党组织和全体党员要切实增强依法执政意识

政党是由一个个党员和各级党组织组成的，党的各级组织和全体党员是政党实现目标的载体。党的各级组织和全体党员的精神状态直接影响党的目标的实现程度。依法执政不仅是一种权力约束要求，而且是一种素质要求；不仅要求党的各级领导组织要按党纪国法管理自身、开展工作，也要求党的各级组织和全体党员切实增强依法执政意识。党的各级组织和全体党员是党和社会联系最为紧密的部分，依法执政的每一个细节要靠党各级组织和全体党员的具体工作来实现。此外，根据党章，党的各级组织和全体党员负有监督依法执政的责任，只有每个党组织与全体党员的依法执政意识增强了，才能更切实地监督依法执政的贯彻落实。

参考文献

著作

1. 中共中央文献研究室《习近平关于全面依法治国论述摘编》，中央文献出版社，2015。

2. 吴军：《依法治国新常态》，人民日报出版社，2015。

3. 公丕祥：《全面依法治国》，江苏人民出版社，2015。

4. 〔美〕伯尔曼：《法律与宗教》，梁治平译，中国政法大学出版社，2003。

5. 傅平：《地方立法30年》，中国法制出版社，2014。

6. 张永和：《立法学》，法律出版社，2009。

7. 河南统计局编《河南统计年鉴》（2014），中国统计出版社，2014。

8. 杨炼：《立法过程中的利益衡量研究》，法律出版社，2010。

9. 俞荣根：《地方立法后评估研究》，中国民主法制出版社，2009。

10. 阮荣祥、赵泯：《地方立法的理论与实践》，社会科学文献出版社，2011。

11. 张树义编著《法治政府的基本原理》，北京大学出版社，2006。

12. 王学辉、赵大光：《行政法实务教程》，中国人民大学出版社，2013。

13. 毕克志、杨曙光：《行政法案例教程》，北京大学出版社，2005。

14. 丁同民、闫德民主编《河南法治发展报告》(2014)，社会科学文献出版社，2014。

15. 丁同民、闫德民主编《河南法治发展报告》(2015)，社会科学文献出版社，2015。

16. 丁同民、张林海主编《河南法治发展报告》(2016)，社会科学文献出版社，2016。

17. 王志强、吴英姿、马贵翔等《司法公共的路径选择　从体制到程序》，中国法制出版社，2010。

18. 熊秋红：《依法治国方略与中国人权司法保障的发展》，载中国人权研究会《中国人权年鉴》(2006~2010)，湖南大学出版社，2012。

19. 李林、冀祥德：《依法治国与深化司法体制改革》，方志出版社，2013。

20. 〔日〕山本祐司：《最高裁物语》，孙占坤、祁玫译，北京大学出版社，2005。

21. 张金来：《依法执政研究》，中共中央党校，2008。

22. 〔德〕黑格尔：《法哲学原理》，商务印书馆，1961。

23. 季卫东：《法治构图》，法律出版社，2012。

24. 潘一禾：《文化安全》，浙江大学出版社，2007。

25. 王振东：《法哲学论》，中国人民大学出版社，1999。

26. 毛泽东：《毛泽东选集》(第一~三卷)，人民出版社，1994。

27. 邓小平：《邓小平文选》(第一卷)，人民出版社，1993。

28. 习近平：《习近平谈治国理政》，外文出版社，2014。

29. 王光华：《中国共产党法规与制度建设研究》，电子科技大学出版社，2005。

30. 《中国共产党党内法规选编(2007~2012)》，法律出版社，2014。

31. 蔡维力：《环境诉权初探》，中国政法大学出版社，2010。

32. 王文革：《环境知情权保护立法研究》，中国法制出版社，2012。

33. 王树义等著《环境法前沿问题研究》，科学出版社，2012。

34. 樊万选、戴其林：《生态经济与可持续性》，中国环境科学出版社，2004。

35. 河南省统计局编《河南统计年鉴》，中国统计出版社，2014。

36. 《马克思恩格斯选集》（第四卷），人民出版社，2004。

37. 邓小平：《邓小平文选》（第二卷），人民出版社，1994。

38. 邓小平：《邓小平文选》（第三卷），人民出版社，1994。

39. 叶友华等《依法治国与执政党建设》，黑龙江人民出版社出版，2001。

40. 信春鹰、李林：《依法治国与司法改革》，社会科学文献出版社，2008。

41. 中国大百科全书总编辑委员会《政治学》编辑委员会：《中国大百科全书》（政治学卷），中国大百科全书出版社，1992。

42. 张恒山：《法治与党的执政方式研究》，法律出版社，2004。

论文

1. 习近平：《加快建设社会主义法治国家》，《理论学习》2015年第2期。

2. 徐显明：《坚定不移走中国特色社会主义法治道路》，《法学研究》2014年第6期。

3. 李学同、李菲：《毛泽东统筹兼顾思想试析》，《岭南学刊》2015年第1期。

4. 李阳：《走在立法为民的大道上——河南人大立法30年工作回顾》，《人大建设》2009年第8期。

5. 陈剩勇：《官僚制、政府自利性与权力制衡——对行政权与立法权配置失衡问题的思考》，《学术界》2014年第2期。

6. 宋玉波、贾永健：《法律何不善待美德?》，《现代法学》2013年第5期。

7. 陈俊：《论中国国情下党领导立法的若干基本问题》，《上海师范大学学报》（哲学社会科学版）2011年第2期。

8. 石泰峰、张恒山：《论中国共产党依法执政》，《中国社会科学》2003年第1期。

9. 陈俊：《法治中国建设背景下党的领导与人大立法的关系》，《中山大学法律评论》2015 年第 4 期。

10. 殷啸虎：《人民政协参与地方立法协商的目标与路径》，《江西师范大学学报》（哲学社会科学版）2013 年第 3 期。

11. 高绍林：《发挥立法引领推动作用　确保重大改革于法有据》，《天津人大》2014 年第 9 期。

12. 欧广远：《论非物质文化遗产地方立法与国家立法的协调》，《郑州市委党校学报》2014 年第 3 期。

13. 周叶中、蔡武进：《中国特色社会主义文化立法初论》，《法学论坛》2014 年第 5 期。

14. 肖金明：《文化法的定位、原则与体系》，《法学论坛》2012 年第 1 期。

15. 沈春耀：《加强文化法制建设》，《中国人大》2011 年第 23 期。

16. 蔡武：《大力推动文化法治建设　开创文化工作新局面》，《行政管理改革》2014 年第 12 期。

17. 石中英：《论国家文化安全》，《北京师范大学学报》2004 年第 3 期。

18. 叶金宝：《文化安全及其实现途径》，《学术研究》2008 年第 8 期。

19. 叶金宝：《文化安全综合研究的多维视域》，《广东社会科学》2013 年第 6 期。

20. 孙宁：《中国共产党国家文化安全战略思想的形成和发展》，《教育文化论坛》2013 年第 5 期。

21. 赵子林：《近年来国家文化安全研究的回顾与思考》，《兰州学刊》2011 年第 2 期。

22. 胡惠林：《论构建国家文化安全管理系统与国家文化安全危机应急决策机制》，《邓小平理论研究》2008 年第 4 期。

23. 黄旭东：《美国文化安全战略及其对我国的启示》，《贵州师范大学学报》（社会科学版）2009 年第 6 期。

24. 陈宇宙：《文化软实力与当代中国的国家文化安全》，《天府新论》2008 年第 11 期。

25. 李文江：《中原经济区知识产权战略构想及推进工程》，《河南工业大学学报》（社会科学版）2011 年第 6 期。

26. 何锡蓉：《经济不发达国家社会主义文化建设探索》，《邓小平理论研究》2007 年第 2 期。

27. 竺效：《祖国大陆学者关于"社会法"语词之使用考》，《现代法学》2004 年第 4 期。

28. 陈君：《社会法立法模式研究》，《天水行政学院学报》2014 年第 5 期。

29. 魏建国：《城市化升级转型中的社会保障与社会法》，《法学研究》2015 年第 1 期。

30. 张再生：《中国医疗保险法律体系的发展与改革》，《中国卫生政策研究》2015 年第 4 期。

31. 张金艳：《中原经济区农村生态环保立法探析》，《人民论坛》，2011 年第 35 期。

32. 张晓文：《我国公众参与环境保护法律制度探析》，《河北法学》2007 年第 7 期。

33. 习近平：《在党的群众路线教育实践活动工作会议上的讲话》，《党建研究》2013 年第 7 期。

34. 肖扬：《坚持依法执政提高执政能力》，《求是》2005 年第 1 期。

35. 王贵秀：《对"科学执政、民主执政、依法执政"的理解》，《新视野》2005 年第 3 期。

36. 赵理富：《论依法执政的主体自律机制》，《社会主义研究》2012 年第 3 期。

37. 肖立辉：《关于农村党组织依法执政的思考》，《科学社会主义》2006 第 6 期。

38. 陈昊：《论建国以来党坚持依法执政的基本经验》，《经济研究导刊》2014 年第 25 期。

39. 黄文艺：《论依法执政基本内涵的更新》，《法制与社会发展》（双月刊）2014 年第 5 期。

40. 邵卫科：《风盛正是扬帆时——中共河南省委人大工作会议隆重

召开》，《人大建设》2005 年第 8 期。

41. 靳英桃：《中国特色社会主义法律体系形成后得分立法特色及实现路径》，《法制博览》2014 年第 10 期中。

42. 陈垚：《中国共产党依法执政的实践思考》，《学习月刊》2011 年第 8 期下。

43. 玄玉姬：《中国共产党依法执政存在的问题及路径选择》，《延边大学学报》（社会科学版）2011 年第 4 期。

44. 郭祎：《地方党委依法执政过程中的问题及对策》，《人民论坛》2015 年第 3 期中。

报纸

1. 沈德咏：《关于公信立院的几点思考》，《人民法院报》2009 年 9 月 8 日。

2. 《中共中央关于全面推进依法治国若干重大问题的决定》，《人民日报》2014 年 10 月 29 日。

3. 《中共河南省委关于贯彻党的十八届四中全会精神全面推进依法治省的实施意见》，《河南日报》2015 年 4 月 13 日。

4. 河南省委党校课题组：《四个河南建设：河南发展思路的深化与完善》，《河南日报》2013 年 11 月 7 日。

5. 《河南省全面建成小康社会加快现代化建设战略纲要》，《河南日报》2015 年 1 月 5 日。

6. 杨紫烜：《马克思主义是怎样看待法的》，《人民日报》2015 年 3 月 23 日。

7. 段海峰：《我国法哲学研究前沿探析》，《人民日报》2015 年 6 月 8 日。

8. 甘藏春：《现代法治的基本标准和要素》，《法制日报》2015 年 5 月 16 日。

9. 蒋传光：《培育社会规则意识》，《法制日报》2015 年 5 月 22 日。

10. 蒋美兰：《坚持法治思维和法治方式做好信访工作》，《河南日报》2015 年 6 月 24 日。

11. 李力：《推进社会信用体系建设构建文明河南坚实基础》，《河南日报》2015年1月30日。

12. 李向华：《完善基层矛盾纠纷化解机制及时有效就地解决各类矛盾》，《河南法制报》2014年12月10日。

13. 谢建晓、王国武：《全省人民调解确定六项重点工作》，《河南日报》2015年6月1日。

14. 朱景文：《加强文化法制建设》，http：//www.chinawritur.com.cn/bk/2014－12－15/79237.html。

15. 饶权：《大力推动文化法治建设开创文化法治工作新局面》，《中国文化报》2014年11月13日。

16. 范玉刚：《让一切文化创造源泉充分涌流》，《文汇报》2012年11月23日。

17. 欧广远：《"非遗"地方立法宜脚踏实地》，《中国社会科学报》2013年10月23日。

18. 《中央党内法规制定工作五年规划纲要（2013－2017）》，《人民日报》2013年11月28日。

19. 胡锦涛：《坚定不移沿着中国特色社会主义道路前进　为全面建成小康社会而奋斗》，《人民日报》2012年11月18日。

20. 《中纪委副书记：实现党内法规同国家法律的衔接和协调》，《人民日报》2014年12月16日。

21. 《王岐山在浙江省调研时强调唤醒党章党规意识推进制度创新》，《人民日报》2015年5月11日。

22. 《依法执政的湖南实践》，《湖南日报》2012年1月13日。

23. 《向宪法宣誓，让法治成为信仰》，《北京青年报》2014年10月29日。

24. 《10类重大事项须提交省人大常委会讨论决定》，《郑州日报》2014年12月1日。

硕博论文

1. 孙波：《我国中央与地方立法分权研究》，吉林大学博士学位论文，2008。

2. 包仕国：《全球化进程中中国文化安全的衍进与重构》，华东师范大学博士学位论文，2007。

3. 王群：《我国地方立法民主化机制研究》，黑龙江大学硕士学位论文，2007。

研究报告

1. 谢天放等《地方立法特色研究》（主报告），2006 年政府法制研究，2006 年 6 月 30 日。

文件

1. 中共河南省委办公厅河南省人民政府办公厅关于印发《全面推进依法治省重点工作规划（2016～2020 年）》的通知（豫办〔2016〕23号）。

2. 《法治政府建设实施纲要（2015～2020 年）》（中发〔2015〕36号）。

网络

1. 牛振宇：《认真领会省委全会精神，加快实现法治政府目标》，河南省政府法制网，http：//www. hnfzw. gov. cn/sitegroup/root/html/402881e4487dc6760148815ee56b0068/1acc82068921478da8233469d8f3aec7. html。

2. 《中国共产党第十一届中央委员会第三次全体会议公报》，http：// cpc. people. com. cn/GB/64162/64168/64563/65371/4441902. html。

3. 《胡锦涛在庆祝全国人民代表大会成立 50 周年大会上的讲话》，http：//www. people. com. cn/BIG5/shizheng/1024/2786960. html。

4. 《中华人民共和国宪法》，http：//www. npc. gov. cn/xinwen/noole_505. htm。

5. 《中共中央关于全面推进依法治国若干重大问题的决定》，http：//henan. gov. cn/jrhn/system/2015/01/05/010517961. shtml。

6. 《习近平在省部级主要领导干部学习贯彻十八届四中全会精神全

大力支持，还得到了社会科学文献出版社的真心帮助，在此表示最诚挚的感谢！全面推进依法治省是一项内涵丰富的宏大课题，受时间和水平所限，书中难免有不当之处，敬请读者批评指正。

编者

2016 年 6 月

图书在版编目（CIP）数据

河南全面推进依法治省研究 / 张林海，李宏伟主编 . --
北京：社会科学文献出版社，2016.12
ISBN 978 - 7 - 5201 - 0259 - 9

Ⅰ.①河…　Ⅱ.①张…　②李…　Ⅲ.①社会主义法制
- 建设 - 研究报告 - 河南　Ⅳ.①D927.61

中国版本图书馆 CIP 数据核字（2016）第 322028 号

河南全面推进依法治省研究

主　　编 / 张林海　李宏伟

副 主 编 / 栗　阳

出 版 人 / 谢寿光
项目统筹 / 任文武
责任编辑 / 杨　雪　张丽丽

出　　版 / 社会科学文献出版社·区域与发展出版中心（010）59367143
　　　　　　地址：北京市北三环中路甲29号院华龙大厦　邮编：100029
　　　　　　网址：www.ssap.com.cn
发　　行 / 市场营销中心（010）59367081　59367018
印　　装 / 三河市尚艺印装有限公司

规　　格 / 开　本：787mm × 1092mm　1/16
　　　　　　印　张：23.75　字　数：377 千字
版　　次 / 2016 年 12 月第 1 版　2016 年 12 月第 1 次印刷
书　　号 / ISBN 978 - 7 - 5201 - 0259 - 9
定　　价 / 78.00 元